JN249266

大学入試シリーズ

406

明治大学

政治経済学部－学部別入試

教学社

はしがき

入力した質問に対して，まるで人間が答えているかのような自然な文章で，しかも人間よりもはるかに速いスピードで回答することができるという，自然言語による対話型のAI（人工知能）の登場は，社会に大きな衝撃を与えました。回答の内容の信憑性については依然として課題があると言われるものの，AI技術の目覚ましい進歩に驚かされ，人間の活動を助けるさまざまな可能性が期待される一方で，悪用される危険性や，将来人間を脅かす存在になるのではないかという危惧を覚える人もいるのではないでしょうか。

大学教育においても，本来は学生本人が作成すべきレポートや論文などが，AIのみに頼って作成されることが懸念されており，AIの使用についての注意点などを発表している大学もあります。たとえば東京大学では，「回答を批判的に確認し，適宜修正することが必要」，「人間自身が勉強や研究を怠ることはできない」といったことが述べられています。

16～17世紀のイギリスの哲学者フランシス・ベーコンは，『随筆集』の中で，「悪賢い人は勉強を軽蔑し，単純な人は勉強を称賛し，賢い人は勉強を利用する」と記しています。これは勉強や学問に取り組む姿勢について述べたものですが，このような新たな技術に対しても，侮ったり，反対に盲信したりするのではなく，その利点と欠点を十分に検討し，特性をよく理解した上で賢く利用していくことが必要といえるでしょう。

受験勉強においても，単にテクニックを覚えるのではなく，基礎的な知識を習得することを目指して正攻法で取り組み，大学で教養や専門知識を学ぶための確固とした土台を作り，こうした大きな変革の時代にあっても自分を見失わず，揺るぎない力を身につけてほしいと願っています。

＊　＊　＊

本書刊行に際しまして，入試問題や資料をご提供いただいた大学関係者各位，掲載許可をいただいた著作権者の皆様，各科目の解答や対策の執筆にあたられた先生方に，心より御礼を申し上げます。

編者しるす

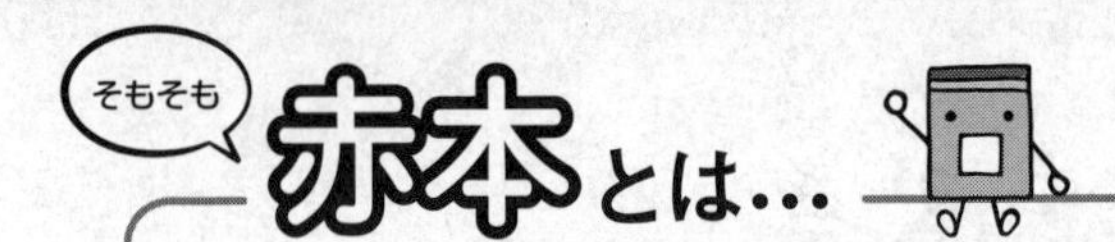

受験生のための
大学入試の過去問題集！

60年以上の歴史を誇る赤本は，600点を超える刊行点数で全都道府県の370大学以上を網羅しており，過去問の代名詞として受験生の必須アイテムとなっています。

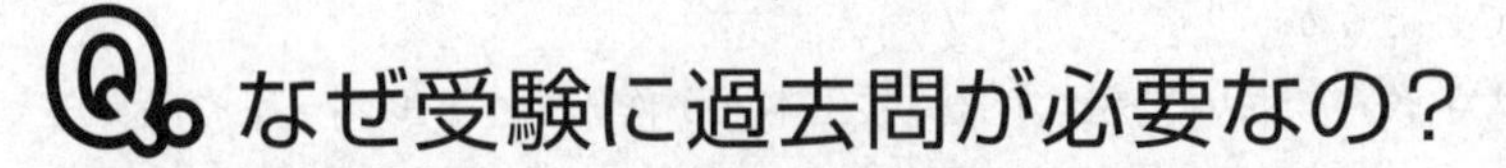

A. 大学入試は大学によって問題形式や頻出分野が大きく異なるからです。

マーク式か記述式か，試験時間に対する問題量はどうか，基本問題中心か応用問題中心か，論述問題や計算問題は出るのか――これらの出題形式や頻出分野などの傾向は大学によって違うので，とるべき対策も大学によって違ってきます。
出題傾向をつかみ，その大学にあわせた対策をとるために過去問が必要なのです。

赤本で志望校を研究しよう！

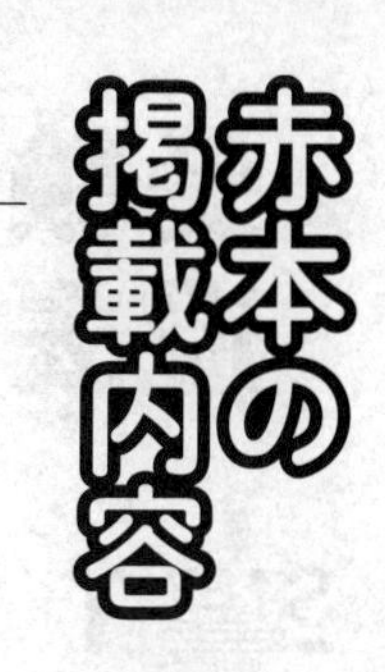

傾向と対策

これまでの出題内容から，問題の「傾向」を分析し，
来年度の入試にむけて具体的な「対策」の方法を紹介しています。

問題編・解答編

年度ごとに問題とその解答を掲載しています。
「問題編」ではその年度の試験概要を確認したうえで，実際に出題された過去問に取り組むことができます。
「解答編」には高校・予備校の先生方による解答が載っています。

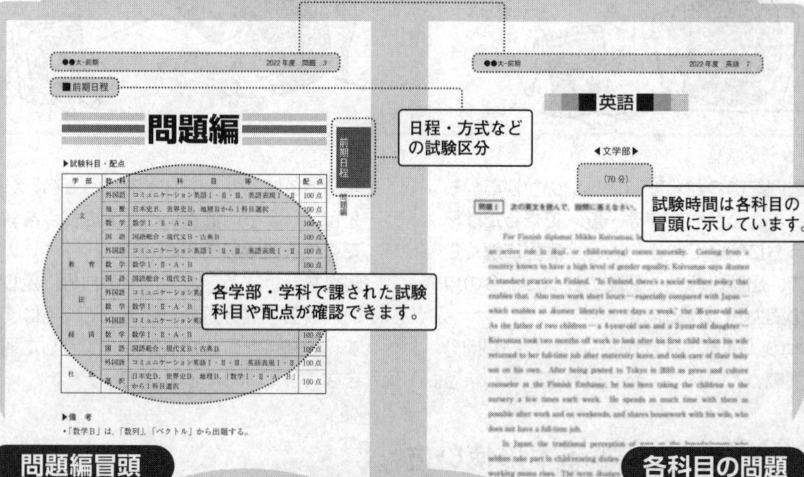

他にも赤本によって，大学の基本情報や，先輩受験生の合格体験記，在学生からのメッセージなどが載っています。

● 掲載内容について ●

著作権上の理由やその他編集上の都合により問題や解答の一部を割愛している場合があります。なお，指定校推薦入試，社会人入試，編入学試験，帰国生入試などの特別入試，英語以外の外国語科目，商業・工業科目は，原則として掲載しておりません。また試験科目は変更される場合がありますので，あらかじめご了承ください。

受験勉強は過去問に始まり，過去問に終わる。

STEP 1 なにはともあれ まずは解いてみる 》

過去問をいつから解いたらいいか悩むかもしれませんが，まずは一度，**できるだけ早いうちに**解いてみましょう。**実際に解くことで，出題の傾向，問題のレベル，今の自分の実力がつかめます。**
赤本の「傾向と対策」にも，詳しい傾向分析が載っています。必ず目を通しましょう。

STEP 2 じっくり具体的に 弱点を分析する 》

解いた後は，ノートなどを使って自己分析をしましょう。**間違いは自分の弱点を教えてくれる貴重な情報源です。**
弱点を分析することで，今の自分に足りない力や苦手な分野などが見えてくるはずです。合格点を取るためには，こうした弱点をなくしていくのが近道です。

合格者があかす赤本の使い方

傾向と対策を熟読
（Fさん／国立大合格）

大学の出題傾向を調べることが大事だと思ったので，赤本に載っている「傾向と対策」を熟読しました。解答・解説もすべて目を通し，自分と違う解き方を学びました。

目標点を決める
（Yさん／私立大合格）

赤本によっては合格者最低点が載っているものもあるので，まずその点数を超えられるように目標を決めるのもいいかもしれません。

時間配分を確認
（Kさん／公立大合格）

過去問を本番の試験と同様の時間内に解くことで，どのような時間配分にするか，どの設問から解くかを決めました。

過去問を解いてみて，まずは自分のレベルとのギャップを知りましょう。
それを克服できるように学習計画を立て，苦手分野の対策をします。
そして，また過去問を解いてみる，というサイクルを繰り返すことで効果的に学習ができます。

STEP 3 重点対策をする

志望校にあわせて

分析した結果をもとに，参考書や問題集を活用して**苦手な分野の重点対策**をしていきます。赤本を指針にして，何をどんな方法で強化すればよいかを考え，**具体的な学習計画を立てましょう**。
「傾向と対策」のアドバイスも参考にしてください。

STEP 1▸2▸3… 実践を繰り返す

サイクルが大事！

やるのはボクだよ～
STEP.1 解く!!
STEP.2 分析!!
STEP.3 対策!!

ステップ1～3を繰り返し，足りない知識の補強や，よりよい解き方を研究して，実力アップにつなげましょう。
繰り返し解いて**出題形式に慣れること**や，試験時間に合わせて**実戦演習を行うこと**も大切です。

添削してもらう
（Sさん／国立大合格）

記述式の問題は自分で採点しにくいので，先生に添削してもらうとよいです。人に見てもらうことで自分の弱点に気づきやすくなると思います。

繰り返し解く
（Tさん／国立大合格）

1周目は問題のレベル確認程度に使い，2周目は復習兼頻出事項の見極めとして，3周目はしっかり得点できる状態を目指して使いました。

他学部の過去問も活用
（Kさん／私立大合格）

自分の志望学部の問題はもちろん，同じ大学の他の学部の過去問も解くようにしました。同じ大学であれば，傾向が似ていることが多いので，これはオススメです。

目　次

2021年度 問題と解答

■学部別入試

※解答用紙は赤本ウェブサイト（akahon.net）に掲載しています。

University Guide

大学情報

大学の基本情報

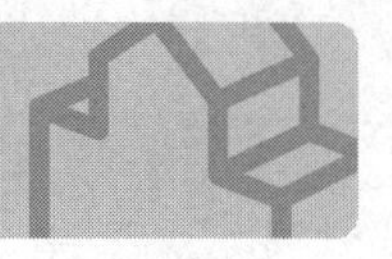

沿革

1881（明治 14）	明治法律学校開校
1903（明治 36）	専門学校令により明治大学と改称
1904（明治 37）	学則改正により法学部・政学部・文学部・商学部を設置
1920（大正　9）	大学令により明治大学設立認可
1949（昭和 24）	新制明治大学設置認可。法学部・商学部・政治経済学部・文学部・工学部・農学部を置く
1953（昭和 28）	経営学部設置
1989（平成元年）	工学部を理工学部に改組
2004（平成 16）	情報コミュニケーション学部設置
2008（平成 20）	国際日本学部設置
2013（平成 25）	総合数理学部設置
2021（令和　3）	創立 140 周年

大学マーク

明治大学には，「伝統を受け継ぎ，新世紀に向けて大きく飛躍・上昇する明治大学」をイメージした大学マークがあります。この大学マークのコンセプトは，明治大学の「M」をモチーフとして，21 世紀に向けて明治大学が「限りなく飛翔する」イメージ，シンプルなデザインによる「親しみやすさ」，斬新な切り口による「未来へのメッセージ」を伝えています。

学部・学科の構成

大　学

法学部　1・2年：和泉キャンパス／3・4年：駿河台キャンパス

法律学科（ビジネスローコース，国際関係法コース，法と情報コース，公共法務コース，法曹コース）

商学部　1・2年：和泉キャンパス／3・4年：駿河台キャンパス

商学科（アプライド・エコノミクスコース，マーケティングコース，ファイナンス＆インシュアランスコース，グローバル・ビジネスコース，マネジメントコース，アカウンティングコース，クリエイティブ・ビジネスコース）

政治経済学部　1・2年：和泉キャンパス／3・4年：駿河台キャンパス

政治学科

経済学科

地域行政学科

文学部　1・2年：和泉キャンパス／3・4年：駿河台キャンパス

文学科（日本文学専攻，英米文学専攻，ドイツ文学専攻，フランス文学専攻，演劇学専攻，文芸メディア専攻）

史学地理学科（日本史学専攻，アジア史専攻，西洋史学専攻，考古学専攻，地理学専攻）

心理社会学科（臨床心理学専攻，現代社会学専攻，哲学専攻）

理工学部　生田キャンパス

電気電子生命学科（電気電子工学専攻，生命理工学専攻）

機械工学科

機械情報工学科

建築学科

応用化学科

情報科学科

数学科

物理学科

農学部　生田キャンパス

農学科

農芸化学科

生命科学科

食料環境政策学科

経営学部　1・2年：和泉キャンパス／3・4年：駿河台キャンパス

経営学科

会計学科

公共経営学科

(備考) 学部一括入試により，2年次から学科に所属となる。

情報コミュニケーション学部　1・2年：和泉キャンパス／3・4年：駿河台キャンパス

情報コミュニケーション学科

国際日本学部　中野キャンパス

国際日本学科

総合数理学部　中野キャンパス

現象数理学科

先端メディアサイエンス学科

ネットワークデザイン学科

大学院

法学研究科 / 商学研究科 / 政治経済学研究科 / 経営学研究科 / 文学研究科 / 理工学研究科 / 農学研究科 / 情報コミュニケーション研究科 / 教養デザイン研究科 / 先端数理科学研究科 / 国際日本学研究科 / グローバル・ガバナンス研究科 / 法務研究科（法科大学院）/ ガバナンス研究科（公共政策大学院）/ グローバル・ビジネス研究科（ビジネススクール）/ 会計専門職研究科（会計大学院）

(注) 学部・学科・専攻および大学院に関する情報は2023年4月時点のものです。

大学所在地

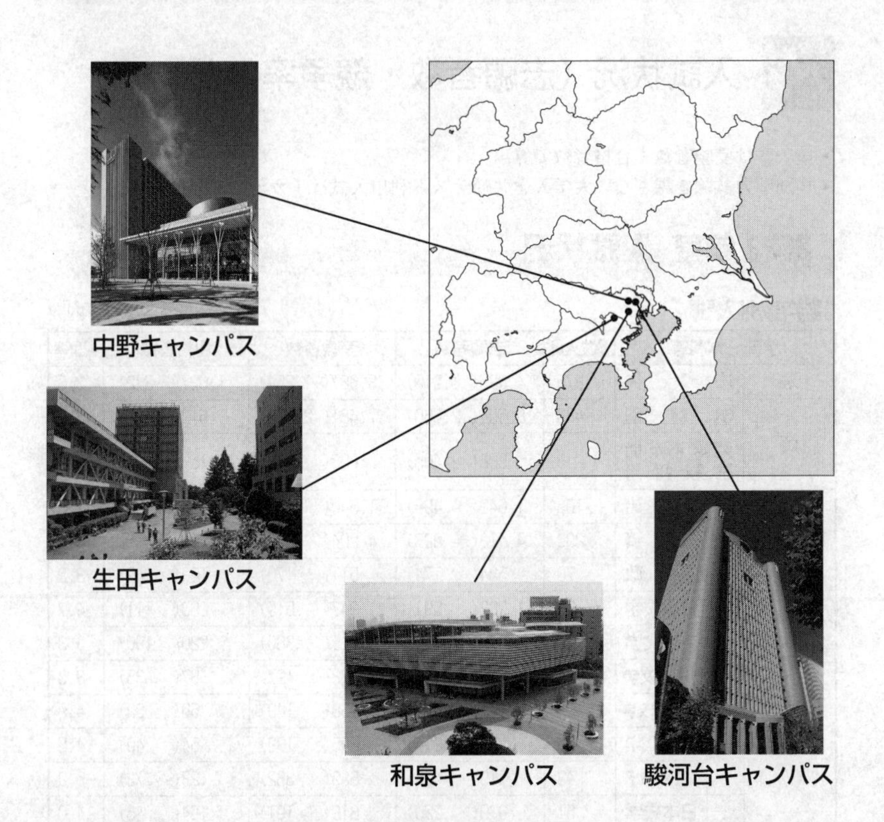

駿河台キャンパス　〒101-8301　東京都千代田区神田駿河台 1 - 1
和泉キャンパス　〒168-8555　東京都杉並区永福 1 - 9 - 1
生田キャンパス　〒214-8571　神奈川県川崎市多摩区東三田 1 - 1 - 1
中野キャンパス　〒164-8525　東京都中野区中野 4 -21- 1

入試データ

入試状況（志願者数・競争率など）

- 競争率は受験者数÷合格者数で算出。
- 個別学力試験を課さない大学入学共通テスト利用入試は１カ年分のみ掲載。

2023 年度 入試状況

学部別入試

（　）内は女子内数

学部・学科等			募集人員	志願者数	受験者数	合格者数	競争率
法	法律		375	4,325(1,510)	3,637(1,254)	1,027(342)	3.5
商	学部別		485	8,504(2,660)	7,481(2,322)	1,513(433)	4.9
	英語４技能試験利用		15	936(409)	808(352)	151(64)	5.4
政治経済	政治		105	1,642(498)	1,540(466)	450(138)	3.4
	経済		290	4,418(927)	4,204(879)	1,204(225)	3.5
	地域行政		70	534(174)	511(170)	160(49)	3.2
文	文	日本文学	70	1,062(591)	947(515)	203(111)	4.7
		英米文学	68	822(400)	721(360)	220(100)	3.3
		ドイツ文学	23	305(139)	283(127)	87(35)	3.3
		フランス文学	24	291(163)	268(149)	55(32)	4.9
		演劇学	29	275(214)	245(189)	54(40)	4.5
		文芸メディア	43	719(428)	639(382)	123(73)	5.2
	史学地理	日本史学	51	679(225)	610(191)	154(45)	4.0
		アジア史	20	201(77)	171(65)	55(21)	3.1
		西洋史学	32	479(174)	409(148)	93(37)	4.4
		考古学	24	254(89)	220(78)	64(21)	3.4
		地理学	27	268(62)	229(48)	68(14)	3.4
	心理社会	臨床心理学	24	592(373)	528(337)	61(40)	8.7
		現代社会学	26	594(352)	518(308)	111(69)	4.7
		哲学	20	312(122)	266(103)	67(21)	4.0

（表つづく）

学部・学科等			募集人員	志願者数	受験者数	合格者数	競争率
理工	電気電子生命	電気電子工学	80	817(59)	772(54)	289(23)	2.7
		生命理工学	27	360(96)	331(85)	120(37)	2.8
	機械工		75	1,291(81)	1,239(76)	463(26)	2.7
	機械情報工		66	847(91)	799(83)	250(29)	3.2
	建築		88	1,521(437)	1,447(421)	332(104)	4.4
	応用化		60	1,350(399)	1,293(381)	495(167)	2.6
	情報科		65	1,853(172)	1,752(161)	374(32)	4.7
	数		32	519(67)	484(62)	178(21)	2.7
	物理		35	789(95)	740(85)	276(29)	2.7
農	農		90	1,136(425)	912(334)	275(120)	3.3
	農芸化		84	929(580)	773(482)	232(157)	3.3
	生命科		92	1,381(655)	1,123(531)	304(154)	3.7
	食料環境政策		79	1,106(425)	1,008(378)	217(76)	4.6
経営	3科目	経営	342	7,428(2,264)	7,165(2,191)	1,772(526)	4.0
		会計					
		公共経営					
	英語4技能試験活用	経営	40	320(146)	309(139)	68(34)	4.5
		会計					
		公共経営					
情報コミュニケーション	情報コミュニケーション		372	4,878(2,129)	4,741(2,075)	1,005(441)	4.7
国際日本	3科目		130	2,418(1,503)	2,332(1,449)	589(372)	4.0
	英語4技能試験活用		100	1,225(795)	1,198(778)	592(387)	2.0
総合数理	現象数理		35	690(115)	554(91)	95(18)	5.8
	先端メディアサイエンス		51	952(245)	813(214)	108(23)	7.5
	ネットワークデザイン		28	521(80)	416(59)	31(4)	13.4
合計			3,792	59,543(20,446)	54,436(18,572)	13,985(4,690)	―

（備考）数値には追加合格・補欠合格（農学部のみ）・特別措置を含む。

■全学部統一入試

（　）内は女子内数

学部・学科等			募集人員	志願者数	受験者数	合格者数	競争率
法*	法律		115	2,620(1,011)	2,489(966)	577(217)	4.3
商*	商		80	1,834(632)	1,764(661)	348(116)	5.1
政治経済*	政治		20	467(156)	445(148)	109(36)	4.1
	経済		50	1,281(320)	1,204(303)	263(77)	4.6
	地域行政		20	251(76)	244(73)	60(18)	4.1
文	文	日本文学	16	346(185)	328(172)	71(44)	4.6
		英米文学	18	458(257)	440(248)	108(57)	4.1
		ドイツ文学	7	109(58)	108(58)	30(17)	3.6
		フランス文学	8	138(72)	134(70)	36(19)	3.7
		演劇学	8	180(144)	176(140)	32(23)	5.5
		文芸メディア	7	334(212)	320(204)	58(36)	5.5
	史学地理	日本史学	15	300(102)	292(98)	68(29)	4.3
		アジア史	6	110(49)	109(48)	28(14)	3.9
		西洋史学	8	206(69)	200(67)	64(17)	3.1
		考古学	7	97(37)	93(37)	19(6)	4.9
		地理学	11	141(42)	136(40)	40(11)	3.4
	心理社会	臨床心理学	11	333(210)	324(203)	41(25)	7.9
		現代社会学	10	309(201)	300(196)	75(56)	4.0
		哲学	8	151(57)	147(57)	39(13)	3.8
理工*	電気電子生命	電気電子工学	20	307(22)	281(18)	109(10)	2.6
		生命理工学	10	201(59)	188(56)	71(20)	2.6
	機械工		12	418(35)	362(29)	130(13)	2.8
	機械情報工		17	344(34)	320(29)	113(10)	2.8
	建築		19	489(163)	447(147)	110(39)	4.1
	応用化		12	374(126)	350(119)	110(46)	3.2
	情報科		12	636(90)	585(85)	107(21)	5.5
	数		10	161(19)	151(19)	60(7)	2.5
	物理		5	138(9)	118(6)	41(0)	2.9
農	3科目	農	15	378(157)	346(146)	86(35)	4.0
		農芸化	15	290(195)	274(183)	63(41)	4.3
		生命科	10	387(172)	358(162)	69(35)	5.2
		食料環境政策	5	218(110)	210(107)	32(17)	6.6
	英語4技能3科目	農	5	166(83)	159(80)	22(10)	7.2
		農芸化	5	164(115)	161(115)	28(21)	5.8
		生命科	5	162(81)	153(76)	21(9)	7.3
		食料環境政策	3	166(82)	163(81)	24(13)	6.8

（表つづく）

<table>
<tr><th colspan="3">学部・学科等</th><th>募集人員</th><th>志願者数</th><th>受験者数</th><th>合格者数</th><th>競争率</th></tr>
<tr><td rowspan="6">経　営*</td><td rowspan="3">3科目</td><td>経　営</td><td rowspan="3">27</td><td rowspan="3">1,388(　471)</td><td rowspan="3">1,343(　459)</td><td rowspan="3">134(　34)</td><td rowspan="3">10.0</td></tr>
<tr><td>会　計</td></tr>
<tr><td>公共経営</td></tr>
<tr><td rowspan="3">英語4技能3科目</td><td>経　営</td><td rowspan="3">3</td><td rowspan="3">623(　271)</td><td rowspan="3">605(　265)</td><td rowspan="3">48(　17)</td><td rowspan="3">12.6</td></tr>
<tr><td>会　計</td></tr>
<tr><td>公共経営</td></tr>
<tr><td>情報コミュニケーション</td><td colspan="2">情報コミュニケーション</td><td>25</td><td>1,298(　652)</td><td>1,260(　640)</td><td>170(　91)</td><td>7.4</td></tr>
<tr><td rowspan="2">国際日本</td><td colspan="2">3　科　目</td><td>10</td><td>679(　433)</td><td>661(　420)</td><td>62(　39)</td><td>10.7</td></tr>
<tr><td colspan="2">英語4技能3科目</td><td>18</td><td>815(　530)</td><td>798(　520)</td><td>123(　73)</td><td>6.5</td></tr>
<tr><td rowspan="8">総合数理*</td><td rowspan="2">3科目</td><td>現象数理</td><td>4</td><td>71(　15)</td><td>68(　15)</td><td>12(　1)</td><td>5.7</td></tr>
<tr><td>先端メディアサイエンス</td><td>3</td><td>64(　16)</td><td>55(　15)</td><td>4(　1)</td><td>13.8</td></tr>
<tr><td rowspan="3">4科目</td><td>現象数理</td><td>12</td><td>199(　29)</td><td>194(　28)</td><td>58(　9)</td><td>3.3</td></tr>
<tr><td>先端メディアサイエンス</td><td>20</td><td>400(　113)</td><td>385(　110)</td><td>53(　9)</td><td>7.3</td></tr>
<tr><td>ネットワークデザイン</td><td>27</td><td>282(　54)</td><td>267(　51)</td><td>85(　17)</td><td>3.1</td></tr>
<tr><td rowspan="3">英語4技能4科目</td><td>現象数理</td><td>1</td><td>63(　8)</td><td>61(　8)</td><td>15(　3)</td><td>4.1</td></tr>
<tr><td>先端メディアサイエンス</td><td>2</td><td>122(　37)</td><td>117(　36)</td><td>13(　2)</td><td>9.0</td></tr>
<tr><td>ネットワークデザイン</td><td>1</td><td>47(　9)</td><td>45(　8)</td><td>15(　0)</td><td>3.0</td></tr>
<tr><td colspan="3">合　　計</td><td>758</td><td>20,715(8,080)</td><td>19,738(7,772)</td><td>4,054(1,474)</td><td>—</td></tr>
</table>

（備考）
- ＊印の学部の数値には，追加合格・特別措置を含む。
- 農学部は補欠合格を含む。

■大学入学共通テスト利用入試

（　）内は女子内数

日程	学部	方式	学科等		募集人員	志願者数	受験者数	合格者数	競争率
前期日程	法	3科目	法律		60	2,679(1,152)	2,674(1,151)	793(370)	3.4
		4科目	法律		40	741(310)	740(309)	323(136)	2.3
		5科目	法律		40	1,302(453)	1,298(452)	828(292)	1.6
	商	4科目	商		50	702(245)	700(244)	197(76)	3.6
		5科目	商		45	418(139)	415(139)	132(46)	3.1
		6科目	商		30	840(245)	839(245)	293(93)	2.9
	政治経済	3科目	政治		8	234(94)	233(94)	52(23)	4.5
			経済		15	583(158)	582(157)	88(22)	6.6
		7科目	政治		15	244(72)	240(72)	128(41)	1.9
			経済		50	1,250(259)	1,231(251)	624(141)	2.0
			地域行政		12	88(29)	87(29)	45(13)	1.9
	文	3科目	文	日本文学	7	320(185)	319(184)	71(51)	4.5
				英米文学	6	239(143)	239(143)	57(32)	4.2
				ドイツ文学	3	96(68)	95(67)	22(18)	4.3
				フランス文学	2	75(54)	75(54)	16(12)	4.7
				演劇学	3	129(108)	128(107)	28(23)	4.6
				文芸メディア	5	251(165)	251(165)	50(35)	5.0
			史学地理	日本史学	6	212(85)	212(85)	58(27)	3.7
				アジア史	3	113(49)	112(49)	24(12)	4.7
				西洋史学	4	198(81)	198(81)	48(23)	4.1
				考古学	4	77(34)	77(34)	22(8)	3.5
				地理学	4	81(28)	80(28)	29(11)	2.8
			心理社会	臨床心理学	4	279(175)	277(173)	47(32)	5.9
				現代社会学	3	241(157)	239(156)	61(33)	3.9
				哲学	4	166(67)	164(66)	49(17)	3.3
		5科目	文	日本文学	3	89(49)	89(49)	24(15)	3.7
				英米文学	3	45(25)	45(25)	16(10)	2.8
				ドイツ文学	2	7(0)	7(0)	1(0)	7.0
				フランス文学	1	6(2)	5(2)	3(0)	1.7
				演劇学	1	11(9)	11(9)	4(3)	2.8
				文芸メディア	2	44(28)	44(28)	13(7)	3.4
			史学地理	日本史学	4	75(27)	75(27)	24(8)	3.1
				アジア史	2	18(6)	18(6)	10(3)	1.8
				西洋史学	1	42(17)	42(17)	7(3)	6.0
				考古学	1	18(5)	18(5)	8(3)	2.3
				地理学	1	58(11)	58(11)	18(2)	3.2

（表つづく）

日程	学部	方式	学科等	募集人員	志願者数	受験者数	合格者数	競争率
前期日程	文	5科目	心理社会 臨床心理学	2	60(31)	60(31)	13(9)	4.6
			心理社会 現代社会学	2	67(43)	67(43)	19(11)	3.5
			心理社会 哲学	2	60(22)	60(22)	24(8)	2.5
	理工	3教科	電気電子生命 電気電子工学	9	539(48)	539(48)	193(17)	2.8
			電気電子生命 生命理工学	3	216(55)	216(55)	93(25)	2.3
			機械工	5	609(48)	605(48)	219(20)	2.8
			機械情報工	6	537(61)	535(61)	200(18)	2.7
			情報科	7	902(94)	897(94)	290(19)	3.1
		4教科	電気電子生命 電気電子工学	5	308(41)	307(41)	109(13)	2.8
			電気電子生命 生命理工学	2	176(70)	175(70)	81(40)	2.2
			機械工	7	440(50)	434(50)	198(23)	2.2
			建築	12	866(318)	866(318)	231(88)	3.7
			応用化	7	768(282)	768(282)	257(87)	3.0
			情報科	7	597(97)	596(97)	182(30)	3.3
			数	6	297(45)	294(45)	137(23)	2.1
			物理	6	477(67)	477(67)	192(28)	2.5
	農		農	12	522(224)	516(224)	207(86)	2.5
			農芸化	12	398(265)	396(265)	156(99)	2.5
			生命科	15	683(342)	674(339)	268(129)	2.5
			食料環境政策	16	389(202)	388(202)	128(73)	3.0
	経営	3科目	経営 会計 公共経営	25	1,786(649)	1,780(645)	291(121)	6.1
		4科目	経営 会計 公共経営	25	745(247)	745(247)	232(81)	3.2
	情報コミュニケーション	3科目	情報コミュニケーション	30	1,246(607)	1,235(602)	216(108)	5.7
		6科目	情報コミュニケーション	10	312(144)	312(144)	156(71)	2.0
	国際日本	3科目	国際日本	20	954(654)	953(654)	285(195)	3.3
		5科目	国際日本	10	547(307)	547(307)	233(120)	2.3
	総合数理		現象数理	7	220(41)	217(41)	72(15)	3.0
			先端メディアサイエンス	10	411(121)	404(118)	71(21)	5.7
			ネットワークデザイン	4	158(32)	157(32)	52(11)	3.0

(表つづく)

学部・方式・学科等				募集人員	志願者数	受験者数	合格者数	競争率
後期日程	商	商		30	99(31)	96(30)	32(5)	3.0
	理工	電気電子生命	電気電子工学	3	48(4)	48(4)	24(1)	2.0
			生命理工学	2	34(9)	34(9)	13(3)	2.6
		機械情報工		3	31(3)	31(3)	14(0)	2.2
		建築		2	44(12)	44(12)	12(2)	3.7
		応用化		2	42(21)	41(21)	8(4)	5.1
		情報科		2	57(10)	57(10)	8(1)	7.1
		数		2	31(6)	31(6)	10(0)	3.1
		物理		2	35(4)	35(4)	9(1)	3.9
	総合数理	現象数理		1	22(6)	22(6)	2(1)	11.0
		先端メディアサイエンス		1	43(16)	43(16)	5(2)	8.6
		ネットワークデザイン		1	37(11)	37(11)	2(0)	18.5
合計				779	27,784(10,074)	27,656(10,038)	9,157(3,250)	—

2022 年度 入試状況

■■学部別入試

（　）内は女子内数

学部・学科等			募集人員	志願者数	受験者数	合格者数	競争率
法	法律		375	4,739(1,582)	3,996(1,312)	844(303)	4.7
商	学部別		485	7,568(2,246)	6,664(1,954)	1,628(468)	4.1
商	英語4技能試験利用		15	910(425)	798(365)	150(60)	5.3
政治経済	政治		105	1,377(427)	1,284(391)	508(172)	2.5
政治経済	経済		290	3,685(685)	3,490(648)	1,329(252)	2.6
政治経済	地域行政		70	632(201)	598(189)	189(56)	3.2
文	文	日本文学	70	994(550)	889(492)	216(126)	4.1
文	文	英米文学	68	736(355)	660(317)	210(105)	3.1
文	文	ドイツ文学	23	355(160)	319(146)	85(44)	3.8
文	文	フランス文学	24	325(183)	295(167)	76(45)	3.9
文	文	演劇学	29	317(238)	270(201)	56(40)	4.8
文	文	文芸メディア	43	694(435)	621(394)	138(96)	4.5
文	史学地理	日本史学	51	753(232)	672(205)	134(32)	5.0
文	史学地理	アジア史	20	218(81)	187(66)	63(14)	3.0
文	史学地理	西洋史学	32	458(138)	384(108)	98(27)	3.9
文	史学地理	考古学	24	277(100)	242(84)	63(16)	3.8
文	史学地理	地理学	27	312(77)	273(63)	71(15)	3.8
文	心理社会	臨床心理学	24	588(363)	512(315)	90(56)	5.7
文	心理社会	現代社会学	26	588(337)	517(298)	108(64)	4.8
文	心理社会	哲学	20	288(114)	251(97)	62(21)	4.0
理工	電気電子生命	電気電子工学	80	1,079(74)	1,028(69)	320(18)	3.2
理工	電気電子生命	生命理工学	27	316(83)	295(77)	131(36)	2.3
理工	機械工		75	1,377(109)	1,305(103)	480(44)	2.7
理工	機械情報工		66	706(50)	671(48)	274(19)	2.4
理工	建築		88	1,669(501)	1,597(482)	326(105)	4.9
理工	応用化		60	1,259(330)	1,204(316)	472(129)	2.6
理工	情報科		65	1,706(175)	1,621(168)	375(28)	4.3
理工	数		32	394(42)	373(39)	155(14)	2.4
理工	物理		35	673(64)	637(58)	253(18)	2.5

（表つづく）

<table>
<tr><th colspan="3">学部・学科等</th><th>募集人員</th><th>志願者数</th><th>受験者数</th><th>合格者数</th><th>競争率</th></tr>
<tr><td rowspan="4">農</td><td colspan="2">農</td><td>90</td><td>1,132(406)</td><td>942(323)</td><td>297(110)</td><td>3.2</td></tr>
<tr><td colspan="2">農芸化</td><td>90</td><td>852(524)</td><td>698(420)</td><td>250(166)</td><td>2.8</td></tr>
<tr><td colspan="2">生命科</td><td>92</td><td>1,081(467)</td><td>916(404)</td><td>306(133)</td><td>3.0</td></tr>
<tr><td colspan="2">食料環境政策</td><td>79</td><td>1,108(430)</td><td>996(376)</td><td>211(91)</td><td>4.7</td></tr>
<tr><td rowspan="6">経営</td><td rowspan="3">3科目</td><td>経営</td><td rowspan="3">342</td><td rowspan="3">6,316(1,781)</td><td rowspan="3">6,041(1,693)</td><td rowspan="3">1,638(435)</td><td rowspan="3">3.7</td></tr>
<tr><td>会計</td></tr>
<tr><td>公共経営</td></tr>
<tr><td rowspan="3">英語4技能試験活用</td><td>経営</td><td rowspan="3">40</td><td rowspan="3">337(135)</td><td rowspan="3">327(129)</td><td rowspan="3">96(34)</td><td rowspan="3">3.4</td></tr>
<tr><td>会計</td></tr>
<tr><td>公共経営</td></tr>
<tr><td>情報コミュニケーション</td><td colspan="2">情報コミュニケーション</td><td>392</td><td>4,887(2,143)</td><td>4,741(2,100)</td><td>1,078(460)</td><td>4.4</td></tr>
<tr><td rowspan="2">国際日本</td><td colspan="2">3科目</td><td>130</td><td>2,420(1,525)</td><td>2,335(1,475)</td><td>681(441)</td><td>3.4</td></tr>
<tr><td colspan="2">英語4技能試験活用</td><td>100</td><td>1,516(992)</td><td>1,476(962)</td><td>664(421)</td><td>2.2</td></tr>
<tr><td rowspan="3">総合数理</td><td colspan="2">現象数理</td><td>35</td><td>717(132)</td><td>574(107)</td><td>97(13)</td><td>5.9</td></tr>
<tr><td colspan="2">先端メディアサイエンス</td><td>51</td><td>889(216)</td><td>749(173)</td><td>101(14)</td><td>7.4</td></tr>
<tr><td colspan="2">ネットワークデザイン</td><td>28</td><td>494(74)</td><td>414(62)</td><td>55(5)</td><td>7.5</td></tr>
<tr><td colspan="3">合計</td><td>3,818</td><td>56,742(19,182)</td><td>51,862(17,396)</td><td>14,378(4,746)</td><td>—</td></tr>
</table>

(備考)数値には追加合格・補欠合格・特別措置を含む。

■■全学部統一入試

（　）内は女子内数

学部・学科等			募集人員	志願者数	受験者数	合格者数	競争率
法	法律		115	2,348(818)	2,224(772)	687(215)	3.2
商	商		80	1,674(569)	1,607(546)	332(109)	4.8
政治経済	政治		20	427(134)	407(128)	101(33)	4.0
	経済		50	1,399(316)	1,330(291)	253(55)	5.3
	地域行政		20	458(154)	443(149)	68(29)	6.5
文	文	日本文学	16	356(196)	343(190)	70(42)	4.9
		英米文学	18	281(165)	272(158)	93(55)	2.9
		ドイツ文学	7	118(56)	113(54)	24(12)	4.7
		フランス文学	8	201(113)	191(104)	39(17)	4.9
		演劇学	8	152(115)	145(109)	40(29)	3.6
		文芸メディア	7	279(187)	265(180)	61(38)	4.3
	史学地理	日本史学	15	325(102)	314(98)	78(27)	4.0
		アジア史	6	82(30)	78(29)	30(17)	2.6
		西洋史学	8	176(62)	171(60)	43(15)	4.0
		考古学	6	133(51)	128(50)	30(10)	4.3
		地理学	11	236(58)	231(56)	40(12)	5.8
	心理社会	臨床心理学	11	313(200)	302(192)	63(39)	4.8
		現代社会学	10	296(184)	287(181)	55(29)	5.2
		哲学	8	140(50)	133(47)	30(8)	4.4
理工	電気電子生命	電気電子工学	20	404(24)	366(24)	120(13)	3.1
		生命理工学	10	153(55)	141(50)	55(19)	2.6
	機械工		12	347(28)	318(23)	109(11)	2.9
	機械情報工		17	289(26)	270(24)	96(9)	2.8
	建築		19	514(152)	473(144)	99(33)	4.8
	応用化		12	327(103)	306(97)	105(44)	2.9
	情報科		12	532(69)	482(63)	76(11)	6.3
	数		10	158(20)	149(19)	52(6)	2.9
	物理		5	189(18)	177(17)	52(1)	3.4
農	3科目	農	15	411(163)	385(149)	90(41)	4.3
		農芸化	15	336(222)	314(211)	62(44)	5.1
		生命科	10	341(133)	311(127)	58(23)	5.4
		食料環境政策	5	245(103)	239(98)	34(15)	7.0
	英語4技能3科目	農	5	119(52)	114(50)	25(9)	4.6
		農芸化	5	163(116)	156(110)	31(23)	5.0
		生命科	5	142(76)	135(75)	21(16)	6.4
		食料環境政策	3	196(106)	190(103)	22(14)	8.6

（表つづく）

学部・学科等			募集人員	志願者数	受験者数	合格者数	競争率
経　営	3科目	経　営	27	833(282)	792(265)	158(54)	5.0
		会　計					
		公共経営					
	英語4技能3科目	経　営	3	480(202)	461(194)	59(20)	7.8
		会　計					
		公共経営					
情報コミュニケーション	情報コミュニケーション		25	1,204(615)	1,154(595)	151(83)	7.6
国際日本	3　科　目		10	750(474)	722(454)	60(29)	12.0
	英語4技能3科目		18	940(596)	915(578)	120(71)	7.6
総合数理	3科目	現象数理	4	63(19)	57(17)	13(1)	4.4
		先端メディアサイエンス	4	58(29)	53(28)	5(3)	10.6
	4科目	現象数理	12	174(37)	166(36)	56(12)	3.0
		先端メディアサイエンス	20	332(92)	313(89)	57(14)	5.5
		ネットワークデザイン	27	265(44)	249(42)	77(21)	3.2
	英語4技能4科目	現象数理	1	52(11)	51(11)	14(5)	3.6
		先端メディアサイエンス	2	99(32)	96(31)	11(3)	8.7
		ネットワークデザイン	1	76(20)	72(18)	5(1)	14.4
合　計			758	19,586(7,479)	18,611(7,136)	4,030(1,440)	―

(備考)数値には特別措置を含む。

2021 年度 入試状況

■学部別入試

（　）内は女子内数

学部・学科等			募集人員	志願者数	受験者数	合格者数	競争率
法	法律		375	4,528(1,467)	3,935(1,259)	＊ 1,106(382)	3.6
商	学部別		485	8,158(2,286)	7,290(2,061)	＊ 1,467(395)	5.0
	英語4技能試験利用		15	982(422)	870(366)	＊ 140(48)	6.2
政治経済	政治		105	1,611(422)	1,519(394)	＊ 460(132)	3.3
	経済		290	3,484(581)	3,293(551)	＊ 1,057(185)	3.1
	地域行政		70	486(138)	464(132)	＊ 145(44)	3.2
文	文	日本文学	70	963(512)	867(467)	＊ 214(121)	4.1
		英米文学	68	783(388)	717(359)	＊ 198(88)	3.6
		ドイツ文学	23	244(129)	224(116)	＊ 89(50)	2.5
		フランス文学	24	227(119)	203(106)	＊ 70(30)	2.9
		演劇学	29	348(250)	313(227)	＊ 58(43)	5.4
		文芸メディア	43	622(363)	553(321)	＊ 122(74)	4.5
	史学地理	日本史学	51	707(179)	633(154)	148(30)	4.3
		アジア史	20	233(94)	196(78)	＊ 58(21)	3.4
		西洋史学	32	511(159)	458(139)	101(45)	4.5
		考古学	24	216(73)	189(60)	＊ 55(19)	3.4
		地理学	27	228(49)	194(41)	60(18)	3.2
	心理社会	臨床心理学	24	480(301)	418(258)	＊ 84(53)	5.0
		現代社会学	26	597(291)	540(266)	113(59)	4.8
		哲学	20	255(97)	219(83)	＊ 48(19)	4.6
理工	電気電子生命	電気電子工学	80	939(58)	903(57)	＊ 318(17)	2.8
		生命理工学	27	367(108)	349(103)	＊ 116(36)	3.0
	機械工		75	1,366(79)	1,304(72)	＊ 495(28)	2.6
	機械情報工		66	698(41)	671(41)	＊ 241(20)	2.8
	建築		88	1,534(437)	1,475(416)	＊ 422(113)	3.5
	応用化		60	1,093(305)	1,046(283)	＊ 443(126)	2.4
	情報科		65	1,743(167)	1,643(152)	＊ 353(27)	4.7
	数		32	446(48)	425(47)	＊ 163(19)	2.6
	物理		35	549(59)	521(56)	＊ 232(24)	2.2

（表つづく）

学部・学科等			募集人員	志願者数	受験者数	合格者数	競争率
農	農		90	987(　364)	785(　274)	＊　269(　93)	2.9
	農芸化		90	698(　422)	571(　333)	＊　210(　135)	2.7
	生命科		92	1,142(　523)	939(　421)	＊　279(　127)	3.4
	食料環境政策		79	929(　350)	844(　308)	＊　166(　65)	5.1
経営	3科目	経営	342	6,245(1,633)	5,977(1,566)	＊1,629(　412)	3.7
		会計					
		公共経営					
	英語4技能試験活用	経営	40	373(　177)	363(　171)	＊　102(　52)	3.6
		会計					
		公共経営					
情報コミュニケーション	情報コミュニケーション		392	4,646(1,889)	4,500(1,842)	＊1,213(　511)	3.7
国際日本	3科目		130	2,606(1,506)	2,534(1,467)	＊　564(　334)	4.5
	英語4技能試験活用		100	1,168(　702)	1,144(　689)	＊　532(　325)	2.2
総合数理	現象数理		35	581(　89)	496(　75)	＊　100(　12)	5.0
	先端メディアサイエンス		51	998(　244)	871(　204)	＊　112(　24)	7.8
	ネットワークデザイン		28	438(　70)	356(　57)	＊　42(　6)	8.5
合計			3,818	55,209(17,591)	50,812(16,072)	＊13,794(4,362)	—

(備考)合格者数に＊がある場合，追加合格・補欠合格・特別措置を含む。

■全学部統一入試

（　）内は女子内数

学部・学科等			募集人員	志願者数	受験者数	合格者数	競争率
法		法律	115	2,053(702)	1,964(667)	* 469(151)	4.2
商		商	80	1,530(473)	1,474(460)	* 213(57)	6.9
政治経済		政治	20	437(118)	415(114)	98(34)	4.2
		経済	50	880(178)	818(159)	* 250(39)	3.3
		地域行政	20	161(44)	157(43)	55(18)	2.9
文	文	日本文学	16	301(161)	283(153)	60(26)	4.7
		英米文学	18	354(192)	348(190)	75(33)	4.6
		ドイツ文学	7	76(44)	74(43)	16(10)	4.6
		フランス文学	8	66(42)	62(40)	22(15)	2.8
		演劇学	8	145(109)	138(103)	23(20)	6.0
		文芸メディア	7	213(129)	202(124)	30(17)	6.7
	史学地理	日本史学	15	263(84)	257(83)	56(18)	4.6
		アジア史	6	86(27)	82(27)	18(6)	4.6
		西洋史学	8	210(70)	203(69)	47(19)	4.3
		考古学	6	85(26)	81(25)	19(6)	4.3
		地理学	11	111(26)	109(26)	44(8)	2.5
	心理社会	臨床心理学	11	224(138)	214(136)	37(22)	5.8
		現代社会学	10	229(110)	218(106)	45(20)	4.8
		哲学	8	99(37)	91(33)	21(4)	4.3
理工	電気電子生命	電気電子工学	20	246(15)	227(15)	80(3)	2.8
		生命理工学	10	123(41)	110(38)	* 45(16)	2.4
		機械工	12	326(17)	291(16)	91(4)	3.2
		機械情報工	17	234(17)	226(17)	78(5)	2.9
		建築	19	432(112)	396(95)	108(28)	3.7
		応用化	12	286(85)	261(73)	95(26)	2.7
		情報科	12	574(61)	523(56)	* 69(7)	7.6
		数	10	177(25)	169(20)	47(7)	3.6
		物理	5	169(21)	146(17)	47(3)	3.1
農	3科目	農	15	332(132)	309(123)	* 78(29)	4.0
		農芸化	15	227(150)	213(143)	60(35)	3.6
		生命科	10	331(152)	297(136)	60(26)	5.0
		食料環境政策	5	184(73)	175(67)	25(5)	7.0
	英語4技能3科目	農	5	132(59)	123(55)	21(9)	5.9
		農芸化	5	93(65)	90(63)	26(17)	3.5
		生命科	5	124(65)	110(57)	15(8)	7.3
		食料環境政策	3	116(57)	113(55)	17(8)	6.6

（表つづく）

学部・学科等			募集人員	志願者数	受験者数	合格者数	競争率
経　営	3科目	経　営	27	757(236)	718(226)	＊ 50(13)	14.4
		会　計					
		公共経営					
	英語4技能3科目	経　営	3	483(207)	465(199)	25(9)	18.6
		会　計					
		公共経営					
情報コミュニケーション	情報コミュニケーション		25	1,113(526)	1,073(511)	＊ 121(42)	8.9
国際日本	3　科　目		10	605(375)	585(364)	74(33)	7.9
	英語4技能3科目		18	751(462)	736(453)	108(59)	6.8
総合数理	3科目	現象数理	4	49(13)	46(13)	9(3)	5.1
		先端メディアサイエンス	6	61(22)	52(21)	7(3)	7.4
	4科目	現象数理	12	164(25)	156(21)	43(8)	3.6
		先端メディアサイエンス	20	321(93)	304(91)	41(8)	7.4
		ネットワークデザイン	27	244(43)	239(42)	71(16)	3.4
	英語4技能4科目	現象数理	1	47(7)	47(7)	9(4)	5.2
		先端メディアサイエンス	2	60(18)	59(17)	5(4)	11.8
		ネットワークデザイン	1	58(12)	55(12)	19(4)	2.9
合　計			760	16,342(5,896)	15,504(5,624)	＊3,142(965)	—

(備考)合格者数に＊がある場合，特別措置を含む。

合格最低点（学部別・全学部統一入試）

2023 年度　合格最低点

■学部別入試

学部・学科等			満点	合格最低点	合格最低得点率
法	法律		350	222	63.4
商	学部別		350	238	68.0
	英語4技能試験利用		550	388	70.5
政治経済	政治		350	240	68.6
	経済		350	233	66.6
	地域行政		350	227	64.9
文	文	日本文学	300	209	69.7
		英米文学	300	201	67.0
		ドイツ文学	300	196	65.3
		フランス文学	300	198	66.0
		演劇学	300	204	68.0
		文芸メディア	300	213	71.0
	史学地理	日本史学	300	211	70.3
		アジア史	300	202	67.3
		西洋史学	300	211	70.3
		考古学	300	200	66.7
		地理学	300	200	66.7
	心理社会	臨床心理学	300	216	72.0
		現代社会学	300	214	71.3
		哲学	300	211	70.3
理工	電気電子生命	電気電子工学	360	233	64.7
		生命理工学	360	243	67.5
	機械工		360	236	65.6
	機械情報工		360	245	68.1
	建築		360	257	71.4
	応用化		360	244	67.8
	情報科		360	259	71.9
	数		360	235	65.3
	物理		360	247	68.6

（表つづく）

学部・学科等			満点	合格最低点	合格最低得点率
農		農	450	263	58.4
		農芸化	450	263	58.4
		生命科	450	268	59.6
		食料環境政策	450	300	66.7
経営	3科目	経営	350	211	60.3
		会計			
		公共経営			
	英語4技能試験活用	経営	230	128	55.7
		会計			
		公共経営			
情報コミュニケーション		情報コミュニケーション	300	203	67.7
国際日本		3科目	450	354	78.7
		英語4技能試験活用	250	186	74.4
総合数理		現象数理	320	228	71.3
		先端メディアサイエンス	320	238	74.4
		ネットワークデザイン	320	235	73.4

■全学部統一入試

学部・学科等			満点	合格最低点	合格最低得点率
法	法律		300	211	70.3
商	商		450	312	69.3
政治経済	政治		350	251	71.7
	経済		350	243	69.4
	地域行政		350	234	66.9
文	文	日本文学	300	212	70.7
		英米文学	300	206	68.7
		ドイツ文学	300	209	69.7
		フランス文学	300	202	67.3
		演劇学	300	207	69.0
		文芸メディア	300	218	72.7
	史学地理	日本史学	300	211	70.3
		アジア史	300	209	69.7
		西洋史学	300	214	71.3
		考古学	300	205	68.3
		地理学	300	205	68.3
	心理社会	臨床心理学	300	218	72.7
		現代社会学	300	207	69.0
		哲学	300	215	71.7
理工	電気電子生命	電気電子工学	400	237	59.3
		生命理工学	400	249	62.3
	機械工		400	246	61.5
	機械情報工		400	250	62.5
	建築		400	269	67.3
	応用化		400	270	67.5
	情報科		400	284	71.0
	数		400	234	58.5
	物理		400	248	62.0
農	3科目	農	300	190	63.3
		農芸化	300	198	66.0
		生命科	300	196	65.3
		食料環境政策	300	208	69.3
	英語4技能3科目	農	300	241	80.3
		農芸化	300	233	77.7
		生命科	300	241	80.3
		食料環境政策	300	241	80.3

(表つづく)

学部・学科等			満点	合格最低点	合格最低得点率
経営	3科目	経営	350	258	73.7
		会計			
		公共経営			
	英語4技能3科目	経営	350	310	88.6
		会計			
		公共経営			
情報コミュニケーション	情報コミュニケーション		350	250	71.4
国際日本	3科目		400	300	75.0
	英語4技能3科目		400	353	88.3
総合数理	3科目	現象数理	400	250	62.5
		先端メディアサイエンス	400	287	71.8
	4科目	現象数理	500	303	60.6
		先端メディアサイエンス	500	350	70.0
		ネットワークデザイン	500	301	60.2
	英語4技能4科目	現象数理	400	291	72.8
		先端メディアサイエンス	400	314	78.5
		ネットワークデザイン	400	275	68.8

2022 年度　合格最低点

■学部別入試

学部・学科等			満点	合格最低点	合格最低得点率
法	法律		350	238	68.0
商	学部別		350	243	69.4
	英語4技能試験利用		550	401	72.9
政治経済	政治		350	221	63.1
	経済		350	216	61.7
	地域行政		350	217	62.0
文	文	日本文学	300	183	61.0
		英米文学	300	177	59.0
		ドイツ文学	300	176	58.7
		フランス文学	300	174	58.0
		演劇学	300	182	60.7
		文芸メディア	300	187	62.3
	史学地理	日本史学	300	190	63.3
		アジア史	300	184	61.3
		西洋史学	300	194	64.7
		考古学	300	178	59.3
		地理学	300	183	61.0
	心理社会	臨床心理学	300	184	61.3
		現代社会学	300	192	64.0
		哲学	300	186	62.0
理工	電気電子生命	電気電子工学	360	246	68.3
		生命理工学	360	236	65.6
	機械工		360	248	68.9
	機械情報工		360	241	66.9
	建築		360	265	73.6
	応用化		360	240	66.7
	情報科		360	261	72.5
	数		360	239	66.4
	物理		360	255	70.8

（表つづく）

学部・学科等			満点	合格最低点	合格最低得点率
農	農		450	257	57.1
	農芸化		450	257	57.1
	生命科		450	262	58.2
	食料環境政策		450	295	65.6
経営	3科目	経営	350	225	64.3
		会計			
		公共経営			
	英語4技能試験活用	経営	230	132	57.4
		会計			
		公共経営			
情報コミュニケーション	情報コミュニケーション		300	187	62.3
国際日本	3科目		450	338	75.1
	英語4技能試験活用		250	173	69.2
総合数理	現象数理		320	191	59.7
	先端メディアサイエンス		320	195	60.9
	ネットワークデザイン		320	181	56.6

■■全学部統一入試

学部・学科等			満点	合格最低点	合格最低得点率
法	法律		300	222	74.0
商	商		450	350	77.8
政治経済	政治		350	275	78.6
	経済		350	274	78.3
	地域行政		350	268	76.6
文	文	日本文学	300	226	75.3
		英米文学	300	216	72.0
		ドイツ文学	300	221	73.7
		フランス文学	300	218	72.7
		演劇学	300	219	73.0
		文芸メディア	300	230	76.7
	史学地理	日本史学	300	231	77.0
		アジア史	300	222	74.0
		西洋史学	300	227	75.7
		考古学	300	224	74.7
		地理学	300	225	75.0
	心理社会	臨床心理学	300	224	74.7
		現代社会学	300	230	76.7
		哲学	300	224	74.7
理工	電気電子生命	電気電子工学	400	280	70.0
		生命理工学	400	276	69.0
	機械工		400	286	71.5
	機械情報工		400	286	71.5
	建築		400	302	75.5
	応用化		400	290	72.5
	情報科		400	321	80.3
	数		400	293	73.3
	物理		400	299	74.8
農	3科目	農	300	219	73.0
		農芸化	300	225	75.0
		生命科	300	228	76.0
		食料環境政策	300	230	76.7
	英語4技能3科目	農	300	232	77.3
		農芸化	300	243	81.0
		生命科	300	250	83.3
		食料環境政策	300	250	83.3

（表つづく）

学部・学科等			満点	合格最低点	合格最低得点率
経営	3科目	経営	350	264	75.4
		会計			
		公共経営			
	英語4技能3科目	経営	350	303	86.6
		会計			
		公共経営			
情報コミュニケーション	情報コミュニケーション		350	274	78.3
国際日本	3科目		400	326	81.5
	英語4技能3科目		400	353	88.3
総合数理	3科目	現象数理	400	270	67.5
		先端メディアサイエンス	400	300	75.0
	4科目	現象数理	500	363	72.6
		先端メディアサイエンス	500	383	76.6
		ネットワークデザイン	500	344	68.8
	英語4技能4科目	現象数理	400	318	79.5
		先端メディアサイエンス	400	330	82.5
		ネットワークデザイン	400	324	81.0

2021 年度　合格最低点

■学部別入試

学部・学科等			満点	合格最低点	合格最低得点率
法	法律		350	255	72.9
商	学部別		350	217	62.0
商	英語4技能試験利用		550	353	64.2
政治経済	政治		350	225	64.3
政治経済	経済		350	221	63.1
政治経済	地域行政		350	216	61.7
文	文	日本文学	300	194	64.7
文	文	英米文学	300	194	64.7
文	文	ドイツ文学	300	177	59.0
文	文	フランス文学	300	183	61.0
文	文	演劇学	300	197	65.7
文	文	文芸メディア	300	199	66.3
文	史学地理	日本史学	300	204	68.0
文	史学地理	アジア史	300	200	66.7
文	史学地理	西洋史学	300	201	67.0
文	史学地理	考古学	300	181	60.3
文	史学地理	地理学	300	187	62.3
文	心理社会	臨床心理学	300	201	67.0
文	心理社会	現代社会学	300	205	68.3
文	心理社会	哲学	300	196	65.3
理工	電気電子生命	電気電子工学	360	227	63.1
理工	電気電子生命	生命理工学	360	237	65.8
理工	機械工		360	233	64.7
理工	機械情報工		360	231	64.2
理工	建築		360	244	67.8
理工	応用化		360	239	66.4
理工	情報科		360	259	71.9
理工	数		360	231	64.2
理工	物理		360	235	65.3

（表つづく）

学部・学科等			満点	合格最低点	合格最低得点率
農		農	360	218	60.6
		農芸化	360	227	63.1
		生命科	360	232	64.4
		食料環境政策	360	251	69.7
経営	3科目	経営	350	219	62.6
		会計			
		公共経営			
	英語4技能試験活用	経営	230	135	58.7
		会計			
		公共経営			
情報コミュニケーション		情報コミュニケーション	300	199	66.3
国際日本		3科目	450	342	76.0
		英語4技能試験活用	250	166	66.4
総合数理		現象数理	320	187	58.4
		先端メディアサイエンス	320	203	63.4
		ネットワークデザイン	320	186	58.1

■全学部統一入試

学部・学科等			満点	合格最低点	合格最低得点率
法	法律		300	210	70.0
商	商		450	325	72.2
政治経済	政治		350	254	72.6
	経済		350	240	68.6
	地域行政		350	230	65.7
文	文	日本文学	300	210	70.0
		英米文学	300	210	70.0
		ドイツ文学	300	204	68.0
		フランス文学	300	198	66.0
		演劇学	300	209	69.7
		文芸メディア	300	218	72.7
	史学地理	日本史学	300	211	70.3
		アジア史	300	210	70.0
		西洋史学	300	215	71.7
		考古学	300	202	67.3
		地理学	300	198	66.0
	心理社会	臨床心理学	300	213	71.0
		現代社会学	300	214	71.3
		哲学	300	210	70.0
理工	電気電子生命	電気電子工学	400	274	68.5
		生命理工学	400	279	69.8
	機械工		400	292	73.0
	機械情報工		400	283	70.8
	建築		400	290	72.5
	応用化		400	284	71.0
	情報科		400	310	77.5
	数		400	284	71.0
	物理		400	288	72.0
農	3科目	農	300	209	69.7
		農芸化	300	214	71.3
		生命科	300	213	71.0
		食料環境政策	300	210	70.0
	英語4技能3科目	農	300	241	80.3
		農芸化	300	236	78.7
		生命科	300	250	83.3
		食料環境政策	300	232	77.3

（表つづく）

学部・学科等			満点	合格最低点	合格最低得点率
経営	3科目	経営	350	264	75.4
		会計			
		公共経営			
	英語4技能3科目	経営	350	300	85.7
		会計			
		公共経営			
情報コミュニケーション	情報コミュニケーション		350	259	74.0
国際日本	3科目		400	290	72.5
	英語4技能3科目		400	341	85.3
総合数理	3科目	現象数理	400	249	62.3
		先端メディアサイエンス	400	268	67.0
	4科目	現象数理	500	356	71.2
		先端メディアサイエンス	500	379	75.8
		ネットワークデザイン	500	341	68.2
	英語4技能4科目	現象数理	400	323	80.8
		先端メディアサイエンス	400	322	80.5
		ネットワークデザイン	400	287	71.8

募集要項（出願書類）の入手方法

一般選抜（学部別入試・全学部統一入試・大学入学共通テスト利用入試）はWeb出願となっており，パソコン・スマートフォン・タブレットから出願できます。詳細は一般選抜要項（大学ホームページにて11月上旬公開予定）をご確認ください。

問い合わせ先

〒101-8301　東京都千代田区神田駿河台1-1
明治大学　入学センター事務室
月曜～金曜：9：00～11：30，12：30～17：00
土　　曜：9：00～12：00
日曜・祝日：休　業
TEL　03-3296-4138
https://www.meiji.ac.jp/

合格体験記 募集

2024 年春に入学される方を対象に，本大学の「合格体験記」を募集します。お寄せいただいた合格体験記は，編集部で選考の上，小社刊行物やウェブサイト等に掲載いたします。お寄せいただいた方には小社規定の謝礼を進呈いたしますので，ふるってご応募ください。

応募方法

下記 URL または QR コードより応募サイトにアクセスできます。
ウェブフォームに必要事項をご記入の上，ご応募ください。
折り返し執筆要領をメールにてお送りします。
(※入学が決まっている一大学のみ応募できます)

⇨ **http://akahon.net/exp/**

応募の締め切り

総合型選抜・学校推薦型選抜	2024 年 2 月 23 日
私立大学の一般選抜	2024 年 3 月 10 日
国公立大学の一般選抜	2024 年 3 月 24 日

受験川柳

応募方法

受験にまつわる川柳を募集します。
入選者には賞品を進呈！　ふるってご応募ください。

http://akahon.net/senryu/ にアクセス！

在学生メッセージ

大学ってどんなところ？　大学生活ってどんな感じ？
ちょっと気になることを，在学生に聞いてみました。

（注）以下の内容は 2020～2022 年度入学生のアンケート回答に基づくものです。ここで触れられている内容は今後変更となる場合もありますのでご注意ください。

大学生になったと実感！

高校までと違って履修科目を自分で決めるので，時間割が一人ひとり異なることです。高校は決まったクラスでほとんどの授業を受けるけれど，大学は授業ごとに違う人たちが集まるので，とてもたくさんの友達ができます。（M. H. さん）

高校と比べて学生数が圧倒的に異なります。和泉キャンパスは文系学部の 1・2 年生が通うキャンパスで大体 10,000 人ほどが在籍しているので，人の多さに圧倒されます。さらに多様な経歴を持った学生がいます。出身も北海道から沖縄までさまざまです。そして髪を染めたりパーマをかけられるようになったことも大学生になったと実感したことです。高校のときは染めるのはもちろん，ツーブロックも禁止だったので，染めたりパーマをかけてもいい自由を手に入れられたことが嬉しいです（笑）。（R. M. さん）

勉強する内容が変わったなと感じました。高校までは一つの問いに対して一つの答えがあるものが大半でしたが，大学では一つの問いに対して人それぞれ違った答えがあるような問いを学んでいます。（R. N. さん）

——メッセージを書いてくれた先輩方——

《商学部》A. N. さん／R. M. さん　《政治経済学部》R. I. さん
《経営学部》M. H. さん／R. N. さん

大学生活に必要なもの

パソコンは必要だと思います。また，私は授業のノートを取ったり，教科書に書き込む用の iPad を買いました。パソコンを持ち歩くより楽だし，勉強のモチベーションも上がるのでおすすめです！（M. H. さん）

パソコンと責任です。パソコンは持っていない人を見たことがないくらいです。Windows，MacBook どちらでもいいと思います。明治大学では最初にインターネットについての講座を視聴すれば無料で Office ソフトがもらえたので，私は MacBook Air を使っています。また，大学生は自由度が大きい分，責任が伴うので，体調面，金銭面，人間関係で問題を起こさないように気をつけています。（R. M. さん）

パソコンとタブレットです。レポートの作成はもちろんのこと，教科書の代わりに電子資料が配られる授業も多いです。タブレットもあると資料やノートの整理がしやすくなり，授業が受けやすくなりました。（R. N. さん）

この授業がおもしろい！

ネイティブスピーカーによる英語の授業です。発音などを教えてくれるので，高校まででではあまり学べなかった，実際に「話す」ということにつながる内容だと思います。また，授業中にゲームや話し合いをすることも多いので，友達もたくさん作れます!!（M. H. さん）

大学の学びで困ったこと＆対処法

困ったのは，履修登録の勝手がわからず，1年生はほとんど受けていない授業などを取ってしまったことです。周りは2年生だし，友達同士で受講している人が多かったので課題やテストで苦しみました。しかし，違う学年でも話しかければ「最初，履修全然わかんないよね〜」と言って教えてくれました。何事も自分から動くことが大切だと思います。（M. H. さん）

受験勉強でやってきた勉強は答えがあったのですが，大学の勉強は一つの答えというよりも自分の考えを論理的に説明するようなものが多く，戸惑いました。また，自由な時間が増えたことにより，周りとなんとなく同じことをしておけば大丈夫という雰囲気のあった高校生活と異なり，自主性が求められるなと思いました。（R. N. さん）

部活・サークル活動

体同連のバスケットボール部に所属しています。週 2，3 回ほど，学年問わず仲良く活動しています。体同連は簡単にいうと体育会とサークルの中間に位置するもので，他の大学では二部体育会とも呼ばれています。監督やコーチはいませんが，上級生がメニューを考えて全員で練習します。練習中は学年関係なしに思ったことを率直に言える環境なのがとてもいいと思います。（R. M. さん）

軽音サークルに所属している。3 カ月に 1 回の頻度でライブがあり，ライブがある度にバンドを組み直して発表する。基本的にはバンド単位で活動し，サークル全体での活動はあまりないので，各自で自由に活動することができる。（R. I. さん）

交友関係は？

経営学部にはクラスがあり，特に週に 2 回ある語学の授業で毎回会う友達とはかなり仲が良くて，遊びに行ったり，空きコマでご飯に行ったりします。なお，サークルは男女関係なく集団で仲良くなれるので，高校までの友達の感覚とはちょっと違う気がします。サークルの先輩は高校の部活の先輩よりラフな感じです。気楽に話しかけることが大切だと思います！（M. H. さん）

友人は Twitter，先輩はサークル活動を通してつながりを持ちました。Twitter は受験が終わってから入れたのですが，「＃春から明治」と打つと大体プロフィール欄で進学予定の学部やどんなスポーツをやっていたかがわかるので，共通点を持っている人に話しかければ友人はできると思います。私は顔がわからないのが嫌だったので，ある程度仲良くなってから Instagram を交換して顔を確認していました。積極性が大事だと思います。（R. M. さん）

いま「これ」を頑張っています

アルバイトを頑張っています。接客業は特に社会勉強になると思います。言葉遣いなど学べることがたくさんあり，失敗することもありますが，いろいろな人と関わることで得るものは多いです。将来的に就活などで役立つと思います。（A. N. さん）

頑張っていることは読書と簿記です。読書は通学中の電車で読んだりしていて，習慣化できるように日々取り組んでいます。簿記は将来のことを考えて授業でとっていて，数学が苦手な私にとっては苦労することもありますが，周りの友人も一緒に勉強しているので，なんとか頑張れています。熱中していることはNetflixでの映画鑑賞です。洋画しか見ないのですが，字幕も音声も英語にして英語の勉強にも役立てています。（R. M. さん）

普段の生活で気をつけていることや心掛けていること

提出物の期限やテストの日程などを忘れないようにすることです。一人ひとり時間割が違うので，自分で気をつけていないと，忘れてしまって単位を落としてしまうということにもなりかねません。また，バイトやサークルなどの予定も増えるので，時間をうまく使うためにもスケジュール管理が大切です。（M. H. さん）

ストレスを溜めないことが大事だと思います。受験もそうですが，息抜きを入れないと長期的に考えたときにどこかでつまずく可能性があるので，ストレス発散を行うべきです。私は運動をしたりゲームをしたり，そのときの気分に最も適したストレス発散をしています。（R. M. さん）

受験期に体重が増えてしまったため，元の体重に戻すためジム通いを始めた。オンライン授業がメインのときはほぼ毎日ジムに通い詰め，元の体重に戻すことに成功した。運動する機会を定期的に作ることはよいことであると思うので，継続していきたい。（R. I. さん）

おススメ・お気に入りスポット

武蔵家というラーメン屋さんです。レディースラーメンというメニューがあって，具材はしっかり入っているけれど麺は半玉なので重たくなくて，女性でも食べ切れると思います。明治大学のすぐ近くにあり，お昼休みの時間は並んでいるので，空きコマなどを利用して時間をずらして行くのがおすすめです!!（M. H. さん）

食堂がお気に入りです。お昼休みの時間に友達と話をするためによく使っています。3階建てで席数も多く，綺麗なので快適です。Wi-Fiもあるので，パソコン作業をすることもできます。また，隣にコンビニがあるので食べたいものが基本的に何でもあり便利です。（A. N. さん）

下北沢である。空きコマが続くときは下北沢に行っている。特に平日の日中は人通りが少ないため，気楽に散策することができるので，とてもお気に入りの場所である。（R. I. さん）

入学してよかった！

たくさんの友達と出会えることです。明治大学では，自分でチャンスを探せばたくさんの人と出会えるし，コミュニティも広がると思います。また，図書館が綺麗で空きコマや放課後に作業するにも快適で気に入っています。ソファ席もたくさんあるので，仮眠も取れてとてもいいと思います。（M. H. さん）

メリハリがしっかりしている友人と出会えたことです。真面目なときは真面目に，遊ぶときは遊ぶ人が多いように思えます。勉強に関する話はレベルが高く，話していて学ぶことも多いです。明治大学に入って友人と話すことで，物事を多角的な視点で見ることができるようになったと思います。（A. N. さん）

OB・OGに有名人が多くいることです。私の家族はみんな巨人ファンで自宅のテレビでよくプロ野球中継を見るのですが，相手チームでも明治大出身の選手がいると，この人になら打たれたり，抑えられたりしても仕方ないかと思ったりします。私にも体育会のサッカー部のクラスメイトがいるので将来がとても楽しみです。私の父親も同校の卒業生で，OB・OGが活躍しているのを見ると母校愛を強く感じているようです。（R. M. さん）

高校生のときに「これ」をやっておけばよかった

制服で遊びに行ったり写真を撮ったりするのは高校生のうちしかできないし，今思い返してもすごく貴重な時間だったなと思うので，写真や動画を撮って形に残しておくことは大切だと思います。（M. H. さん）

英語の勉強をもっとしておけばと思いました。英語は大学生になっても，社会人になっても必要です。大学では英語の授業だけでなく，他の授業でも英語を読まなければならないときがあるので，とても大事です。高校生のときにちゃんと勉強しておくだけでだいぶ変わってくると思います。（A. N. さん）

読書です。高校生までほとんど本を読んだことがなく，読書感想文を書くときに仕方なく読むくらいでした。当時は図書カードほど不必要なものはないと思っていましたが，今となってはそのありがたみを強く感じます。受験勉強で本を読んでいる暇はないという人もいるかもしれませんが，本を読むことで自分自身の教養にもなるし，多面的な思考を持つようにもなり，それが受験にも使えたかもしれないので，休憩時間だけでも読んでおけばよかったと思っています。大学生になって本を読み始めたことで物事を客観的に捉えられるようになったので，高校生から読書の習慣をつけておかなかったことは後悔しています。（R. M. さん）

合格体験記

みごと合格を手にした先輩に，入試突破のためのカギを伺いました。入試までの限られた時間を有効に活用するために，ぜひ役立ててください。

（注）ここでの内容は，先輩が受験された当時のものです。2024 年度入試では当てはまらないこともありますのでご注意ください。

アドバイスをお寄せいただいた先輩

N. S. さん　商学部
学部別入試 2023 年度合格，東京都出身

合格のポイントは，どんなことがあっても常にいつもの自分でいたことです。受験生だからといって，特別何かを我慢するということはしませんでした。また，自分を責めたり過信したりすることもせず，ありのままの自分を受け入れました。精神的に不安定になると，体調を崩したり勉強に手がつかなくなったりしたので，勉強すること以上に精神の安定を大切にして，勉強の効率を上げることを意識していました。模試や入試の結果がどうであれ，その結果を次にどう活かすかが一番大切です。結果に一喜一憂せず，次につなげるものを一つでも多く探して，それを積み重ねていった先に合格があります。

何があるかわからない受験ですが，意外とどうにかなります。だから，多少の緊張感は持っていても，受験を恐れる必要はありません！

その他の合格大学　東京女子大（現代教養）

R. S. さん 政治経済学部（地域行政学科）
学部別入試 2023 年度合格，東京都出身

合格した先輩や先生の意見を取り入れることが合格のポイントです。スポーツや楽器のように，勉強も初めから上手くできる人などいません。受験を経験した先輩や先生の意見は，失敗談も含めて合格への正しい道を教えてくれると思います。全てを取り入れる必要はなく，多様な意見をまずは聞いてみて，試しながら取捨選択をしていくと，自ずと自分にとって最適な勉強法が確立できると思います。

その他の合格大学 明治大（文・経営），法政大（人間環境），東洋大（福祉社会デザイン〈共通テスト利用〉）

R. K. さん 文学部（史学地理学科地理学専攻）
全学部統一入試 2023 年度合格，埼玉県出身

自分の限界まで勉強したことがポイントだと思います。浪人が決まり受験勉強を始めた頃は，何度も勉強が嫌になってスマホに逃げてしまいそうになりましたが，「ここでスマホをいじったせいで不合格になったら一生後悔する」と自分に言い聞かせているうちに，だんだん受験勉強のみに専念できるようになりました。また，1日の生活を見直して無駄にしている時間はないかを考えて，勉強に充てられる時間を作り出しました。次第に参考書がボロボロになり，ペンがよく当たる指は皮が剝けたりペンだこになったりしました。自分で努力した証こそ試験会場で一番のお守りになると思うので，皆さんも頑張ってください！　応援しています！

その他の合格大学 明治大（政治経済，農），法政大（文），日本大（文理），駒澤大（文〈共通テスト利用〉）

I. M. さん　情報コミュニケーション学部
学部別入試 2023 年度合格，東京都出身

とにかく過去問が大事です。私は模試では毎回Ｅ判定でしたが，過去問を直前期まで解きまくって傾向に慣れることで合格をつかむことができました。できれば夏休みの終盤など，早めの段階で１年分解いてみるのがオススメです。

その他の合格大学　中央大（総合政策），法政大（社会），明治学院大（社会），東洋大（社会），専修大（人間科，商〈共通テスト利用〉）

S. O. さん　情報コミュニケーション学部
一般入試 2023 年度合格，埼玉県出身

この大学に絶対受かるぞ！という強い意志が合格のポイントだと思います。私は最後の模試がＥ判定でした。「このままだと受からないかもしれない」と何度も不安に思いました。しかし他の大学に行くことが考えられなかったので，必死で勉強しました。試験当日は緊張しすぎて一睡もできないまま本番を迎えることになったのですが，「自分が一番ここに行きたい気持ちが強いし，誰よりも過去問も解いた！」と自分に言い聞かせて，何とか緊張を乗り越えることができました。受験は先が見えず不安ばかりだと思いますが，それは周りの受験生も同じです。今までやってきたことを信じて，最大限の結果が出せるように頑張ってください！　応援しています。

その他の合格大学　明治大（文），中央大（文），武蔵大（社会〈共通テスト利用〉），東洋大（社会〈共通テスト利用〉），東京女子大（現代教養〈共通テスト利用〉）

入試なんでもQ＆A

受験生のみなさんからよく寄せられる，入試に関する疑問・質問に答えていただきました。

Q 「赤本」の効果的な使い方を教えてください。

A 私は科目によって赤本の使い方を変えていました。英語は，単語・文法がある程度固まったら，どんどん赤本を解いていきました。具体的なやり方としては，初めは時間を意識せずに何分かかってもいいから100点を取るんだという意識で解いていきました。最初は思ってる以上に時間がかかって苦しいと思うかもしれませんが，これを続けていくうちに時間を意識していないにもかかわらず，自然と速く正確に読むことが可能になっていきます。社会と国語は参考書を中心におき，その確認として赤本を使用していました。（R. S. さん／政治経済）

A 高3の春頃に赤本を購入し，勉強の息抜きに合格体験記を読んだりして，大学のことを知ることから始めました。問題は夏休みが終わった頃に解き始めました。第一志望の過去問は10年分解きました。直前期は直近5年分くらいの過去問をとにかく何周もして（最終的には問題と答えを覚えちゃうくらい），傾向に慣れました。特に英語は，問題量が多く速読力を要するため，同じ問題を解き直して完璧にするのはとても大事なことだと思います。（I. M. さん／情報コミュニケーション）

Q 1年間の学習スケジュールはどのようなものでしたか？

A 夏休みまではとにかく基礎固めに注力しました。単語帳や文法書は浮気せずに，1冊を仕上げるように心がけました。私の高校ではスタディサプリが利用できたので，古文や英語の文法などの基礎講座は夏休みまでに一通り見終えました。テキストなどもとてもわかりやすいものが多く，おすすめです。秋以降は過去問，模試の解き直しを中心に行いました。模試はどんなに疲れていても，終わったその日に解き直しをしていました。

直前期はとにかく直近5年分くらいの過去問を解きまくっていました。

(I. M. さん／情報コミュニケーション)

Q どのように学習計画を立て，受験勉強を進めていましたか？

A　計画は2週間単位で立てていました。内訳は，前半1週間で，できればやりたいという優先順位の低いことまで詰め込んでできる限り消化し，残った分は後半1週間に持ち越して，時間が余ればまた別の課題を入れました。私は達成できそうもない計画を立てる割には，計画を少しでも守れないと何もやる気が出なくなってしまうタイプだったので，計画には余裕をもたせることを強く意識しました。また，精神の安定のために，まとまった休憩時間を積極的に取るようにして，効率重視の勉強をしていました。

(N. S. さん／商)

Q 明治大学を攻略する上で，特に重要な科目は何ですか？
また，どのように勉強しましたか？

A　英語だと思います。量が多く，速読力が求められるので，早い段階から速読かつ精読の練習をしておくことが大切だと思います。オススメなのは音読です。音読をすることで，英文を頭から順番に解釈できる力がつくので，精読力と同時に速読力もつくと思います。ただ効果が出始めるまでに3カ月程度と時間がかかるので，めげずに続けることが大切です。また単語帳を使い，早いうちから語彙力をつけておくことも大切です。

(I. M. さん／情報コミュニケーション)

A　世界史などの暗記科目だと思います。特に私が受けた情報コミュニケーション学部は，国語が独特な問題が多く点数が安定しなかったので，世界史で安定した点数を取れるように対策しました。具体的には一問一答の答えをただ覚えるのではなく，問題文をそのまま頭に入れるつもりで覚えました。MARCHレベルになると，ただ用語を答えるのではなく思考力を問う問題が多いので，日頃から出来事や人物の結びつきを意識して覚えました。

(S. O. さん／情報コミュニケーション)

Q 時間をうまく使うためにしていた工夫があれば，教えてください。

A　1日のうちのどのタイミングでどの勉強をするか，ルーティン化して決めてしまうといいと思います。私の場合，朝起きたら音読，登校中は古典単語と文学史，食事中は地図帳，下校中は英単語をやることにしていました。本番ではできるだけ解答用紙から情報を集めることが大切です。問題の詳細はわからなくても，大問の数や記述の型が過去問と違っていたとき，試験開始までに心を落ち着かせ，解くスピードや順番を考えておけば焦らなくてすみます。　(R. K. さん／文)

Q 苦手な科目はどのように克服しましたか？

A　私は国語がとても苦手でした。自分の実力より少し上の大学の問題を解いて，間違えた原因や，どうすれば解けたのかを徹底的に復習して克服しました。国語は，面倒ではあるけれど復習が一番大事だと思います。ただダラダラたくさん問題を解くよりも，一つの問題を徹底的に復習するほうが合格への近道になると思います。私は復習することを怠っていたので，ずっと現代文の成績が伸びませんでした。けれど1月末に復習方法を理解してから，私大入試直前の2月になって正答率が一気に上がったので，面倒だとは思うけれどしっかり復習することをオススメします。

(S. O. さん／情報コミュニケーション)

Q スランプはありましたか？
また，どのように抜け出しましたか？

A　夏休み明けに自分の勉強に焦りを感じ，趣味を一切やめ，スマホもほとんどいじらない生活を始めたのですが，それが逆効果となってストレスになり，情緒不安定な時期が長く続いてしまいました。そこで，敢えて朝9時頃まで思う存分寝てみたり，趣味の時間を増やしたりしてみたのですが，そのほうが勉強との切り替えもついて集中して勉強ができたので，無理せず勉強することが大事だと気づけました。受験期に焦ることは何度もあると思いますが，受験は長期戦なので，自分にとって無理せずできる勉強方法を見つけることが大切だと思います。

(S. O. さん／情報コミュニケーション)

Q 模試の上手な活用法を教えてください。

A　模試ごとに試験範囲が設定されている場合には，その試験範囲に合わせて勉強するとペースがつかみやすいです。また，模試は復習が命です。模試の問題以上にその解説が大切です。間違えた問題は必ず，できれば曖昧な問題も解説を確認して，1冊のノートにポイントとして簡単に書き留めておくと，直前期に非常に役立ちます。特に社会系科目はその時の情勢などによって出題のトレンドがあるので，それの把握と演習に役立ちます。判定に関しては，単純に判定だけを見るのではなく，志望校内での順位を重視してください。特にE判定は幅があるので，D判定に近いのか，そうでないのかは必ず確認するべきです。　(N. S. さん／商)

Q 併願をする上で重視したことは何ですか？
また，注意すべき点があれば教えてください。

A　自分の興味のある分野を学べる大学であること，第一志望の選択科目で受験できること，3日以上連続にならないことの3点を重視して選びました。私は地理選択で，大学では地理を勉強したいと思っていたので，明治大学以外で併願校を選ぶ時に選択肢が少ない分，割と簡単に決められました。あと，第一志望の大学・学部の前に，他の大学や学部で試験会場の雰囲気を感じておくと，とてもいい練習になると思います。明治大学の全学部統一入試は2月の初旬に行われますが，その前に他の大学を受験したことで新たに作戦を立てることができました。　(R. K. さん／文)

Q 試験当日の試験場の雰囲気はどのようなものでしたか？

A　それぞれが参考書で勉強していて，緊張した雰囲気を感じました。私はその雰囲気に緊張してお腹を下し，大学のトイレに20分ほどこもってしまいました。それでも合格できたので，万が一当日に体調を崩しても，「もうダメだ」とならずに，最後まで強い気持ちをもって頑張ってほしいです。緊張しやすい人は，胃薬や胃腸薬などを事前に用意し，試験当日より前に飲んでみて慣れておいてほしいと思います。腹巻きやカイロもあると安心です。　(I. M. さん／情報コミュニケーション)

Q 受験生のときの失敗談や後悔していることを教えてください。

A 基礎を疎かにしてしまったことです。単語・文法など基礎の勉強は私にとっては楽しくなく，演習のほうをやりがちになっていました。しかし，基礎が固まっているからこそ演習の意義が高まるのであり，基礎を疎かにすることは成績が伸びづらくなる要因になっていました。12月頃に学校の先生にこのことを言われて，もう一度基礎を徹底させ，なんとか受験までには間に合わせることができましたが，勉強をし始めた時期にもっと徹底的に固めていれば，と後悔しています。　（R. S. さん／政治経済）

Q 受験生へアドバイスをお願いします。

A 私は本番に弱く，緊張しやすいタイプでした。共通テストを受験して気づいたことなのですが，私は試験監督の「残り10分です」の合図に必要以上に焦ってしまい，そこから得点率が悪くなっていました。私大入試までに対策を考えていたところ，「残り10分です」は「試験時間は残り10分もあるので最後まで諦めず頑張ってください！」の略だと思うことにしたら，明治大学の本番では結構上手くいきました。これから受験する皆さんも，試験時間の最後の1秒まで諦めず，1点でも多く得点できるよう頑張ってください！　応援しています！　（R. K.さん／文）

科目別攻略アドバイス

みごと入試を突破された先輩に，独自の攻略法やおすすめの参考書・問題集を，科目ごとに紹介していただきました。

英語

時間配分が大切だと思います。明治大学の問題は選択肢で悩むことが多かったので，シャドーイングをして意味を理解しながら読むことで速読力をつけて，考える時間を多く割けるように対策しました。
（S. O. さん／情報コミュニケーション）

おすすめ参考書　『関正生の The Rules 英語長文問題集』シリーズ（旺文社）

世界史

単語力と思考力がポイントです。用語は，教科書レベルの用語はもちろん，一問一答の星１レベルまで幅広く出題されているので，しっかり対策をする必要があると思います。あとは正誤問題などで細かいひっかけが多いので，物事の結び付きをいかに理解しているかがカギになると思います。　（S. O. さん／情報コミュニケーション）

おすすめ参考書　『時代と流れで覚える！ 世界史Ｂ用語』（文英堂）

地理

自分の知識として足りなかったことは全て地図帳に書き込みました。毎日決まった時間（私の場合は昼食中）と，新たに書き込みをするときに，前に書いたメモを見ると何度も復習でき，知識が定着します。また，地図帳に掲載されている表やグラフはかなり厳選された大事なものなので，丁寧に目を通しておくことをおすすめします！
（R. K. さん／文）

おすすめ参考書　『新詳高等地図』（帝国書院）

国語

現代文は，どの文にも共通した論理展開をつかむことが重要になってきます。場当たり的な解法ではなく，文章の本質をつかむ勉強を多くすべきだと思います。　（R. S. さん／政治経済）

おすすめ参考書　『現代文読解力の開発講座』（駿台文庫）

現代文は過去問などで数をこなし，解答の根拠まで説明できるようにするのが伸びるコツです。また，読んでいくときに傍線部があれば，「これについて何が聞かれるのか」と予測しながら読むのもオススメです。

古文は単語や文法などの基礎が大事です。文法のオススメはスタディサプリの岡本先生の講座です。ある程度基礎が固まったら，過去問などの問題演習を通してアウトプットを繰り返しましょう。

（I. M. さん／情報コミュニケーション）

おすすめ参考書　『わかる・読める・解ける Key & Point 古文単語 330』（いいずな書店）

Trend & Steps

傾向と対策

傾向と対策を読む前に

科目ごとに問題の「傾向」を分析し，具体的にどのような「対策」をすればよいか紹介しています。まずは出題内容をまとめた分析表を見て，試験の概要を把握しましょう。

■注意

「傾向と対策」で示している，出題科目・出題範囲・試験時間等については，2023 年度までに実施された入試の内容に基づいています。2024 年度入試の選抜方法については，各大学が発表する学生募集要項を必ずご確認ください。

また，新型コロナウイルスの感染拡大の状況によっては，募集期間や選抜方法が変更される可能性もあります。各大学のホームページで最新の情報をご確認ください。

分析表の記号について

★印：一部マークシート法採用であることを表す。

英　語

年　度	番号	項　　目	内　　　容
★ 2023	〔1〕	読　　解	選択：同意表現，空所補充，語句整序，内容説明，内容真偽，主題
	〔2〕	読　　解	選択：空所補充，同意表現，内容真偽 記述：空所補充（語形変化を含む），内容説明
	〔3〕	会 話 文	選択：空所補充
★ 2022	〔1〕	読　　解	選択：空所補充，同意表現，内容真偽 記述：空所補充（語形変化を含む），内容説明
	〔2〕	読　　解	選択：同意表現，空所補充，語句整序，内容真偽，主題
	〔3〕	会 話 文	選択：空所補充
★ 2021	〔1〕	読　　解	選択：空所補充，同意語句，語句整序，内容真偽 記述：空所補充（語形変化を含む）
	〔2〕	読　　解	選択：同意語句，空所補充，内容説明，内容真偽 記述：内容説明
	〔3〕	会 話 文	選択：空所補充

▶読解英文の主題

年　度	番 号	主　　　題
2023	〔1〕	家事の分割ではなく，家事の分担が幸福な関係をもたらす
	〔2〕	環境活動家の抗議活動の正当性
	〔3〕	映画「ボーイフッド」より父親と子供の会話
2022	〔1〕	写真の共有が経験に及ぼす影響
	〔2〕	なぜ人はロボットの物語を語り続けるか
	〔3〕	アマンダ=ゴーマンへのインタビュー
2021	〔1〕	犬は罪悪感を抱くか
	〔2〕	先延ばしを断つためにすべきこと
	〔3〕	映画「マイ・インターン」からの対話

傾　向　長文読解問題が中心 大意把握と素早い文法判断が必要

1　出題形式は？

例年，大問３題の出題で，読解問題２題と会話文問題１題という構成となっている。大部分がマークシート法による選択式だが，一部に記述式問題もある。試験時間は 60 分。

2 出題内容はどうか？

〔1〕〔2〕の長文読解問題は，内容が多岐にわたり，英文量も多めであるため，速読力が要求される。空所補充では，準動詞，時制，受動態など動詞に関連した問題と，慣用句の前置詞や接続詞などを問う問題が出題されており，文法力と語彙力が試されている。同意表現は，本文中での意味を問うもので，文脈をよく理解した上で解答する必要がある。内容説明は，前後の文にヒントがあることが多いので，その部分を丹念に読むとよい。内容真偽は，選択肢が本文の順に並んでいないこともあるので，注意が必要である。記述式では，内容説明，語形変化を含む空所補充がよく出題されている。

〔3〕は会話文問題で，ここ数年は空所補充のみの出題である。内容把握能力だけでなく文法力を問う問題となっている。

3 難易度は？

個々の設問は標準的なものばかりであるが，60 分という試験時間を考えると，総合的にはやや難しいといえる。全体から見ると，〔1〕〔2〕の長文読解問題の比重が大きい。

対　策

1 語彙力

語彙力養成は読解問題対策や速読対策の基本である。早い時期から少しずつ着実に覚えていく必要がある。市販の単語集や熟語集を利用したり，自分で単語帳を作り新出単語を整理して覚えることで，語彙力アップに取り組みたい。過去に出題された問題から各テーマに固有の単語をリストアップして整理しておくと，類似したテーマの英文を読むときに役立つ。読解問題を解くときに，知らない単語の意味を前後関係から類推する訓練をしておくことも有効であろう。

2 文法力

文法力は読解の基礎でもある。構文を的確に把握し，長文をスピードをつけて読むためにも文法力は必要である。読解問題の中でも文法力を問う小問が出題されている。標準レベルの文法問題集・参考書を中心としたオーソドックスな学習をしておこう。特に，動詞の変化は頻出である。動詞の自・他を含めた語法や時制，準動詞，助動詞などを押さえておきたい。また，受験生が間違えやすいポイントを完全網羅した総合文法書『大学入試 すぐわかる英文法』（教学社）などを手元に置いて調べながら学習すると効果的だろう。

3 読解力

60分の試験時間の中でかなりの長文に対処しなければならないので，速く読み進められる能力が要求される。精読の力とともに速読力を身につける必要がある。

速読力を養成するためには，英文を読むときに最初は辞書を使わずに全体を速読して大雑把に内容を把握する練習をしよう。多少わからないところがあってもあわてずに，大意をつかむことを心がけて読み進めていけば，より速く対処できるようになる。まずは，易しい構文を使った英文から始め，徐々にレベルを上げていこう。1回速読をしたあとで段落ごとに精読し，内容をまとめたり論理展開を正確に把握する習慣をつけるとよいだろう。記述式の内容説明に対しては，構文の難しいところや難解な部分をきちんと理解することが必要である。長文問題集や参考書は『大学入試 ぐんぐん読める英語長文』（教学社），『やっておきたい英語長文』シリーズ（河合出版）などのできるだけ解説の詳しいもの，そして内容説明や内容真偽の問題を数多く含んだものを選び，早い時期から取り組んでおこう。

4 総合力

語彙力，文法力，読解力のアップは当然だが，さらに時間内に問題をすべて解く力も非常に重要な要素である。特に試験時間が60分と短いのでなおさらである。英文の内容が十分に把握できなくても解答できる設問もあるので，まず設問部分に目を通して手際よく取り組むことが大切である。もてる力を十分に発揮できるように，時間配分の研究は早い時期から始めるべきであろう。英文のテーマは多岐にわたるので，いろいろな分野の知識を蓄えることも役に立つ。日頃から，テレビ・新聞などで幅広い教養を身につけておきたい。

明治大「英語」対策に必須の参考書

→『大学入試　すぐわかる英文法』（教学社）
→『大学入試　ぐんぐん読める英語長文』（教学社）
→『やっておきたい英語長文』シリーズ（河合出版）
→『明治大の英語』（教学社）

日本史

年　度	番号	内　容	形　式
★ 2023	〔1〕	「独楽吟」「明六雑誌」―近世後期～近代初期の言語と思想（150字）＜史料＞	記述・論述
	〔2〕	江戸時代の幕政改革と社会の変容	選　択
	〔3〕	大正～昭和初期の日本の外交	選　択
	〔4〕	明治維新期と高度経済成長期の社会変動	選　択
★ 2022	〔1〕	「憲法義解」「憲法講話」「普通選挙論」「婦選運動十三年」―近代の選挙制度と政治制度（180字1問，12字1問）＜史料＞	論述・記述
	〔2〕	鎌倉時代の政治・社会経済・文化	選　択
	〔3〕	近世～現代の貨幣史・金融史	選　択
	〔4〕	戦後日本の経済・社会発展	配列・選択
★ 2021	〔1〕	「杉亨二自叙伝」「統計集誌」「東京統計協会評議員会議事速記録」―明治時代の統計調査（150字）＜史料＞	記述・論述
	〔2〕	古代～近世の財政	選　択
	〔3〕	幕末の海外貿易	選　択
	〔4〕	日露戦争後の経済の動向	選　択
	〔5〕	戦後の国際社会と国内の経済・社会	選択・配列

傾向　近現代史からの出題が頻出 論述を含む史料問題が必出

1 出題形式は？

2021年度は大問数が5題であったが，2022年度以降は4題である。解答個数は約40個であり，変化はなかった。試験時間は60分。例年，〔1〕の史料問題が記述式で，それ以外の大問が選択式（マークシート法採用）となっている。選択問題では用語などの選択のほか，文章選択の問題もよく出題されている。文章選択問題は，すべて正文選択問題である。〔1〕での論述問題はここ数年連続して出題されており，論述字数は150～180字となっている。

2 出題内容はどうか？

時代別では，古代～近現代まで幅広く出題されているが，2022・2023年度は古代からの出題はみられなかった。また，出題された時代範囲からもわかるように，近現代の割合が大きいのが特徴で，2022・2023 年度は大問 4 題中 2 題以上，2021 年度は大問 5 題中 3 題以上というように，近現代に関する出題が多い傾向が続いている。

分野別では，政治史，外交史，社会経済史，文化史から幅広く出題されており，外交史と社会経済史がやや多めである。文化史は，特定のテーマを掘り下げた形での出題が多い。

史料問題は，毎年必ず大問で 1 題は出題されている。2021 年度の「杉亨二自叙伝」「統計集誌」，2022 年度の「憲法義解」「憲法講話」「普通選挙論」「婦選運動十三年」のように近代の史料が多めであるが，2023 年度は江戸時代末期の「独楽吟」と明治時代初期の「明六雑誌」が出題された。教科書や史料集には掲載されていない史料を引用した出題もみられる。史料の内容についての難度の高い論述問題も出題されており，史料読解力が試されている。

3 難易度は？

歴史用語の選択・記述問題については教科書レベルの標準的な内容が多いものの，一部の選択問題では細かい内容が問われる場合がある。特に近現代史において，日本史の知識だけでは解けないような，やや踏み込んだ知識を問う設問がみられ，なかには教科書や用語集に記載されていない用語が出題される場合もある。また，史料問題のレベルも高いため，丁寧かつ深い学習が求められる。試験本番では標準的な問題に手早く解答し，文章選択問題や史料問題に十分な検討時間をかけられるよう，時間配分を工夫しよう。

対　策

1 教科書学習の徹底

史料問題や文章選択問題，論述問題の攻略ポイントとして，歴史的な流れや背景を理解する学習を心がけることが前提となる。一部に難問もみられるが，基本的には教科書レベルの標準的な問題である。したがって，難問以外の標準的な問題に確実に正解することが合格につながる。そのためには，まず教科書の精読が最も有効な学習方法である。その際，図表や脚注もおろそかにしないこと。人名や重要な歴史用語は『日本史用語集』（山川出版社）などを併用して，他の分野や時代とも関連づけながら，より深い理解を伴った知識を定着させることが必要である。

2　史料問題対策

史料問題は例年出題されており，しかも初見の史料もあり，設問内容も難度が高いので，『詳説日本史史料集』（山川出版社）などの史料集を用いた学習を心がけてほしい。その際，知識分野の暗記だけではなく，原文の語意を読み取る練習をすること。そうすれば，初見の史料であっても文中のキーワードを見逃すことなく対応できるようになる。

3　文章選択問題対策

文章選択問題は歴史用語の暗記だけでは解けない問題が多い。特に細かい内容にまで言及されている場合，時代背景を知っていないと選択肢を絞り込むのが難しい。演習の際には各文の内容確認を丁寧に行い，どこが誤っているのか，どこが正しいのかをチェックし，知識の精度を上げていきたい。

4　論述問題対策

ここ数年，150～180 字の論述問題が出題されている。字数にかかわらず，論述問題で大切なのは，設問の題意を的確にとらえることである。題意を正しく読み取り，字数内に簡潔にまとめる練習をしておこう。当然のことではあるが，誤字・脱字は減点になるので，歴史用語や人名を正しい漢字で書く練習も必要である。

5　過去問の研究

ここ数年，出題傾向や出題内容に一貫した特徴があるので，過去問を十分にこなしておきたい。難関校過去問シリーズの『明治大の日本史』（教学社）などを利用して，多くの過去問にあたることで難易度を実感し，出題内容や傾向をつかんでおくことができる。

世界史

年　度	番号	内　　容	形　　式
★ *2023*	〔1〕	帝国への野望と挫折の歴史	記述・選択
	〔2〕	中世の地中海世界	記述・選択
	〔3〕	東南アジアの歴史	記述・選択
	〔4〕	イギリス・ドイツ・トルコにおける女性参政権の成立（260字）	論　　述
★ *2022*	〔1〕	ゲルマン人の移動とフランク王国	記述・選択
	〔2〕	アフリカの歴史　<地図>	記述・選択
	〔3〕	産業革命とフランス革命	記述・選択・配列
	〔4〕	絶対王政期の経済政策（260字）	論　　述
★ *2021*	〔1〕	古代オリエントと地中海世界	選　　択
	〔2〕	孫文の生涯と中国	記述・選択
	〔3〕	19～20世紀のアメリカ合衆国とラテンアメリカ諸国　<視覚資料>	記述・選択
	〔4〕	1830年代と1840年代におけるイギリス国内の政治経済の改革（240字）	論　　述

傾向　正文選択問題に注意　論述問題対策をしっかりと

1　出題形式は？

例年，マークシート法による選択式と記述式の併用で，大問数は4題である。試験時間は60分。選択・記述・論述法が中心であるが，年度によっては配列法も出題されている。2021年度は200字以上240字以内，2022・2023年度は240字以上260字以内の本格的な論述問題が出題されている。2023年度はみられなかったが，2022年度は地図，2021年度は視覚資料（写真）が出題された。

2　出題内容はどうか？

地域別では，年度によってアジア地域からの出題が多いときもあるが，近年は欧米地域の比重がやや大きくなっている。アジア地域は，2021年度は中国史，2023年度は東南アジアが大問として出題された。また，過去には朝鮮が大問で出題されたこともある。ほかにも西アジアなど，広い地域から出題されている。欧米地域についても同様で，西ヨーロッパ史を中心としながらも，東ヨーロッパ史やアメリカ大陸からも多く出題されている。その他，2022 年度はアフリカ地域，2023 年度はアジア地域と欧米地域をまとめて問う大問も出題された。

時代別では，古代から現代まで満遍なく出題されているものの，年度によっては偏ることがある。特に近現代史は要注意で，2021 年度のように近現代からの出題が大きなウエートを占める年度もある。

分野別では，政治・外交史を中心として，経済・文化史からも出題されている。過去には宗教史が大問として出題されたこともある。

3 難易度は？

教科書レベルの知識で対応できるものがほとんどであるが，詳細な内容や教科書以外の事項が含まれていることがあり，正文選択問題の選択肢の中に惑わされやすく判断に時間がかかる内容が散見される。近年は 240～260 字の本格的な論述問題も出題され，全体的にやや難しい傾向が続いている。論述問題で時間をとられやすいので，効率的な時間配分が望まれる。解けるものから解いていき，確実に得点できるものを取りこぼさないようにしたい。

対　策

1 教科書中心の学習

地域的・時代的に広範囲からの出題ではあるが，基本はやはり教科書である。いたずらに多くの参考書を使わず，まず教科書を 1 冊しっかりと精読することが重要である。ただし，教科書は各社から何種類も出版されており，自分の使用している教科書では言及されていない歴史事項もあるだろう。こうした歴史事項を確認・理解するためにも『世界史用語集』（山川出版社）などの用語集は必ず利用したい。特に正文選択問題を攻略するのに役立つはずである。

2 歴史地図・史料集の利用を

2022 年度は地図を使った問題が出題されており，地理的知識が必要な問題もある。地名，領域などが出てきた際は，副教材として使う歴史地図帳などを利用して位置を確認するなどしておきたい。また，選択肢として史料が出されたこともあるので，教科書はもちろん，図説などに掲載されている史料の原文には必ず目を通しておこう。

3 現代史の重点的学習を

時間的制約から現代史は学習量が不足しがちであるが，年度によっては現代史が大きなウエートを占めることもある。2022 年度はみられなかったものの，過去には，第二次世界大戦後の欧米史，また，2021 年度は 19 世紀から 20 世紀にかけてのアメリカ合衆国やラテンアメリカ，2023 年度は論述で 20 世紀の女性参政権成立について問われている。第二次世界大戦前後はもちろん，21 世紀に入ってからの動きにも注意して，早めに教科書をまとめあげておきたい。

4 平素から論述対策を

頻出の近現代史を中心に，自分なりにテーマを決めて，250 字程度で説明できるよう，日頃から練習しておきたい。大切なのは，何を答えることが要求されているのか，また，答える上でどのような条件が付されているのかを問題文中から正確に読み取ることである。政治経済学部の場合，政治・外交・経済史に関する論述が主であるが，宗教史，文化史からも出題されているので，こうした分野での練習も怠らないようにしたい。

5 文化史学習を

文化史を文化史としてのみ覚えるのではなく，その書物や芸術作品が作られた背景を十分理解しながら覚えていく必要があるだろう。『タテヨコ総整理 世界史×文化史 集中講義 12 新装版』（旺文社）などを利用して，効果的な学習をめざすとよい。

6 過去問の研究を

それぞれの大学ごとに出題形式はもちろんのこと，出題内容にも必ず傾向がある。明治大学では文系学部においてはほぼ同様の形式で出題されているので，他学部の過去問も参照しておくとよい。本シリーズを十分に活用して過去問の研究を早めに行い，問題の特徴・レベルなどを身をもって理解してほしい。自分に不足しているものを発見し，その対策を行える時期に過去問演習に取り組むことが大事である。

地　理

年　度	番号	内　　　容		形　式
★ *2023*	〔1〕	農耕文化		選　択
	〔2〕	災害	<グラフ・統計表・地形図>	選　択
	〔3〕	環境問題		選　択
	〔4〕	大地形（50字）		記述・選択・論述
★ *2022*	〔1〕	地理情報と地図	<地図・表>	選択・計算
	〔2〕	中央アジアの地誌	<地図・統計表>	選　択
	〔3〕	人口問題と食料問題		選　択
	〔4〕	人口問題（200字）	<グラフ・人口ピラミッド>	選択・論述
★ *2021*	〔1〕	国境の種類（20字）		記述・選択・論述
	〔2〕	イスラエル建国とパレスチナ問題	<地図>	記述・選択
	〔3〕	ヨーロッパの地誌	<統計表>	選　択
	〔4〕	アフリカの地誌	<雨温図・統計表・グラフ>	選択・記述

傾向　詳細な地名・用語・統計数値も問われる　現代的な関心事と地誌問題に注意

1　出題形式は？

大問4題で，解答個数は35～40個前後の出題構成が続いている。例年，そのうち大半はマークシート法による選択式，一部に記述式（論述を含む）があるが，2022年度は，論述問題以外はすべて選択式であった。選択式は用語や空所補充が中心であるが，文章の正誤選択問題が出題されることがある。記述式の大半は語句を答えるものであるが，論述問題も毎年出題されている。字数は例年，20～50字程度であるが，2022年度は200字の論述が出題されており，注意が必要である。統計表やグラフを用いた問題もよく出されている。試験時間は60分。

2　出題内容はどうか？

系統分野からの出題をみると，人口に関する大問がよく出題されている。さらに，農業，鉱工業や観光・貿易といった産業関係も多いが，自然環境，災害，都市などの問題もあり，どの分野からもまんべんなく出題されている。近年は，教科書の記述内容の変化を背景に，環境問題，遺伝子組み換え作物，男性の育児休暇取得，パレスチナ問題，イギリスのEU離脱など現代の地理的課題の出題が増えており，経済や社会の動向に焦点を当てた時事的な問題も散見される。地誌分野からの出題は，例年1，2題で，系統分野に比べやや少ない。2021年度はヨーロッパ，アフリカと地誌分野からの出題が2題あった。一方，2023年度は大問としては出題されなかった。しかしながら，2024年度以降も出題されることを想定して対策を進めたい。

どちらの分野でも，地理用語，国名や都市名，河川や島などの自然地形名など知識を問う問題が中心であるが，地名の場合，詳細な知識を必要とするものも一部にある。地図やグラフ，統計表を用いた問題も多いが，統計判定で用いられるデータのなかには，市販の統計集には記載されていないものもある。これは，統計順位の暗記にとどまらず，分析能力を試そうとするための工夫であろう。

3　難易度は？

全体的には標準レベルの問題である。ただ，設問ごとの難易度の差が大きく，基礎的事項を問うものがある一方で，詳細な知識を必要とする設問，高い分析力や判断力を必要とする設問，解答に相当な時間を必要とする設問などを含むものもある。論述問題は，比較的短い20〜50字程度の場合は，設問の意図を読み取るのが難しかったり，解答文の組み立てに工夫を要したりする問題があり，これらの難度は高い。2022年度の200字の問題では，基本的事項が問われていた。いずれにせよ，時間配分を工夫し，まず基本的な設問で取りこぼさないよう確実に得点を重ねることが大切である。その上で，難度の高い問題にも余裕をもって取り組み，合格点に達するようにしたい。

対　策

1　基本事項の確実な理解を

基本的な事項では確実に得点できるように，地理の基礎をしっかりと固めておくことが大切である。かなり細かい内容が問われることもあるので，教科書の内容を完全に自分のものにし，さらに，『地理用語集』

（山川出版社）などを活用して地理用語の知識を確実なものにしておこう。その上で，資料集などの副読本を用いて知識の幅を広げたい。

2　地誌のまとめは必須

地誌学習は必須である。出題頻度の低い地域も含め，各地域の基本事項は確実に理解しておくことが欠かせない。この場合，国や地方，都市などの特色とともに，経済や社会の動向，国家間の結びつきにも気をつけておくことが望まれる。

3　地図帳の利用と地名の知識を

地図上の位置がわからないと答えられない設問も多い。平素から地図帳を手元に置き，国や都市の位置，国境や河川，経緯線などの位置関係を確認するよう心がけてほしい。地理事象の分布範囲を知ることも大切である。地名については，教科書に出てくるものはもちろん，できるだけ範囲を広げて豊かな知識を身につけるようにしたい。

4　統計数値に強くなる

統計数値によって地域の特色を考えるほか，数値そのものや統計に関係する地名が問われることもある。平素から統計書に親しみ，統計数値から地理事象を読み取れるようにしておこう。『データブック オブ・ザ・ワールド』（二宮書店）の活用は必須，ほかにも『日本国勢図会』『世界国勢図会』（ともに矢野恒太記念会）をぜひ参考にしてほしい。特に近年産出量の変化の大きい生産物などについては，常に最新のデータに目を通すようにしたい。

5　現代の地理的関心事に注目

防災，地球環境問題，民族問題をはじめ，国際関係，エネルギーや食料問題，人口の変化や都市構造などの現代的なトピックや時事問題に注意を払っておきたい。平素からニュースや新聞の解説記事に関心をもつほか，「現代社会」や「政治・経済」の教科書に目を通しておくのもよいだろう。

6　過去問に取り組む

明治大学特有の出題形式への対策として，また出題内容の類似性からも，過去問を解いてみるのは有効な学習となる。特に，論述問題の練習にはこれが欠かせない。他学部を含めた過年度の問題に取り組んで，実戦力を身につけておきたい。

政治・経済

年度	番号	内容	形式
★2023	〔1〕	日本の司法制度	記述・選択
	〔2〕	社会保障制度 ＜グラフ＞	記述・選択
	〔3〕	為替レート ＜グラフ＞	記述・選択・計算
	〔4〕	日本国憲法	記述・選択
★2022	〔1〕	日本の政治制度 ＜統計表・グラフ＞	計算・記述・選択
	〔2〕	資本主義経済の発展と市場の失敗 ＜グラフ＞	記述・選択・計算
	〔3〕	現代の国際貿易 ＜グラフ・地図＞	記述・計算・選択
	〔4〕	世界の人口問題 ＜グラフ＞	記述・選択
★2021	〔1〕	国際社会の歴史と軍縮への取り組み	記述・選択
	〔2〕	「豊かさ」の指標	記述・選択
	〔3〕	欧州統合の歴史	記述・選択
	〔4〕	戦後の日本経済と雇用問題	記述・選択

傾向

政治・経済両分野ともに幅広い学習が必要！
時事問題対策が不可欠！

1 出題形式は？

例年，大問4題の出題である。出題形式は記述式と選択式の併用で，選択式ではマークシート法が採用されている。記述式と選択式の解答個数はそれぞれ20個ずつ，全体で40個出題されている。また，2022・2023年度と計算の要素を含む選択式の問題が出題されている。試験時間は60分。

2 出題内容はどうか？

例年，やや経済分野に比重を置いた出題であるものの，2023年度は政治分野2題，経済分野2題と均等に出題された。政治分野においては，2022年度〔1〕では日本の選挙制度，2023年度〔1〕では日本の司法制度について出題されており，制度について比較的多く問われる傾向にある。また，2021年度〔1〕では国際社会と軍縮をテーマとして国際政治分野からも出題されている。経済分野においては，2021年度は〔２〕「豊かさ」に関する様々な指標および〔４〕戦後日本経済史，2022年度は〔２〕資本主義経済の歴史および〔３〕国際貿易，2023年度は〔２〕社会保障制度および〔３〕為替レートといったように，様々なテーマから出題されている。2022年度〔１〕～〔３〕，2023年度〔３〕のように，計算問題が出題されることも留意しておきたい。

いずれの分野についても，基本事項に加えて，歴史的な経緯や時事問題の知識が問われることが多い。

3　難易度は？

教科書を中心とした学習で対応できる標準レベルの問題が多いが，一部の問題では幅広い学力と時事的な知識が求められている。問題量は標準的であるものの，計算問題など時間を要する設問が出されることもあり，限られた試験時間内に実力相応の成果を出すには時間配分の工夫が必要であろう。

対策

1　教科書を利用して基本的事項を確実に

問題の多くは，教科書レベルの知識を問う設問である。基本的事項を確実に理解するために，まずはオーソドックスな学習を大切にしたい。教科書の通読を数回繰り返すとともに，『政治・経済用語集』『山川 一問一答　政治・経済』（いずれも山川出版社）などを活用して，基礎的用語をしっかり理解しよう。その際，記述式の出題に備えて正確な漢字を書いて覚えることを意識的に実行しよう。

2　問題集と資料集などを併用しよう

用語を理解することと並行しながら，問題集を活用して用語の整理と事項の流れをつかんでおきたい。その際，『政治・経済資料』（とうほう）などの資料集や『日本国勢図会』『世界国勢図会』（ともに矢野恒太記念会）などの図説，『現代用語の基礎知識』（自由国民社）などの現代用語事典を手元に置いて問題集に取り組み，正答を得るために可能なかぎり調べることをすすめる。

3 時事問題に目を向けよう

リード文や問題の選択肢などに，教科書や資料集に載っていない難解な用語や表現がみられることがある。また，時事的な出題や時事的傾向の強い設問が多い。そのため，日常的に，新聞やテレビ，インターネットなどを通じてニュースに関心を持つようにしたい。そうすれば，政治・経済的な語句の意味や表現に慣れるとともに，時事問題への関心を深め，現代の政治・経済の動向に絶えず目を配るようになり，自然に「政治・経済」の知識や学力が身につくはずである。

4 過去問に取り組もう

他学部も含めて過去問に取り組んで傾向をつかんでおきたい。学習の仕上げとしても有効である。

数　学

年　度	番号	項　　目	内　　　　容
★ 2023	〔1〕	小問6問	(1)ベクトル　(2)図形と方程式　(3)整数の性質　(4)指数・対数関数　(5)整数の性質　(6)微積分法
	〔2〕	三角関数，式と証明	座標平面における直線のなす角の大きさ，分数関数の最小値
★ 2022	〔1〕	小問6問	(1)場合の数　(2)三角関数　(3)空間座標　(4)積分法　(5)図形と方程式，微分法　(6)指数関数，2次関数
	〔2〕	確率，数列	確率漸化式，0以上の整数 n で表された不等式を満たす最小の n の値
★ 2021	〔1〕	小問6問	(1)微分法　(2)整数の性質　(3)ベクトル　(4)三角関数　(5)確率　(6)2次関数，図形と方程式
	〔2〕	2次関数，図形と方程式，積分法	直線と曲線の交点の座標，直線と曲線で囲まれた図形の面積

傾向　基本～標準レベルの問題　頻出の微・積分法に注意！

1 出題形式は？

大問2題の出題。試験時間は60分。解答形式は，マークシート法と記述式の併用となっている。マークシート法は，空所に当てはまる数値をマークする形式で，例年〔1〕の小問集合で出題されている。記述式は，計算の結果のみを答えるものに加え，2023年度の〔2〕(5)では導出の過程を記述させる問いが出題された。

2 出題内容はどうか？

出題範囲は「数学Ⅰ・Ⅱ・A・B（数列，ベクトル）」である。

出題範囲全般にわたって幅広く出題されているが，特に面積計算など，微・積分法の出題が多い点が目を引く。また，ベクトル，場合の数と確率，数列も頻出である。

3 難易度は？

ここ数年，難易度に大きな変化はみられず，基本～標準的な内容の問題が多い。一部に，やや複雑な計算を要することがあるので注意したい。試験時間が短いため，1つの問題に多くの時間を費やすと時間が不足する。いくつかの問いは，解法の手順を知っていないと難しく感じることもあるだろう。解きやすい問題から手をつけ，複雑な内容のものは後回しにするなどの工夫も必要である。

対　策

❶ まずは基礎・基本の理解から

数学は基礎・基本の理解が最も大切である。教科書の内容を理解していないと，入試問題は解けない。まずは，出題範囲でもある「数学Ⅰ」「数学Ⅱ」「数学Ａ」「数学Ｂ」の教科書の復習を徹底的に行うこと。例題は必ず解き直し，節末・章末問題はすべて解答できるようにしよう。

❷ 数学全般の幅広い学習

小問集合とあわせて，出題範囲全般から出題されている。また，分野を横断した問題や，さまざまな解き方が可能な問題も出されている。そのため，すべての単元・分野において，基本的な事項に穴がないようにし，苦手な分野をつくらないよう準備しておきたい。

❸ 時間配分に注意しよう

試験時間は60分である。問題の分量に対して余裕のある時間ではない。取り組みやすそうな問題から解いていこう。本書を活用し，本番と同様の時間設定で，掲載されているすべての過去問に挑戦しよう。

❹ 計算をおろそかにしない

ここ数年，難問は出題されておらず，難易度は標準的である。ただし，試験時間が短く，焦りや緊張感から，計算ミスや勘違いを起こしやすい。日頃の学習から，計算は決しておろそかにせず，注意深く慎重に解くことが大切である。また，問題を解き終わったら必ず検算，見直しをする習慣をつけよう。

国　語

年　度	番号	種　類	類別	内　容	出　典
★ 2023	〔1〕	現代文	評論	選択：空所補充，内容説明，内容真偽 記述：欠文挿入箇所，内容説明（50字）	「新世紀のコミュニズムへ」 大澤真幸
	〔2〕	現代文	随筆	選択：内容説明，空所補充，文学史，内容真偽 記述：空所補充，欠文挿入箇所	「日本語で読むということ」 水村美苗
	〔3〕	古　文	日記	選択：口語訳，内容説明，空所補充，文法，文学史 記述：読み，文法	「紫式部日記」
	〔4〕	国語常識	漢字	選択：書き取り，読み	
★ 2022	〔1〕	現代文	評論	選択：空所補充，内容説明，内容真偽 記述：欠文挿入箇所，内容説明（50字）	「観光客の哲学」 東浩紀
	〔2〕	現代文	随筆	選択：慣用表現，空所補充，文学史，内容説明，内容真偽 記述：空所補充，欠文挿入箇所	「わが一期一会」 井上靖
	〔3〕	古　文	説話	選択：語意，内容説明，文法，口語訳，文学史 記述：文法，文学史	「宇治拾遺物語」
	〔4〕	国語常識	漢字	選択：書き取り，読み	
★ 2021	〔1〕	現代文	評論	選択：空所補充，内容説明，内容真偽 記述：内容説明（50字），欠文挿入箇所	「故郷喪失の時代」 小林敏明
	〔2〕	現代文	評論	選択：空所補充，四字熟語，内容説明，文学史，表現効果，内容真偽 記述：空所補充，欠文挿入箇所	「未整理・未発表と形」 保坂和志
	〔3〕	古　文	歴史物語	選択：人物指摘，内容説明，空所補充，語意，口語訳，内容真偽，文学史 記述：文法	「大鏡」
	〔4〕	国語常識	漢字	選択：書き取り，読み	

傾向　現代文は文脈把握力を 古文は解釈のための文法力を

1 出題形式は？

例年，現代文２題，古文１題，漢字１題で計４題の出題となっている。試験時間は60分。解答方式はマークシート法による選択式と記述式の併用である。選択式は，接続語やキーワードを問う空所補充と，内容把握を問う内容説明問題などが中心である。記述式は，欠文挿入箇所や要点を抜き出す問題のほか，50字程度の字数制限つきの内容説明問題も出題されている。

2 出題内容はどうか？

現代文は，例年，〔１〕では比較的長文でやや硬質な文化・哲学に関する評論が，〔２〕では比較的短めの随筆か評論が出題されている。設問の内容は，文脈把握に関わる内容説明，空所補充，欠文挿入箇所などが中心で，全体の内容把握をみる内容真偽問題も出題されている。また，本文の内容・表現と関連づけた文学史や四字熟語，慣用表現についての出題もある。

古文は中古または中世のさまざまなジャンルの作品が出題されている。2021年度は，『大鏡』の中の２カ所が問題文として出題された。設問は，語意や文法に関する基本的知識を問う問題や，口語訳，内容説明など読解力や内容展開を確認する問題など幅広く出題されている。助動詞・助詞・敬語法などの文法や基本古語の語意，和歌や文学史に関する知識，古典常識を問うものも出題されている。

3 難易度は？

現代文の評論は，論理的な思考力を必要とする硬質な文章である。専門用語も多く，細部にわたる内容の読み取りは難しい場合がある。また，空所補充や欠文挿入箇所の設問が多く，文脈をたどりづらい面もある。選択式の内容把握や内容真偽の問題は，選択肢の微妙な違いを見きわめる必要がある。字数制限つきの記述式問題も要点をまとめる力を試される。漢字，語句などの知識・国語常識問題をきちんとおさえることも大切。全体として標準レベルである。

古文は，選択式の口語訳は文法事項をおさえた上での解釈が求められており，標準レベル。そのほか，語意の問題は基本単語をおさえておけば対処できる。人物関係を問う設問や指示語の問題も，全体の文脈を意識して対応すればさほど難しいものはない。全体としては標準のレベル。時間配分は，国語常識を5分で解き，現代文・古文は大問1題を15分ずつで解き，余った時間を見直しにあてるとよいだろう。

対　策

1　現代文

社会・文化・哲学など幅広い分野を扱った評論中心の問題集を徹底的に解き慣れること。さらに，文章の論理展開に注意しながら，語句の意味，副詞や接続詞の用い方，指示語の内容など細部に注意を払い，全体の内容や主旨を把握できる総合的な読解力を養いたい。文章中の接続詞やキーワードを塗りつぶして自分で埋めてみるのも文脈把握のよい練習である。また，現代的なテーマに対応できるように新聞の社説や文化・学術欄，新書などを読む習慣を身につけよう。

2　古　文

さまざまなジャンルの作品が採録されている問題集を選んで，人物関係や主語の把握，文脈理解，全体の内容の理解など基本的な読解力を養うこと。その基礎になるのは，まず文法力である。文法の教科書や参考書を用いて，助動詞・助詞・敬語法を中心に解釈・口語訳のための文法事項に習熟しておこう。もう一つの基本は古文単語である。本義・語源を踏まえて文脈の中で意味を派生させる訓練をしておきたい。さらには，国語便覧や古語辞典の巻末付録などを用いて古典常識や文学史などの知識を身につけると同時に，代表的な和歌をいくつか覚えたり，和歌の修辞について確認したりしておくとよい。

3　その他

漢字は必出なので，四字熟語や慣用表現と合わせて問題集は必ず1冊きちんと仕上げておくこと。

現代文の空所補充や欠文挿入箇所などの問題の作問の仕方には，大学によって特徴がある。難関校過去問シリーズの『明治大の国語』（教学社）などを利用して，他学部で出題されたものも含め，過去問の傾向をつかんでおこう。

赤本チャンネル
&
赤本ブログ
YouTubeやTikTokで受験対策
赤本ブログ
有名予備校講師のオススメ勉強法など、受験に役立つ記事が充実。
詳しくはこちら
赤本チャンネル
YouTube
大学別講座や共通テスト対策など、役立つ動画を公開中！
TikTok

2023年度

問題と解答

■学部別入試

問題編

▶試験科目・配点

教　科	科　　　目	配　点
外国語	「コミュニケーション英語Ⅰ・Ⅱ・Ⅲ，英語表現Ⅰ・Ⅱ」，ドイツ語（省略），フランス語（省略）から１科目選択	150点
選　択	日本史Ｂ，世界史Ｂ，地理Ｂ，政治・経済，「数学Ⅰ・Ⅱ・Ａ・Ｂ」から１科目選択	100点
国　語	国語総合（漢文を除く）	100点

▶備　考

「数学Ｂ」は「数列，ベクトル」から出題する。

英語

（60分）

〔Ⅰ〕 以下の英文を読んで、1～6の問いに答えなさい。

In theory, coming up with a fair division of housework should be simple: take all the tasks and divide them into two.

In practice, it's more complicated. Some people find certain tasks more bearable than their partners do. Some chores are ones that no one wants to do. And, on average, women end up bearing a disproportionate(1) share of their household's chore burden. A new study adds another variable in the equation of couples' (dis)satisfaction with how they split up chores: it found that men and women in long-term, different-sex partnerships tend to be happier with their relationships when they share responsibility for each chore on their to-do list, as opposed to when each partner has their own set of tasks. In other words, a couple in which one partner cooks and cleans and the other does the dishes and laundry will, on average, be less satisfied than a couple in which both partners jointly tackle all four chores.

"There is something about having all these tasks to deal with, as your sole(2) responsibility, that…seems to undermine a person's sense of happiness in their relationship," said Daniel Carlson, the author of the study, as well as a sociologist at the University of Utah and a board(3) member of the Council on Contemporary Families, a research group.

Although the study analyzes detailed survey data gathered from couples in the early 1990s and mid-2000s, the basic outline — and inequities — of how housework is divided haven't changed much since then. In one data set Carlson looked at, couples who managed each chore jointly were twice as likely to say that their division of labor was fair than couples who assigned chores to one partner or another — even though both groups split the overall workload more or less [　ア　]. The data didn't cover same-sex couples, but Carlson suspects the study's results apply to them as well.

To be clear, these findings don't necessarily mean that a certain chore distribution caused couples to become happier — couples that are happier and more cooperative may be more likely to share responsibilities for every chore in the first place. That said, if the chore distribution is what matters, maybe the explanation is that sharing responsibilities builds a spirit of teamwork, or encourages couples to communicate better. A "grass is greener" effect could also be a factor; if you never have to fold the laundry, that task may start to seem more [　イ　] than a pile of dirty dishes you're about to work through.

Yet another possibility: "There might be something about really understanding all the work in the home that makes people appreciate (4) their partner and what they're doing more deeply," Melissa Milkie, a sociologist at the University of Toronto who wasn't involved in the study, told me. "If you're the partner that never cleans the bathroom, (X)それがどれくらい労力がかかることなのか、わからないかもしれない."

This points to a way that couples might make their division of labor feel fairer without greatly altering the amount of time each person commits to housework. "You're not being asked to do more," Carlson told me. "You're just changing the focus of your energy."

Sharing tasks in this way gives couples aiming for an equal chore split something to experiment with. Milkie suggested that couples might try a week of sharing chores that they don't usually share, or occasionally [　ウ　] chores, so that each partner gets a reminder of the annoyances that the other encounters regularly.

Additional research supports the idea that there could be value in having each partner do at least some of every task. Last year, I interviewed gender scholars about how they pursued equal partnerships in their own lives. One sociologist told me he was aware that some men spend less time looking after their kids because women are considered to be "better" at parenting. So he purposely started supervising his son's bath time, even though the child acted out less when his wife was the one doing it. Eventually(5), though, the sociologist became just as "good" at bath time as his wife.

The patterns that couples fall into when dividing up household tasks are often gendered and unfair, but this(Y) might be one way to bust out of them. Perhaps sharing more chores could lead to more of a shared understanding of all the work that goes into managing a home.

1. 下線部（1）～（5）の語句に最も近い意味の語を、それぞれ以下の1～4から選び、その番号をマークしなさい。

(1) disproportionate
1 huge　2 unbalanced
3 underestimated　4 unexpected

(2) sole
1 exclusive　2 important
3 limited　4 qualified

(3) board
1 active　2 executive
3 flat　4 plate

(4) appreciate
1 apologize　2 explain
3 perceive　4 value

(5) Eventually
1 Accidentally　2 Dramatically
3 Finally　4 Occasionally

2. 空欄［ア］～［ウ］に入る単語として最も適切な語を、それぞれ1～5から選び、番号をマークしなさい。

出典追記：A Smarter Way to Divide Chores?, The Atlantic on April 26, 2022 by Joe Pinsker

［ア］ 1 equally　2 kindly　3 orderly
4 properly　5 unfairly

［イ］ 1 colorful　2 equitable　3 honorable
4 suitable　5 tolerable

［ウ］ 1 abandoning　2 decreasing　3 outsourcing
4 swapping　5 undoing

3. 下線部（X）の日本語の文を英訳するために、以下の単語を並び替えて英文をつくるとき、7番目にくる単語は1～9のうちどれですか。番号をマークしなさい。

1 energy　2 how　3 it　4 might　5 much
6 not　7 realize　8 takes　9 you

4. 下線部（Y）の this の内容として、以下の（1）～（5）のうち最も適切なものを1つ選び、その番号をマークしなさい。

(1) dividing all household tasks equally into two
(2) encouraging fathers to take more tasks of bathing their babies
(3) ensuring that both wives and husbands could escape from household chores
(4) experiencing domestic chores which your partner does regularly
(5) forcing husbands to share more household chores than their wives

5. 以下の（1）～（10）の英文について、本文の内容に合致している場合にはTを、そうでない場合にはFを、それぞれマークしなさい。

(1) The way that housework is divided between couples has evolved a lot since this study's survey data was collected.
(2) It is likely that same-sex couples and opposite-sex couples feel similarly about household chore division.
(3) Women are better at parenting.
(4) When people don't perform a household chore regularly, they may see it

as less annoying.

(5) The sociologist who supervised his son's bath time was not successful at first.

(6) A couple in which one person does the laundry and the other person cleans the toilet will likely be less satisfied than a couple that shares chores.

(7) Women usually do more housework than men.

(8) Sharing all of the chores in a household means more work for both partners, but it can also lead to more happiness.

(9) The results of this study conflict with common assumptions about relationship satisfaction and dividing household chores.

(10) The study concludes that dividing up chores in a certain way causes couples to be happier.

6. この文章のタイトルとして、以下の（1）～（5）のうち最もふさわしいものを1つ選び、その番号をマークしなさい。

(1) How the Division of Household Chores Has Changed Over Time

(2) Sharing Chores, Not Dividing Them, May Lead to Happier Relationships

(3) Marriage, Fairness, and Unequal Housework Burdens in the Home

(4) How to Pursue a More Equal Partnership Through Housework

(5) In Managing Household Chores, Empathy and Compromise Are Essential

〔Ⅱ〕 以下の英文を読んで，1～6の問いに答えなさい。

This week, climate activists disrupted the UK's oil supply, because they believe they face a desperate choice. Nonviolent resistance now, or the unthinkable violence of climate change later.

"There is a need to break the law," says Just Stop Oil's Melissa Carrington, "so we are not guilty of greater crime." But is she right?

In so-called liberal democracies, we have a default obligation to obey the law. It's a moral duty, as well as a legal one. It's part of our implicit contract with the government we elected, which provides us, in return, with the protection of justice. But what happens when that government doesn't keep its side of the bargain?

Then, according to numerous political thinkers, we not only can, but very possibly should, break some laws: peacefully, publicly and in principle. The aim? To bring policy into line with what justice actually requires.

Henry David Thoreau gave this a name: civil disobedience. John Rawls, as pivotal(a) a social contract thinker as you are likely to find, thought it could be good for social stability and justice, so long as it challenged longstanding, serious injustice. And what could be more unjust than supporting an industry that kills people?

We can be more or less controversial(b) here. Is civil disobedience morally OK because governments aren't progressive enough when it comes to (A) non-humans? Because they allow animals to be tortured in factory farms, or 30% of species to be wiped (あ) by the climate crisis? Some philosophers, such as Peter Singer, think so. Our fellow animals, they say, are entitled to political consideration even though they can't participate in democratic decision-making.

Others point out, less controversially, that although a government is mainly answerable to those living within its own borders, it still owes basic justice to other humans. It shouldn't give them *encephalitis or **dengue fever, or starve them (い) death.

There are (ア) for disobedience even if we think only about what governments should and shouldn't do to their own citizens. The climate crisis threatens our children and grandchildren with heatwaves, floods, wildfires, and untold mental anguish. By supporting the fossil fuel industry, our government puts their whole future in jeopardy. If that's not a serious injustice, I'm not sure what is.

Then there's environmental resistance. Rather than grabbing attention through general disruption, the activists aim to prevent injustice, directly. "This isn't like (B) in the middle of random roads," says Zak, a 15-year-old activist who was arrested as part of the Just Stop Oil protests. "As well as saying to the government, 'We are demanding no new oil and gas extraction in the North Sea,' it is also stopping the gears of production."

Is this better, or worse? The philosophers Ten-Herng Lai and Chong-Ming Lim think it's fairer to inconvenience oil and gas giants than the general public, because they're the ones doing the (イ). Or think about it like this. If activists focus on preventing states from extracting oil or natural gas, they might do something else as well: challenge government overreach.

"Some philosophers question whether territorial rights should extend to underground natural resources," says Megan Blomfield, a senior lecturer at the University of Sheffield, "since it's not like anybody did anything to put them there. And where the resource is scarce(c) or its use can harm other people, there's additional reason to question any entitlement for the state to do what it likes with it."

Of course, questions remain. Is this mass law-breaking a last resort(d)? It looks like it. The Intergovernmental Panel on Climate Change has been issuing warnings for 32 years now, but states' commitments to cut greenhouse gas emissions fall short of limiting global warming to 1.5℃. Actual policies put us on track for a terrifying 2.7℃ increase by 2100, and the UK shows no sign of doing its fair share.

And will it work? It might, if the numbers are right. "We've seen through history that the only way mass change is achieved is through these mass campaigns like the women's suffrage or the civil rights movements," says Zak.

It (C) sense to diversify tactics. Just activism should be inclusive, and risking arrest is only a viable strategy for the comparatively privileged, not those already at the receiving end of police intimidation. There's also evidence that successful movements use a range of approaches, (う) lobbying and voting to strikes and, yes, civil disobedience.

But social scientists Maria Stephan and Erica Chenoweth studied major resistance campaigns between 1900 and 2006 and (D) that the nonviolent ones succeeded more than half the time. (More than twice as often, incidentally, as the violent ones.) The key to success? The so-called "3.5% rule,"(X) because that's the proportion of the population that needs to get involved.

And here's something else to bear (え) mind. These movements also challenge participatory injustice, where those with most at stake (ウ) decision-making. Many climate protesters are too young to vote. They are denied a voice in determining their own future, while politicians accept gifts worth millions from climate sceptics and fossil fuel interests. Through activism, including civil disobedience, the protesters demand to be heard.

When future generations look back on this period, as we look back on earlier epoch-defining campaigns, they'll ask who showed more respect for justice and democracy: the activists so many of us find disruptive, or the governments they are trying to reform. I think we know what their answer will be.

*encephalitis 脳炎
**dengue fever デング熱

1. 空欄（あ）～（え）に入れるのに最も適切な語を、それぞれ（1）～（8）から1つ選び、その番号をマークしなさい。

(1) at (2) between (3) from (4) in
(5) on (6) out (7) to (8) with

2. 下線部（ a ）～（ d ）の語と最も意味が近い語を、それぞれ以下の1～4から1つ選び、その番号をマークしなさい。

(a) pivotal

1 attractive　　2 difficult

3 irrelevant　　4 key

(b) controversial

1 easy　　2 equal

3 insecure　　4 provocative

(c) scarce

1 abundant　　2 available

3 limited　　4 vague

(d) resort

1 location　　2 occasion

3 option　　4 punishment

3. 空欄（ A ）～（ D ）に入れるのに適切な語を次から選び、必要な場合には適切な形に変えて解答欄に記入しなさい。但し、解答はそれぞれ1語に限ります。

find / make / protect / sit

4. 空欄（ア）～（ウ）に入れるのに最も適切な語句を、それぞれ（1）～（4）から1つ選び、その番号をマークしなさい。

（ア）(1) colours　(2) floors　(3) grounds　(4) stones

（イ）(1) best　(2) decision　(3) equity　(4) harm

（ウ）(1) are excluded from　(2) are incorporated into

(3) are participating in　(4) are reduced from

5. 下線部（ X ）は、この場合、具体的にはどのようなことを意味していますか。日本語で書きなさい。　〔解答欄〕17cm×1行

6. 以下の（1）～（9）の英文について、本文の内容に合致している場合にはTを、合致していない場合にはFを、それぞれマークしなさい。

(1) Disobedience is the reward we get from the government in return for following the rules of the land.

(2) Breaking laws with activism such as civil disobedience helps highlight areas of policy which should be changed.

(3) Civil disobedience has not been a successful method of activism in the past.

(4) Activism such as civil disobedience is attractive to teenagers because they have more privilege to protest compared to adults.

(5) Climate sceptics may give money to politicians in order to make themselves heard.

(6) Animals can get involved in civil disobedience even though they do not have the ability to vote.

(7) By arresting the oil protesters, the government may be exposed as having too much support for big companies.

(8) Research has shown that nonviolent protests are half as effective as violent protests.

(9) The activities may be disruptive, but the actions of our governments have the potential to disrupt our lives more.

〔Ⅲ〕 This scene from the film *Boyhood* (2014) takes place in the year 2004. Two young children, Mason and Samantha, are talking with their father. Their parents are divorced and they live with their mother, so they don't see their father very often. They're talking about the U.S. presidential election of 2004, when John Kerry was running against George W. Bush, and about their father's time living in Alaska.

For each question (1) to (15) choose the best answer from A to D to complete each sentence in this conversation.

Father: Who are you gonna vote for next fall, Mason?

Mason: I don't know.

Samantha: He can't vote. He's not eighteen.

Father: Yeah, okay. Who *would* you vote for, if you (1)________ vote?

Mason: John Kerry?

Father: Anybody but Bush! Okay?

Samantha: Dad, are you gonna move (2)________ home?

Father: Uh…I'm planning on it. You know, I gotta find a job.

Mason: Are you and mom gonna get back together?

Father: I don't know. That's not entirely up (3)________ me, you know?

Samantha: I remember when I was six, you and mom were fighting like mad. You were yelling so loud and she was (4)________

Father: That's what you remember, huh?

Samantha: Yeah.

Father: You don't remember the trips to the beach, camping, all the fun we (5)________?

Samantha: No.

Father: You ever get mad at your mother?

Samantha: Yeah.

Father: You ever get mad at your brother?

Samantha: Yeah.

Father: Yeah. You ever yell (6)________ him?

Samantha: Oh yeah.

Father: Yeah. It doesn't mean you (7)________ him, right?

Samantha: Hmmmm...

Father: Look, the same thing (8)________ when you're grown up, all right? You know, you get mad at people. It's not (9)________ big deal.

Mason: What did you do in Alaska? Were you (10)________?

Father: I worked on a boat (11)________ a while. I tried (12)________ some music.

Mason: Did you see any polar bears?

Father: No, but I saw a Kodiak bear. It was huge.

Mason: Cool.

Father: You guys are gonna be seeing a lot more of me. Okay? I missed you two a lot, while I was gone. Okay? I just want you to know that. I just needed to (13)________ some time for myself.

Samantha: Oh, Dad! I forgot to show you these basketball pictures.

Father: You're on a basketball team?

Samantha: Yeah!

Father: Wow! Check you out! You scoring any (14)________?

Samantha: Well, about eight or ten a game.

Father: Eight or ten a game? That is awesome!

Mason: Once she didn't score any and she cried.

Father: You cried?

Samantha: Well, only a (15)________ bit.

(1) A can B can't
 C could D couldn't

(2) A back B from
 C in D to

(3) A at B in
C to D with

(4) A cried B cries
C cry D crying

(5) A had B have
C having D will have

(6) A at B in
C of D to

(7) A didn't love B do love
C don't love D love

(8) A happen B happened
C happening D happens

(9) A a B that
C the D your

(10) A to work B work
C worked D working

(11) A at B for
C in D take

(12) A to write B write
C written D wrote

(13) A give B go
C put D take

(14) A point B pointed
C pointing D points

(15) A big B half
C little D some

日本史

（60分）

〔Ⅰ〕 次に示す史料Ａ・Ｂを読み、以下の設問に答えなさい。なお、史料には、適宜、表記を改めた箇所がある。

史料Ａ

たのしみは　神の御国の　民として　神の教へを(ア)　ふかくおもふとき
たのしみは　戎夷よろこぶ(注1)　世の中に　皇国忘れぬ　人を見るとき
たのしみは　鈴屋大人(イ)の　後に生まれ　その御諭しを　うくる思ふ時

（出典：橘曙覧(注2)「独楽吟」）

史料Ｂ

方今ノ勢　欧州ノ習俗(ウ)我ニ入ル頗其多キニ居ル勢亦建瓶ノ如キアリ(注3)、衣服ナリ、飲食ナリ、居住ナリ、法律ナリ、政事(エ)ナリ、風俗ナリ、其他百工学術ニ至ルマテ彼ニ採ルニ向ハサル者莫シ。而テ所謂雑居ナリ、所謂洋教ナリ、是モ亦蓋(注4)遅速アルノミ。(中略)其勢既ニ駸々(注5)其七ヲ取テ其三ヲ遺ス能ハサレハ僕謂フ［　1　］ヲ併セテ之ヲ取ルニ若カス。夫レ我カ国ノ文字、先王(注6)始メ之ヲ漢土(注7)ニ取テ之ヲ用フ、那ノ時(注8)文献亦悉ク之ヲ漢土ニ取ル、今一タヒ世運ニ逢フテ文献既ニ之ヲ欧州ニ取ル、則チ何ソ独リ文字ヲ取ラサルノ説アランヤ。(中略)然ルニ而テ徒ニ此言ヲ主張セハ誰カ亦然ラスト言ハン。(中略)或ハ曰ク、彼ノ文字ヲ用フル素ヨリ可ナリ、遂ニ英語若クハ仏語ヲ用ヒシムルニ若カス、昔魯国(注9)ノ官府悉ク仏語ヲ用フ、今則稍自国ノ語ヲ用フ、此例ニ依ル又不可トセスト。僕謂フニ然ラス。蓋人民ノ言語天性ニ本ツク、風土寒熱人種ノ源由(注10)相合シテ生ス、必変スヘカラス。(中略)天性ノ［　2　］ヲ廃シ他ノ［　2　］ヲ用ヒント欲スルノ蔽(注11)、殷鑑的然タル(注12)者ニ非ス乎。曰ク然ラハ則チ吾子(注13)ノ洋字ヲ用フル其説如何。(中略)今洋字ヲ以テ和語ヲ書ス其(その)利害得失果シテ如何。(中略)言フ所書ク所ト其法ヲ同(おなじ)ウス、以テ書クヘシ以テ云(い)フヘシ(中略)アベセ二十六字(注14)ヲ知リ苟(いやしく)モ綴字(つづりじ)ノ法ト呼法トヲ学ヘハ、児女(じじょ)(注15)モ亦男子ノ書ヲ読ミ、鄙夫(ひふ)(注16)モ君子ノ書ヲ読ミ且自ラ其意見ヲ書クヲ得ヘシ。(後略)

(出典：『明六雑誌』第一号、1874年3月)

(注1)戎夷よろこぶ：外国の文化を崇拝する。

(注2)橘曙覧(あけみ)(1812－68)：江戸時代末期の歌人。

(注3)建瓶ノ如キアリ：瓶の水をあけるような勢いで止めようもないほどである。

(注4)蓋：おそらく。

(注5)駸々：物事の速く進む様子。

(注6)先王：古代の偉大な王。

(注7)漢土：(特定の王朝を指すわけではなく漠然と)中国。

(注8)那ノ時：その頃に。

(注9)魯国：ロシア。

(注10)源由：由来。

(注11)蔽：弊害。

(注12)殷鑑的然タル：戒めとなる失敗例から明らかである。

(注13)吾子：あなた。きみ。

(注14)アベセ二十六字：アルファベット(ＡＢＣ 26字)。

(注15)児女：女こども。

(注16)鄙夫：身分の低い者。

問 1　史料Aの下線部(ア)は何を指しているか。適切な語句を解答欄に書きなさい。

問 2　史料Aの下線部(イ)は、『古事記伝』を著したことで知られる国学者を指した表現である。その国学者の姓名を漢字で解答欄に書きなさい。

問 3　史料Bは、軍人勅諭の起草でも知られる人物が『明六雑誌』に寄稿したものである。この人物が留学を通じて学んだ国際法を翻訳・刊行したものを何というか。適切な語句を漢字で解答欄に書きなさい。

問 4　史料Bの下線部(ウ)に関連して、流行の飲食店に集う客らの様子を通して開化期の風俗を描いた、仮名垣魯文による作品を何というか。その題名を漢字で解答欄に書きなさい。

問 5　史料Bの下線部(エ)に関連して、アメリカ合衆国憲法を参考にしつつ、五箇条の誓文を冒頭に掲げて政治の基本的組織を規定した法を何というか。適切な語句を漢字で解答欄に書きなさい。

問 6　史料Bの空欄 [1] に入る語句は何か。適切な語句を史料中から抜き出し、解答欄に書きなさい。

問 7　史料Bの空欄 [2] に入る語句は何か。適切な語句を史料中から抜き出し、解答欄に書きなさい。

問 8　史料Aと史料Bに表れる範囲で、両者の価値観に共通点を見出すとすれば、どのようなことを指摘できるだろうか。「アルファベット」という語を用いて、解答欄に150字以内で書きなさい。

〔Ⅱ〕 次の文章を読み、以下の設問に答えなさい。

江戸時代の農業(ア)は、発展し続けた。大名は、年貢として徴収した米を都市で販売して貨幣収入を獲得しただけではなく、綿や麻、茶などの商品作物の生産も奨励して増収に努めた。また、この時期には三都を中心として全国を結ぶ交通の整備(イ)が進み、これにともない商工業がますます盛んになった(ウ)ことで、次第に農村にも貨幣経済が浸透していった。

このような背景のもと、8代将軍の座についた徳川吉宗は、初代将軍である家康の時代への復古を掲げつつ幕政改革に取り組んだ。いわゆる享保の改革(エ)である。吉宗の諸政策により、幕府財政は幾分改善された。しかしこの改革以降の年貢増徴策や新たな課税は、農村における百姓の生活を強く圧迫したため、彼らはしばしば領主への要求を掲げて百姓一揆(オ)と呼ばれる直接的な抵抗運動を示すようになった。

10代将軍の家治の時代には、田沼意次(カ)が老中として実権を握り、積極的な産業振興策をとっていく。しかし彼は賄賂政治で不評を買い、息子の意知が刺殺されると、その権勢は急速に衰えていった。

田沼の失脚後、白河藩主の松平定信が11代将軍である家斉の補佐として老中に就任し、寛政の改革(キ)を断行する。この改革は、幕府財政の改善に一定の成果をあげたが、厳しい統制と倹約の強制は民衆の反発を招き、定信は老中在職6年余りで退陣に追い込まれた。

定信が老中を退いた後、内憂外患(ク)の状況は深まっていった。これを克服するために、12代将軍である家慶の信任を得た水野忠邦は、老中首座として天保の改革(ケ)を実施する。しかし改革は奏功することなく、不徹底に終わる。こうして幕藩体制の行き詰まり(コ)は、いやがうえにも明瞭となった。

問1 下線部(ア)に関連して、17世紀・18世紀の農業についての記述として正しいものはどれか。A～Eから一つ選び、解答欄にマークしなさい。

A 鉄製の農具である備中鍬、脱穀用の千石簁、灌漑用の踏車などが考案された。

B 干鰯、〆粕、ぬかなどが自給肥料として普及した。

C　大蔵永常が商品作物の栽培について論じた『広益国産考』を公刊した。

D　田畑の面積は、江戸時代初めから18世紀初めにかけて2倍近くに増加した。

E　農事試験場を設けて、稲などの品種改良を進めた。

問2　下線部(イ)についての記述として正しいものはどれか。A～Eから一つ選び、解答欄にマークしなさい。

A　三都を結ぶ東海道をはじめ、中山道、甲州道中、日光道中、奥州道中の五街道は、町奉行が管理した。

B　江戸では牛車や大八車が多数存在し、乗合馬車も発達した。

C　継飛脚は民間営業の飛脚であり、東海道を6日で走ったので、定六とも呼ばれた。

D　河村瑞賢は、出羽酒田から江戸に至る東廻り海運・西廻り海運のルートを整備した。

E　18世紀前半に運航を開始した樽廻船は、その後、菱垣廻船に駆逐された。

問3　下線部(ウ)に関連して、江戸時代の商工業の展開についての記述として正しいものはどれか。A～Eから一つ選び、解答欄にマークしなさい。

A　江戸では荷積問屋の仲間である二十四組問屋がつくられた。

B　越後屋呉服店は辰松八郎兵衛が江戸に開いた呉服店で、両替商も兼業した。

C　紀伊国屋文左衛門は紀州のみかんを江戸に回送して利益をあげ、材木商に進出して財をなした。

D　問屋制家内工業では、労働者が1カ所に集まって、分業にもとづく協業で手工業生産を行った。

E　卸売市場が発達し、大坂では堂島の米市場、天満の魚市場、雑喉場の青物市場などが有名である。

問4　下線部(エ)についての記述として正しいものはどれか。A～Eから一つ選び、解答欄にマークしなさい。

A　新たに側近として側用人を設置し、また荻生徂徠や室鳩巣らの儒学者を登用した。

B　新しい産業の開発に役立つ実学を奨励したが、漢訳洋書の輸入は制限した。

C　裁判や刑罰の基準を定め、連座制を緩和した幕府の成文法である御触書寛保集成を制定した。

D　各役職の石高を定め、それ以下の者が就任する時、在職中だけ不足の石高を補った。

E　大名から石高1万石につき1000石を上納させる上げ米を実施した。

問5　下線部(オ)に関連して、江戸時代の百姓一揆についての記述として正しいものはどれか。A～Eから一つ選び、解答欄にマークしなさい。

A　江戸時代における百姓一揆の発生件数は1780年代にピークを迎え、その後は次第に減少した。

B　その範囲が藩領全域に及ぶような全藩一揆の例としては、嘉助騒動や元文一揆などがある。

C　村々の代表者が百姓の利害を代表して領主に直訴する惣百姓一揆は、天明の飢饉をきっかけに増加し始めた。

D　強訴は、訴訟参加者の範囲が郡や国にまで拡大した合法的な農民の訴願闘争である。

E　世直し一揆が一般的になるのは幕末からで、磔茂左衛門一揆がその最初の例である。

問6　下線部(カ)が実権を握っていた時期には、加藤千蔭や村田春海などの国学者が活躍している。これに関連して、江戸時代の国学者についての記述として正しいものはどれか。A～Eから一つ選び、解答欄にマークしなさい。

A　荷田春満は『創学校啓』を著して国学の学校建設を将軍吉宗に建言した。

B　賀茂真淵は和学御用として田安宗武に仕え、『国意考』、『万葉集註釈』などを著した。

C　上田秋成は『源氏物語』の注釈書『源氏物語湖月抄』を著した。

D　塙保己一は和学講談所を設立し、『類聚国史』を編纂した。

E　平田篤胤は江戸で開塾し、国史を考証した『比古婆衣』を著した。

問7　下線部(キ)についての記述として正しいものはどれか。A～Eから一つ選び、解答欄にマークしなさい。

A　閑院宮家を創設し、幕府と天皇家との結びつきを強めた。

B　印旛沼や手賀沼などの新田開発によって耕地を拡大し、年貢収入の増大をはかった。

C　長崎貿易で多くの金銀が流出したので、貿易額を制限した。

D　長谷川平蔵の建議により、石川島に人足寄場を設けて無宿人を収容した。

E　最上徳内らを蝦夷地に派遣し、ロシア人との交易の可能性を調査させた。

問8　下線部(ク)に関連して、19世紀前半の国内外の事件・出来事についての記述として正しいものはどれか。A～Eから一つ選び、解答欄にマークしなさい。

A　イギリスの軍艦フェートン号がフランス船を捕獲するために長崎湾内に侵入した。

B　アメリカ東インド艦隊司令長官のビッドルが通商を要求するために下田に来航した。

C　幕府は、犯罪者を取り締まり、治安維持を強化するために蕃書調所を設けた。

D　国学者の生田万が貧民救済を目指して大坂で武装蜂起したが、半日で鎮圧された。

E　幕府は、従来対等とされた朝鮮通信使をそれまでの江戸に代えて対馬への派遣とさせた。

問9　（設問省略）

問10　下線部(コ)に関連して、18世紀末から表面化した幕藩体制の動揺という現実への対応として、学問・思想の分野でも封建制度の維持や改良を説く経世論が発達した。これに関連して、江戸時代の経世家と著書の組み合わせとして正しいものはどれか。A～Eから一つ選び、解答欄にマークしなさい。

A　太宰春台 ―『稽古談』

B　安藤昌益 ―『価原』

C　海保青陵 ―『経世秘策』

D　本多利明 ―『統道真伝』

E　佐藤信淵 ―『経済要録』

〔Ⅲ〕 次の文章を読み、以下の設問に答えなさい。

大正時代は、日本を取り巻く国際環境が大きく変化し、国際協調を重視した新しい国際秩序が作られた時代であった。

1914年にイギリスがドイツに宣戦すると、［ 1 ］内閣は日英同盟(ア)を理由として参戦し、翌年、中国に対して二十一カ条の要求をおこなった。続く寺内正毅内閣は中国への巨額の経済借款をおこない、日本の権益確保を図った。日本の中国進出を警戒するアメリカは、1917年に日本との間に［ 2 ］を結び、太平洋方面の安定を図った。一方、同じ年にロシア革命がおこり、世界ではじめての社会主義国家が誕生すると、日本国内では、それを一つのきっかけとして社会運動が勃興した(イ)。

1918年に第一次世界大戦の休戦が成立すると、翌年にパリで講和会議が開かれ、ヴェルサイユ条約(ウ)が調印された。1920年には国際紛争の平和的解決と国際協力のための機関として、国際連盟が設立された。一方、この時期には、民族自決の国際世論が高まり、民族運動が活発化した(エ)。こうした民族運動の活発化や日本の中国進出、ソヴィエト政権の動向など、アメリカには極東の新情勢に対応する必要が生じた。そこでアメリカは1921年から1922年にかけてワシントン会議(オ)を開催し、戦争の再発防止と列強間の協調をめざした国際協定が結ばれた。日本の［ 3 ］内閣もこの会議に参加し、のちに続く協調外交の基礎を作った。大

正時代には日本国内でも、自由主義・民主主義的な風潮が高まり、多様な学問や芸術が発達した。(カ)

昭和に入ると、田中義一内閣のもと、日本の外交は中国政策をめぐって強硬姿勢に転じたが、(キ) [4] 内閣は幣原喜重郎を外相に起用し、1930年にはロンドン海軍軍縮会議に参加するなど、協調外交の方針を復活させた。こうした協調外交は国内の軍や右翼によって軟弱外交と非難され、危機感を深めた関東軍は軍事行動を開始し、1931年満州事変が始まった。

国内でも、昭和恐慌やロンドン海軍軍縮会議、満州事変をきっかけとし、日本のゆきづまりの原因は財閥・政党などの支配層の無能と腐敗にあると考える人々による過激な行動が相次いだ。(ク)1933年に国際連盟総会で、日本に満州国の承認撤回を求める勧告案が採択されると、日本は国際連盟からの脱退を通告し、国際的に孤立した。

問１　下線部(ア)についての記述として正しいものはどれか。A～Eから一つ選び、解答欄にマークしなさい。

A　清国の南下策に対抗する目的があった。

B　一方が他国と交戦した場合には他方も参戦することが定められた。

C　両国で「満韓交換」の交渉が行われた。

D　清国・大韓帝国(韓国)における利益の相互尊重が定められた。

E　両国の満州および内蒙古における勢力圏が確認された。

問２　下線部(イ)に関連して、大正時代に結成された団体とその創立者の組み合わせとして正しいものはどれか。A～Eから一つ選び、解答欄にマークしなさい。

A　日本農民組合 ― 賀川豊彦

B　黎明会　　　 ― 鈴木文治

C　日本共産党　 ― 大杉栄

D　社会民主党　 ― 幸徳秋水

E　青鞜社　　　 ― 山川菊栄

問３　下線部(ウ)についての記述として正しいものはどれか。Ａ～Ｅから一つ選び、解答欄にマークしなさい。

Ａ　人種差別撤廃案が条約案に入った。

Ｂ　民族自決の原則のもとでベルギーの独立が取り決められた。

Ｃ　遼東半島における利権の日本への譲渡が取り決められた。

Ｄ　国際労働機関（ＩＬＯ）の設立が取り決められた。

Ｅ　中国は条約の内容を不服としながらも調印した。

問４　空欄［１］、［３］、［４］に入る人名の組み合わせとして正しいものはどれか。Ａ～Ｅから一つ選び、解答欄にマークしなさい。

	１	３	４
Ａ	山県有朋	加藤高明	若槻礼次郎
Ｂ	大隈重信	高橋是清	浜口雄幸
Ｃ	山県有朋	高橋是清	犬養毅
Ｄ	大隈重信	原敬	犬養毅
Ｅ	山本権兵衛	加藤高明	浜口雄幸

問５　空欄［２］に入る語として正しいものはどれか。Ａ～Ｅから一つ選び、解答欄にマークしなさい。

Ａ　桂・タフト協定

Ｂ　ヤルタ協定

Ｃ　石井・ランシング協定

Ｄ　ジュネーブ協定

Ｅ　天津条約

問６　下線部(エ)に関連して、大正時代の民族自決の国際世論の高まりと民族運動についての記述として正しいものはどれか。Ａ～Ｅから一つ選び、解答欄にマークしなさい。

Ａ　日本は国際世論に配慮し、朝鮮総督と台湾総督について文官の就任を認める官制改正をおこなった。

B　朝鮮では植民地化に抵抗して1919年3月1日以降、義兵運動が本格化した。

C　中国では列強の中国進出に反対する義和団事件が起きた。

D　朝鮮では東学の信徒を中心に排日を要求する農民の反乱が起きた。

E　中国では1919年5月4日に在華紡でおきたストライキをきっかけに労働者・学生らによる大規模な反帝国主義運動が全土に広がった。

問7　下線部(オ)についての記述として正しいものはどれか。A～Eから一つ選び、解答欄にマークしなさい。

A　米・英・日・伊で太平洋の平和に関する四カ国条約が結ばれた。

B　山東半島における旧ドイツ権益の中国返還が取り決められた。

C　日英同盟の継続が確認された。

D　海軍軍縮条約が結ばれ、日本の主力艦の保有量は対米7割に制限された。

E　西園寺公望・牧野伸顕らが全権として派遣された。

問8　下線部(カ)に関連して、大正から昭和初期の学問や芸術についての記述として正しいものはどれか。A～Eから一つ選び、解答欄にマークしなさい。

A　小山内薫・土方与志らが創設した築地小劇場が新劇運動の中心となった。

B　大学令が制定され、帝国大学の設置が認められたが、単科大学や公立・私立の大学の設置は認められなかった。

C　政治評論中心の大新聞が相次いで創刊された。

D　西田幾多郎が『善の研究』を著すなどマルクス主義が知識人に大きな影響を与えた。

E　プロレタリア文学運動の機関誌『赤い鳥』が創刊された。

問9　下線部(キ)に関連して、1920年代の中国大陸での出来事として正しいものはどれか。A～Eから一つ選び、解答欄にマークしなさい。

A　北京郊外の盧溝橋で日中両国軍が衝突した。

B　関東軍が中国国民党の張作霖を奉天郊外で爆殺した。

C　蔣介石率いる国民革命軍が北伐を開始した。

D　関東軍が柳条湖で南満州鉄道の線路を爆破した。

E　袁世凱が中国国民党を結成した。

問10　下線部(ク)に関連して、日本史上のテロ事件についての記述として正しいものはどれか。A～Eから一つ選び、解答欄にマークしなさい。

A　血盟団員によって井上準之助前蔵相が暗殺された。

B　五・一五事件では海軍青年将校によって高橋是清蔵相が射殺された。

C　二・二六事件では統制派の青年将校たちが首相官邸や警視庁などを襲った。

D　無政府主義者の難波大助によって浜口雄幸首相が狙撃された。

E　国家主義者の佐郷屋留雄によって原敬首相が暗殺された。

〔Ⅳ〕　次の文章を読み、以下の設問に答えなさい。

近代化、産業化以降の社会の変化はとても速い。日本における社会変動の画期は、明治維新期と第二次世界大戦後の高度経済成長期であろう。

明治維新により、封建的な諸制度を撤廃して西洋文明の摂取による近代化の推進を図った日本では、士農工商の身分制度が廃止された。公家や藩主は華族、旧藩士や旧幕臣は士族、農工商の百姓や町人は平民となり、「四民平等」とされた。新たな族籍(ア)をもとに統一的な戸籍編成がおこなわれ、同じ義務をもつ国民が形成された。

日本は、富国強兵をめざして殖産興業(イ)に力を注いだ。その際、産業技術や社会制度だけでなく、学問や思想、生活様式、建築まで様々なものを西洋から取りいれた。自由主義、功利主義などの西洋近代思想が流行し、天賦人権の思想がとなえられた。この思想は後に、自由民権運動(ウ)の指導理念となった。また、市民的自由の拡大と大衆の政治参加の要求が高まった、第一次護憲運動から男性普通選挙制の成立まで(エ)の時代思潮や社会運動を、「大正デモクラシー」と呼ぶ。

産業の面で、日本の産業革命(オ)の初発は、綿糸を生産する紡績業であった。しかし、原料の綿花を [1] や [2] からの輸入に依存しており、輸入超過の要因ともなった。これに対して、国産の繭を原料として生糸を製造する製糸業では、器械製糸の工場が稼働し、養蚕農家も増加した。こちらは、フランスや [2] 向けを中心に輸出量が伸び、1909年には [3] を追い越して、日本は世界最大の生糸輸出国となった。

第二次世界大戦後の高度経済成長(カ)は、「技術革新による経済成長」と評されるように、鉄鋼・造船・自動車・電気機械・化学などの分野で設備投資が進み、工業生産額の3分の2を重化学工業が占めるようになった。国土の太平洋側を中心に火力発電所や石油化学コンビナートが建設され、産業と人口が集中した。

産業集積と高度経済成長に成功した一方で、環境破壊、環境汚染が深刻な社会問題となった。例えば水俣病は、新日本窒素肥料会社(キ)の工場排水に含まれたメチル水銀に汚染された魚介類を食べたことによる中毒症であった。また、「原子力の平和利用」(ク)として進められた原子力関連産業では、断続的に事故が発生しており、科学技術と政府に対する信頼が揺らいでいる。

新たな動きとして、気候危機や生物多様性の喪失など地球環境問題についての、「気候変動に関する国際連合枠組条約の京都議定書」(ケ)の採択にみられるように、まずグローバルなレベルでの合意を形成し、その実施を個々の国民国家に迫るという方法が採用されている。その際、ＮＧＯや環境ＮＰＯなど、国民国家を越境した市民組織が有効な推進役となっている。

問1　下線部(ア)についての記述として正しいものはどれか。A～Eから一つ選び、解答欄にマークしなさい。

A　士族と平民の区別なく、満20歳に達したすべての男性は兵役に服することになった。

B　えた、非人など賤民の身分と職業はそのままであった。

C　士族の一部は屯田兵となり北海道へ移住した。

D　平民は苗字を持つことができたが、移住・職業選択の自由は認められなかった。

E　士族の多くは地券を元手に商売に参入することで成功し、「士族の商法」を確立した。

問 2　下線部(イ)に関連して、技術の導入や人材育成のために政府機関や学校に雇われた外国人教師についての記述として正しいものはどれか。A～Eから一つ選び、解答欄にマークしなさい。

A　コンドルは、上野恩賜公園や日比谷公園などの都市公園を設計・施工した。

B　クラークは、製糸・紡績などの官営工場を回り、近代的な労務管理の方法を指導した。

C　ジェーンズは、北海道と樺太で英語と近代農学を教授した。

D　モースは、ダーウィンの生物進化論を講義し、考古学調査も行った。

E　ホフマンは、東京医学校に外科を設立し、手術室を設置した。

問 3　下線部(ウ)についての記述として正しいものはどれか。A～Eから一つ選び、解答欄にマークしなさい。

A　江藤新平は征韓党の首領となり、福岡県で秋月の乱を起こした。

B　板垣退助は自由党を結成し、福島事件や秩父事件など農民を直接的に指導することで、地方に支持層を拡大した。

C　尾崎行雄は立憲改進党を組織し、都市の実業家や知識人の支持を得て議院内閣制の導入を主張した。

D　植木枝盛はルソーの『社会契約論』を翻訳し、運動の思想的基盤の形成に貢献した。

E　福地源一郎は立憲帝政党を結成したが、民権派に対抗できるほどの勢力にはなれずに解党した。

問 4　下線部(エ)の時期の出来事として正しいものはどれか。A～Eから一つ選び、解答欄にマークしなさい。

A　北里柴三郎が私費を投じて北里研究所を設立した。

B　火野葦平が『麦と兵隊』を執筆した。

C　与謝野晶子が「君死にたまふこと勿れ」とうたう反戦詩を発表した。

D　徳冨蘆花が『不如帰』を執筆した。

E　新島襄が京都で同志社英学校を設立した。

問５　下線部(オ)についての記述として正しいものはどれか。Ａ～Ｅから一つ選び、解答欄にマークしなさい。

Ａ　豊田佐吉は、国産自動車の開発に成功し、トヨタ自動車を設立した。

Ｂ　臥雲辰致は、芝に池貝鉄工所を開設し、高精度な旋盤の国内生産に成功した。

Ｃ　臥雲辰致は、富岡製糸場の払い下げを受け、近代的な労務管理システムを構築した。

Ｄ　豊田佐吉は、水車ではなく石油発動機を動力とする、小型の国産力織機を発明した。

Ｅ　臥雲辰致は、室蘭に日本製鋼所を設立し、兵器を生産した。

問６　文章中の空欄［１］、［２］、［３］に入る国の組み合わせとして正しいものはどれか。Ａ～Ｅから一つ選び、解答欄にマークしなさい。

	１	２	３
Ａ	インド	イギリス	清
Ｂ	オーストラリア	イギリス	カナダ
Ｃ	インド	アメリカ	清
Ｄ	清	カナダ	インド
Ｅ	イギリス	アメリカ	オーストラリア

問７　下線部(カ)に関連して、この時期の産業や企業の動向についての記述として最も適切なものはどれか。Ａ～Ｅから一つ選び、解答欄にマークしなさい。

Ａ　鉄鋼分野では、国際競争の激化に備えて八幡製鉄と富士製鉄が合併し、新日本製鉄が誕生した。

Ｂ　大量の人口が流入した太平洋沿岸の都市部では、住宅問題解消のために、高層マンションを中心としたニュータウンの開発が進められた。

Ｃ　農業機械の開発や化学肥料の国産化が進んでコメの収穫量が増大したことにより、農業従事者が増えた。

Ｄ　中小企業は、独自の技術革新をする必要が無くなり、大企業の下請けとして部品供給することで経営が安定した。

E　国土に豊富に賦存する水力発電の価値が見直され、「水主火従」へとエネルギー政策が転換した。

問 8　下線部(キ)の源流にあたる日本窒素肥料会社の創業者についての記述として正しいものはどれか。A～Eから一つ選び、解答欄にマークしなさい。

A　鮎川義介は、自動車と重化学工業からなる産業連合を組織し、満州へ進出した。

B　森矗昶は、昭和肥料会社より出発し、昭和電工を設立した。

C　野口遵は、朝鮮半島北部で大規模ダムと水力発電所を建設した。

D　野口遵は、安田善次郎の経営を引き継ぎ、銀行資本を取りまとめ、製造業に投資した。

E　森矗昶は、理化学研究所の基礎研究を応用し、化学・電気工学分野の新産業を創生した。

問 9　下線部(ク)についての記述として正しいものはどれか。A～Eから一つ選び、解答欄にマークしなさい。

A　湯川秀樹は、平和運動への積極的な取り組みが評価され、ノーベル平和賞を受賞した。

B　日本は石油危機以降、原子力発電を、石油を代替する主要なエネルギーとして位置づけ、電力会社は原子力発電所を各地に建設した。

C　日本はアメリカとソ連の双方との間で原子力協定を締結し、どちらの技術・技術者もオープンに受け入れられる体制を整えた。

D　東京電力福島第一原子力発電所事故への対応で、自由民主党政権は信頼を失い、民主党政権へ移行した。

E　日本は福島県に日本原子力研究所を設置し、初の原子力発電による電力生産を開始した。

問10　下線部(ケ)に署名した首相とその事績の組み合わせとして正しいものはどれか。A～Eから一つ選び、解答欄にマークしなさい。

A 小渕恵三 ― 消費税の導入

B 橋本龍太郎 ― 情報公開法の施行

C 森喜朗 ― ＰＫＯ協力法の成立

D 小渕恵三 ― 自衛隊のイラク派遣

E 橋本龍太郎 ― 消費税率の引き上げ

世界史

(60分)

〔Ⅰ〕 次の文章を読み、空欄(ア～オ)に当てはまる語句を解答欄に記入しなさい。また、下線部(1～5)に関する設問(1～5)に答えなさい。

戦争は人類の歴史とともに古くからある。そして、政治経済的あるいは軍事的に他国を圧倒する国家が、複数の地域や民族を支配する「帝国」をめざす例も珍しくない。世界史は、帝国への野望とその挫折が繰り返されてきた歴史でもある。

史上初の世界帝国とも言われるアケメネス朝ペルシアは、第3代の王［ ア ］のときにエジプトからインダス川流域に至る広大な帝国を築くが、前5世紀前半のギリシアとの戦いに敗れた。そのギリシアでは、前8世紀から(1)ポリスという都市国家が出現し、諸ポリスの連合によってペルシアを撃退し、民主政を確立して繁栄することができた。だが、前4世紀後半にはアテネと［ イ ］の連合軍がマケドニア王国に敗れ、全ギリシアが制圧された。その国王となったアレクサンドロス大王は東方遠征を行い、アケメネス朝を倒して大帝国を樹立したものの、その後に急死したため、帝国は諸国に分裂した。

その頃、イタリア半島では、(2)都市国家ローマが誕生し、帝国として発展していく。まず、ギリシア文化の影響を受けながら共和政が樹立され、独自の政治・法制度を発展させた。そして、前3世紀以降、地中海世界に向けた海外進出を始め、西地中海の覇権を確立すると、さらに領土を拡大し、トラヤヌス帝の時代の最盛期には、西ヨーロッパから北アフリカ、中東までを支配する大帝国となった。だが、4世紀末、ローマ帝国は東西に分裂し、西ローマ帝国はゲルマン人の侵入で滅亡する一方で、東ローマ帝国(ビザンツ帝国)は1453年まで続き、多くの文化遺産を後世に残した。そのうちのひとつが、［ ウ ］が編纂させたローマ法大全で、今日のわれわれの生活にも影響を与えている。

そのビザンツ帝国を滅ぼしたのは、オスマン帝国である。そして1517年、オスマン帝国はエジプトやシリアを併合し、スレイマン１世の時代には西アジアや北アフリカまでを支配し最盛期を迎えた。だが、17世紀末、ヨーロッパに向けた積極的な対外政策がいきづまると、ヨーロッパに対する優位を徐々に失っていく。19世紀に入ると、ギリシアの独立をはじめとする民族運動が起きるなか、ロシアがギリシア正教徒の保護を理由にオスマン帝国に侵入し、［　エ　］戦争が勃発した。ロシアはこの戦いに敗れたため、戦争中に即位した(3)アレクサンドル２世は近代化改革を断行した。そして再び、1877年にスラブ民族の保護を口実にオスマン帝国に宣戦して勝利し、その勢力の拡大に成功したかにみえたが、ロシアの南下政策はオーストリアやイギリスの意向を受けて締結された［　オ　］条約によって阻止された。オスマン帝国も、ヨーロッパ側領土の半分以上を失い、衰退していった。

東アジアでは、(4)17世紀後半以降、清朝の支配領域が大きく広がり、18世紀半ばまでには直接・間接の統治を通じて一大帝国を築き上げた。だが、イギリスとのアヘン戦争における一方的な敗北によって開国を迫られ、国力を衰微させていった。そして結局、大清帝国は辛亥革命によって崩壊した。

19世紀末になると、イギリスとフランス、ドイツ、そして日本やアメリカ合衆国などが競って諸地域の覇権を争う(5)帝国主義の時代に世界は突入し、結果的に２度の世界大戦を引き起こすことになった。その後、冷戦体制における二大超大国の争いは、一方のソ連の崩壊によって終焉したが、2014年のロシアによる［　エ　］併合によって、世界は新たな覇権争いの様相を呈している。

設問１　古代ギリシアのポリスに関する説明として正しいものをひとつ選び、その記号を解答欄にマークしなさい。

A．アッティカ地方に建設されたスパルタでは、貴族と平民の対立が深まり、前６世紀初頭にソロンが改革を断行したが、両者の対立は解消しなかった。

B．前６世紀末、クレイステネスが血縁に基づく部族制を廃止し、五百人評議会を創設するなどして、民主政の基礎を築いた。

C．ペルシア戦争後、アテネでは無産市民が発言権を強め、前５世紀中葉、ペイシストラトスの指導のもとで民主政が完成した。

D. ヘロドトスの『歴史』は、前431年に起こったペロポネソス戦争を史料批判に基づいて叙述した書物である。

設問2 古代ローマ世界に関する説明として正しいものをひとつ選び、その記号を解答欄にマークしなさい。

A. ローマが3次にわたるカルタゴとのポエニ戦争を通じて属州とした征服地で、パトリキと呼ばれる新興の富裕市民たちが徴税請負人として富を蓄積していった。

B. 前367年に、ティベリウス=グラックスは、平民救済のために公有地の占有を制限する法律を提案・可決させた。

C. 軍人皇帝の時代に皇帝が乱立し、帝国は危機的状況に置かれるが、これに対してディオクレティアヌス帝はテトラルキアという統治体制を導入し、政治秩序を回復した。

D. ローマの地中海制覇を完成したカエサルは、元老院からアウグストゥスという称号を与えられ、共和政から帝政への移行を実現した。

設問3 アレクサンドル2世やその一連の改革に関する説明として正しいものをひとつ選び、その記号を解答欄にマークしなさい。

A. 農奴を領主の支配から解放し、土地を無償で分け与えることで、ロシアが近代的な社会制度を導入する契機となった。

B. 司法改革や地方自治機関ゼムストヴォの設置などの改革を断行したが、「人民の意志」派によって爆殺された。

C. 専制政治を支える知識人階級に対して農民たちがみずから立ち上がり、「ナロードニキ(人民主義者)」運動を組織した。

D. デカブリストの乱を鎮圧するなど、内政では専制政治を強行する一方で、対外的にはポーランドを抑圧し、ハンガリーの民族運動も制圧した。

設問4 清朝が台湾を制圧し、自国の領土に編入したときの皇帝をひとり選び、その記号を解答欄にマークしなさい。

A. 雍正帝　　B. 乾隆帝　　C. 順治帝　　D. 康熙帝

設問5　帝国主義や2度の世界大戦の時代に関連する説明として正しいものをひとつ選び、その記号を解答欄にマークしなさい。

A．1889年に結成された第2インターナショナルは、帝国主義戦争に反対し、二つの世界大戦において反戦運動を積極的に展開した。

B．フランスは、西アフリカ・サハラ地域と東のケニアとの連結を目指した、アフリカ横断政策をとった。

C．ドイツでは、1932年11月の総選挙でナチ党が過半数の議席を獲得し、翌年1月にヒトラーが首相に任命された。

D．1920年代の共和党政権下のアメリカ合衆国では、自動車や家電製品が普及し経済が繁栄する一方で、移民法によって東欧や南欧からの新移民が制限され、アジア系の移民の流入が事実上禁止された。

〔Ⅱ〕次の文章を読み、空欄(ア～イ)に当てはまる語句を解答欄に記入しなさい。また、下線部(1～8)に関する設問(1～8)に答えなさい。

中世の地中海世界は、ゲルマン人の大移動と西ローマ帝国の滅亡ののち、7世紀のイスラーム勢力の西進をきっかけとしてまとまりを失い、やがて東ヨーロッパ世界、西ヨーロッパ世界、イスラーム世界の三つに分裂していった。

東ヨーロッパ世界では、ローマ帝国の継承者を名乗るビザンツ帝国がボスフォラス海峡の両岸に広がっていた。ビザンツ帝国は強力な軍と巨大な官僚制に支えられ、約千年にわたり皇帝による専制支配体制を継続させた(1)。首都コンスタンティノープルは商業で繁栄し、中世を通じてヨーロッパ世界最大の貿易都市であった。文化面においてビザンツ帝国は、ギリシア正教に基づく独自の世界を作り上げ、7世紀にはラテン語にかえてギリシア語を公用語とし、古代ギリシアの知識を後世へ継承する上で重要な役割を果たした。その知識は写本や学者を通じてルネサンス(2)にも影響を与えていくことになる。美術・建築においては、ドームとモザイク壁画を特徴とするビザンツ様式(3)が生まれた。9世紀にはスラブ人を教化するためにキリル文字が作られた。

西ヨーロッパ世界では、ローマ=カトリック教会がフランク王国と手を結び、ギリシア正教会とビザンツ帝国に対抗した。教皇が800年にカール大帝にローマ皇帝の冠を授け、西ローマ帝国を理念的に復活させたことは、ローマ＝ゲルマン的世界の確立を象徴する出来事であった。ここに、西ヨーロッパの基礎となる領域を支配し、ラテン＝カトリック圏をまとめ、アルプス山脈以南と以北の商業や文化の交流を促進するキリスト教国家が現れた。カール大帝の死後、フランク王国は、イタリア(中部フランク)・西フランク・東フランクの3国に分裂した(4)。西ヨーロッパでは、11世紀になると、農業生産力の向上や人口増加にともない商業は活性化し、都市が発展した(5)。さらに教皇権の高まりを背景に十字軍やレコンキスタ(6)、東方植民など、ラテン＝カトリック圏は外部へ拡大していった。

イスラーム世界は、7世紀にムハンマドがアラビア半島で創始したイスラーム教を基礎として発展した。イスラーム教徒は、7世紀半ばから約一世紀の間に東は中央アジアから西はイベリア半島に至る大帝国を築き上げた。しかし、10世紀になるとアッバース朝の衰退とともに、地方政権が各地に樹立され、「イスラーム帝国」は分裂する。地中海地域においては、シーア派の人々がベルベル人の支持を得て［ ア ］朝をおこし、10世紀後半にはエジプトを征服して新都カイロを建設し、北アフリカ一帯を支配した。カイロにはマドラサである［ イ ］が設立され、イスラーム神学・法学の最高学府となった。これは現存するイスラーム最古の大学・教育機関である。10世紀以降、北アフリカやイベリア半島出身の学者が活躍し、それまでの諸学問を高度に発展させた(7)。また、ムスリム商人(8)は中国・インド・ヨーロッパを結ぶ交易活動により、文明の交流において重要な役割を果たした。

設問1　下線部(1)について、ビザンツ帝国の政治と社会に関する説明として正しいものをひとつ選び、その記号を解答欄にマークしなさい。

A．ビザンツ帝国では、ヘラクレイオス1世の治世に辺境地域の司令官に地方の管理を一任した屯田兵制が敷かれた。

B．11世紀には、国家が軍事奉仕を条件として貴族に土地の管理を委ねるプロノイア制が導入された。

C．コンスタンティノープルは第6回十字軍によって占拠され、その地にはラテン帝国が建てられた。

D．ビザンツ帝国は、盛期のマケドニア朝の時代にセルビア王国を併合した。

設問2　下線部(2)の説明として正しいものをひとつ選び、その記号を解答欄にマークしなさい。

A．イングランドではチョーサーが『カンタベリ物語』を、スペインではセルバンテスが『ドン＝キホーテ』を著し、社会の矛盾を風刺した。

B．ローマでは15世紀に大商人のメディチ家が隆盛をきわめ、多くの学者や芸術家を後援した。

C．ルネサンスは、貿易や商業で栄えたイタリアやネーデルラントで主に展開し、一方、王権が強かったフランスにはほとんど広まらなかった。

D．エラスムスは『愚神礼賛』を著し、カトリック教会・聖職者の腐敗を痛烈に批判し、ルターの宗教改革に賛同した。

設問3　下線部(3)の建造物として正しいものをひとつ選び、その記号を解答欄にマークしなさい。

A．ヴォルムス大聖堂

B．サン＝ヴィターレ聖堂

C．サンスーシ宮殿

D．シャルトル大聖堂

設問4　下線部(4)に関連する説明として正しいものをひとつ選び、その記号を解答欄にマークしなさい。

A．カール大帝の死後、フランク王国の領土はその三人の息子の間で分割された。

B．メルセン条約はロタール1世に中部フランクの土地を与えたが、その後のヴェルダン条約で国土の面積は縮小された。

C．東フランクでは、カロリング家の血統が途絶えたのち、ザクセン大公ハインリヒ1世が国王に選ばれた。

D．西フランクでは、ユーグ＝カペーが王位に就いてカペー朝を開き、王権に権力が集中する絶対王政を敷いた。

設問5　下線部(5)について、11～12世紀以降に成立する中世都市に関する説明として正しいものをひとつ選び、その記号を解答欄にマークしなさい。

A．フィレンツェに代表される北イタリアの諸都市は、領主である司教権力の庇護の下、司教座都市を形成した。

B．北ドイツでは都市同盟であるロンバルディア同盟が結成され、リューベックを盟主とした。

C．大商人を中心とする都市の特権層は、彼ら自身の相互扶助と市場の独占を目的として商人ギルドを作り、市参事会も構成した。

D．手工業者の親方と徒弟は、職種ごとに同職ギルドを作り、商人ギルドと協力しながら都市の統治にかかわった。

設問6　下線部(6)が起こった中世のイベリア半島の状況について、正しいものをひとつ選び、その記号を解答欄にマークしなさい。

A．ポルトガル王国は12世紀にナバラ王国から独立した。

B．スペイン＝イスラーム建築の代表といわれるアルハンブラ宮殿がトレドに建設された。

C．カスティリャ王子フェルナンドとアラゴン王女イサベルが結婚し、その後両王国が合邦してスペイン王国が成立した。

D．レコンキスタを完了させたスペイン王国はカトリック国であることを確定させ、ユダヤ教徒追放令を発布した。

設問7　下線部(7)に関連して、12世紀にアリストテレス研究を深化させ、ヨーロッパ中世のスコラ哲学に大きな影響を与えたコルドバ生まれのムスリム学者の名を解答欄に記入しなさい。

設問8　下線部(8)のムスリム商人がインド洋交易のために建造し使用した、三角の帆を持つ木造船は何と呼ばれるか。解答欄に記入しなさい。

〔Ⅲ〕 次の文章を読み、空欄(ア～ウ)に当てはまる語句を解答欄に記入しなさい。また、下線部(1～6)および空欄(①～③)に関する設問(1～7)に答えなさい。

現在東南アジアと呼ばれる地域は、地理的、宗教的、文化的に多様である。英語で「東南アジア(Southeast Asia)」という用語が広く用いられる始まりとなったのは、第二次世界大戦中の連合国による軍事上の便宜のために設置された、東南アジア軍司令部であると言われており、事実「東南アジア」という名の地理概念が一般的となるのは、第二次世界大戦後のことである。この地域の歴史を遡ると非常に多彩な世界に出逢うこととなる。

東南アジアの南側となる島嶼部は、インド洋と東シナ海を結ぶ交易路として古来より栄えた。そのため、交易の拠点となる港を核とする港市国家(1)が成立した。13世紀になると、このインドと中国という二つの外来文化に加え、イスラーム教の影響が色濃くなる。14世紀末に建国されたマラッカ王国はイスラーム教に改宗したが、シャムからの攻勢に対抗するために、[ア]の遠征を契機として中国とも朝貢関係を結んだ。様々な地方の商人が交易に訪れるマラッカ王国は、80もの言語が飛び交っていたとされるコスモポリタンな世界だった。

インド、中国、イスラームに次いでこの地域に入ってきた外来勢力がヨーロッパ人だった。1511年にマラッカ王国は[①]によって占領され、16世紀後半には[②]はフィリピンを領有した。17世紀に入ると欧州各国は東インド会社を設立して本格的にこの地方への進出を果たすが、オランダがアンボイナ事件を契機に[③]を駆逐して、マラッカやスリランカを[①]から奪った。この事件当時ジャワ島を統治していた[イ]王国と関係を結んだオランダは、反乱に苦しむ王国を支援することで領地の割譲を得て植民地領域を拡大した(2)。

19世紀に入ると、イギリスの植民地行政官[ウ]が1819年に現在のシンガポールに上陸するなど、イギリスはオランダとの力関係を逆転させ、この地で力を増すようになった(3)。

さて東南アジアには、コスモポリタンな海の世界とは対比的な陸と山塊の世界もまた広がっている。アメリカの人類学者ジェームズ・スコットはその著書 *The Art of Not Being Governed: An Anarchist History of Upland Southeast Asia*(邦訳『ゾミア：脱国家の世界史』）にて、東は現在のベトナムから中国雲南省を含み西はインドに至る、7か国にまたがる山岳地帯を、「ゾミア」と呼ぶ、世界最大の国家のない土地として描いた。国家がない土地というのは、人は住んでいるが国家機構が成立しない土地を指す。ゾミアに住む山の民は、意図的に自らを「低い存在」と見做したが、高地はゾミアに限らず様々な人々の避難場所（アジール）だった。ジャワ島でも、テンゲル高地には［　イ　］王国に反逆しオランダから追われた人々が逃げ込み、何年も抵抗をつづけたという。

ゾミアへの人の移動を促進したのは、多くはその周辺地域で行われた戦争だった。スコットによると、紀元前2世紀から17世紀まで中国南西部で発生した反乱(4)は『中国大百科全書』に記載されているものだけでも780近くあり、幾度となくつづくビルマ（ミャンマー）とシャム（タイ）との間の戦争によって、少なからぬ人々が山地に逃避した。18世紀にシャムを破ったビルマでは最後の王朝が建設された(5)。ここでビルマに敗れたシャムは王朝が滅び、新しい王朝が開かれたが、結果的には東南アジアで唯一欧米による植民地化から逃れたことになる。1855年にシャムは欧州各国と通商修好条約を結んで列強との関係を維持しようとし、その次の国王はシャムの近代国家化に取り組み、議会の設置、官僚制、司法制度の改革を進めた(6)。

それにしてもこのような描き方は、スコットの著作を前にすると、平地の歴史をなぞっているだけとも言える。ゾミアに逃げ込んだ人々は、各地の王朝や国家に属さず自律した営みを送ったからである。このようなアナーキズム的な実践がゾミアでなされたことを、スコットはその著書で見事に描いた。近代以前の東南アジアには、海のコスモポリタンな世界と山のアナーキズムの世界があった、と言えるのかも知れない。

設問1　下線部(1)に関して、東南アジアにおける港市国家の説明として正しいものをひとつ選び、その記号を解答欄にマークしなさい。

A．メコン川下流域に誕生し、7世紀まで続いた扶南は、その遺跡からインド、中国、ローマに由来する遺物が出土している。

B．2世紀から17世紀まで続いたチャンパーは、中国名で林邑と呼ばれたが、最後はヨーロッパ人に滅ぼされた。

C．7世紀に建国されたシュリーヴィジャヤ王国は、中国名で室利仏逝と呼ばれ、プランバナンを中心に海上交易を支配して栄えた。

D．8世紀後半、ドヴァーラヴァティーはシュリーヴィジャヤ王国の版図を支配し、ボロブドゥールに巨大な仏教寺院を建設した。

設問2　下線部(2)に関して、19世紀前半にオランダは、指定した作物の栽培を割り当て、指定した量を指定した値段で供出させる制度を導入して、植民地領域で莫大な利益を上げたが、この制度を何というか。解答欄に記入しなさい。

設問3　下線部(3)に関して、18世紀から19世紀にかけての東南アジアにおけるイギリス支配に関する説明として正しいものをひとつ選び、その記号を解答欄にマークしなさい。

A．香辛料交易で繁栄していたアチェ王国を支配下に置こうと戦争を重ね、最終的にアチェ戦争によってこれを滅亡させた。

B．1824年の英蘭条約でマレー半島側を勢力圏としたイギリスは、ペナン、マラッカ、バタヴィアを海峡植民地とした。

C．19世紀末イギリスはマレー半島内の紛争に介入して、マレー連合州を形成して保護領とした。

D．マレー半島内部で銀採掘を進め、銀鉱山には中国人労働者が、ゴムのプランテーションにはマレー人労働者が多数活用された。

設問4　下線部(4)に関して、17世紀に中国雲南の藩王である呉三桂らによって始まり、ベトナムなど周辺地域を巻き込んだ大乱となった反乱は何か。正しい選択肢をひとつ選び、その記号を解答欄にマークしなさい。

A．三藩の乱　　B．白蓮教徒の乱

C．永嘉の乱　　D．西山の乱

設問5　下線部(5)に関して、この時成立したビルマの王朝に関する説明として正しいものをひとつ選び、その記号を解答欄にマークしなさい。

A. アラウンパヤーによって創設されたこの王朝は、モン人を破って国土を統一した。

B. アッサムへの侵攻やシャムのラタナコーシン朝を滅亡させたことなどにより、ビルマ王朝として最大版図を実現した。

C. 南部タウングーを最初の首都としたあと、ペグー、アヴァへと都を遷した。

D. イギリスとの三度にわたるビルマ戦争に敗れ、最後はインドシナ連邦に編入された。

設問6 下線部(6)に関して、現在のタイ国の近代化の基礎を築いたこの国王は誰か。解答欄に記入しなさい。

設問7 空欄①、②、③に当てはまる国名として、正しい組み合わせをひとつ選び、その記号を解答欄にマークしなさい。

A. ①スペイン ②ポルトガル ③フランス

B. ①スペイン ②ポルトガル ③イギリス

C. ①ポルトガル ②スペイン ③フランス

D. ①ポルトガル ②スペイン ③イギリス

〔Ⅳ〕 歴史家ジョーン・W・スコットは1988年の主著 *Gender and the Politics of History*（邦訳『ジェンダーと歴史学』）で、「いかにして政治がジェンダーを形づくり、ジェンダーが政治を形づくるかを分析しなければならない」と指摘し、歴史の書き直しの必要性を説いた。政治とジェンダーの連動性に着目して歴史を掘り起こすと、たとえば男女平等を求める声は、近代的な家族・市民社会・国民国家が成立する時代にすでに確認される。「アメリカ独立宣言」と「人および市民の権利宣言（人権宣言）」で基本的人権と法の下の平等が示されたこと、また都市化・工業化による労働力不足から女性の社会進出が進んだことは、男女平等への気運を高めた。フランスでは1791年にオランプ・ド・グージュが、女性が「人権宣言」の対象外とされたことに憤り『女性の権利宣言』を著し、アメリカでは19世紀半ば以降、奴隷解放運動と連携しながら女性参政権運動が展開された。またイギリスではジョン・スチュアート・ミルらによって女性参政権が提唱され、大規模な運動へと結実した。

その後、イギリス、ドイツ、トルコにおいて、女性参政権はいつ、どのような背景のもとで成立したのか。以下の5つの年号すべてにふれながら、240字以上260字以内で論じなさい。解答中、カッコや句読点は1マス1字に数え、算用数字を用いる場合には1マス2字とする。解答は箇条書きにせず、横書きとする。

1914年、1918年、1919年、1928年、1934年

地理

（60分）

〔Ⅰ〕　次の文章を読み、以下の問いに答えよ。

農耕文化の起源についてはこれまで次のように分類されてきた。大麦や小麦を中心に西アジアで発生した地中海農耕文化、さとうきびやイモ類を主として東南アジア(ア)で発生した根栽農耕文化、雑穀を中心に西アフリカ(イ)で発生したサバナ(ウ)農耕文化、ジャガイモやとうもろこし、豆類の複合からなる、主に今日のラテンアメリカ(エ)で発生した新大陸農耕文化の4類型である。

しかし今日、こうした農耕文化の起源地から遠く離れた地域で農作物が大規模かつ大量生産されていることは周知の事実である。2019年の統計によれば、世界での大麦の最大生産国は［①］であり、小麦の最大生産国は［②］である。あわせて［②］は、イモ類についても世界最大の生産国である。さとうきびでは［③］が世界最大の生産量を誇り、とうもろこしについては［④］が世界で最も生産量が多い。

農耕文化の起源地と今日の大規模生産地とに見られる乖離は、農業の集約度と生産性という観点から説明できよう。集約度とは、単位面積あたりの労働力や農業機械・施設などの資本の投入量(額)を示すもので、人手をかければ労働集約的、資本をかければ資本集約的、どちらでもなければ［オ］農業となる。これに対して生産性は、単位面積あたりの生産量(額)を示すもので、単位面積あたりの生産量(額)が高ければ土地生産性が高い、労働量あたりの生産量(額)が高ければ労働生産性が高いとされる。

すなわち前述の4類型のうち、ジャガイモやとうもろこし、豆類の原産地であるラテンアメリカ、特にアンデス山脈の山ろくでは、農作物は元来自家消費するために生産されており、自然条件に適応して古くからの農法を継承する伝統的農業が営まれていたので、同地の農業は［オ］農業に該当していたと言ってよい。しかし今日のラテンアメリカでは、輸出用を含め農産品目の多角化が進められたことで企業的農業が盛んであり、アルゼンチンの湿潤パンパでは肉牛の放牧や、とうもろこしなどを栽培する［ カ ］農業が行われている。

問 1　下線部アの東南アジアに関する説明として最も適切なものを以下の選択肢から1つ選び、解答欄にマークせよ。

A　フィリピン北部のミンダナオ島には多くのムスリム(イスラーム教徒)が暮らしている。

B　ミャンマーでは戒律のゆるやかな大乗仏教が信仰されている。

C　インドネシアは世界最大のムスリム(イスラーム教徒)人口を抱えている。

D　ベトナムでは戒律を重んじる上座部仏教が信仰されている。

問 2　下線部イのアフリカに関する説明として最も適切なものを以下の選択肢から1つ選び、解答欄にマークせよ。

A　アフリカ連合とはアフリカ統一機構を後継した組織である。

B　アフリカでは全域にわたってモノカルチャー経済が浸透している。

C　アフリカでは赤道を基準にして、その北側ではイスラーム教が、南側ではキリスト教が主流を占めている。

D　ドラケンスバーグ山脈はアフリカ大陸の南縁で、新期造山帯に属する。

問 3　下線部ウのサバナに関する説明として最も適切なものを以下の選択肢から1つ選び、解答欄にマークせよ。

A　サバナは一面の熱帯草原である。

B　サバナの土壌は一般に褐色森林土である。

C　オリノコ川流域に広がるサバナ地域はグランチャコと呼ばれている。

D　ブラジルではサバナの植生はカンポセラードとも呼ばれる。

問 4　下線部エのラテンアメリカに関する説明として最も適切なものを以下の選択肢から1つ選び、解答欄にマークせよ。

A　安定陸塊にあたるギアナ高地は、先カンブリア時代の地層の上に古生代以降の地層が堆積して大地や平原となっている卓状地に分類される。

B　水門を使って運河の水位を上昇させることで船舶の航行を可能にしていることから、パナマ運河は閘門(こうもん)式運河と呼ばれている。

C　パタゴニアには砂漠が存在するが、この砂漠は亜熱帯高圧帯からの風の吹き付けや海岸沿いに流れる寒流の影響によって生じる海岸砂漠として知られている。

D　アンデス山脈では海抜2500メートルを超える高地に主な都市が立地しているが、気候条件が厳しいため、食糧の安定的生産が困難である。

問5　上記の空欄［①］～［④］にあてはまる国名を以下の選択肢から1つ選び、解答欄にマークせよ。

①

A　ウクライナ　　B　カナダ
C　オーストラリア　　D　ロシア

②

A　インド　　B　中国
C　ロシア　　D　アメリカ合衆国

③

A　中国　　B　インド　　C　ブラジル　　D　カナダ

④

A　中国　　B　ブラジル
C　アルゼンチン　　D　アメリカ合衆国

問6　空欄［オ］に入る、最も適切な語句を以下の選択肢から1つ選び、解答欄にマークせよ。

A　粗放的　　B　移牧的　　C　遊牧的　　D　集団的

問7　空欄［カ］に入る、最も適切な語句を以下の選択肢から1つ選び、解答欄にマークせよ。

A　プランテーション　　B　園芸
C　混合　　D　酪農

〔Ⅱ〕 災害に関する①～③の文章を読んで各問いに解答せよ。

① 近年、世界各地で自然災害が多発している。図1は、1998年から2017年の20年間に発生した気候に関連した災害(洪水、土砂災害、高潮、暴風、大雨、異常気温、濃霧、干ばつ、氷河融解、山火事)の被害状況を世界の地域別(南北アメリカ、ヨーロッパ、オセアニア、アジア、アフリカ)に示したものである。

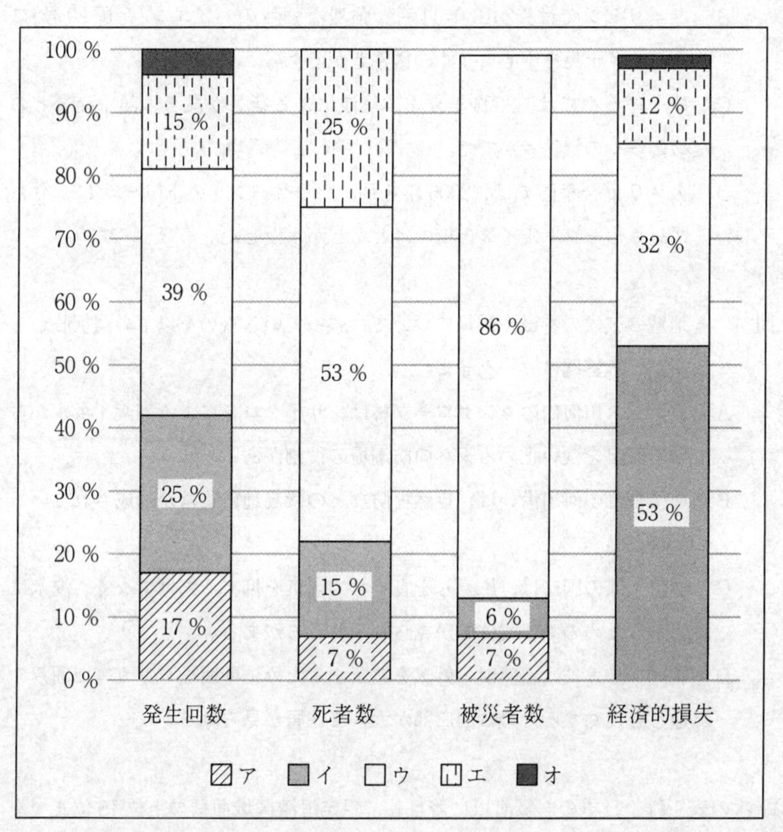

図1　1998年から2017年の20年間に発生した気候関連災害の世界の地域別被害状況
出典：EM-DAT 発行の UNISDR and CRED report: Economic Losses, Poverty & Disasters (1998-2017)より作成

問 1 (設問省略)

問 2 (設問省略)

問 3　図1に示す各地域における近年の災害について、誤っているものを以下の選択肢から1つ選び、解答欄にマークせよ。

A　中国の江西省では、2016年4月から8月にかけて長江流域の長雨により洪水や土砂災害が発生し、多くの犠牲者がでた。

B　フィリピンでは、2013年11月、強烈な強さのハイエン(台風30号)により、レイテ島を中心に多くの犠牲者がでた。

C　ヨーロッパでは、2003年夏季、熱波による猛暑が続き、熱中症などのために多くの犠牲者がでた。

D　アメリカ合衆国では、2005年8月、ハリケーン・カトリーナにより、ミズーリ州セントルイス市街のほとんどが水没した。

問 4　各地域の気候の特徴や対策について、誤っているものを以下の選択肢から一つ選び、解答欄にマークせよ。

A　ガンジス川河口のマングローブ林は、サイクロンによる高潮・洪水から土砂の流出を食い止める天然の防潮堤の役割がある。

B　沖積平野の河川沿いは、自然堤防などの微高地に集落が形成されていることが多い。

C　熱帯気候の国には、風通しを良くして湿気を抑えるだけでなく、浸水に対応するための高床式住居が見られるところがある。

D　北アフリカには、熱射・外気を遮断するために壁面をレンガ等で囲み、風通しを良くするために開口部が大きな住居が見られる。

②　次の表1は、日本の一級河川に着目し、想定氾濫区域面積の上位10位までを示したものである。ここで、水系とは、同じ流域内にある本川、支川、派川およびこれらに関連する湖沼を総称して「水系」といい、その名称は、本川名をとって利根川水系、信濃川水系などという呼び方を用いている。また、流域とは、降雨や降雪がその河川に流入する全地域(範囲)のことである。

表1　想定氾濫区域の総面積の上位10水系の概要

	水系名	想定氾濫区域の総面積(km²)	想定氾濫区域の人口(人)	河川延長(km)	全流域面積(km²)	流域の人口密度(人/km²)
1位	ア	4,167	8,489,826	6,867	16,840	777
2位	石狩川水系	2,097	1,678,150	3,713	14,330	179
3位	イ	1,732	8,213,420	1,225	2,940	3,467
4位	ウ	1,724	1,744,836	5,004	11,900	238
5位	北上川水系	1,300	607,815	2,723	10,150	130
6位	木曽川水系	1,294	2,748,205	3,004	9,100	212
7位	エ	827	5,344,060	4,592	8,240	1,344
8位	阿賀野川水系	775	731,918	2,293	7,710	70
9位	最上川水系	737	348,522	2,485	7,040	133
10位	オ	653	682,753	1,428	2,860	386

出典：国土交通省「一級水系における流域等の面積、総人口、一般資産額等について(想定氾濫区域)」をもとに作成

※本データは、平成22年を調査基準年として、流域及び想定氾濫区域における面積・人口・資産等について全国統一のデータ・手法により、調査・集計した結果である。人口は、平成22年「国勢調査(総務省)」を基に算出。

※想定氾濫区域とは、河川計画をたてる際の基本水位より地盤の高さが低い川沿いの地域等河川からの洪水氾濫によって浸水する可能性が潜在的にある区域である。(高潮による分は含まない)

※河川延長は、「河川管理統計(平成27年度)」の値を引用。

問5　表1のアの水系名について正しいものを以下の選択肢から一つ選び、解答欄にマークせよ。

A　利根川水系　　B　荒川水系　　C　信濃川水系　　D　淀川水系

問6　表1のウの水系名について正しいものをA～Dの中から一つ選べ。

A　利根川水系　　B　信濃川水系　　C　淀川水系　　D　筑後川水系

問7　表1から読み取れることを述べたものとして、誤っているものを以下の選択肢から一つ選び、解答欄にマークせよ。

A　表1に示す10水系では、想定氾濫区域の総面積と想定氾濫区域人口に相関は見られない。

B　エは、三大都市圏にある海抜ゼロメートル地帯を流れる水系の一つである。

C　全流域面積に占める想定氾濫区域面積が最も大きいのはイである。

D　表1に示す10水系では、想定氾濫区域の総面積と河川延長に相関が見られる。

問8　日本における災害や災害対策について述べた下記のA～Dの中から誤っているものを一つ選び、解答欄にマークせよ。

A　関東平野は、海抜ゼロメートル地帯の区域人口だけでなく、その区域面積も日本最大である。

B　海岸近くの沖積平野や複雑な海岸線を持つ地域では、台風の接近で高潮の被害を受けることがある。

C　水害の激甚化を背景に、河川の氾濫などで広範囲に水没する恐れのある地域の住民に対して、行政界を越えて安全な地域に事前に避難をする「広域避難」を推奨する自治体が見られるようになった。

D　都市型水害の対策として、洪水時にあふれた水を流し込むために地下に調整池が建設されているところがある。

問9　ハザードマップとは、自然災害による被害の軽減や防災対策に使用する目的で、被災想定区域や避難場所・避難経路などの防災関係施設の位置などを表示した地図のことである。このハザードマップに関して正しい記述の組み合わせを以下の選択肢から一つ選び、解答欄にマークせよ。

ア　近年、大雨時に雨水処理能力を超えてあふれる内水氾濫のハザードマップは、すべての市町村で作成・公開されている。

イ　5年に1回程度の洪水を想定したハザードマップは、すべての河川について作成され、公開されている。

ウ　近年、国が指定した河川では、「想定最大規模」(1000年に1回程度を想定)のハザードマップについて作成され、公表されている。

エ　ハザードマップの活用を促す取組みの一つとして、「いつ」・「何をするのか」をあらかじめ時系列で整理した自分自身の防災行動計画となる「マイ・タイムライン」の作成がある。

A　ア・イ　　B　イ・ウ　　C　ウ・エ　　D　イ・エ

③　長野県千曲市は、過去に数回、千曲川の氾濫等による洪水被害が発生した自治体の一つである。こうした街の市街化の状況を見るために、長野県千曲市の1960年と2001年の国土地理院地図を調べた。その地図を図2に示す。

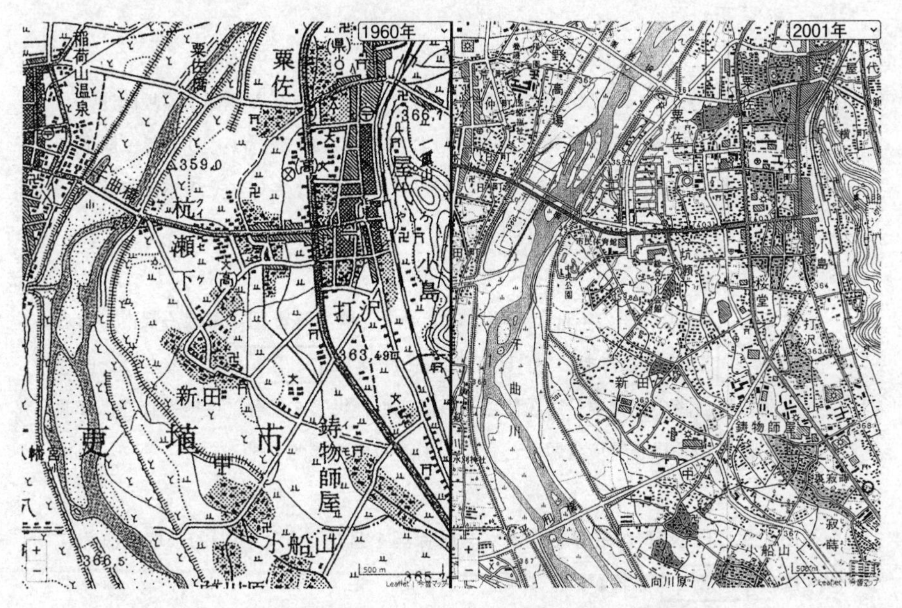

図2　長野県千曲市の1960年と2001年の国土地理院地図
地図出典：時系列地形図閲覧サイト「今昔マップ on the web」により作成

問10　図2の長野県千曲市の1960年と2001年の国土地理院地図を見てわかることとして、正しいものの組み合わせを以下の選択肢から一つ選び、解答欄にマークせよ。

ア　1960年の地図によると、千曲川沿いに点在している集落は自然堤防上にあると見られる。

イ　2001年の地図によると、図2の東端にある一重山による地形的な制約があるため、鉄道路線の東側に宅地化の進行は見られない。

ウ　2001年の地図によると、市役所が新たに建てられており、その周辺には区画道路の整備や宅地化の進行が見られる。

エ　2001年の地図によると、千曲橋と平和橋の間に見られる霞堤の不連続部周辺は遊水地の役割もあるため、新しい建物は建てられていない。

A　ア・ウ　　B　イ・ウ　　C　ウ・エ　　D　ア・エ

〔Ⅲ〕 次の和泉さんと神田先生の会話文を読み、以下の設問に解答しなさい。

和泉さん 「私の暮らしとグローバル下の環境問題について小レポートをまとめています。」

神田先生 「テーマとしては大きすぎますが、確かに現在の多様な環境問題は、一つの国や地域を超えて取り組まなければならないですね。1972年に設置された国連環境計画(UNEP)については冒頭でふれて下さい。その本部事務局はどこにあるか知っていますか。」

和泉さん 「国連機関の本部としてははじめて、開発途上国における都市である［ 1 ］に設置されました。UNEPは1972年に［ 2 ］で開催された国連人間環境会議の提案を受け設置され気候変動、災害・紛争、生態系管理、資源効率性ほか多様な環境課題にとり組む国連の専門機関です。」

神田先生 「UNEPが主導してオゾン層保護を目的とした国際的な取り決めには、［ 3 ］条約があります。

また、有害廃棄物の処理と国境間の移動については、1992年に定められた［ 4 ］条約があります。」

和泉さん 「温暖化に関連して永久凍土の融解のほか、問題にされているのは、インド洋の［ 5 ］や太平洋の［ 6 ］の大規模な水没が懸念されています。地球レベルの二酸化炭素排出削減が求められていますが、人々の生活と観光資源への国際的支援を考える必要があると思います。

［ 4 ］条約締結の背景には1970年代から行われてきた有害廃棄物の国境を越えた移動があります。小レポートでは、有害廃棄物が欧米ほか先進国からアフリカの途上国に輸送され、環境汚染が深刻な問題となっていたことも調べています。環境問題は、各国の経済的格差や経済的支援を考える必要も重要で、［ 7 ］でも議論され条約締結にいたった背景をまとめています。」

神田先生 「［ 4 ］条約に関しては、最近では2019年にジュネーヴで開催されたCOP14には日本の経済産業省も参加しています。そこではプラスチックゴミの処理に関するパートナーシップ設定や、[8]の処理の越境に関する規制が議論されました。」

和泉さん「有害プラスチックの処理とリサイクル問題は私たちの生活に直結します。2020年の国連環境計画報告書にも大きな課題として掲載されていました。私の身近な関心から言えばペットボトルの処理や、ごみ縮小問題です。近隣国では[9]が2020年、プラスチックごみの全面輸入禁止としました。日本も独自の今後のリサイクルや処理が求められています。」

神田先生「日本の今後の解決策として、生活のエコ化やハイブリッド車の拡大ほか、リサイクルの取り組みなどグローバルな環境対策が必要です。日本のごみのリサイクル率はドイツなどのエコ先進国に比べてかなり低い。加えて、2009年の時点では最終処分場の施設については山間部に約[10]パーセント程度あると言われています。

和泉さん「なるほど。ではこれから、最終処分場の分布の実態に関する文献を図書館で調べてみることにします。」

設問　会話文中の空欄[1]～[10]に最も適切な語彙を下記の選択肢（AからD）から選び解答欄にマークしなさい。

空欄1

A　ニューデリー　　B　ナイロビ

C　ジャカルタ　　D　サンパウロ

空欄2

A　パリ　　B　ワシントン

C　ストックホルム　　D　ロンドン

空欄3

A　ウイーン　　B　パリ　　C　京都　　D　南極

空欄4

A　ワシントン　　B　ジュネーヴ

C　パリ　D　バーゼル

空欄5

A　スリランカ　B　マダガスカル

C　モルディブ　D　アンダマン

空欄6

A　ツバル　B　アゾレス　C　ハワイ　D　カナリア

空欄7

A　OPEC　B　OECD　C　IMF　D　WMO

空欄8

A　水銀製品　B　炭素機器　C　パルプ製品　D　電子機器

空欄9

A　韓国　B　タイ

C　中国　D　フィリピン

空欄10

A　20　B　50　C　70　D　90

〔Ⅳ〕 地球規模の大地形の地理的分布とその成因等に関する以下の問題文をよく読んだうえで、各設問に答えよ。

＜ア＞と＜イ＞はいずれも新期造山帯であり、グローバルな大陸地勢の基本的骨格をなしている。＜ア＞と＜イ＞とを比べると、前者にはいわゆる地層構造の点で　1　が比較的多い特徴がある。また、前者より後者において、地下の活発なマグマ活動を反映する　2　が比較的多い。両者ともその成因は、地殻を構成する地球的規模でのプレートの大規模な衝突に基づく。例えば、日本列島付近では太平洋プレート、北米プレート、ユーラシアプレート及び　3　海プレートの4つが接しているとされる。その衝突は場所毎に様々な力学的な歪みを生み、その解放プロセスとしての大規模地震をこれまでにも数多く発生させてきた。

問1　空欄　1　に最も適合する語(漢字2文字であるが平仮名でも可)を解答欄に記入せよ。

問2　空欄　2　に最も適合する語句(漢字2文字)を記入せよ。

問3　空欄　3　に最も適合する語句について、下記の選択肢から一つだけ選び、その記号をマークせよ。

A　黄　　B　フィリピン　　C　南シナ　　D　オホーツク

問4　その領域内に＜ア＞が存在しない国や地域を下記の選択肢から一つだけ選び、その記号をマークせよ。

A　マレー半島　　B　イタリア半島

C　ユカタン半島　　D　クリミア半島

問5　(設問省略)

問6　＜ア＞と＜イ＞のどちらかに属する大地形に含まれるものを下記の選択肢

から一つだけ選び、その記号をマークせよ。

A シエラネヴァダ山脈

B グレート・ディヴァイディング山脈

C カナダ楯状地

D アパラチア山脈

問 7 <ア>と<イ>の境界領域にあると考えられる陸地部分(島)の地域名称を下記の選択肢から一つだけ選び、その記号をマークせよ。

A スマトラ B モルディブ C ハルマヘラ D バリ

問 8 スラウェシやカリマンタンの大部分と並んで、同じ国に属し、前問で解答したその島は、三つともある共通した地形上の特徴を有しているとされる。その外形的な特徴について、50字以内でわかりやすく説明せよ。

政治・経済

(60 分)

〔Ⅰ〕 次の文書を読み、下記の設問１～６に答えよ。

市民革命以後の民主政治では、主権は国民にあり、最終的な政治の行方は国民の判断にゆだねられる。とはいえ、実際に権力を行使するのは政府であるため、近代民主主義の基本原理のなかに政治権力の行使のしかたを制約する考えが存在する。権力分立原理は、特定の個人や機関に政治権力が集中することによる権力の濫用や恣意的な行使を防止することを目的として考案された原理である(1)。現在の日本の統治機構も権力分立原理にもとづいており、立法権、行政権、司法権との間で抑制と均衡の関係にある。

ここでは司法権について考えてみる。議院内閣制を採用する日本では、立法権と行政権とは密接な関係にあるが、公正な裁判が期待される司法権は他の二権に対する独立性が強調される。司法権の独立に関する事件としては明治憲法下において、来日中のロシア皇太子に巡査が傷害を負わせ、政府が大審院に死刑判決を下すよう働きかけたが、大審院長児島惟謙(いけん)はこれに抵抗し、担当裁判官を説得して巡査を無期徒刑に処した［ 1 ］がある。日本国憲法では司法権は最高裁判所を頂点とする裁判所に属するとされ、明治憲法下におかれていた行政裁判所や軍法会議などの［ 2 ］は認められないとした。裁判所には最高裁判所と下級裁判所があり、裁判は審理の慎重を期すために三審制を採用している。

最高裁判所は、長官を含め［ 3 ］名の裁判官で構成される。最高裁判所長官は、内閣の指名にもとづいて天皇が任命し、その他の裁判官は内閣が任命する。最高裁判所の裁判官に対する国民からのチェックとして国民審査(2)の制度がある。また、立法府から司法府へのチェック機能として［ 4 ］による罷免の制度があり、過去にこの罷免制度により辞めさせられた裁判官も存在する。

違憲立法審査権は立法府が制定した法律が国の基本法である憲法に照らして違(3)

憲であるか否かを司法権が判断する権限を指す。違憲立法審査権は、国会や内閣に対する裁判所の独立性を象徴するものであるが、高度に政治的な行為に対しては違憲審査をすべきではないという見解もある。違憲審査の形態については一般的には違憲審査権を各裁判所がもつ方式と、通常の裁判を行う司法裁判所ではなく、[5]が行う方式があるが、日本では違憲審査権を各裁判所がもっている。ただ、最高裁の違憲判決が少ないことへの批判から、日本でも[5]を設置して違憲審査の活性化を図るべきとの意見もある。

そのほか、裁判所は国家など公権力の行為に対して違憲判断を下すことがあり、これまで憲法が保障する信教の自由との関連で、違憲、合憲が争われた事例が少なからず存在する(4)。憲法第20条には、「いかなる宗教団体も、国から特権を受け、又は政治上の権力を行使してはならない。」(1項)、「国及びその機関は、宗教教育その他いかなる宗教的活動もしてはならない。」(3項)と規定された。また、同第89条では「公金その他の公の財産は、宗教上の組織若しくは団体の使用、便益若しくは維持のため、又は公の支配に属しない慈善、教育若しくは博愛の事業に対し、これを支出し、又はその利用に供してはならない。」と規定されている。

また、1999年以来、国民の司法参加も含めて、司法制度全般の見直しと改革が行われてきた。なかでも2009年から施行された裁判員制度(5)は国民の司法参加を促す制度となっている。

設問1 文中の[1]～[5]に入る、もっとも適当と思われる語句を解答欄に記入せよ。

設問2 下線部(1)に関連して、権力分立に関する記述としてもっとも適当と思われるものを次のなかから一つ選び、解答欄の記号(A～D)をマークせよ。

A. ロックは権力を立法権、執行権、同盟権に区分し、立法権は君主に帰属するという立憲君主制を主張した。

B. ロックは、人民の信託を受けた立法権は執行権に対して優越的位置にあると主張し、立法府に対する人民の抵抗権も認めなかった。

C. モンテスキューは、行政権の独立性を重視し、行政部の人事に対して立法権や司法権は一切関与してはならないと主張した。

D．1787年のアメリカ合衆国憲法において、モンテスキューの権力分立の考え方が厳格に制度化された。

設問 3　下線部(2)に関連して、国民審査制度についての記述としてもっとも適当と思われるものを次のなかから一つ選び、解答欄の記号（A～D）をマークせよ。

A．国民審査は、衆議院議員総選挙および参議院議員通常選挙の際に行われる。

B．国民審査は、辞めさせたい裁判官の名前を自書する方式で行われる。

C．2022年に最高裁判所は在外選挙人に国民審査の投票権はないことを違憲であると判断した。

D．各国民審査は、すべての最高裁判所裁判官が審査の対象となる。

設問 4　下線部(3)に関連して、日本国憲法第14条1項において、法の下の平等が規定されている。以下に示す違憲判決のうち、同条文を根拠とした違憲判決ではないものを一つ選び、解答欄の記号（A～D）をマークせよ。

A．国政選挙において、在外国民の選挙権を比例代表のみとすることは憲法に反する（在外選挙権制限違憲判決）。

B．尊属殺人の法定刑が死刑又は無期懲役というのは普通殺人の法定刑に対して著しく不合理であり、違憲である（尊属殺人重罰規定違憲判決）。

C．議員1人あたりの有権者数の格差が投票価値の不平等を招いている（衆議院議員定数違憲判決）。

D．婚外子の相続分は、嫡出である子の相続分の2分の1とした規定には合理的根拠がなく、憲法に反する（婚外子相続格差規定違憲判決）。

設問 5　下線部(4)に関連して、国家などの公権力が、憲法で禁止する宗教的行為か否かを決定する基準として目的・効果基準がある。これは目的が宗教的意義をもち、その効果が特定の宗教に対する援助、助長、促進又は圧迫、干渉となるような行為を憲法第20条3項で禁止された宗教的活動と解すべきで、それに該当しなければ、公権力が宗教との関わりをもつことは許されるとする見解である。同基準によって最高裁が違憲と判断した事例としてもっとも適当と思われるものを次のなかから一つ選び、解答欄の記号(A～D)をマークせよ。

A. 三重県津市が市立体育館の建設において、神道式の地鎮祭を公金で行った(津地鎮祭訴訟)。

B. 愛媛県が靖国神社と県護国神社に玉ぐし料などを公金から支出した(愛媛玉ぐし料訴訟)。

C. 自衛隊山口県支部連合会などが殉職した自衛官をクリスチャンである妻の同意を得ずに山口県の護国神社に合祀した(自衛官合祀拒否訴訟)。

D. 大阪府箕面市が公費で忠魂碑を移転し、碑前での慰霊祭に市教育長らが参列した(箕面忠魂碑・慰霊祭訴訟)。

設問6　下線部(5)に関連して、日本で導入されている裁判員制度に関する記述としてもっとも適当と思われるものを次のなかから一つ選び、解答欄の記号(A～D)をマークせよ。

A. 裁判員裁判は、殺人など重大犯罪についての刑事裁判に限られる。

B. 裁判員裁判では、裁判員のみにより有罪か無罪かが判断される。

C. 2022年4月より成年年齢が18歳以上に引き下げられたが、裁判員の選任年齢に関しては、それまでと同様に20歳以上が維持された。

D. 裁判員になりうるのは成年年齢に達していることが条件であり、日本に居住する外国人も裁判員に選ばれることがある。

〔Ⅱ〕 次の2つの文章を読み、下記の設問1～10に答えよ。

神田さんと和泉さんは、明治大学政治経済学部のゼミナールに所属しています。ゼミでは「将来の働き方」についてグループに分かれてディスカッションを行うことになりました。グループ内の準備でこんな議論がありました。

神田さん：今よりもAIやロボットが普及したら、これまで人間がやってきたほとんどの仕事は代替されてしまうのだろうか。人間ができる残された仕事はどんな仕事だろうか。

和泉さん：そもそも全員が働かないといけない社会の方がおかしいのではないか。最近だと、生活保護制度を廃止して、ベーシックインカム※の導入を主張する人もいるみたいだ。最低限の所得が保障(1)されれば貧困や労働に関する様々な問題も解消されるし、AIやロボットが普及した社会にも対応できると思う。

神田さん：働きたい人だけが働くのでは社会に必要なインフラやサービスを維持することができなくなるのではないか。コロナ禍では、人々の生活に必要不可欠な仕事といわれる［ 1 ］の重要性が注目されている。「働かざる者食うべからず」だよ。国民の三大義務として教育、納税、そして勤労の義務がある。憲法では、「すべて国民は、勤労の権利を有し、義務を負ふ」と書かれているよ。

和泉さん：世の中には働けない人もいるし、働いても貧困状態の人が沢山いる。今は生活保護制度(2)があるけれど、申請のハードルが高いせいで、本当に必要な人に支援が行き渡らないという問題がある。ベーシックインカムはこれらの問題を解決できるかもしれない。

神田さん：でも、ベーシックインカムを導入すれば賃金が大きく下がってし(3)

まう可能性があるよ。そうなってしまったら本末転倒ではないか。

※ベーシックインカム：収入水準によらず、すべての人々を対象に、無条件に定期的に生活に最低限必要なお金を一律に支給する制度

設問１　文中の［　1　］に入る、もっとも適当と思われる語句を解答欄にカタカナで記入せよ。

設問２　下線部(1)に関連して、ベヴァリッジ報告の社会保障制度の原則として知られる最低限度の国民生活水準のことを何というか。もっとも適当と思われる語句を解答欄にカタカナで記入せよ。

設問３　下線部(2)に関連して、以下の図表１は生活保護被保護世帯数、被保護人員数、保護率の推移を示している。図表１に関する記述として、もっとも適当と思われるものを次のなかから一つ選び、解答欄の記号（Ａ～Ｄ）をマークせよ。

図表１　生活保護被保護世帯数、被保護人員数、保護率の推移

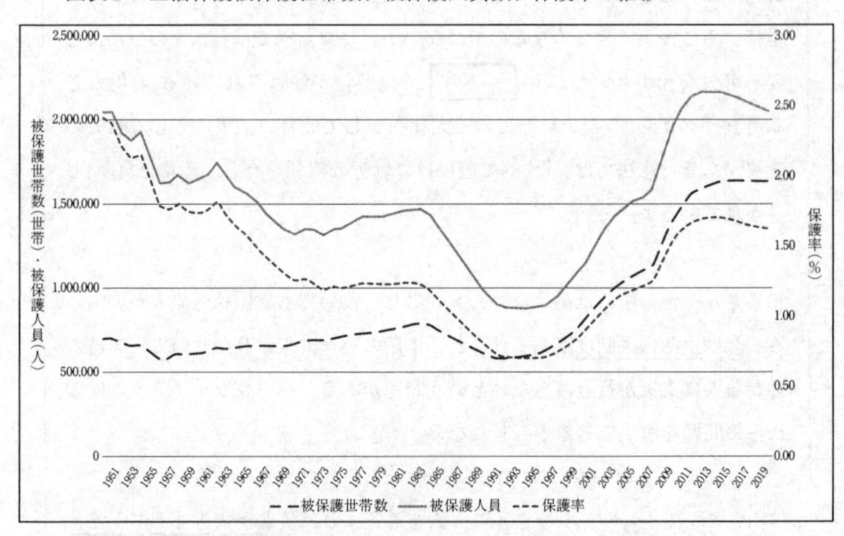

出所：厚生労働省『令和３年度厚生労働白書　資料編』より作成

A．2020年春以降の新型コロナウイルス感染症の影響で失業率が急増し、生活保護被保護世帯数も過去最高を記録した。

B．生活保護の保護率は制度施行の1950年代から現在まで低下し続けている。

C．世界金融危機をきっかけとして生活保護被保護人員数が急増し、その後、戦後最大の水準を記録した。

D．単身世帯の増加の影響により、被保護世帯数が被保護人員数を上回るケースがみられる。

設問４　下線部(3)に関連して、労働市場の市場メカニズムに関する記述としてもっとも適当と思われる記述を一つ選び、解答欄の記号（A～D）をマークせよ。

A．労働供給量よりも労働需要量が大きいと賃金水準は上昇し、賃金が１％上昇したときの労働供給の変化率が１％を上回ると賃金に対する労働供給は弾力的である。

B．労働供給量よりも労働需要量が大きいと賃金水準は上昇し、賃金が１％上昇したときの労働供給の変化率が１％を上回ると賃金に対する労働供給は非弾力的である。

C．労働供給量よりも労働需要量が大きいと賃金水準は下落し、賃金が１％上昇したときの労働供給の変化率が１％を上回ると賃金に対する労働供給は弾力的である。

D．労働供給量よりも労働需要量が大きいと賃金水準は下落し、賃金が１％上昇したときの労働供給の変化率が１％を上回ると賃金に対する労働供給は非弾力的である。

和泉さんと神田さんのグループはベーシックインカムの導入について発表を行いました。発表を受けて同じゼミに所属する中野さんと生田さんは、ベーシックインカムの実現可能性について議論しました。

中野さん：ベーシックインカムの導入には様々な課題がある。

生田さん：例えばインフレーション(4)が起こったらどうすればいいだろうか。ベーシックインカムの給付水準を変えないといけないかもしれない。

中野さん：日本の政府債務残高は先進諸国の中で突出して大きい(5)。そう考えると国債を発行し続けるより、増税をするか、他の社会保障制度を削減して財源を捻出する方が望ましいかもしれない。

生田さん：ベーシックインカムを導入して他の社会保障制度を廃止したら医療や介護サービスはどうすればいいか。もしくは他の社会保障制度の廃止ではなく、増税はどうだろうか。消費税(6)、所得税(7)、資産課税、法人税、環境税などが考えられるが、どれを増税すればいいだろうか。

中野さん：社会保障給付の削減や増税は国民の抵抗が強いのではないか。地方への予算を削るのはどうだろうか。国の歳出をみると、地方交付税(8)が大きな割合を占めている。これを削減して財源を捻出できないだろうか。

生田さん：そんなことをしたら財政基盤が弱い自治体は行政サービスを継続できなくなるよ。国の財政だけでなく、自治体財政の持続可能性(9)も考える必要がある。

中野さん：一口にベーシックインカムといっても、働き方だけでなく、社会保障、税制、地方財政などの現実の複雑な制度の仕組みも理解する必要があるんだね。

設問 5 下線部(4)に関連して、インフレーションに関する記述としてもっとも適当と思われるものを一つ選び、解答欄の記号（A～D）をマークせよ。

A．インフレーションが起こった場合、現金給付の実質的水準は上昇するため、給付水準を引き下げないと実質的な給付水準を維持することができない。

B．景気過熱とインフレーションが同時に起こる現象をスタグフレーションと呼ぶ。

C．総需要が増加することによって発生するインフレーションをディマンド・プッシュ・インフレーションと呼ぶ。

D．石油や肥料の価格高騰によって発生するインフレーションをコスト・プッシュ・インフレーションと呼ぶ。

設問 6　下線部(5)に関連して、一般会計予算の歳入不足分を補うために、やむを得ず発行する特例国債の別称を何というか。もっとも適当と思われる語句を解答欄に記入せよ。

設問 7　下線部(6)に関連して、消費税に関する記述として、もっとも適当と思われる記述を一つ選び、解答欄の記号（A～D）をマークせよ。

A．消費税は所得税と比べて逆進性が強い税制であり、すべての世代が負担しないため、水平的公平性の点で課題がある。

B．消費税は所得税と比べて累進性が強い税制であり、すべての世代が負担しないため、水平的公平性の点で課題がある。

C．消費税は所得税と比べて逆進性が強い税制であるが、すべての世代が負担するため、水平的公平性が所得税と比べて保たれている。

D．消費税は所得税と比べて累進性が強い税制であるが、すべての世代が負担するため、水平的公平性が所得税と比べて保たれている。

設問 8　下線部(7)に関連して、所得税には農家・自営業・サラリーマン等の職種によって所得捕捉率が異なることで水平的公平性が損なわれるという課題がある。このような現象をカタカナ四文字で何と呼ぶか。もっとも適当と思われる語句を解答欄に記入せよ。

設問 9　下線部(8)に関連して、地方交付税に関する記述として、もっとも適当と思われるものを一つ選び、解答欄の記号（A～D）をマークせよ。

A．地方交付税は本来は国の補助金とするべき財源であり、地方公共団体の税収入とするべき財源ではない。

B．地方交付税は国税として国がかわって徴収し、一定の基準にもとづいて地方自治体に再配分する制度のことである。

C．2000年代の地方分権改革により、国から地方へ税源移譲が行われ、地方交付税は大幅に増額した。

D．地方交付税の交付を受けずに財政運営を行っている地方公共団体(不交付団体)は2022年度時点では存在していない。

設問10　下線部(9)に関連して、2021年度末時点で日本で唯一、財政再生団体に指定されている自治体はどこか。もっとも適当と思われる自治体名を解答欄に記入せよ。

〔Ⅲ〕 次の文章を読み、下記の設問1～8に答えよ。

イギリスの『エコノミスト』誌が毎年発表しているビッグマック指数を知っているだろうか。これは、［ 1 ］説に基づいて為替レートの目安となる水準を推計したものである。この考え方のもとになっている一物一価の法則について、まず簡単に説明しよう。

一物一価とは、同一の財は同じ価格になることをいう。なぜこのような考え方が成り立つのであろうか。例えば、あるスマートフォンが御茶ノ水では7万円で販売され、秋葉原では6万円で販売されているとしよう。このような場合、ある業者が、秋葉原で買った6万円のスマートフォンを御茶ノ水で7万円より低い価格で販売すれば利益を得ることができる。御茶ノ水では7万円で販売されているため、それよりも低い価格で販売すれば売りさばくことができるからである。このように、価格差を利用して利ざやを得る取引のことを裁定取引(1)という。

このような裁定取引は国境を越えても行われる。そして、その結果として、国際間の一物一価の法則が厳密に成り立つのであれば、物価と為替レートの関係は以下のようになる。日本とアメリカを例にとって考えてみよう。例えば、同じスマートフォンが日本では6万円、アメリカでは600ドルで販売されているとする。このとき、一物一価が成立すると仮定すると、為替レートは1ドル＝100円となる。次に、物価が変化した場合について考えてみよう。［ 1 ］説に基づけば、物価の上昇(下落)は、為替レートが変化することで調整される。例えば、ここで日本の物価が20％上昇してスマートフォンの価格が7万2000円になったとしよう。このような場合には、為替レートが1ドル＝120円へと変化することによって、一物一価は実現されるのである。

ここで、冒頭で紹介した『エコノミスト』誌のビッグマック指数に話を戻そう。ビッグマック指数を用いれば、世界各国のビッグマックの価格を、その時点の為替レートでドル価格に換算し、アメリカのビッグマックの価格と比較する(2)ことで、その国の為替レートが［ 1 ］の水準からどの程度乖離しているかをみることができる。実際の為替レートが、ビッグマック指数の水準に必ずしも収束していくわけではないが、はじめて誌面に登場した1986年以来毎年公表されている。

実際の為替レートは、さまざまな要因を反映して決定される。例えば、経常収支(3)の状況や各国の金利の違い(4)などである。これらの要因に加え、短期的には政治や国際情勢等の影響も受けることから、為替レートは常に大小の変動を伴いながら推移している。

現在では、主要国は刻一刻と変動する変動相場制であるが、第二次世界大戦が終結してから約30年間、ブレトン・ウッズ体制の下で固定相場制を採用してきた。為替レートは安定していることが望ましいとされ、固定相場制を維持するための機関として［ 2 ］が設立された。この機関は、加盟国が定められた固定相場を維持することができなくなった場合に一時的な融資を行って外貨を融通する役割を果たした。

しかし、戦後の世界経済の急速な構造変化は、ブレトン・ウッズ体制の維持を困難にしていった。1960年代に入ると、アメリカの貿易収支の悪化から基軸通貨であるドルの信認が低下し(5)、1971年には［ 3 ］大統領によって、金とドルとの交換が停止されることとなった。その後、主要国は固定相場制の維持を図った(6)ものの不首尾に終わり、1973年に変動相場制(7)へと移行することとなったのである。

設問 1　文中の［　1　］～［　3　］に入る、もっとも適当と思われる語句を解答欄に記入せよ。

設問 2　下線部(1)に関して、スマートフォンが秋葉原で6万円、御茶ノ水で7万円で販売されている場合、その価格差が解消していくのはなぜか。その理由としてもっとも適当と思われるものを次のなかから一つ選び、解答欄の記号(A～D)をマークせよ。

A．秋葉原でスマートフォンの供給が増加し、御茶ノ水ではスマートフォンの需要が増加するため。

B．秋葉原でスマートフォンの供給が減少し、御茶ノ水ではスマートフォンの需要が減少するため。

C．秋葉原でスマートフォンの需要が減少し、御茶ノ水ではスマートフォンの供給が減少するため。

D．秋葉原でスマートフォンの需要が増加し、御茶ノ水ではスマートフォンの供給が増加するため。

設問 3　下線部(2)に関して、2022年1月の『エコノミスト』誌の発表によると、当時のアメリカ国内におけるビッグマックの価格は5.81ドル、日本国内の価格は390円であり、実際の為替レートは1ドル＝115円であった。このときの為替レートについての記述として、もっとも適当なものを次のなかから一つ選び、解答欄の記号(A～D)をマークせよ。

A．日本とアメリカのビッグマックの価格が等しくなる為替レートは、およそ1ドル＝67円であり、この為替レートからみると、実際の円はドルに対して過大評価されていた。

B．日本とアメリカのビッグマックの価格が等しくなる為替レートは、およそ1ドル＝67円であり、この為替レートからみると、実際の円はドルに対して過小評価されていた。

C．日本とアメリカのビッグマックの価格が等しくなる為替レートは、およそ1ドル＝133円であり、この為替レートからみると、実際の円はドルに対して過大評価されていた。

D．日本とアメリカのビッグマックの価格が等しくなる為替レートは、およそ1ドル＝133円であり、この為替レートからみると、実際の円はドルに対して過小評価されていた。

設問 4　下線部(3)に関連して、2000年以降、グローバル・インバランスと呼ばれる世界的な経常収支の不均衡が生じている。これに関する説明として、もっとも適当なものを次のなかから一つ選び、解答欄の記号（A～D）をマークせよ。

A．アメリカは、情報通信分野で技術革新を実現した結果、経常収支黒字を計上し続けている。

B．ドイツは、共通通貨ユーロの導入によって、ドイツ企業の製品価格が割高になり、経常収支赤字を計上し続けている。

C．中国は、外国資本を導入して製造業で輸出を伸ばし、経常収支黒字を計上し続けている。

D．産油国は、原油価格の下落によって、経常収支赤字を計上し続けている。

設問 5　下線部(4)に関して、下の図はドルの需要曲線と供給曲線を表している。現在の為替レートは、ドルの需要曲線と供給曲線が交わる点にあるとしよう。ここで、変動相場制の下で日本の金利がアメリカの金利よりも低くなるとどのようなことが起こるか。もっとも適当なものを次のなかから一つ選び、解答欄の記号（A～D）をマークせよ。

A．需要曲線が右にシフトして、円安ドル高となる。

B．需要曲線が右にシフトして、円高ドル安となる。

C．供給曲線が右にシフトして、円安ドル高となる。

D．供給曲線が右にシフトして、円高ドル安となる。

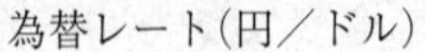
図表2　米ドルの需要と供給

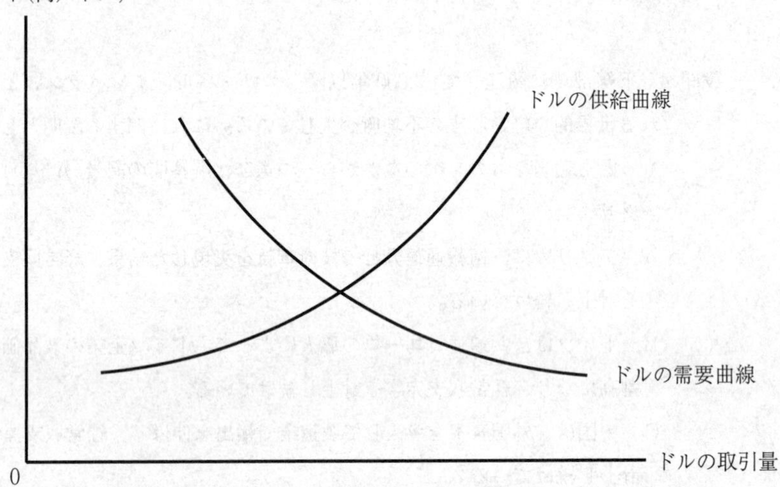

設問 6　下線部(5)に関連して、第二次世界大戦後、国際取引には主に米ドルが用いられた。そのため、各国にとって米ドルは不可欠であったことから、アメリカは世界経済の米ドルに対する需要を満たす必要があった。他方で、米ドルの世界的な供給が過剰になると、米ドルの価値は低下し、その信認が損われる。このような世界的な米ドル需要を満たすことと、米ドルの信認とは両立しないという問題を何というか。もっとも適当と思われる語句を解答欄に記入せよ。

設問 7　下線部(6)に関連して、主要国はどのようにして固定相場制の維持を図ったか。もっとも適当なものを次のなかから一つ選び、解答欄の記号(A～D)をマークせよ。

A．アメリカの貿易収支を改善するために、米ドルは日本円に対して切り下げられた。

B．アメリカの貿易収支を改善するために、アメリカはスムート・ホーリー関税法によって高率の関税を課した。

C. 米ドルの信認を回復させるために、米ドルは西ドイツ・マルクに対して切り上げられた。

D. 米ドルの信認を回復させるために、米ドルをより多くの金と交換できるようにした。

設問 8 下線部(7)に関して、1950年代から変動相場制の採用を提唱し、『選択の自由』の著者として知られ、マネタリズムの考え方を提唱した経済学者は誰か。解答欄に記入せよ。

〔Ⅳ〕 次の教師と高校生の会話文を読み、下記の設問1～6に答えよ。

教師：今日は、2022年5月で施行から75年経った日本国憲法を軸として、現代日本社会について話してみよう。まず、憲法っていわれて、どんなことを思いつくかな？

高校生：日本という国・社会に関する、もっとも基本的な決まり、でしょうか？

教師：悪くない。3つの基本原則がある、って聞いたことある？

高校生：教科書で読みました。［ 1 ］・基本的人権の尊重・平和主義、ですね。

教師：アジア太平洋戦争の反省をふまえた、根本的な理念だね。

高校生：実に崇高だと思いますけど、壮大・抽象的すぎて、正直なところ、あまり身近には感じません。

教師：そんなこと、いわないでほしいな。たとえば、2022年の参議院選挙で君が投票できたのは、［ 1 ］の原則があるからじゃないか。

高校生：何だったか、名前は忘れたけど、法律が改正され、18 歳でも投票できるようになったから(1)、だと思っていました。

教師： 2 法のことだね。それは間違いではないけれど、国政は国民の信託による、とする憲法がそもそもなければ、実現できないよ。他にも、日常生活に憲法が深く関わっている例は沢山ある。最近、君がバイト先を近所の定食屋から都内のカフェに変えたのもそう。第 22 条が、何人も「 3 の自由を有する。」と定めているから、できることだともいえる。

高校生：どちらの仕事も時給は最低賃金(2)ですが、地元よりも東京の方が高い、ということしか考えていませんでした。

教師：ついでにいえば、最低賃金が決められている背景にも、憲法が保障する「生存権」がある。第 25 条に、「すべて国民は、 4 な最低限度の生活を営む権利を有する。」とあるからね。

高校生：その割には、時給は安い気がするけど。そういえば、先日、職場の先輩から、お給料アップをお願いするため労働組合を作らないか、と誘われました。ストライキやっちゃおうか、なんて盛り上がってたな。もしや、これも憲法と関係あるのでしょうか？

教師：いい勘してるね。第 28 条がいわゆる「労働三権」(3)を保障しているよ。ところで、君はどこを受験するんだっけ？

高校生：もちろん、先生の母校、あこがれの明治大学の政治経済学部です。魅力的な科目が多いし、ゼミが活発らしいので、仲間と議論しながら、最高レベルの研究をしている厳しくも優しい先生方の指導を受け、納得できる卒業論文を書きたいんです。ゆくゆくは格差や貧困の問題に取り組む政治家になるのが夢です。

教師：すばらしい。そんな将来の希望をもてるのも、憲法があればこそだ。まず、進学して興味のある分野の研究に打ち込めるのは、第23条が「[5]の自由は、これを保障する。」と明記しているからでもある。

高校生：そうか。政治家になる夢も、第22条の[3]の自由のおかげだともいえますね。

教師：分かってきたじゃないか。ところで、勉強以外でやりたいことは何かな？
高校生：大学では課外活動にも励みたくて、大好きなお笑いの同好会を作って、明大祭で漫才やコントのライブをしたり、SNSで動画を公開したいと考えています。あ、そうか、ここにも憲法第21条が密接に関わっていますね。

教師：その通り。この調子なら、合格はまちがいなしだ。

設問 1　[1]～[5]に入る、もっとも適当な語句を解答欄に記入せよ。

設問 2　下線部(1)が指す法律について、もっとも適当と思われる記述を一つ選び、解答欄の記号（A～D）をマークせよ。

A．候補者本人ではなく秘書が違反して有罪になった場合も、連座責任により候補者の当選が無効になりえる。

B．満18歳未満の人は投票できないが、選挙運動はできる。

C．2013年の改正により、選挙運動でウェブサイトやSNSなどインターネットを利用できるようになり、かつ戸別訪問も可能になった。

D．公正な選挙を実現するため、新聞や放送は候補者について量的に平等な報道をしなければならない。

設問 3　下線部(2)最低賃金を含め、日本の労働者をめぐる状況について、もっとも適切な記述を一つ選び、解答欄の記号（A～D）をマークせよ。

A．最低賃金は、地域・年齢別に異なる額が設定されている。

B．高度経済成長期に常態化していた「働きバチ」とよばれるほどの長時間労働は、週休二日制、年次有給休暇、フレックスタイム制などの導入・定着により、全体的には徐々に改善されてきている。

C. それまで全体として低下傾向にあった労働組合の組織率は、2008年のリーマン・ショックを引き金とする世界的な大不況以後、労働者間で団結する意欲が高まったことで、増加傾向に転じている。

D. 高度経済成長が終わり給与の上昇が鈍るようになり、また女性の社会進出が活発化していることなどにより、2030年代以降は共働き世帯が専業主婦世帯をはじめて上回ると予想されている。

設問 4　会話の文脈から、下線(3)の「労働三権」に含まれない語句を一つ選び、解答欄の記号(A～D)をマークせよ。

A. 団体罷業権

B. 団結権

C. 団体行動権

D. 団体交渉権

設問 5　全体から読みとれる会話の趣旨に照らし、教師がのべる可能性がある発言として、もっとも適切と思われる文章を一つ選び、解答欄の記号(A～D)をマークせよ。

A. 憲法は崇高な理念にもとづき制定されているのだから、一語一句たりとも変えるべきではないね。

B. せっかく選挙権年齢が引き下げられたのに、若者の多くが投票していないことは、憲法違反に近い行為だといえるね。

C. 進学先を選ぶ自由はある一方、憲法は義務教育を規定しているのだから、学生は学業に専念するべきだよ。

D. 普段は意識しないかもしれないけれど、これまで私たちが戦争をせず生活できてきた背景として、憲法の存在を無視することはできないね。

設問 6　下記の日本国憲法の英訳の一部から、会話の内容に直接的に関わる文章を一つ選び、解答欄の記号(A～D)をマークせよ。

A．Freedom of religion is guaranteed to all.

B．All people shall have the right to receive an equal education correspondent to their ability, as provided by law.

C．Freedom of assembly and association as well as speech, press and all other forms of expression are guaranteed.

D．The people shall be liable to taxation as provided by law.

＊英訳は首相官邸のホームページから引用。

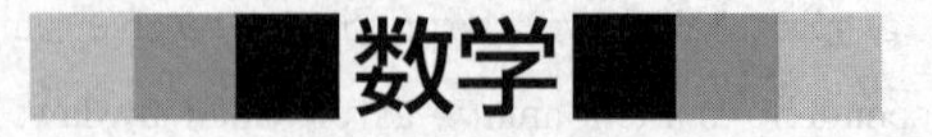

数学

(60分)

〔I〕　次の各問の □ にあてはまる0から9までの数字を解答用紙の所定の欄にマークせよ。分数はすべて既約分数で表し、根号の中の平方数は根号の外に出して簡略化せよ。

(1)　点Oを中心とする半径1の円周上に、3点A, B, Cがある。3点はA, B, Cの順で反時計回りに位置しており

$$\overrightarrow{OA} + 2\overrightarrow{OB} + \sqrt{3}\overrightarrow{OC} = \vec{0}$$

を満たす。

①　内積 $\overrightarrow{OA} \cdot \overrightarrow{OB}$ は

$$-\frac{\boxed{\text{ア}}}{\boxed{\text{イ}}}$$

であり、また内積 $\overrightarrow{OB} \cdot \overrightarrow{OC}$ は

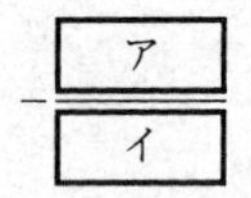

$$-\frac{\sqrt{\boxed{\text{ウ}}}}{\boxed{\text{エ}}}$$

である。

②　△ABCの面積は

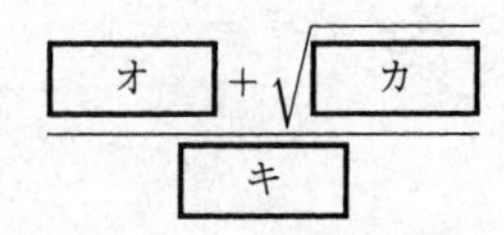

$$\frac{\boxed{\text{オ}} + \sqrt{\boxed{\text{カ}}}}{\boxed{\text{キ}}}$$

である。

(2)　座標平面上の点 (x, y) が条件

$$\begin{cases} x^2+y^2 \leqq 5 \\ x+y \geqq \sqrt{5} \end{cases}$$

を満たす。円周率を π とする。

① 座標平面上で上の条件を満たす領域の面積は

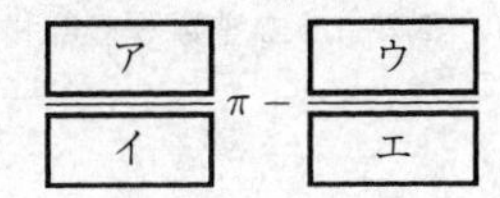

である。

② $x+2y$ は、$(x, y) = ($ オ $,$ カ $)$ のとき最大値をとり、そして $(x, y) = (\sqrt{\text{キ}},$ ク $)$ のとき最小値をとる。

(3) 次の問いに答えよ。

① $x+y+z=23$ を満たす0以上の整数の組 (x, y, z) は アイウ 通りある。

② $x+y+z=23$ を満たす正の奇数の組 (x, y, z) は エオ 通りある。

③ $x+y+z^2=23$ を満たす0以上の整数の組 (x, y, z) は カキ 通りある。

(4) 次の問いに答えよ。ただし $\log_2 5 = 2.32$ とする。

① 不等式

$$40 \cdot 2^m > 10^8 - 1$$

を満たす最小の正の整数 m は アイ である。

② 不等式

$$1+2+2^2+\cdots+2^n \geqq 10^8$$

を満たす最小の正の整数 n は ウエ である。

(5) 次の問いに答えよ。

① 2023 の正の約数を小さい順に並べるとき、2 番目は ア 、3 番目は イウ であり、4 番目は エオカ である。

② 整数 n は $\boxed{\text{イウ}} \leqq n \leqq \boxed{\text{エオカ}}$ を満たし、かつ n を $\boxed{\text{ア}}$ で割ったら1余るとする。このような整数 n の総和は $\boxed{\text{キクケ}}$ である。

③ 整数 n は $\boxed{\text{イウ}} \leqq n \leqq \boxed{\text{エオカ}}$ を満たし、かつ n^2 を $\boxed{\text{ア}}$ で割ったら1余るとする。このような整数 n の総和は $\boxed{\text{コサシス}}$ である。

(6) 定積分

$$f(a) = \int_a^{a+1} |x^2 - 2x|\, dx$$

を考える。ただし $a \geqq 1$ である。

① $f(1) = \dfrac{\boxed{\text{ア}}}{\boxed{\text{イ}}}$ となる。

② $f(a) = \dfrac{10}{3}$ となるような a の値は

$$a = \frac{\boxed{\text{ウ}} + \sqrt{\boxed{\text{エオ}}}}{2}$$

である。

③ $f(a)$ が最小になるような a の値は

$$a = \frac{\boxed{\text{カ}} + \sqrt{\boxed{\text{キ}}}}{2}$$

である。

〔Ⅱ〕　座標平面上に点 $A(1,1)$、点 $B(3,3)$ と動点 $P(0,t)$ がある。ただし $1 \leqq t \leqq 3$ である。$\angle APB = \theta$ とする。円周率を π とする。

(1)　$t=2$ のとき、$\tan\theta$ の値を求めよ。

(2)　実数 α と β は $0 < \alpha < \dfrac{\pi}{2}$、$0 < \beta < \dfrac{\pi}{2}$ かつ $\alpha + \beta \neq \dfrac{\pi}{2}$ を満たすとする。$\tan(\alpha+\beta)$ を $\tan\alpha$ と $\tan\beta$ の式として表せ。

(3)　$\theta = \dfrac{\pi}{4}$ となるような t の値を求めよ。

(4)　$y = \dfrac{2}{\tan\theta}$ とする。y は t の式として以下のように表せる。

$$y = at + \frac{b}{t} + c$$

ここで a, b, c は定数である。a, b, c を求めよ。

(5)　y が最小になるときの t の値を求めよ。導出の過程も書け。

F　わが子の将来を慮る。

① はか
② おしはか
③ おもんぱか
④ あんず
⑤ みすえ

① 努力が水ホウに帰した。
② ホウ名録に記入する。
③ 名画を模ホウする。
④ ホウ給が下がる。
⑤ 崖がホウ壊する。

D　ヨウ羹を食べる。
① 彼を主将にヨウ立する。
② 比較的凡ヨウな人物だ。
③ 抑ヨウをおさえた話し方をする。
④ 鉄をヨウ解する。
⑤ 牧ヨウ犬を飼育する。

E　無辜の民を苦しめる。
① むき
② むこ
③ むこう
④ むし
⑤ むりょう

(四)　次のA～Dのカタカナを漢字に改めた場合、それと同じ漢字を用いるもの、またE・Fの漢字の読みとして最も適切なものをそれぞれの群から一つ選び、その番号をマークせよ。

A　問題解決に時間をサいた。
①　三つの密をサける。
②　蜂が人をサした。
③　コロナ報道に紙面をサく。
④　メーターが時速八〇キロをサした。
⑤　景気に陰りがサした。

B　地球上のカク兵器を廃絶したい。
①　彼はグループのリーダーカクだ。
②　カク僚名簿が発表された。
③　努力して技術をカク得する。
④　海老は甲カク類である。
⑤　組織の中カクを担う。

C　一縷の望みもホウ沫と消えた。

一つ選んで、番号をマークせよ。

① ただ自分の得意とすることばかりをとりあげて、他人を無視するようなものだ
② ただ己の信じる道を突き進み、他人を蹴落とすことに血道をあげるようなものだ
③ ただわたしは自分の筋をとおし、他人のことは気にしないようにするのだ
④ ただわたしだけは自分のことを信じて、他人に劣らぬようにするつもりだ
⑤ ただわたしは自分の筋道を信じてよいのか、ひとはそんなわたしを無視するかもしれない

問10　右の文章の作者が女房として仕えた人物とその夫の組み合わせとして、最も適切なものを次の中から一つ選んで、番号をマークせよ。

① 定子 ― 三条天皇
② 彰子 ― 一条天皇
③ 定子 ― 円融天皇
④ 彰子 ― 花山天皇
⑤ 定子 ― 冷泉天皇

問6　傍線部5「ことはたさもあり」の解釈として最も適切なものを次の中から一つ選んで、番号をマークせよ。

①　女房たちが陰口を叩くのも当然で、縁起をかついだからといって長生きできるわけではない
②　女房たちが言うのももっともで、女の身で漢文の書物を読むから不幸なのである
③　歌や物語の本が埃まみれになるのも、夫が亡くなって読むひとがいなくなったから当然である
④　所在なさにたえかねて漢籍などを読むのももっともで、それを悪く言うのは思いやりがない
⑤　夫が亡くなればその遺品である漢籍を読むのも当たり前のことで、それを悪く言われようがかまわない

問7　空欄 B に入れるべき助動詞を次に示すものの中から一つ選び、適切な活用形で記せ。

【けむ　らし　き　なり　つ　たし　らむ　まほし】

問8　傍線部6「いでや」の解釈として最も適切なものを次の中から一つ選んで、番号をマークせよ。

①　はてさて、もういやだ
②　さあさあ、今こそ
③　いやもう、大変だ
④　いやはや、何も言うまい
⑤　どれどれ、行ってみるか

問9　傍線部7「ただ、わが心の立てつるすぢをとらへて、人をばなきになすなめり」の解釈として最も適切なものを次の中から

② わびしい女の一人住まいでひとに聞かせるためでもないのに琴を弾いていると、それを聞き知った男が求婚しにくるのではないかと、そのようなことを考えることさえはばかられます

③ このような荒れ果てた家でわびしく琴を弾いていると、それを聞き知った女たちから哀れまれるのではないかと、ひどくうんざりした気持ちになります

④ 女のわびしい住まいで悩ましい琴の音を響かせていると、それを聞き知った男が来るのではと、そのような勘違いをさせることを恐れてしまいます

⑤ わびしさに耐えかねて琴をつま弾いていると、それを聞き知ったほかの女から嘲笑されるのではないかと、大変に忌々しい思いにかられます

問4　傍線部4「厨子」のよみを**現代仮名遣い**で記せ。

問5　空欄 A に入れる語として最も適切なものを次の中から一つ選んで、番号をマークせよ。

① いづれの
② いづちの
③ いはんや
④ なんすれぞ
⑤ なでふ

①　色気が漂ってしまった人
②　愛嬌をふりまいてしまった人
③　風流ぶってしまった人
④　色恋沙汰におぼれてしまった人
⑤　外面的な美しさを求めてしまった人

問2　傍線部2「心のうち」の解釈として最も適切なものを次の中から一つ選んで、番号をマークせよ。
①　寂しさにすさんだ心のうち
②　自然を楽しむ心のうち
③　世間の人と同様に恐れる心のうち
④　来世を思う心のうち
⑤　秋の寒さに凍える心のうち

問3　傍線部3のうち「なげきくははる」は、「わび人の住むべき宿とみるなべになげきくははる琴の音ぞする」(『古今和歌集』九八五　巻十八　雑歌下　良岑宗貞、ならへまかりける時にあれたる家に女の琴をひきけるを聞きてよみていれたりける)をうけている。これを踏まえたうえで、傍線部3の解釈として最も適切なものを次の中から一つ選んで、番号をマークせよ。
①　わびしく住んでいる家から悩みを重ねたような琴の音を響かせていると、それを聞き知った男もあろうかと、忌まわしく思われます

はすれば、御幸はすくなきなり。 A 女か真名書は読む。昔は経読むをだに人は制しき」と、しりうごちいふを聞きはべるにも、物忌みける人の、行くすゑいのち長かめるよしども、見えぬためしなりと、いはまほしくはべれど、思ひぐまなきやうなり。5ことはたさもあり。

よろづのこと、人によりてことごとなり。誇りかにきらきらしく、ここちよげに見ゆる人あり。よろづつれづれなる人の、まぎるることなきままに、古き反古ひきさがし、行ひがちに、口ひひらかし、数珠の音高きなど、いと心づきなく見ゆるわざなりと思うたまへて、心にまかせ B べきことをさへ、ただわが使ふ人の目にはばかり、心につつむ。まして、人のなかにまじりては、いはまほしきこともはべれど、6いでやと思ほえ、心得まじき人には、いひてやくなかるべし、ものもどきうちし、われはと思へる人の前にては、うるさければ、ものいふことも、ものうくはべり。ことにいとしもののかたがた得たる人はかたし。7ただ、わが心の立てつるすぢをとらへて、人をばなきになすなめり。

注
＊曹司……自宅の部屋
＊雨降る日、琴柱倒せ……雨の降る日に琴柱を立てて弦を張ったままにしておくと湿気で弦がゆるみ、音が悪くなるため。
＊首……琵琶の首
＊書……漢籍
＊わざと置き重ねし人……夫であった藤原宣孝。故人。

問1　傍線部1「艶になりぬる人」の解釈として最も適切なものを次の中から一つ選んで、番号をマークせよ。

（三）　次の文章（『紫式部日記』）を読んで、後の問に答えよ。

清少納言こそ、したり顔にいみじうはべりける人。さばかりさかしだち、まな書きちらしてはべるほども、よく見れば、まだいとたらぬことおほかり。かく、人にことならむと思ひこのめる人は、かならず見劣りし、行くすゑうたてのみはべれば、[1]艶になりぬる人は、いとすごうすずろなるをりも、もののあはれにすすみ、をかしきことも見過ぐさぬほどに、おのづから、さるまじくあだなるさまにもなるにはべるべし。そのあだになりぬる人の果て、いかでかはよくはべらむ。

かく、かたがたにつけて、ひとふしの思ひ出でらるべきことなくて、過ぐしはべりぬる人の、ことに行くすゑのたのみもなきこそ、なぐさめ思ふかただにはべらねど、心すごうもてなす身ぞとだに思ひはべらじ。その心なほ失せぬにや、物思ひまさる秋の夜も、はしに出でゐてながめば、いとど、月やいにしへはめでけむと、見えたるありさまをもよほすやうにはべるべし、世の人の忌むといひはべる咎をも、かならずわたりはべりなむと、はばかられて、すこし奥に引き入りてぞ、さすがに[2]心のうちにはつきせず思ひつづけられはべる。

風の涼しき夕暮、聞きよからぬひとり琴をかき鳴らしては、[3]なげきくははると、聞き知る人やあらむと、ゆゆしくなどおぼえはべるこそ、をこにもあはれにもはべりけれ。

さるは、あやしう黒みすすけたる*曹司（ざうし）に、箏（さう）の琴・和琴（わごん）しらべながら、心に入れて*「雨降る日、琴柱（ことぢ）倒せ」などもいひはべらぬままに、塵つもりて、寄せたてたりし厨子と柱との*はざまに首さし入れつつ、琵琶も左右に立ててはべり。

[4]大きなる厨子ひとよろひに、ひまもなく積みてはべるもの、ひとつには、古歌・物語のえもいはず虫の巣になりにたる、むつかしくはひ散れば、あけて見る人もはべらず。片つかたに、*書（ふみ）ども、*わざと置き重ねし人もはべらずなりにしのち、手ふるる人もことになし。それらを、つれづれせめてあまりぬるとき、一つ二つ引き出でて見はべるを、女房あつまりて、「御前はかくお

問8　本文中の内容と最も合致するものを次の中から一つ選んで、番号をマークせよ。

① わたしは父親の仕事の関係で十二歳からアメリカで生活するようになったために、それ以後日本語ではなく英語を母国語とするように教育された。

② 日本の本屋に行くとめまいを感じるのだが、それはアメリカのデパートの地下食料品街に行くと感じるめまいと全く同じで刺激が多すぎるからである。

③ 鷗外の小説『青年』には漱石そっくりの人物が登場するが、主人公の先生の口を借りてどちらかといえば悪評とも言えるようなことを語らせている。

④ わたしの両親は多くの日本人のように、アメリカで永年生活をしても早くアメリカ人になってやろうとするような移民精神を持ち合わせてはいなかった。

⑤ 漱石が『明暗』を執筆している最中に書いた手紙に、「今ここ」でしゃべる言葉がすべてであるとあるが、筆者はそれに衝撃を受けた。

①　夢十夜
②　浮雲
③　舞姫
④　高瀬舟
⑤　三四郎

問7　傍線2「この鷗外の文章では「流行遅れ」であることと「学問がある」ことが漫然と並列されているが、実はこのふたつの事実は同じことを指し示すものである。」とあるが、その説明として最も適切なものを次の中から一つ選んで、番号をマークせよ。

①　漱石は当時の流行であった西欧思想には目を向けず「流行遅れ」の漢文学を勉強したが、「学問がある」ために独自の文学や思想を生み出す文学者になることができたということ。
②　漱石は当時の流行であった西欧思想や自然主義には「流行遅れ」であったが、漢文学の「学問がある」ために真空の中で孤高を持する文学者になることができたということ。
③　漱石は当時の流行であった自然主義や英文学には「流行遅れ」であったが、鷗外と同じように「学問がある」ために鷗外の小説『青年』のような優れた小説を書くことができる文学者になることができたということ。
④　漱石は当時の流行であった『青年』のような小説には「流行遅れ」であったが、「学問がある」ために鷗外とは異なった『明暗』のような小説を書くことができる文学者になることができたということ。
⑤　漱石は当時の流行であった自然主義に「流行遅れ」であったが、「学問がある」があるために「今」と「ここ」から離れた過去の言葉を読むことができ、人間に向けて書くことができたということ。

③　a　テクスト　b　スクラム　c　モデル　d　オマージュ　e　エネルギー
④　a　スクラム　b　モデル　c　エネルギー　d　オマージュ　e　テクスト
⑤　a　スクラム　b　エネルギー　c　モデル　d　テクスト　e　オマージュ

問3　［X］に入る最も適切な表現を次の中から一つ選んで、番号をマークせよ。

①　文士を押すのです。牛を押すのではありません。
②　牛を押すのです。人間を押すのではありません。
③　大衆を押すのです。火花を押すのではありません。
④　根気を押すのです。知識人を押すのではありません。
⑤　人間を押すのです。文士を押すのではありません。

問4　［Y］には、本文中の十一字の言葉が入る。最も適切なものを選んで記せ。（句読点・記号等も字数に含む）

問5　本文には、次の一文がある段落の末尾から欠落している。どこに入るのが最も適切か。入るべき直前の五字を抜き出せ。
（句読点・記号等も字数に含む）

【脱落文】だがそれではわたしの母国語は英語かというと、そんなことはまったくないのである。

問6　本文に夏目漱石と森鷗外の名前が記されているが、漱石と鷗外以外の作品を次の中から一つ選んで、番号をマークせよ。

問1 傍線1「いつも日本の本屋に入る度に覚える、何だかやりきれない気持ちがわたしを襲って来た。その何だかやりきれない気持ちと、なぜわたしが『續明暗』という本を書くようになったかとは直接結びついているのである。」とあるが、その説明として最も適切なものを次の中から一つ選んで、番号をマークせよ。

① 日本の本屋に入る度に、「わたしはなぜここに居るのか」という気持ちに襲われるため、『續明暗』を書くことを通して、自分は「今」なぜ「ここ」にいるのかを考えてみたいという点で結びついている。
② 日本の本屋に入る度に覚えるやりきれなさは日本語を選び取ったというとまどいからであり、また『續明暗』を書くようになったのは、私と日本語との結びつきの必然性を今一度選びなおそうとする点で結びついている。
③ 日本の本屋に入る度に覚えるやりきれなさは、本屋の本とのあまりの疎外感に呆然とするからであり、また『續明暗』を書くようになったのは漱石の『明暗』を読み疎外感から抜け出そうとする点で結びついている。
④ 日本の本屋に入る度に覚えるやりきれなさは、わたしの日本語力がためされている気持ちに襲われるからであり、また『續明暗』を書くようになったのは漱石の日本語力を少しでも参考にしたいという点で結びついている。
⑤ 日本の本屋に入る度に覚えるやりきれなさは、本の多さに刺激が多すぎてめまいがするためであり、また『續明暗』を書くようになったのは漱石の「人間」に対する見識の刺激を学びたいという点で結びついている。

問2 [a] [b] [c] [d] [e] に入る最も適切な表現の組み合わせを次の中から一つ選んで、番号をマークせよ。

① a スクラム b オマージュ c モデル d テクスト e エネルギー
② a エネルギー b テクスト c スクラム d モデル e オマージュ

立つところのない言葉であるかには気がつかない。

わたしは［Y］を生きて来ることのできなかった人間である。漱石の「言葉」がそのような人間にもまっすぐ語りかけてくれるとしたら、それは当時漱石が、当時の日本の「今ここ」にある言説空間に向かって書かなかった故にほかならない。このような作家の書く言葉はしばしば簡単には翻訳され得ない。だがそういう作家だけが時間の流れにも空間の広がりにも耐え、世界性をもちうるのである。（中略）

鷗外の『青年』には漱石を［c］にした拊石（ふせき）という人物が出てくるが、鷗外は主人公の青年の口を借りてその人物をこう評している。「拊石といふ人は流行に遅れたやうではあるが、とにかく小説家中で一番学問があるさうだ」。[2]この鷗外の文章では「流行遅れ」であることと「学問がある」ことが漫然と並列されているが、実はこのふたつの事実は同じことを指し示すものである。『青年』が書かれた当時（明治四十三年―四十四年）日本で流行していた「自然主義」に漱石が無関係にやってきたことをわれわれは知っている。そうして当時の人間の目に「流行遅れ」に見えた漱石が、実際は流行に無関係に、すなわち、「人間」に向かって書くことができたのは「学問」があったからなのである。「学問」とは「今」と「ここ」から離れた「言葉」を読むことである。のみならず、それが書かれた時からすでに「今」と「ここ」から離れていた「言葉」を読むことである。よくいわれる漱石の漢文学及び英文学の素養とは、そういう「言葉」との交流にほかならない。人は真空の中で孤高を持する訳には行かない。「人間」に向かって書かれた過去の［d］を読むことによってのみ、「人間」に向かって書くことが可能になるのである。

『續明暗』は漱石を読むことを通じて「人間」に向かおうとするひとつの試みである。そしてそれはわたしにとって日本語との結びつきの必然性を今一度選びなおそうという試みでもある。歴史の一回性の中で明治という時代に漱石のような作家がいたことは日本文学にとって幸いなことであった。『續明暗』が漱石という作家に対する［e］でもあることはいうまでもない。

（水村美苗「『續明暗』のあとに」による）

きて来たというのに、こうして戻って来れば何がおこっているのだかさっぱり解らない。何がおもしろいのだかもさっぱり解らない。なぜわたしはこのように自分と隔った精神と関係しようと思っていたのだろうか。ここでこうして日本語を操っている人とわたしとどういう関係があるのだろう。大体こうして日本語を操っている人と外の世界とどういう関係があるのだろう。わたしは日本語を選びとってしまったことによって、世界そのものと切れてしまったような心細い気持ちに襲われる。今までの自分の人生が無意味な試みに明け暮れていたようで、はかなくなる。――そんな時、わたしと世界との関係を復活させてくれ、わたしを力づけてくれるものに漱石のテクストがあるのだった。漱石のテクストだけではなく、超然とした精神を宿すいくつかの日本語のテクストがあるのだった。

漱石が『明暗』を執筆している最中に書いた手紙に次のようなものがある。

牛になる事はどうしても必要です。……根気づくでお出でなさい。世の中は根気の前に頭を下げることを知ってゐますが、火花の前には一瞬の記憶しか与へて呉れません。うんうん死ぬ迄押すのです。それ丈です。……相手はいくらでも後から後から出て来ます。さうして吾々を悩ませます。牛は超然として押して行くのです。何を押すかと聞くなら申します。

X

ここで漱石のいっている「人間」とは大衆を意味するものではない。「文士」とは知識人を意味するものではない。「人間」とは誰だか解らないがいつかどこかで自分の本を読み得る人たちを指すのである。それは昨日電車で隣り合わせた人かも知れないし、五十年後、見たこともない国に生まれる人かも知れない。誰だか解らない故に畏れねばならない人たちである。「文士」とはその反対に畏れるに足りない人たちである。そしてそれは彼ら自身が畏れを知らない人たちだからにほかならない。彼らにとっては「今ここ」で彼らが操るしゃべる言葉がすべてである。彼らはその言葉が、「今ここ」にない目の前に曝(さら)された時、どれほどよってアメリカの生活が居心地がよいのでだらだらとアメリカに残ってしまったのである。むろんその間自分たちが日本人であることに何の疑問を持つこともなかった。両親のそのようなありかたは、わたしと言語とのかかわり合いにそのまま反映した。つまりわたしにとっても自分が日本人であること——自分の母国語が日本語であることは、日が東から昇るように当たり前のことのように思えたのである。しかしすべての子供をアメリカ人にしようとするアメリカに育ちながら、その当たり前のことを実際に当たり前にするにはかなりの［ b ］が要ったのであった。

今思えばわたしは十二歳からの年月をすべて、自分がアメリカ人にならないということだけを目的に生きて来てしまったような気がする。わたしはアメリカに目をつむり、ひたすら日本に目を向けた。アメリカの男の代わりに日本の文学とばかり付き合った。むろんありがたいことにそれなりの成果はあった。数年前初めて日本の雑誌に書く機会があったが、わたしの日本語はあまりに当たり前の日本語だったため、わたしが日本人であり続けたことを誰ひとり褒めてくれる人もいなかったのである。

その頃からである。わたしはもうひとりの、こうでありえたかもしれない、英語でものを書いている自分の影に常につきまとわれ始めたのだった。それは、わたしと日本語の関係が急に恣意的なものに見えてきたということにほかならなかった。十二歳という年齢から英語を使い続けてもそれが母国語になることはむずかしかったかもしれないが、一番自由に操れる第一言語になった可能性は大いにある。そして、もの書きが使う言葉は母国語はおろか第一言語である必然性すらないのである。国際語である英語においてはとりわけその必然性が乏しい。なにしろ英語圏でやらねばならぬという決断をもっと早くに下してさえいれば、わたしは今頃英語で書いていたかもしれないのであった。もし超越的な立場から言語を選べるとしたら、今世界で英語で書くことの有利は誰の目にもあきらかだろう。

日本の本屋に入った時に感じる困惑は日本語を選びとってしまったことに対する困惑である。目の前に燦然（さんぜん）と広がるのは、日本の「今」と「ここ」の中にあまりに閉ざされた言語空間である。わたしは海の向こうで健気にも日本人であり続けるためにだけ生

（二）　次の文章を読んで、後の問に答えよ。

わたしは店に入るのが苦手だ。とりわけ本屋に入るのは苦手だ。本屋へ行くのがおっくうで、読みたい本が手元になくなってしまうと、同じ本を繰り返して読んでしまうくらいである。だから二、三日前に本屋へ行ったのも、横断歩道を渡ったとたん、目の前にクーラーの効いていそうな広い店がガラス越しに見えたからに過ぎない。外はあまりに暑かった。それに比べて店の中はいかにも涼しそうだった。わたしは意を決して自動ドアをくぐった。一瞬のうちに汗が引く快感があった。だがその快感と共に、1いつも日本の本屋に入る度に覚える、何だかやりきれない気持ちがわたしを襲って来た。その何だかやりきれない気持ちと、なぜわたしが『續明暗』という本を書くようになったかとは直接結びついているのである。

たとえばわたしはデパートの地下の食料品街へ行っても必ずめまいのようなものを覚える。あの物の豊富さは、繁華街での買い物が日常的になっていない人間には刺激が多すぎるのである。だがわたしが日本の本屋で感じるものはそれだけでは片づかない。

「わたしはなぜここに居るのだろう」

まるで本の背表紙が［ a ］を組んでわたしに背を向けているような気がするのである。一体これらの本とわたしとはどう関係があるのだろう。わたしはあまりの疎外感に呆然とする。そして必死で日本人であろうとして来た長年の自分の愚かしさに、暗澹(あんたん)たる思いに陥らざるを得ないのである。

わたしは十二歳の時父親の仕事の関係で家族とともにアメリカに渡った。以来大学院を出るまでアメリカで教育を受けて来た。当然のことながら『續明暗』を書くまでは、手紙をのぞけば日本語でものを書いたことは数えるほどしかない。

わたしの両親は、多くの日本人の例に漏れず、早くアメリカ人になってやろうという移民精神とは無縁であった。それでいて

② 具体的な使用価値を普遍的な高次の目的へと転化するメカニズム
③ 自己だけでなく他者にも利益をもたらしているという一挙両得的な満足感
④ ゲームという、人と競う場においてはじめて得られる刺激やインスピレーション
⑤ 公共善の実現のために貢献しているという充足感

問9　本文の内容と最も合致するものを次の中から一つ選んで、番号をマークせよ。
① 貨幣が単なる物ではなく、任意の特殊な商品に自在に転換することができる偉大な呪力をもつことに人びとが気づいたとき、それは人間社会のなかで宗教的な崇拝の対象となった。
② どれほど高尚で純粋な使命感を胸に秘めつつ始めたところで、その後にその活動には金銭的な報酬がともなうことを知らされると、人は結局心の奥深くに潜んでいる利己的な欲望に突き動かされてしまう。
③ 貨幣(交換価値)は使用価値を得られる手段でしかないにもかかわらず、資本主義のなかで人は使用価値ではなく、交換価値の増殖を目的として行動する。
④ 端緒にあった資本以前の循環に反転が生じることになったとき、終わりなき価値増殖それ自体が究極の目的となり、終末論的な思想が近代の世界全体を包摂することになった。
⑤ 直線的な時間と円環的な時間という、二種類の時間の総合としての資本主義的なシステムは、人びとの欲望の対象に転倒を引き起こし、その結果秩序を失った混沌とした社会状況をもたらした。

という現象のこと

② 無報酬だった当初の活動に、新たに金銭的な報酬が加わると、一般的に人びとはやる気が生じ、全体的に生産効率が即座にアップするという現象のこと

③ 近代の市場原理にもとづいた弱肉強食的な競争社会は、人間が生得的に備えている高潔な相互扶助の精神をあっという間に駆逐してしまうという現象のこと

④ 行為の対価として給付される金品の額が増大すればするほど、幼い子どものような純真無垢で高潔な無私の精神は人間の心から徐々に奪われていくという現象のこと

⑤ 公共善のための使命感の方が、金銭的な報酬を獲得しようとする欲望よりも強力なインセンティヴを与えるという現象のこと

問7 傍線2「第一のグループは、寄付の重要性を説くスピーチを聞かされた後、すぐに募金活動に送り出された。第二、第三のグループも同じスピーチを聞かされるのだが、同時に、集めた金額に応じた金銭的報酬が出ると告げられる。」とあるが、第一のグループにとっての募金活動と、第二および第三のグループにとっての募金活動は、それぞれどのような意味の行為だと述べられているか。本文中の言葉を用いて五〇字以内で述べよ。(句読点・記号等も字数に含む)

問8 傍線3「貨幣という報酬が得られることで締め出されるのは、行為の倫理的な意味(道徳)だけではない。」とあるが、それとは別に何が「締め出される」というのか。最も適切なものを次の中から一つ選んで、番号をマークせよ。

① 行為それ自体がもつ楽しさやわきあがる直感的なひらめき

③　純粋な楽しみやひらめきをもたらす行為に取り組め
④　功利性のみを追求するような社会体制を打ち砕け
⑤　資本主義的な社会システムの頑強性を再認識せよ

問4　空欄 Y に入る最も適切なものを次の中から一つ選んで、番号をマークせよ。
①　創造性に富んだ、魅惑に満ちたものに逆転する
②　終極的な目的を失った、審美的な行為へと転化する
③　何の楽しみも感じられない、退屈なだけの単純作業となる
④　色あせた、魅力のないものへと変容する
⑤　特定の内容をもたない、抽象的な循環となる

問5　右の文章には、次の一文がある段落の末尾から脱落している。どこに入るのが最も適切か。入るべき箇所の直前の五字を抜き出せ。（句読点・記号等も字数に含む）
【脱落文】それぞれの特殊な商品は、抽象的な普遍性の具体化としてのみ欲望の対象になっている。

問6　傍線1「市場による道徳の締め出し」と呼んでいる現象」とは、どのような現象か。その説明として最も適切なものを次の中から一つ選んで、番号をマークせよ。
①　公共善に貢献する活動に貨幣的な報酬がともなったとたんに、人は主として貨幣的な報酬のために活動するようになる

問1 空欄 A ～ D に入る語の組み合わせとして、最も適切なものを次の中から一つ選んで、番号をマークせよ。

① A ところが B あるいは C つまり D もともと
② A ところが B もともと C あるいは D つまり
③ A つまり B あるいは C もともと D ところが
④ A つまり B しかし C あるいは D ところが
⑤ A しかし B つまり C ところが D もともと

問2 空欄 a ～ e に入る語の組合せとして、最も適切なものを次の中から一つ選んで、番号をマークせよ。

① a G―W―G′ b W―G―W′ c G―W―G′ d G―W―G′ e W―G―W′
② a W―G―W′ b W―G―W′ c W―G―W′ d W―G―W′ e W―G―W′
③ a G―W―G′ b G―W―G′ c G―W―G′ d W―G―W′ e G―W―G′
④ a W―G―W′ b G―W―G′ c W―G―W′ d G―W―G′ e G―W―G′
⑤ a G―W―G′ b W―G―W′ c G―W―G′ d W―G―W′ e G―W―G′

問3 空欄 X に入る最も適切なものを次の中から一つ選んで、番号をマークせよ。

① 使用価値よりも貨幣の優位性を保て
② (交換)価値よりも使用価値に重きを置け

的へと転化しうる。貨幣は、普遍的な手段であるがゆえに逆に、すべての使用価値を自らの手段として下属させる高次の目的へと転化するのだ。

貨幣によって表示される価値は、特定の内容をもたない抽象的なものだが、述べてきたような機序を通じて、任意の使用価値がそれの具体化であるような普遍的な目的として位置づけられるようになる。G—W—G´という循環は、こうした関係の端的な表現になっている。交換価値Gは、さまざまな具体的な使用価値(具体的な目的)Wへと受肉しながら、循環し続けるのである。本来、普遍的な手段であった貨幣が高次の目的へと転換すると、個々の具体的な使用価値やそれぞれの具体的な行為の価値は、[Y]。一般に価値が高貴さを帯びるのは、それが終極的な目的として位置づけられているときだからだ。使用価値Wが、普遍的な交換価値Gを得るための手段へと転化したときには、目的としての終極性を失い、その意義は相対化される。(公共善に貢献する)倫理的な行為や(それ自体で快楽をもたらす創造的な遊びのような)審美的な行為が、貨幣的な報酬を与えられたとたんに、魅力を失うのはそのためである。

注1　さらに興味深いことがある。与えられている課題が、何の創意工夫も必要のない単純作業のようなものだった場合には、逆に、金銭的報酬が高いグループほど好成績になる。

注2　前注で指摘したように、つまらない作業であれば、金銭的報酬の高さに比例して、被験者の成績が高まる。もともとの行為に何の価値もないということは、貨幣によって締め出される価値がない、ということでもある。この場合は、貨幣が与えられれば、少なくともその分だけは、行為に価値が加わる。

(大澤真幸『新世紀のコミュニズムへ　資本主義の内からの脱出』による)

わけではない。募金活動にアルバイト料を支払うようにすると、その行為は、公共善に奉仕する価値をもち、そのうえで、募金者の利益にもつながるわけだから、一石二鳥であって、無報酬の募金活動よりも行為としての価値が高まりそうに思えるが、そうはなってはいない。 B 、それ自体でも十分におもしろいパズル解きに、金銭的な報酬が加われば、このパズル解きは、ますます価値が高まり、被験者の「やる気」を高めるのではないか、……こう推測したいところだが、実験結果は、そのような推測が誤っていることを示唆している。

行為それ自体がもっていた特殊で具体的な価値に貨幣的価値を重ねたときには、必ず後者が勝ってしまう。後者だけが活き、前者が締め出されるのだ。驚きは、行為者当人には、前者の方がより魅力的に見えているはずであるにもかかわらず、そうなるということである。純粋な善行として募金活動をしているときの方が、賃金を得ることができる労働として同じことをやっているときよりも、人は強く動機づけられ、熱心にその行為にコミットしている。貨幣という報酬が与えられたとたんに、その行動は、当人にとっては主として賃労働となって、善行としての意味は失われる。そして同時に、本人の熱意も低下する。客観的には、その募金活動が公共善に貢献しているという事実は失われてはいないにもかかわらず、である。

どうして、より魅力的で、高尚にも見える具体的な価値が、市場的・貨幣的な価値に呑み込まれ、締め出されてしまうのか。これこそ、先に述べた普遍性と特殊性との間の独特の関係によって、 C マルクスが言うところの商品の物神性によって説明されることだ。どのような論理によって、物神性が生まれるか、あらためて解説しておこう。

D 、貨幣は、任意の使用価値を得ることができる普遍的な媒介、普遍的な手段である。言い換えると、貨幣は、任意の特殊な目的に――任意の具体的な使用価値の獲得に――奉仕することができる。そうであるとすれば――貨幣さえ獲得すれば、それを任意の使用価値へと転化することもでき、どのような特殊な目的の実現へもつなげうるのだから――逆に貨幣的な価値の獲得は、任意の使用価値の獲得や任意の特殊で具体的な目的を、その内部に手段として包摂するような、普遍的な高次の目からわかる。ちょっとした創意工夫や認知的なひらめきのようなものが必要となるパズルやゲームを被験者にやらせる。その際、被験者を次のようにグループ分けする。まず、課題を単に解くだけで、いかなる報酬もないグループがある。他のグループでは、成績優秀者には――金銭的な報酬が与えられる。優秀者に与えられる報酬も、低額のグループと高額のグループの二段階に分けておく。

その結果は、まったく驚くべきものである。無報酬のグループが最も成績がよい（課題を解くまでの平均時間が最も短い）。そして、優秀者（勝者）が得る報酬が大きい方が、そのグループの成績が悪くなる傾向がある。金銭的な報酬を得ようとがんばっているグループの方が、成績が悪いのだ（注1）。

こうした実験結果をどのように解釈すればよいのか。行為には、その具体的な特殊性に応じた、直接的な、それ自体としての価値がある。寄付集めの行為は、障害児支援に役立っており公共善に貢献している。あるいは、パズルを解くことはそれ自体で十分におもしろい遊びである。［A］、貨幣という報酬が与えられたとき、貨幣に示される価値によって、具体的な行為のもつ特殊な価値が締め出されるのだ。パズルを解くゲームに報酬が入ると、パズル解き自体がもつ楽しさが半減し、なんと――本人はまったく自覚がないはずだが――インスピレーションすらわきにくくなるのだ。実験結果は、純粋に楽しんでいるときには出てくるような発想やひらめきが、金銭的な報酬が大きくなればかえって出にくくなっていることを示している（注2）。

「［X］」という提案は、このような貨幣的な価値による、行為の具体的で特殊な価値の締め出しに抵抗すべきだという提案に等しい。

だが、この現象の、つまり「貨幣において示される抽象的な価値による、行為の特殊で具体的な価値の締め出しという現象」の奇妙さを、十分に踏みとどまって考えておく必要がある。

報酬として貨幣が得られるようにしたことで、価値が行為に加算されるわけではない。つまりそのことで行為の価値が高まる障害児援助等の有意義な事業に必要な資金を得るために、家々を回って寄付を募る高校生を三つのグループに分ける。[2]第一のグループは、寄付の重要性を説くスピーチを聞かされた後、すぐに募金活動に送り出された。第二、第三のグループも同じスピーチを聞かされるのだが、同時に、集めた金額に応じた金銭的報酬が出ると告げられる。それぞれのグループに与えられる報酬は、集めた金額の一%、一〇%という歩合だった（報酬の財源は、集めた寄付金とは別である）。

どのグループが最も多くの寄付を集めるのに成功したのか。貨幣による報酬――経済学者が言う金銭的なインセンティヴ――が大きい第三グループが最大の寄付を集めるだろうと予想されるところだ。実際、第三グループの成績は第二グループよりもよかった。しかし、最も多くの寄付を集められたのは、第三グループではなく、金銭の面では無報酬の第一グループだったのだ。つまり、最も熱心に寄付集めの活動をおこなったのは、第一グループだったのである。第三グループが第二グループよりも成績優秀だった理由はすぐに理解できる。だが、その同じ理由が作用しているならば、第一グループが最下位になるはずだが、まったく逆の結果となっている。どうしてなのか。

貨幣という報酬が与えられることで、善行の性質が根本的に変わってしまったからである。高校生は、善い目的への使命感をもって募金活動に取り組もうとしていた。しかし、貨幣的な報酬が提供される設定になったとたんに、それは善行ではなく、一種の賃労働――自分自身の利益のための労働――に変質してしまったのだ。実験から、公共的な善のための使命感の方が、貨幣的な報酬よりも高校生を強く動機づけていたことがわかる（第一グループが第三グループより好成績）。にもかかわらず、公共善のための活動にわずかでも貨幣的な報酬がともなうと、人は主として貨幣的な報酬のために活動するようになる（第三グループが第二グループより好成績）。これが、「市場（行為を貨幣的インセンティヴによって商品や賃労働にすること）による道徳（善なる目的への奉仕という行為の意味）の締め出し」という現象である。

[3]貨幣という報酬が得られることで締め出されるのは、行為の倫理的な意味（道徳）だけではない。このことは、次のような実験

ない価値増殖であり、資本蓄積の無限化である。

資本主義とは、このG―W―G´の循環を基軸として経済が展開している社会システムである。G―W―G´は、二種類の時間の総合としての資本主義的な時間の様態を表現している。これは、G´を終わり(＝目的)とする終末論的で直線的な時間であると同時に、(W´ではなく)G´が終端にあるがゆえに次の循環へとただちに結びつく円環的な時間でもある。そして、この無数の反復的なG―W―G´が全体として、大きな、いわばメタレベルの「G―W―G´」の中に包摂されている。

循環公式［ a ］は、人の欲望のあり方そのものの変化を表現している。その変化は、概念の特殊性と普遍性の間の関係として記述することができる。

本来、普遍性とは、実在する、それぞれに特殊な事物の有する属性にすぎず、それ自体は実在ではない。その事物の有する性質が、他の諸事物の性質と共通しているとき、「普遍的」として性格づけられるのだ。普遍性がこのように位置づけられている限りは、それは、それぞれに特殊な事物への付属品のようなものである。これは、流通が、使用価値(特殊な事物)を中心にして展開している状態に、つまり［ b ］に対応している。

しかし、特殊性と普遍性の間の論理的なプライオリティの関係に逆転が生ずる。すなわち、特殊性が、抽象的な普遍性のひとつの表現として位置づけられるようになる。こうなると、普遍性がそれ自体として欲望の対象となり、実在する実体性を獲得する。実体化した普遍性こそが貨幣である。貨幣は、任意の特殊な商品に転換できるからだ。この段階こそ、［ c ］の公式に対応している。この循環を通じて、抽象的な普遍性(価値)は、さまざまな具体的商品(使用価値)として受肉しつつ、そのたびに自分自身へと回帰する。マルクスが「商品の物神性」と呼んだのは、このような事態である。

［ d ］から［ e ］への転換は、倫理学者が、行動経済学の実験をもとに「市場による道徳の締め出し」と呼んでいる現象と関係がある。「市場による道徳の締め出し」が何を意味しているのか、具体的な実験例で解説しよう。

国語

（六〇分）

（一）

次の文章を読んで、後の問に答えよ。

マルクスの流通の公式を使えば、次のように表現することができる。端緒にあるのは、W—G—W′という循環である。Wが商品（Ware）を、Gが貨幣（Geld）を表している。ある商品W′を得るために、自らが所有する物Wを売って、貨幣Gを得る。その貨幣Gによって、欲しかった物W′を獲得する。この循環は、資本以前のものである。

この循環が、G—W—G′に反転したとき、資本が誕生する。今や、目標は、使用価値Wではなく、価値増殖、増殖した貨幣G′＝G＋ΔGとなる。ΔGが剰余価値である。一方の当事者で、W—G—W′の転態が生じているとき、他方の当事者では、G—W—G′の転態が生じているのだから、両者は同じことだと思うかもしれないが、そうではない。前者を基軸として展開しているのか、後者を基軸にして展開しているのかでは、経済はまったく異なった様相を呈する。

W—G—W′と違って、G—W—G′の運動には、終わりがない。いったん終極G′を迎えても、それがすぐに、次の循環の起点となる。貨幣Gを投資して、労働力を含む商品Wを購入し、最終的に剰余価値ΔGをともなったかたちで貨幣G′を回収する。このようにして還流してきた貨幣G′は、すぐに再び投資される。こうして同じ形式の循環G—W—G′が繰り返される。これが終わりの

解答編

英語

I **解答**　1．(1)－2　(2)－1　(3)－2　(4)－4　(5)－3
2．［ア］－1　［イ］－5　［ウ］－4

3．1　4．(4)

5．(1)－F　(2)－T　(3)－F　(4)－T　(5)－T　(6)－T　(7)－T　(8)－F
(9)－F　(10)－F

6．(2)

◆全　訳◆

≪家事の分割ではなく，家事の分担が幸福な関係をもたらす≫

理論上，家事の公平な分担を思いつくことは簡単なはずである。すべての仕事を取り出してみて2つに分ければよいのである。

実際には，それはもっと複雑である。ある仕事に関しては自分のパートナーの仕事より耐えられると思う人がいる。また仕事によっては誰もがしたくないものもある。そして，概して，家庭での仕事の負担に関しては女性が不均衡な分担に耐えることになってしまう。新たな研究では，どのように家事が分担されているのかに関する夫婦の満足（不満）度の方程式にまた別の変数を加えている。長期的な異性パートナー関係にある男女は，それぞれのパートナーが自身に割り振られた仕事をするのに比べ，すべきことリストのひとつひとつの仕事に対する責任を分担するほうがパートナー関係に関し，より満足している傾向があることがわかったのだ。言い換えると，一方のパートナーが料理と掃除をし，もう一方は皿洗いと洗濯をする夫婦は，概して，ともに参画しすべての4つの仕事に取り組むような夫婦と比べ満足度が低いだろう。

「1人の責任としてこの4つすべての仕事を扱うのは問題があります。そうすると…パートナー関係において幸福感が損なわれてしまうように思えます」その研究の著者であり，またユタ大学の社会学者であると同時に研究グループ「現代家族に関する会議」の委員であるダニエル=カールソンは言った。

その研究では 1990 年代初期と 2000 年代半ばに夫婦から集められた詳細な調査データが分析されているのだが，どのように家事が分担されているかに関する基本的概略および不公平さはそれ以降さほど変化していない。カールソンが調べたあるデータによると，それぞれの仕事を一緒に管理した夫婦は，どちらか一方に仕事を割り当てた夫婦に比べ，仕事の分配が公平であると発言する傾向が 2 倍高かった。両方の集団ともある程度平等に全体の仕事の負担を割り振ってはいたのであるが。そのデータは同性パートナーは扱ってはいなかったが，カールソンはこの研究結果はそのような人々にも当てはまると思っている。

ここで明確にしておきたいのは，これらの結果は必ずしもある特定の仕事分配が夫婦をより幸福にさせるということを意味しているわけではなく，そもそもより幸福でより協力的な夫婦があらゆる家事に対して責任を共有する傾向が高いのかもしれない。とはいうものの，もし家事の分配が重要であるとすれば，おそらくその説明としては責任の共有がチームワークの精神を作り上げるか，あるいはそのことが夫婦がより意思の疎通を図るよう促しているということになる。「隣の芝生は青い」といった効果はまた一つの要因であるかもしれない。つまり，もしあなたがまったく洗濯物をたたむ必要がないのならば，その仕事はあなたが最後まで自分ですることになる食後の山のような汚れた皿よりは耐えられるものに思え始めるかもしれない。

しかしまた別の可能性もある。「家庭内のすべての仕事を本当に理解することは，パートナーと彼らがしていることをより深く理解させる何かがあるのかもしれません」と，その研究には関与していないトロント大学の社会学者メリッサ=ミルキーは私に言った。「もしあなたが決して風呂場を掃除しないのであれば，それがどれくらい労力がかかることなのか，わからないかもしれません」

このことは，夫婦がそれぞれ家事に関わる時間の量を大きく変えることなく仕事の分割をより公平だと感じさせる可能性がある方法を示している。「あなたはより多くのことをするよう求められてはいないのです」とカールソンは私に言った。「あなたはエネルギーを注ぐ焦点を変えるだけです」

このような仕事の分担は，平等な家事分割を目指す夫婦にあれこれ試してみることを提供する。ミルキーは，1週間夫婦が通常は分担しない仕事を分担する，あるいは時折家事の交換を試してみることを提案した。その結果それぞれのパートナーは，相手が常に遭遇する煩わしさに気づくことになるかもしれないからである。

さらに別の研究では，それぞれのパートナーに少なくともすべての仕事の一部をしてもらうことに価値があるかもしれないという考えを裏付けている。昨年，私は性差研究者に会い，彼らがどのように自身の生活において平等なパートナー関係を追求しているのかに関して質問をしてみた。ある社会学者は，女性のほうが子育てが「上手だ」とみなされているので，一部の男性は子育てに割く時間が少ないのだと理解している，と私に言った。したがって，彼の妻が担当していたときのほうがそれほど行儀が悪くなかったのではあるが，わざと息子の風呂の時間を監督し始めた。しかし最終的にその社会学者は，彼の妻と同じくらい風呂の時間が「得意」になったのである。

家事を分けるときに夫婦が陥るパターンは，しばしば性差別的なところがありしかも不公平であるが，これはそれらの仕事から逃れる方法なのかもしれない。ひょっとすると家事をより分担することは，家庭を管理することにつながる全仕事の共通理解を一層促すことになるのかもしれない。

◀解　説▶

1．(1) disproportionate「不均衡な，不釣り合いな」 意味が最も近いのは unbalanced「不均衡な，不安定な」である。1．huge「巨大な，莫大な」 3．underestimated「過小評価された」 4．unexpected「思いがけない，不意の」

(2) sole「ただ一つの，唯一の」 意味が最も近いのは exclusive「排他的な，独占的な，唯一の」である。2．important「重要な」 3．limited「制限された，限られた」 4．qualified「資格がある，有能な」

(3) board「①板，黒板　②委員会，評議会　③賄い」 ここでは②の意味。意味が最も近いのは executive「経営者，重役，幹部」である。1．active「活発な」 3．flat「①平らな　②平らな部分　③アパート」 4．plate「皿」

(4) appreciate「①～を理解する，～を正しく評価する　②～を感謝する」

意味が最も近いのは value「①～を尊重する　②～を評価する」である。
1．apologize「謝る」　2．explain「説明する」　3．perceive「気づく」
(5) Eventually「最終的に，とうとう」　意味が最も近いのは 3．Finally「最終的に」である。1．Accidentally「偶然に」　2．Dramatically「劇的に」　4．Occasionally「時折，たまに」

2．［ア］第4段第2文（In one data…）のダッシュ（—）より前の部分で，ともにそれぞれの家事を分担する夫婦は家事の種類によって担当を分けるより fair「公平だ」ということが書かれていて，ダッシュ（—）の後に even though S V「～だけれども，～ではあっても」と譲歩節が展開されている。主語の both groups は家事を分担した夫婦と家事の担当を種類で決めた夫婦を示していると考えられるので文脈的に適合するのは equally「平等に」である。2．kindly「親切に」　3．orderly「きちんとした，整頓された」　4．properly「適切に」　5．unfairly「不公平に」

［イ］The grass is greener on the other side of the fence.「隣の芝生は青い」という諺を利用していること，洗濯物をたたむとか皿を洗うといった一般的には積極的にはやりたくない仕事のことが話題になっていることより，tolerable「耐えられる，悪くない」が適切。1．colorful「色彩豊かな，華麗な」　2．equitable「公平な，公正な」　3．honorable「尊敬すべき，立派な」　4．suitable「適した」

［ウ］so that S V～.「その結果～」以下の記述内容より swapping（swap「～を交換する」）が適切。

3．you might not realize how much energy it takes
how much S V「S がどれほど V するか」は名詞節で，全体で realize の目的語になる。much はここでは数量を表す限定用法の形容詞なので直後に energy を伴う。

4．第2段第5文（A new study…）の it found 以下に示された share responsibility for each chore が文章全体のテーマとなっている。また this は近くにその内容が提示されていることが暗示されており，第9段第1文（Additional research supports…）の段のメインアイディア内の having each partner do at least some of every task に注目することにより，(4)「あなたのパートナーがいつもする家事を経験すること」が適切。
(1)「あらゆる家事を平等に2つに分割すること」

⑵「赤ちゃんを風呂に入れる仕事をより引き受けるよう父親に促すこと」

⑶「妻と夫の両方が確実に家事から逃れることができるようにすること」

⑸「夫が妻よりも多くの家事を分担するようにさせること」

5．⑴「家事が夫婦間で分割される方法はこの研究データが集められてから大いに進歩している」 第4段第1文（Although the study …）より内容に一致しない。

⑵「同性同士の夫婦と異性の夫婦は家事の分配に関して同じように感じるだろう」 第4段最終文（The data didn't …）より内容に一致。

⑶「女性は子育てがより得意である」 第9段第3文（One sociologist told …）には，女性は子育てがより得意だとみなされていると述べられているが，同段最終文（Eventually, though, …）に，その社会学者（男性）は彼の妻と同じ程度に子供を風呂に入れるのが上手になったという事実が記されている。よって内容に一致しない。

⑷「ある家事を常にするというわけではない場合，人々はその仕事をそれほど煩わしいものとはみなさない可能性がある」 第5段最終文（A "grass is greener" effect …）に一致する。grass＝隣の芝生＝自分がしなくてもよい家事＝to fold the laundry→greener＝より青く見える＝よく見える＝seem more tolerable が，"grass is greener" と if 以下の内容との関係を表している。

⑸「自分の息子の風呂の時間を監督したその社会学者は最初はうまくいかなかった」 第9段第4文（So he purposely …）より内容に一致。act out「（子供が）悪い態度をとる」という表現に留意する。

⑹「一方が洗濯を，もう一方がトイレを清掃するような夫婦は，家事を分担する夫婦ほどは満足しないだろう」 第2段最終文（In other words, …）より内容に一致。

⑺「女性は大抵男性よりもやる家事が多い」 第2段第4文（And, on average, …）より内容に一致。

⑻「家庭内のすべての家事を分担することは双方により仕事が増えることを意味するが，それはまたより多くの幸福感へとつながるかもしれない」 第7段より内容に一致しない。

⑼「この研究の結果は，関係性への満足と家事分担に関する一般的な想定とは一致していない」 研究結果からわかったのは，第2段第5文（A new study adds …）より，「もう一つ変数が加わった」ということであり，選択肢文にある conflict with ～「～には一致しない，不一致」ということではない。よって内容に一致しない。なお，「変数」とは，本文全体の内容から家事をきっちり2つに分ければよいというわけではなく，「家事に対する理解や責任の共有」のことである。

⑽「その研究ではあるやり方で家事を分割することで夫婦はより幸せに感じるようになると結論付けた」 第5段第1文（To be clear …）には「これらの結果は必ずしもある家事分配が夫婦を幸せにすることを意味していない」とあるので不一致。第6～9段にかけては「家事のすべてを理解し，お互いの仕事をやってみることで，相手やその仕事への理解がもっと深まる」ということが書かれており，さらに最終段最終文（Perhaps sharing more …）では，家事を分割するのではなく「家事を多く共有すればするほど家事への理解が深まる」という文で締め括っていることからも一致していないと判断できる。

6．全体として，ひとつひとつの家事を役割を決めないで一緒に分担することの重要性が示されていることより，⑵「家事の分割ではなく，家事の分担が幸福な関係をもたらす」が適切。

⑴「家事の分割が時とともにどのように変化していったか」

⑶「結婚，公正，そして家庭内での不平等な家事の負担」

⑷「家事を通してどのようにより平等なパートナー関係を追求するべきか」

⑸「家事を管理する場合，共感と妥協が必須である」

II 解答

1．(あ)―⑹　(い)―⑺　(う)―⑶　(え)―⑷

2．(a)―4　(b)―4　(c)―3　(d)―3

3．(A) protecting　(B) sitting　(C) makes　(D) found

4．(ア)―⑶　(イ)―⑷　(ウ)―⑴

5．人口において3.5パーセントの人々が関与すれば非暴力的抵抗運動は成功する可能性が高まること。

6．⑴―F　⑵―T　⑶―F　⑷―F　⑸―T　⑹―F　⑺―T　⑻―F　⑼―T

◆全　訳◆

≪環境活動家の抗議活動の正当性≫

今週，気候変動活動家がイギリスの石油供給を混乱させた。彼らは深刻な選択に直面していると信じているからである。今非暴力的抵抗をするか，将来の気候変動の想像を超える暴力を経験するかの選択である。

「法律を破る必要があるのです」とジャスト・ストップ・オイルのメリッサ=カリントンは言う。「だからより大きな犯罪は犯してはいないのです」しかし，彼女は正しいのだろうか？

いわゆる自由民主主義国家の中では，私たちは法に従うという元来の義務がある。それは道徳的な義務であると同時に法的義務でもある。それは私たちが選んだ政府との暗黙の契約の一部であり，政府は見返りに正義を守ることを私たちに提供する。しかし，政府がその取引の遵守すべきものを守らない場合，何が生じるのだろうか？

さて数多くの政治思想家によると，私たちはいくつかの法律を平和的に，公に，そして原則的に破ることができるばかりでなく，もしかすると破ったほうがよいのだ。何を目指して？　正義が実際に要求していることに，政策のほうを合わせるために，である。

ヘンリー=デビッド=ソローは，それを市民的不服従と命名した。あなたもそうだとわかるほどの重要な社会契約思想家であるジョン=ロールズは，そのような不服従が長期にわたる，深刻な不正を問題にしているかぎり，社会的安定と正義にとってはそのほうがよいのかもしれないと考えていた。そして一体，人々を殺すような産業を支持するほどの不正義が果たして存在するのだろうか？

私たちはここである程度は論争したくなるだろう。人以外の生物を守るということになると政府が十分には進歩的ではないという理由に基づき，市民的不服従は道徳的に問題ないと言えるものなのだろうか？　動物が畜産農場で虐待されるのを政府が許している，あるいは種の30パーセントが気候変動危機により全滅してしまうのを政府が許しているという理由で。ピーター=シンガーのような思想家はそのように考えている。私たちの仲間である動物たちは，民主的意思決定に参加することはできないが，政治的配慮を受ける資格があると，彼らは言う。

それほどは論争の的にはならないことだが，別の人々は，政府は主に政府の力が及ぶ範囲内で生活している人々に責任があるが，その政府は他の人々に対しても基本的正義を負っていると指摘する。政府はそういった人々を脳炎やデング熱に罹らせてはならないし，餓死させてはいけないのだ。

もし私たちが政府が自国民に対して何をするべきであり，何をすべきでないかだけを考えるとしても，不服従の根拠が存在している。気候変動危機は，私たちの子供や孫を熱波，洪水，山火事，言い表せないほどの精神的苦痛の脅威にさらすことになる。化石燃料を支持することで，私たちの政府は未来全体を危険にさらすことになる。もしそれが重大な不正義でないとすれば，一体何がそのようなもの（不正義）なのか私にはわからない。

そして環境保護に関わる抵抗が存在する。全般に及ぶ混乱を通して注意を引きつけるより，環境保護活動家は直接，不正義を防ぐことを目指す。「これは手あたり次第道路の中央に座って邪魔するようなことではありません」と，ジャスト・ストップ・オイル抗議活動に加わり逮捕された15歳の活動家であるザックは言う。「政府に言うばかりでなく『我々は北海での新たな石油とガスの採掘をしないことを要求している』のであり，この抗議では生産の装置類を止めようとしているのです」

それはよりよいことなのだろうか？　より悪いことなのだろうか？　哲学者のテン=ヘルン=ライとチョン=ミン=リムは，一般市民よりも石油やガスの大企業を不便にさらすほうがより正当であると考えている。なぜなら彼らがその害をもたらしている当事者だからである。あるいはそれについてこのように考えてみよう。もし環境活動家たちが国家が石油や天然ガスを採掘することを防ぐことに集中するならば，他のことも行うかもしれない。つまり政府の行き過ぎに異議を唱えることである。

「哲学者によっては領土の権利が地下の天然資源にまで及ぶべきかどうか疑問視しています」とシェフィールド大学上級講師メーガン=ブロムフィールドは言う。「それは誰かがそのような資源をそこに置くために何かをしたといったことではないからです。そしてその資源が乏しいか，あるいはその使用が他の人々を損ねかねない場所では，国家がそれに関してしたいことをする資格を疑問視するさらに別の道理が存在しています」

もちろん，疑問はまだ残る。この大規模な法律違反は最後の手段なのだろうか？　どうもそのようである。気候変動に関する政府間パネルは32

年前から警告を発し続けているのだが，国々の温室効果ガス排出削減の公約は地球温暖化を 1.5 度に制限するには足りていない。実際の政策では 2100 年までに恐ろしいことだが 2.7 度の上昇の道をたどってしまい，イギリスはその正当な分担を担う徴候を示していない。

そしてそれでうまくいくのだろうか？　もしその数が正しければそうかもしれない。「私たちは大規模な変化が達成される方法は，女性参政権運動や公民権運動のような大規模な社会的運動を通してであることを，歴史を通してわかっています」とザックは言う。

戦略を多様化させることは筋が通っている。まさに実力行使だけは誰をも排除せず，逮捕の危険を犯すことは，すでに警察の脅威を受ける側にいる人々ではなく相対的に特権を有する者たちにのみ実行可能な戦略である。また，成功する活動は，ロビー活動や投票に始まりストライキや正に市民的不服従までの一連の方法を利用するという証拠がある。

しかし，社会科学者であるマリア=ステファンとエリカ=チェノウェスは 1900 年から 2006 年の間の大きな抵抗運動を研究し，非暴力的なものは半数以上が成功したことがわかった（ところで，暴力的なものと比較するなら 2 倍以上になる）。成功への鍵は何か？　いわゆる「3.5 パーセント法則」である。なぜならそれは，関与する必要がある人口割合だからである。

そしてここに他に心に留めておくべきことがある。これらの運動はまた参加に関わる不正義に異議を唱える。そのような不正義では，最も危機的な人々が意思決定から除外されているのである。多くの気候変動抗議者は年齢が若すぎるために投票できない。彼らは自分たちの将来を決定する際，声（意見）が否定されている。一方，政治家たちは気候変動懐疑者や化石燃料大企業から多額の金額に相当する贈り物を受け取っている。市民的不服従を含め，抗議者たちは実力行使を通し自らの声を聞いてもらうことを要求しているのだ。

私たちがより以前の時代を画する社会的運動を振り返るように，未来の世代の人々がこの時代を振り返るとき，彼らは誰が正義と民主主義に対してより敬意を示したのかと問うだろう。私たちの非常に多くが混乱をもたらしていると思ってしまう活動家たちなのか，あるいは彼らが改革しようとしている政府だろうか。彼らの返答がどうなるか私たちにはわかると私は思っている。

◀解　説▶

1．(あ) wipe out ～「～を全滅させる，～を一掃する」 30％ of species が主語なので be wiped out になる。

(い) starve *A* to death「*A* を餓死させる」 to は「結果」を表す。

(う) to strikes and … の前置詞 to に注目する。from *A* to *B*「*A* から *B* まで，*A* に始まり *B* に至る」

(え) bear *A* in mind「*A* を心に留める，*A* を覚えておく」

2．(a) pivotal「中心的な，重要な」に最も意味が近いのは key「重要な，鍵となる」である。1．attractive「魅力的な」 2．difficult「困難な」 3．irrelevant「関係がない」

(b) controversial「論争の的となる，論争好きな」に最も意味が近いのは provocative「刺激的な，物議をかもす」である。1．easy「容易な」 2．equal「平等な」 3．insecure「不安定な」

(c) scarce「乏しい，まれな」に最も意味が近いのは limited「限定された，乏しい，制限された」である。1．abundant「豊富な」 2．available「利用できる」 4．vague「曖昧な」

(d) resort「①頼ること，訴えること，手段　②行楽地」 ここでは①の意味であり，option「選択（肢）」と置き換えても大意は変わらない。1．location「場所」 2．occasion「場合，出来事」 4．punishment「罰」

3．(A) when it comes to *doing*「～するということとなると」 空欄後の第6段第3文（Because they allow …）で，政府により動物が虐待されていることが理由として示されているので protecting（protect「～を保護する」）が適切。

(B) *A* isn't like *doing*「*A* は～するといったようなものではない」 like は前置詞。直前の第9段第2文（Rather than grabbing …）で，環境活動家の目的は全般的混乱ではなく直接的に不正を防ぐことだ，と述べられている。したがって熟語的表現の sit in the middle of（random）roads「（無作為的に）邪魔をする」が適切。

(C) It makes sense to *do*「～するのは筋が通る」 make sense「意味が通じる，筋が通る，理解できる」 第13段で，大規模な社会的運動によってしか変革が達成できないという歴史的事実が示されている。社会的運動とは様々な戦略をとるものである。

(D) S found that S V.「Sは～だとわかった」 主語は social scientist Maria Stephan and Erica Chenoweth である。

4．(ア)第8段第2文（The climate crisis …）に不服従活動をする根拠が示されているので，grounds（ground「①地面，土地　②理由，根拠」）が適切。ここでは②の意味。

(イ)空欄を含む because 以下の文の主語 they は oil and gas giants を指しており，石油やガスの巨大企業は地球温暖化を引き起こす当事者なので，harm「害，被害」が適切。(3) equity「公正，公平」

(ウ)第16段第3文（Many climate protesters …）に，多くの気候変動抗議者は年齢的に選挙権が与えられていないことが示されているので，are excluded from ～「～から除外されている」が適切。(2) are incorporated into ～「～に組み込まれている」 (3) are participating in ～「～に参加している」 (4) are reduced from ～「～から削減されている」

5．まず下線部直後の because 以下に述べられている内容を整理する。get involved「関わる，関与する」 次に rule「規則」ということなので，直前の文の success が非暴力的抵抗運動の成功であることを示し全体をまとめる。

6．(1)「不服従は国の規則に従うことの見返りに政府からもらう報酬のことである」 disobedience は「不従順，反抗，違反」を意味する。本文では第4・5段より disobedience は「法律に従わないこと，法律違反」を暗に示している。よって内容に一致しない。

(2)「市民的不服従のような実力行使を伴う法律違反は変えられるべき政策分野を強調するのに役立つ」 第4段第2・3文（The aim? … justice actually requires.）および第5段第2文（John Rawls, as …）より内容に一致。

(3)「市民的不服従は今までに成功した実力行使の方法ではない」 第13段最終文（“We've seen through …）より内容に一致しない。

(4)やや難。「市民的不服従といった実力行使は，大人に比べると抗議する特権を有しているから十代の若者にとって惹かれるものがある」 若者が市民的不服従活動に惹かれるのは，第16段第3～5文（Many climate protesters … to be heard.）より，選挙権が与えられていない若者は不服従を実際に示すことで意見を聞いてもらう必要があるからであって，抗議する特権を有しているからではない。よって内容に一致していない。ここでは抗議する特権を持っているのは選挙権のある大人である。

⑸「気候変動に疑念を抱く人々は，意見を聞いてもらうために政治家に金銭を与えるかもしれない」 第16段第4文（They are denied …）より内容に一致。

⑹「動物は投票することはできないが，市民的不服従に関わることはできる」 第6段最終文（Our fellow animals …）に「動物は民主的意思決定には参加できない（選挙権はない）が，政治的考慮をされる資格はある」と記されてはいるが，それは市民的不服従に参加できるという意味ではない。市民的不服従はあくまで人間の活動であるので不一致。

⑺やや難。「石油に対する抗議者を逮捕することにより，政府は大企業を過度に支持していることが暴露されるかもしれない」 まず第8段第3文（By supporting the …）より，政府が石油産業を支持しているのは事実であることがわかる。これは未来の世代を危険にさらす行為である。つまり，活動家にとっては，石油採掘を阻止する行為は正義であることになる。抗議者を逮捕するという行動をとれば，本来，正義を保護しなければならない政府（第3段第3文〈It's part of …〉より）が，正義よりも企業を優先しているということになり，そのような政府の姿勢が暴露されることになる。よって内容に一致していると推定できる。

⑻「研究では非暴力的抗議は暴力的抗議と比べ半分の効果であることを示してきた」 第15段第1・2文（But social scientists … the violent ones.）より内容に一致しない。

⑼「その活動は妨害行為となるかもしれないが，政府の行動は私たちの生活をもっと混乱させる可能性がある」 まず第1・2段の記述より「政府の行動」という点以外は内容に一致すると推定できる。政府に関しては第3段最終文（But what happens …）の「政府がその取引の遵守すべきものを守らない場合，何が生じるのだろうか？」という問いに，第8段や第12段で政府の行動により将来が危うくなるようなことがほのめかされている。よって，全体として内容に一致している。

(1)―C　(2)―A　(3)―C　(4)―D　(5)―A　(6)―A
(7)―C　(8)―D　(9)―A　(10)―D　(11)―B　(12)―A
(13)―D　(14)―D　(15)―C

◆全　訳◆

≪映画「ボーイフッド」より父親と子供の会話≫

映画「ボーイフッド」(2014年) からのこの場面は2004年のことである。メイソンとサマンサという2人の少年少女が父親と話をしている。彼らの両親は離婚しており彼らは母親と生活している。したがって，彼らは父親とはそれほど会っていない。彼らは，ジョン=ケリーがジョージ=W.ブッシュと争っていた2004年のアメリカ大統領選について，また，父親がアラスカで生活していた頃について話をしている。

父親　：メイソン，今度の秋は誰に投票するつもりだい？
メイソン：わからないよ。
サマンサ：彼は投票できないわ。18歳ではないもの。
父親　：ああ，そうだな。もし投票できるなら誰に投票する？
メイソン：ジョン=ケリーかな？
父親　：ブッシュ以外なら誰でもいい！　そうかな？
サマンサ：お父さん，家に帰ってくるつもりなの？
父親　：ああ，そうするつもりだ。つまり，仕事を見つけなければいけないんだ。
メイソン：お父さんとお母さんはまた一緒になるの？
父親　：わからないな。それは私次第というわけではないだろう？
サマンサ：私が6歳だったときを覚えているわ。お父さんとお母さんは狂ったようにけんかしていたわ。お父さんは大声で叫んで，お母さんは泣いていたわ。
父親　：それがおまえが覚えていることなんだね？
サマンサ：そうよ。
父親　：海辺に旅行に行ったり，キャンプに行ったり，私たちがした楽しかったことすべてを覚えていないのかな？
サマンサ：覚えてないわ。
父親　：おまえはお母さんのことを怒ることはあるかい？
サマンサ：あるわ。

父親　　：おまえは弟のことを怒ることはあるかい？
サマンサ：あるわ。
父親　　：そうか。彼に大声を出すことは？
サマンサ：ええ，あるわ。
父親　　：そうか。だからといって彼を愛していないというわけではないだろう？
サマンサ：うーん…。
父親　　：いいかい，大人になると同じことが起きるんだよ，わかるかい？　つまり，他の人に怒ってしまう。それは大したことではないんだ。
メイソン：アラスカでは何をしていたの？　仕事はしていたの？
父親　　：しばらくの間はボートに乗って仕事をしていたよ。少し曲も作っていた。
メイソン：シロクマを見たことあるの？
父親　　：ないけど，コディアックベアは見たよ。ものすごく大きかったよ。
メイソン：すごいね。
父親　　：君たちは私と前よりずっと会えるようになるよ。いいかい？私はここにいない間，君たち2人に会いたくて仕方なかった。いいね？　君たちにはそのことをわかってもらいたいんだ。私はただ自分だけの時間が必要だったんだ。
サマンサ：ああ，お父さん！　バスケットボールの写真を見せるのを忘れていたわ。
父親　　：君はバスケットボールチームに入っているの？
サマンサ：そうなの！
父親　　：わあ！　すごいね！　得点を入れているのかい？
サマンサ：そうね，大体1試合で8点とか10点程度ね。
父親　　：8点とか10点？　それはすごいね！
メイソン：一度無得点だったんだけど，泣いていたよ。
父親　　：君が泣いたって？
サマンサ：そうね，ちょっとだけだけど。

◀解　説▶

⑴助動詞 would の存在より，仮定法過去（If S V〈過去形〉, S would *do*「もし～すれば，…するだろう」）であることがわかるので，could が適切。

⑵ move back home「家（故郷，自国）に戻る」 back，home ともに副詞。

⑶ be up to ～「～（人）の責任で，～次第で」

⑷ and の前が過去進行形になっていることに留意し，crying が適切。

⑸会話の流れより過去の経験であることがわかるので，had が適切。

⑹ yell at ～「～めがけて叫ぶ」

⑺会話の流れより，怒ったり叫んだりするときと同じ現在の心境なので，現在形 don't love が適切。

⑻まず文法的にA，Cは除外。主語が the same thing であることと内容は過去のことではなく現在の事実なので現在形 happens が適切。

⑼ It's not a big deal.「大したことではない」 口語表現。

⑽会話の流れより過去の話であり，were があるので過去進行形となり working が適切。

⑾ for a while「しばらくの間」

⑿ tried to *do*「～しようとした」 困難を含意している。

⒀ take some time「時間を必要とする」 物語の流れを想像すると，離婚した両親がよりを戻すかどうかという文脈なので，離れてアラスカに住んでいた時間については「自分のためにも時間をおく必要があった」「自分だけの時間が必要だった」と考えているという流れ。

⒁ point「得点」は可算名詞なので複数形。この会話では You are scoring … の are が脱落している。

⒂ a little bit「ほんの少し」 全体で名詞的もしくは副詞的に使う。

❖講　評

2023年度は大問の出題数が全部で3題，内訳は読解問題2題，会話文問題1題である。

Iは，夫婦間での家事の分担のあり方と幸福度の関係性に関する文章である。share と divide の単語イメージが混乱しないように注意したい。

設問は同意表現，空所補充，語句整序，内容説明，内容真偽，主題など総合的英語力を問う形式である。

Ⅱは，一般的な視点からだと許容しにくい環境活動家の抗議活動に対し，その活動の妥当性を論じる文章からの出題で，かなり哲学的な内容である。設問に関してはⅠと同様に総合力を問う形式だが，内容真偽が問われる6の(4)・(7)は判定がやや難しい。

Ⅲは出典が映画のスクリプトである会話文問題である。基本文法，熟語の知識が問われている。

日本史

I 解答

問1．神道　問2．本居宣長　問3．万国公法
問4．安愚楽鍋　問5．政体書　問6．文字
問7．言語
問8．国学では，外来語の中国語が日本語より優れた言語と考える儒学の発想とは異なり，日本語の価値と文法法則を重視した。西周は表音文字のアルファベットが日本語に近いと考え，文法法則を理解した上で日本語のローマ字表記を提案した。文法解明に基づき日本語の文明化を目指す点において，西周の価値観は国学と共通していた。(150 字以内)

◀解　説▶

≪近世後期～近代初期の言語と思想≫

問1．史料Aの歌をよんだ橘曙覧という人物は，鈴屋大人（本居宣長）の考えに影響を受けていると考えれば，国学を学んでいると推測できる。（注2）を見ると橘曙覧は江戸時代末期の人物であり，この時期の国学が復古神道を創始した平田篤胤の影響で宗教色を強めていると考えれば，「神の教へ」とは神道を指すとわかる。
問3．軍人勅諭の起草で知られる人物とは西周である。西周はオランダに留学して国際法を学び，1868 年に『万国公法』を翻訳・刊行した。
問5．アメリカ合衆国憲法を参考にしつつ，政治の基本的組織を規定した法は政体書である。太政官を復活して権力を集中し，三権分立制や官吏公選制を規定した。
問6．空欄1が含まれる文の次の文は，「そもそもわが国の文字は，古代の偉大な王が中国から取り入れたのが始まりで，その頃は，文献もみな中国から取り入れた。いまや世の中の変化に遭遇して，文献はすでにヨーロッパから取り入れるようになったのだから，文字もまたヨーロッパのものを取り入れないわけにはいかないだろう」という意味であり，この内容から空欄には「文字」が入ると判断する。
問7．空欄2が含まれる文の前の文は，「人民の言語は天性に基づくものであり，言語は風土・寒暖・人種に由来し，これらが組み合わさって生じ

るものであって，決して変更できない」という意味であり，この内容から空欄には「言語」が入ると判断する。

問8．史料Aと史料Bの価値観に共通点を見出すことが求められている。史料Aの橘曙覧の歌には国学の影響が見てとれる。問6・問7で確認したように史料Bは文字と言語について述べているので，国学における文字と言語の認識について考える。中国語は他の言語とは異なる文明的な言語と考える儒学の発想に対し，本居宣長は日本語の中に文法法則を発見した。史料Bは『明六雑誌』第一号の巻頭を飾った西周の論文で，「洋字ヲ以テ国語ヲ書スルノ論」という題である。日本語の文章をすべてローマ字で表記すべきと提案しており，現代人には浅薄な主張と思われることがあるが，西周の発想には江戸時代からの言語論の蓄積が反映されている。ヨーロッパの文明の根本には精密な言語の存在があると考え，言語の文法法則を解明・理解しようとした。その結果，オランダ語は表音文字を使用し，語形変化が存在する点では，中国語よりも日本語に近いと認識した。西周はこのような認識の下に，西洋語モデルの文法の構築によって，日本語の文明化を目指した。

以上の内容から，史料Aと史料Bの価値観の共通点を見出して150字以内でまとめる。史料Aを理解するためには国学の考え方をしっかり認識できていなければならず，史料Bは読解して西周の主張を理解しなければならないので，かなりの難問と言えるだろう。

II 解答

問1．D　問2．D　問3．C　問4．D　問5．B
問6．A　問7．D　問8．E　問9．（設問省略）
問10．E

◀解　説▶

≪江戸時代の幕政改革と社会の変容≫

問1．D．正文。田畑の面積は，江戸時代初めは164万町歩であったが，18世紀初めには297万町歩にまで増えていた。

A．誤文。千石簁は選別用の農具である。脱穀用の農具としては千歯扱が考案された。

B．誤文。干鰯・〆粕・ぬかなどは金肥として普及した。

C．誤文。19世紀に入ると地域の実情に応じた農書が多数つくられ，その時期に大蔵永常の『広益国産考』も刊行された。

E．誤文。農事試験場を設けて稲などの品種改良を進めたのは明治時代である。

問2．D．正文。河村瑞賢が17世紀後半に東廻り海運・西廻り海運を整備し，江戸と大坂を中心とする全国規模の海上交通網を完成させた。

A．誤文。五街道は道中奉行が管理した。

B．誤文。乗合馬車が発達したのは幕末～明治期。

C．誤文。民間営業の飛脚は町飛脚であり，継飛脚は幕府公用の飛脚である。

E．誤文。速力があり安運賃の樽廻船が，近世後期に菱垣廻船を圧倒するようになった。

問3．C．正文。紀伊国屋文左衛門は紀伊国熊野出身の豪商で，紀伊国のみかんを江戸へ回送して利益をあげ，明暦の大火の際には木曽の材木を買い占めるなどして材木商として財をなした。

A．誤文。二十四組問屋は大坂の荷積問屋の仲間である。

B．誤文。越後屋呉服店は三井高利が江戸に開いた呉服店である。

D．誤文。労働者が1カ所に集まり，分業に基づく協業で手工業生産を行う仕組みは，工場制手工業と呼ばれる。

E．誤文。雑喉場の魚市場，天満の青物市場などが有名である。

問4．D．正文。享保の改革で実施された足高の制の説明である。徳川吉宗は足高の制によって人材登用と支出抑制を図った。

A．誤文。徳川吉宗は，綱吉・家宣・家継3代にわたって続いた側用人政治から，幕府本来のあり方である老中政治に戻す姿勢を示した。

B．誤文。実学奨励の立場から，キリスト教関係以外の漢訳洋書の輸入制限をゆるめた。

C．誤文。公事方御定書を編纂して裁判や刑罰の基準を定めた。

E．誤文。上げ米では石高1万石につき100石を上納させた。

問5．B．正文。嘉助騒動は1686年に信濃松本藩で224カ村が参加した一揆である。元文一揆は1738年に陸奥磐城平藩領内で起こった全藩一揆である。

A．誤文。百姓一揆の発生件数は19世紀にピークを迎える。

C．誤文。村々の代表者が百姓の利害を代表して領主に直訴する一揆は，代表越訴型一揆と呼ばれる。

D．誤文。合法的な農民の訴願闘争は，国訴と呼ばれる。

E．誤文。磔茂左衛門一揆は，代表越訴型一揆の例である。

問 6．A．正文。荷田春満は国学の先駆者であり，『万葉集』や記紀を研究して古道の解明を試みた。また，『創学校啓』を著し，国学の学校創設の必要性を幕府に建議している。

B．誤文。賀茂真淵は『国意考』『万葉考』などを著した。『万葉集註釈』は鎌倉時代に仙覚が著した。

C．誤文。『源氏物語湖月抄』を著したのは北村季吟である。

D．誤文。塙保己一は『群書類従』を編纂した。『類聚国史』は菅原道真が六国史を分類し，年代順に再編集したものである。

E．誤文。『比古婆衣』を著したのは伴信友である。

問 7．D．正文。寛政の改革の時期に，石川島に人足寄場をつくって無宿人を収容した。1790 年に，火付盗賊改の長谷川平蔵の建議により設置されている。

A．誤文。閑院宮家の創設は，新井白石・間部詮房を中心とする正徳の治の時期に認められた。

B．誤文。印旛沼・手賀沼の干拓による新田開発政策は，田沼政治の時期に計画された。

C．誤文。長崎貿易の額は，正徳の治の時期に海舶互市新例が出されたことで制限された。

E．誤文。最上徳内を蝦夷地に派遣したのは，田沼政治の時期である。

問 8．E．正文。朝鮮通信使との国書の交換は，最後となった 12 回目の使節（1811 年）のときのみ対馬で行われ，それ以外は江戸で行われた。

A．誤文。イギリスの軍艦フェートン号はオランダ船を捕獲するために長崎湾内に侵入した。

B．誤文。ビッドルは浦賀に来航した。

C．誤文。19 世紀前半に幕府が治安維持を強化するために設けたのは関東取締出役である。蕃書調所は洋学教育研究機関である。

D．誤文。貧民救済を目指して大坂で武装蜂起したのは陽明学者の大塩平八郎である。国学者の生田万は越後国柏崎で蜂起した。

III 解答

問1．D（Bも可）※　問2．A　問3．D　問4．B　問5．C　問6．A　問7．B　問8．A　問9．C
問10．A

※問1については，正解が複数存在することから，正解を複数とする措置が取られたことが大学から公表されている。

◀解　説▶

≪大正～昭和初期の日本の外交≫

問1．D．正文。日英同盟では，日本が清と韓国にもつ利益と，イギリスが清にもつ利益を相互に承認した。

B．正文。一方が他の一国（ロシアを想定）と交戦した場合には他方は中立を守ることが定められたが，第三国がその他国の側に立って介入したときは参戦する，という内容であった。

A．誤文。ロシアの南下策に対抗する目的があった。

C．誤文。日本政府内ではロシアとの満韓交換を交渉で行おうとする日露協商論があった。

E．誤文。日露戦争後，日露協約によって日露両国の満州および内蒙古における勢力圏が確認された。

問2．A．正解。日本農民組合は1922年に賀川豊彦・杉山元治郎らが創立した。

B．誤り。黎明会は吉野作造らの提唱で発足した。

C．誤り。日本共産党は堺利彦・山川均らが非合法に結成した。

D．誤り。幸徳秋水らが社会民主党を結成したのは1901年であり，明治時代である。

E．誤り。青鞜社は平塚らいてうを中心に結成された。

問3．D．正文。国際労働機関（ILO）は，労働者保護のための社会政策を提言するため，ヴェルサイユ条約の規定に基づいて1919年に発足した。

A．誤文。会議で日本が人種差別撤廃案を主張したが，条約案に入らなかった。

B．誤文。ベルギーは1830年に独立を達成している。

C．誤文。日本への譲渡が取り決められたのは山東省の旧ドイツ権益である。

E．誤文。中国はヴェルサイユ条約の調印を拒否した。

問5．C．正解。1917 年にアメリカと日本との間で石井・ランシング協定が結ばれ，中国における日本の特殊権益をアメリカが認めるかわりに，日本は中国における領土保全・門戸開放の原則を受け入れた。

問6．A．正文。原敬内閣が朝鮮総督と台湾総督について文官の就任を認める官制改正を行い，朝鮮総督には海軍軍人の斎藤実が，台湾総督には文官の田健治郎が任命された。また，朝鮮における憲兵警察を廃止した。

B．誤文。義兵運動が本格化するのは 1907 年の第 3 次日韓協約後であり，明治時代である。

C．誤文。義和団事件が起きたのは 1900 年であり，明治時代である。

D．誤文。東学の信徒を中心とする農民反乱（甲午農民戦争）が起きたのは 1894 年であり，明治時代である。

E．誤文。在華紡のストライキを発端として始まったのは 1925 年の五・三〇事件である。

問7．B．正文。ワシントン会議の場を借りて，英米の仲介に基づいて日中間の交渉が行われ，山東半島の旧ドイツ権益を中国へ返還する条約が結ばれた。

A．誤文。四カ国条約は米・英・日・仏の間で結ばれた。

C．誤文。四カ国条約により日英同盟協約の終了が同意された。

D．誤文。ワシントン海軍軍縮条約により，日本の主力艦の保有量は対米 6 割に制限された。

E．誤文。ワシントン会議には加藤友三郎・幣原喜重郎らが全権として派遣された。西園寺公望・牧野伸顕らが全権として派遣されたのはパリ講和会議である。

問8．A．正文。小山内薫・土方与志は 1924 年に築地小劇場を創設した。「演劇の実験室」として国内外の戯曲を上演し，新劇運動の拠点となった。

B．誤文。大学令の制定により，単科大学や公立・私立大学の設置が認められた。

C．誤文。政治評論中心の大新聞は明治時代初期に相次いで創刊され，自由民権運動に影響を与えた。

D．誤文。西田幾多郎は『善の研究』において，東洋の伝統的思考をもとに西洋哲学を再検討した。マルクス主義が知識人へ与えた影響としては，河上肇の『貧乏物語』が代表的な例である。

E．誤文。『赤い鳥』は児童雑誌である。プロレタリア文学運動の機関誌としては『種蒔く人』がある。

問9．C．正文。蔣介石率いる国民革命軍が北伐を開始したのは1926年である。

A．誤文。北京郊外の盧溝橋で日中両国軍が衝突したのは1937年である。

B．誤文。張作霖は中国国民党ではなく，北方軍閥の巨頭である。

D．誤文。関東軍が柳条湖で南満州鉄道の線路を爆破したのは1931年である。

E．誤文。中国国民党を結成したのは袁世凱ではなく，孫文である。

問10．A．正文。1932年の血盟団事件によって，前蔵相の井上準之助，三井合名理事長の団琢磨が暗殺された。

B．誤文。五・一五事件では犬養毅首相が射殺された。

C．誤文。二・二六事件では皇道派の青年将校たちが首相官邸や警視庁などを襲った。

D．誤文。浜口雄幸首相を狙撃したのは佐郷屋留雄である。

E．誤文。原敬首相を暗殺したのは中岡艮一である。

Ⅳ 解答

問1．C　問2．D　問3．E　問4．A　問5．D
問6．C　問7．A　問8．C　問9．B　問10．E

◀解　説▶

≪明治維新期と高度経済成長期の社会変動≫

問1．C．正文。屯田兵は北海道の警備・開拓にあたった農兵である。黒田清隆の建議で1874年に制定され，士族授産を兼ねて初めは東北諸藩の困窮士族を移住させた。

A．誤文。徴兵令により満20歳以上の男性に兵役の義務を課したが，多くの免役規定があったので，実際に兵役に服したのは貧農の次男以下が多かった。

B．誤文。1871年に解放令が公布され，えた・非人の呼称を廃止して，身分・職業を平民同様とした。

D．誤文。平民について，苗字を許し，居住・職業・通婚の自由を認めた。

E．誤文。商業に従事した士族の多くは「士族の商法」と言われ失敗した。

問2．D．正文。アメリカの動物学者であるモースは1877年に来日し，ダーウィンの進化論を紹介し，大森貝塚を発見したことなどで知られる。

A．誤文。イギリス人建築家のコンドルは，鹿鳴館・ニコライ堂などの設計で知られる。上野恩賜公園や日比谷公園には関わっていない。

B．誤文。アメリカの科学者・教育者であったクラークは，札幌農学校の教頭となり，キリスト教精神に基づく教育で学生に影響を与えた。労務管理などは指導していない。

C．誤文。アメリカの教育者・宣教師であったジェーンズは，熊本洋学校の教頭となり，キリスト教精神に基づく教育で学生に影響を与えた。

E．誤文。ドイツ人医師のホフマンは，大学東校（のちに東京医学校と改称）の医学教師として招かれて来日し，内科を担当した。

問３．E．正文。1882 年に福地源一郎らによって結成された立憲帝政党は，保守層を基盤とし政府の保護を得たが，支持を拡大させることはできず，1883 年に解党した。

A．誤文。征韓党などが江藤新平を擁して佐賀の乱を起こした。

B．誤文。1882 年に政府は板垣退助を洋行させて穏健化しようと工作し，三井から費用を出させて板垣と後藤象二郎を洋行させた。この時期の板垣は福島事件や秩父事件を直接指導するような行動はとっていない。

C．誤文。立憲改進党を組織したのは大隈重信である。

D．誤文。ルソーの『社会契約論』を翻訳したのは中江兆民である。

問４．A．正文。第一次護憲運動から男性普通選挙制の成立までの時期は大正時代であり，北里柴三郎が北里研究所を設立したのも大正時代である。

B．誤文。火野葦平は日中戦争に従軍し，『麦と兵隊』を執筆した。

C．誤文。与謝野晶子の「君死にたまふこと勿れ」は日露戦争に反対する詩である。

D．誤文。徳冨蘆花の『不如帰』は明治時代の小説である。

E．誤文。新島襄が京都で同志社英学校を設立したのは明治時代初期である。

問６．C．正解。紡績業では，大阪紡績会社の成功後，中国・インド・アメリカからの輸入綿花への依存を強めつつ綿糸生産が伸び続けた。製糸業は開港後に最大の輸出産業として成長し，フランス・アメリカなどへの輸出が伸び続けた。特に，日露戦争後はアメリカ向け輸出が伸び，1909 年に清を追い越して日本が世界最大の生糸輸出国となった。

問７．A．正文。八幡製鉄と富士製鉄が合併して新日本製鉄が誕生したのは 1970 年であり，高度経済成長の時期にあたる。

B．誤文。都市の住宅難は解消されずアパートが増加したが，不足を補うために郊外に団地・ニュータウンが建設されていった。

C．誤文。産業構造が高度化したことにより，農業などの第一次産業の比率は下がった。

D．誤文。日本経済は復興から技術革新による経済成長へと舵を切り，技術革新は中小企業にも波及した。

E．誤文。エネルギー源として安価な輸入石油が主流を占めるようになり，発電は火力が主体であった。

問８．C．正文。野口遵は日本窒素肥料会社を中心に，新興財閥である日窒コンツェルンを形成した。朝鮮の水力発電開発・化学工業開発などを行った。

A．誤文。鮎川義介は日本産業会社を中心に，新興財閥である日産コンツェルンを形成した。満州で重化学工業開発などを行った。

B．誤文。森矗昶は昭和肥料会社より出発し，森興業を中心に森コンツェルンを形成した。1939 年に昭和電工を設立している。

D．誤文。安田善次郎は安田財閥を形成した。安田善次郎が経営の一線から退いた後，婿養子の安田善三郎が財閥を指導した。

E．誤文。大河内正敏が理化学研究所の基礎研究を応用し，理研コンツェルンを形成した。

問９．B．正文。安価な原油の安定的な供給は高度経済成長を支えていたが，石油危機を契機にエネルギーにおける石油の比率が低下し，天然ガスや原子力発電の比重が高まった。

A．誤文。湯川秀樹はノーベル物理学賞を受賞した。

C．誤文。1955 年に日米原子力協定を締結し，アメリカからの濃縮ウラン受け入れを決定しているが，ソ連とは同様の協定を締結していない。

D．誤文。民主党の菅直人内閣のときに東日本大震災と東京電力福島第一原子力発電所事故が起こり，その対応などをめぐって菅内閣は政権運営に行き詰まった。

E．誤文。1963 年，茨城県東海村の日本原子力研究所で日本初の原子力発電に成功した。

問 10．E．正解。京都議定書の採択は 1997 年であり，第 2 次橋本龍太郎内閣の時期である。消費税は竹下登内閣によって税率 3％で実施され，第 2 次橋本龍太郎内閣が税率 5％実施，第 2 次安倍晋三内閣が税率 8％実施，第 4 次安倍晋三内閣が税率 10％実施と推移している。

❖講　評

大問数は 4 題であった。2021 年度は大問 5 題であったが，2022 年度以降は大問 4 題に戻っている。解答個数は 2022 年度と変わらず 38 問だった。選択問題が 30 問，記述問題が 7 問，論述問題が 1 問となっている。2022 年度は年代配列問題が 1 問出題されたが，2023 年度は出題されなかった。文章選択問題は例年通りすべて正文選択問題であった。

難易度はやや難化した。Ⅰの史料読解と論述問題は時間がかかった受験生が多かっただろう。

Ⅰが近世～近代の文化，Ⅱが近世の政治・社会経済，Ⅲが近代の外交・政治，Ⅳが近現代の社会経済・政治・文化となっている。時代別では，近現代の割合が大きい。2022・2023 年度は古代からの出題がなく，2023 年度は中世からの出題もなかったが，2021 年度は出題されているので，全時代の学習をしっかりしておきたい。分野別では，政治史・外交史・社会経済史・文化史から幅広く出題されている。

Ⅰは「独楽吟」『明六雑誌』という 2 つの史料を読んで，文字や言葉に関する設問に答えることが求められた。問 6・問 7 と問 8 の論述問題は，2 つの史料を読解し，理解していなければ解答できない。特に史料Bの『明六雑誌』は読解に時間がかかっただろう。

Ⅱは江戸時代の幕政の改革と社会の変容について出題された。問 3 の紀伊国屋文左衛門，問 5 の嘉助騒動・元文一揆はやや詳細な知識だが，消去法で解答は可能である。

Ⅲは大正～昭和初期の日本の外交をテーマとして出題された。問 3 では選択肢の中に世界史の知識を必要とするものがあった。

Ⅳは明治維新期と高度経済成長期の社会変動をテーマとして出題された。問 2 ではやや詳細な知識がなければ判断が難しいものが選択肢の中にあった。

一部の選択問題では詳細な内容が問われる場合があるが，問題の多くは教科書の内容を基礎として出題されている。教科書の範囲内で解ける問題を取りこぼさないように学習することを心がけたい。

世界史

I 解答

ア．ダレイオス１世　イ．テーベ
ウ．ユスティニアヌス１世（大帝）　エ．クリミア
オ．ベルリン
設問１．B　設問２．C　設問３．B　設問４．D　設問５．D

◀解　説▶

≪帝国への野望と挫折の歴史≫

イ．テーベはギリシア中部に位置するポリスで，レオクトラの戦い（前371年）でスパルタを破り，一時ギリシアの覇権を握った。その後，アテネと結び，マケドニア国王フィリッポス２世とのカイロネイアの戦いに臨んだが敗北した（前338年）。

ウ．ユスティニアヌス１世（位527～565年）はヴァンダル王国・東ゴート王国を滅ぼして地中海沿岸一帯を回復する一方，内政面では『ローマ法大全』の編纂やハギア=ソフィア聖堂の建立のほか，養蚕技術の導入によって絹織物業の基礎を確立するなど，ビザンツ帝国の盛期を築いた。

オ．ロシア=トルコ（露土）戦争（1877～78年）の講和条約であるサン=ステファノ条約でロシアが南下政策を実現させるとイギリス・オーストリアが反発し，国際危機が高まった。そこで，ドイツのビスマルクが「誠実な仲買人（公正な仲介人）」と称してベルリン会議を開催し，サン=ステファノ条約は破棄され，新たにベルリン条約が結ばれた（1878年）。

設問１．A．誤文。アッティカ地方に建設され，前６世紀初頭にソロンの改革が行われたのはアテネ。スパルタはペロポネソス半島南部に位置するポリスである。

C．誤文。アテネは前５世紀中頃，ペリクレスの指導のもとで民主政を完成させた。ペイシストラトスは前６世紀の僭主。

D．誤文。ヘロドトスの『歴史』はペルシア戦争（前500～前449年）を主題とした物語的な歴史書。ペロポネソス戦争（前431～前404年）を史料批判に基づいて叙述したのはトゥキディデスの『歴史』である。

設問２．A．誤文。徴税請負人として富を蓄積した新興の富裕市民は騎士

（エクイテス）。パトリキは血統を誇る貴族である。

B．誤文。前 367 年，公有地の占有を制限する法律を提案・可決したのは護民官のリキニウスとセクスティウス（リキニウス=セクスティウス法）。ティベリウス=グラックスは公有地を制限して自作農の復活を企図したグラックス兄弟の兄で，前 133 年，護民官として改革を試みたが元老院の保守派に暗殺された。

D．誤文。ローマの地中海制覇を完成させ，元老院からアウグストゥスの称号を与えられたのはカエサルの養子オクタウィアヌスである（前 27 年）。

設問 3．A．誤文。アレクサンドル 2 世（位 1855～81 年）は 1861 年に農奴解放令を発して農奴に人格的自由を認めたが，土地分与は有償であった。

C．誤文。「ナロードニキ（人民主義者）」運動はツァーリズムや農奴制を批判した知識人階級（インテリゲンツィア）によって組織された。

D．誤文。デカブリストの乱（1825 年）を鎮圧し，ポーランドを抑圧するなど反動政治を展開したのはニコライ 1 世（位 1825～55 年）。

設問 4．D．康熙帝は 1883 年，反清運動を展開する鄭氏一族を降伏させ，台湾を征服した。

設問 5．A．誤文。第一次世界大戦において，第 2 インターナショナルに参加する各国社会主義政党は自国の戦争政策を支持した。

B．誤文。フランスが西アフリカ・サハラ地域と連結させようとしたのはジブチ。

C．誤文。1932 年 11 月の総選挙でナチ党は第 1 党となったが，過半数の議席を獲得していない。

Ⅱ　解答

ア．ファーティマ　イ．アズハル学院

設問 1．B　設問 2．A　設問 3．B　設問 4．C

設問 5．C　設問 6．D　設問 7．イブン=ルシュド〔アヴェロエス〕

設問 8．ダウ船

◀解　説▶

≪中世の地中海世界≫

ア．ファーティマ朝（909～1171 年）はシーア派の 1 分派イスマーイール派が北アフリカに建てた王朝で，アッバース朝に対抗して建国時よりカリフの称号を用いた。ファーティマの君主は，第 4 代カリフのアリーを父，ムハンマドの娘の名ファーティマを母とするものの子孫であると称した。

設問1．A．誤文。辺境地域の司令官に地方の管理を一任したのは軍管区（テマ）制で，兵士に一定の土地を保有させる屯田兵制が併用された。

C．誤文。コンスタンティノープルを占領してラテン帝国（1204～61年）を建てたのは第4回十字軍。

D．誤文。マケドニア朝（867～1056年）時代に併合したのは第1次ブルガリア帝国である（1018年）。

設問2．B．誤文。メディチ家はフィレンツェの大商人。

C．誤文。フランスではフランソワ1世（位1515～47年）がレオナルド=ダ=ヴィンチを招くなど，ルネサンスを積極的に導入した。

D．誤文。エラスムスは宗教改革には批判的であり，ルターとも論争した。

設問4．A．誤文。カール大帝死後，その領土はすべて息子のルートヴィヒ1世（位814～840年）に継承された。

B．誤文。ロタール1世はヴェルダン条約（843年）で中部フランクを領有し，彼の死後，メルセン条約（870年）で中部フランクの東半分が東フランク，西半分が西フランクに分割された。

D．誤文。カペー朝（987～1328年）は，初め王権が弱体で各地に諸侯が分立した。

設問5．A．誤文。フィレンツェは領主から自立し，周辺の農村も支配するコムーネ（自由都市）であった。イタリア中部トスカナ地方の中心都市で12世紀にコムーネを形成し，13世紀に金融業や毛織物業で繁栄，15世紀にはルネサンスの中心地となった。なお，司教座都市としてはライン川流域のケルン・マインツやドナウ川流域のアウクスブルクなどをあげることができる。

B．誤文。北ドイツでリューベックを盟主として結成されたのはハンザ同盟。ロンバルディア同盟は北イタリアの諸都市が結成した同盟で，中核都市はミラノである。

D．誤文。同職ギルドの正式な構成員は親方。親方の下で修業する徒弟は構成員ではない。

設問6．A．誤文。ポルトガル王国はカスティリャから独立して成立した（1143年）。

B．誤文。アルハンブラ宮殿はナスル朝（1232～1492年）がグラナダに建設した建造物である。

C．誤文。スペイン王国は，カスティリャ女王イサベルとアラゴン王子フェルナンドが結婚し（1469年），その後，両国が合併して成立した（1479年）。

設問7．イブン=ルシュド（ラテン名：アヴェロエス）は12世紀，ムワッヒド朝に仕えた哲学者・医学者。

III 解答

ア．鄭和　イ．マタラム　ウ．ラッフルズ

設問1．A　設問2．強制栽培制度　設問3．C

設問4．A　設問5．A　設問6．ラーマ5世〔チュラロンコン〕

設問7．D

◀解　説▶

≪東南アジアの歴史≫

ア．鄭和は明代，永楽帝の命を受けて7回に及ぶ南海遠征（1405～33年）を指揮したイスラーム教徒の宦官。

イ．マタラム王国（1582年頃～1755年）はジャワ島の中・東部を支配したイスラーム国家。農業と交易で17世紀前半に最盛期を迎えたが，同世紀後半から内紛が続き，オランダの侵略を受けた。

ウ．やや難。ラッフルズはシンガポールをジョホール王から獲得し（1819年），この地の植民地化に尽力した。

設問1．B．誤文。チャンパー（2世紀末～17世紀末）は15世紀以降はベトナムの大規模な南進により衰退し，17世紀末に阮朝の属国とされた。

C．誤文。シュリーヴィジャヤ王国（7～14世紀）の中心はスマトラ島東南部のパレンバンである。プランバナンはジャワ島中部のヒンドゥー教寺院の遺跡（がある場所）。

D．誤文。ボロブドゥールの仏教寺院はジャワ島中部に位置し，これを建設したのはシャイレンドラ朝（8世紀半ば～9世紀頃）である。ドヴァーラヴァティー（7～11世紀）はチャオプラヤ川流域を支配した国。

設問2．強制栽培制度はオランダ領東インド総督ファン=デン=ボスによって始められた（1830年）。

設問3．A．誤文。アチェ戦争（1873～1912年）でアチェ王国を滅ぼしたのはオランダ。

B．誤文。イギリスはペナン・マラッカ・シンガポールを海峡植民地とした。バタヴィアはオランダがジャワ島に築いた都市で，オランダ領東インドの総督所在地。この地はナポレオン戦争中にイギリスが占領したが戦後返還された。

D．誤文。マレー半島で進められたのは錫の採掘。また，ゴムのプランテーションに多数活用されたのはインド人である。

設問4．三藩の乱（1673～81年）は雲南の呉三桂・広東の尚可喜・福建の耿継茂の3人の藩王が起こした反乱。康熙帝はこの反乱を鎮圧して中国支配を確立した。

設問5．この時成立したビルマで最後の王朝とはコンバウン（アラウンパヤー）朝（1752～1885年）である。

B．誤文。1767年にコンバウン朝が滅ぼしたシャム（タイ）の王朝はアユタヤ朝（1351～1767年）。

C．誤文。コンバウン朝の首都はシュエボー（コンバウン）に始まり，アヴァ，アマラプーラ，マンダレーと遷った。タウングーを首都としたあとペグー，アヴァへと都を遷したのはタウングー（トゥングー）朝（1531～1752年）である。

D．誤文。コンバウン朝は三度にわたるビルマ戦争（1824～26年，1852～53年，1885年）に敗れて滅亡し，ビルマはインド帝国に編入された（1886年）。

設問6．ラーマ5世（チュラロンコン）はラタナコーシン（チャクリ）朝（1782年～）の第5代国王（位1868～1910年）で，彼の行った近代化改革はチャクリ改革と呼ばれる。

Ⅳ　解答

1914年に勃発した第一次世界大戦は総力戦となり，軍需工場などで活躍した女性は，大戦後，社会進出をするようになった。この状況のもと，イギリスでは1918年の第4回選挙法改正で女性の参政権が認められ，さらに1928年の第5回選挙法改正によって男女普通選挙が実現した。一方，大戦末期の革命で君主政国家から民主主義国家に移行したドイツは，1919年に制定したヴァイマル憲法で女性参政権を規定した。また，トルコでは共和国を樹立したムスタファ=ケマルが近代化政策の一つとして女性解放を進め，1934年に女性参政権を認

めた。(240字以上260字以内)

◀解　説▶

≪イギリス・ドイツ・トルコにおける女性参政権の成立≫

難問。指定されている年号に関連する出来事とポイントは以下の通り。

1914年：第一次世界大戦の勃発
総力戦体制のもと女性が軍需工場などに動員され，労働力として貢献，大戦後は社会に進出するようになる。

1918年：イギリスで第4回選挙法改正
女性参政権（30歳以上）

1919年：ドイツでヴァイマル憲法制定
女性参政権（男女普通選挙，20歳以上）

1928年：イギリスで第5回選挙法改正
男女普通選挙（21歳以上）

1934年：トルコで女性参政権
トルコ共和国のムスタファ=ケマルによる女性解放

全体の背景として，第一次世界大戦を機に女性の社会進出が本格的に始まったことをあげたうえで，国ごとにまとめて述べる。その際，イギリスにおける19世紀以降の女性参政権運動については，設問に記されているので触れる必要はない。一方，ドイツはドイツ革命（1918～19年）で国家体制が君主政国家（帝政）から民主主義国家（共和政）に移行したこと，トルコではトルコ共和国成立（1923年）後，ムスタファ=ケマルによる近代化政策の一環として女性解放が進められたことが背景となったことを記す。

❖講　評

Ⅰ　古代から現代に至るまでに登場した帝国の成立と崩壊について問う大問。リード文の空欄にあてはまる語句の記述と，下線部に関する設問で構成されており，設問は正文選択と語句（人物）の選択である。正文選択は選択肢に詳細な内容を含むものがある。設問3の正解はかなり詳細な知識が必要であるが，他の選択肢は不適であることが明確なので，消去法で対処できる。

Ⅱ　中世の地中海世界に関する大問。空欄補充（記述）と下線部に関する設問で構成されている。設問は正文選択・語句選択に加え，語句の記述がある。語句の記述は空欄・下線部ともに標準的なものである。

Ⅲ　東南アジアについて，古代から19世紀までを問う大問。空欄補充（記述）および下線部と空欄に関する設問で構成されている。設問は正文選択・語句選択，語句（国）の組合せ選択などで構成されている。空欄ウは詳細な知識が必要でやや難といえる。他はおおむね標準レベルの内容ではあるが，系統立てて学習するのが難しい地域でもあり，そのような学習ができたかどうかで差が出る問題といえる。

Ⅳ　イギリス・ドイツ・トルコにおける女性参政権の成立について，背景をふまえて説明する論述問題。2022年度は指定語句がなかったが，2023年度は使用する年号が5つ指定されている。このうち「1934年」に何があったかは用語集の説明文レベルで難しい。世界的な動向を押さえたうえで，各国の情勢をコンパクト（240字以上260字以内）にまとめる必要があるので，時間配分をよく考えて取り組む必要がある。

地理

I 解答

問1．C　問2．A　問3．D　問4．B
問5．①―D　②―B　③―C　④―D
問6．A　問7．C

◀解　説▶

≪農耕文化≫

問1．C．正文。インドネシアは，人口約 2.74 億人を擁する（2021 年）。その約 87％にあたる約 2.38 億人がムスリムであることから，同国は世界で最も多くのムスリム人口を抱える。

A．誤文。カトリックが広く信仰されているフィリピンにおいて，多くのムスリムが暮らすミンダナオ島は，北部ではなく南部にある。

B・D．誤文。インドシナ半島では上座部仏教が広く信仰されているが，ベトナムでは，大乗仏教の信者の方が多い。

問2．A．正文。AU（アフリカ連合）は，2002 年，OAU（アフリカ統一機構）の後継組織として設立された。

B．誤文。南アフリカ共和国や一部の北アフリカ諸国のように，工業化により産業の多角化が進む国もみられる。

C．誤文。アフリカの宗教分布は，北アフリカのサハラ砂漠付近を境界に，北側のイスラームと南側のキリスト教や各地域の伝統的宗教に分かれる。

D．誤文。ドラケンスバーグ山脈は，古期造山帯に属する。

問3．D．正文。カンポセラードは，ブラジル高原上に分布するサバナをさす。

A．誤文。サバナは疎林と長草草原からなり，一面の草原ではない。

B．誤文。サバナには，ラトソルや赤黄色土が分布する。褐色森林土は，温帯の森林地帯に分布する。

C．誤文。オリノコ川流域に広がるサバナ地域は，リャノと呼ばれる。グランチャコは，ボリビア南部から，パラグアイ・アルゼンチン北部に広がるサバナ地域である。

問4．B．正文。

A．誤文。ギアナ高地は安定陸塊に属するが，先カンブリア時代の基盤岩が露出する楯状地に分類される。

C．誤文。パタゴニアは，アルゼンチン南部のアンデス山脈以東の地域をさす。アンデス山脈を越える偏西風の風下側に位置し，年中，乾燥した風が吹き下ろして砂漠が形成される。このような砂漠は雨陰（あまかげ）砂漠と呼ばれる。

D．誤文。アンデス山脈の中・低緯度地域では，標高2,500mを超える地域において，とうもろこし・じゃがいもなどが栽培されている。

問5．①大麦は耐寒性に優れることから，ロシアで生産量が最も多い（2019年）。

②小麦の生産量は，人口大国の中国で最も多い（2019年）。

③さとうきびの生産量は熱帯気候が卓越し，かつ，バイオエタノール用としての利用も広がるブラジルが世界第1位（2019年）である。

④アメリカ合衆国がとうもろこしの生産量で世界第1位（2019年）であり，肥沃なプレーリー土が分布するコーンベルトで，大規模な栽培が行われている。

II　解答

問1．（設問省略）　問2．（設問省略）
問3．D　問4．D　問5．A　問6．B　問7．D
問8．A　問9．C　問10．A

◀解　説▶

≪災　害≫

問3．D．誤文。2005年8月，ハリケーン・カトリーナにより市街のほとんどが水没したのは，ミシシッピ川河口に近い，ルイジアナ州ニューオーリンズである。

問4．D．誤文。高温・乾燥の北アフリカでは，外気の熱や砂が室内に入るのを防ぐため，開口部が小さい住居が砂漠地帯などに多くみられる。

問5・問6．やや難。ここでの河川延長は，各水系に属する河川全体の合計値となっていることに注意したい。アは利根川水系に該当する。日本有数の河川延長を誇り，日本最大の平野である関東平野を流れるため，全流域面積・想定氾濫区域の総面積・想定氾濫区域の人口が最大である。ウは信濃川水系に該当する。河川延長や全流域面積は日本有数である一方，下流域を除き，山間部や盆地を流れるため，流域の人口密度が低く，全流域面積に比して想定氾濫区域の人口が少ない。なお，イは，想定氾濫区域の人口と流域の人口密度が最大であることから，東京都を流れる荒川水系に該当する。エも流域の人口密度が比較的高いことから，大阪市を流れる淀川水系に該当する。オは筑後川水系に該当する。

問7．やや難。D．誤文。表中の10水系では，想定氾濫区域の総面積と河川延長との間に相関関係はみられない。

問8．消去法で判断したい。A．誤文。西部に台地が広がる関東平野よりも，濃尾平野の方が海抜ゼロメートル地帯の区域面積は大きい。

問9．ウ・エ．正文。

ア・イ．誤文。すべての市町村において，また，すべての河川について，ハザードマップが作成されているわけではない。

問10．ア・ウ．正文。

イ．誤文。2001年の地図では，鉄道路線の東側の，一重山との間の僅かな土地に，新たに道路が整備され，宅地化が進んでいることが読み取れる。

エ．誤文。霞堤は，堤防の一部に開口部をもつ不連続の堤防であり，新田の西にみられる。2列の堤防に挟まれた場所が遊水地の役割をもつが，2001年の地図では建物が増加している。

III　解答

空欄1．B　空欄2．C　空欄3．A　空欄4．D
空欄5．C　空欄6．A　空欄7．B　空欄8．D
空欄9．C　空欄10．C

◀解　説▶

≪環境問題≫

空欄4．バーゼル条約は，正式名称を「有害廃棄物の国境を越える移動及びその処分の規制に関するバーゼル条約」という。A．ワシントン条約は，野生動植物の保護を目的とした条約である。B．ジュネーヴ条約は，戦争犠牲者の保護を目的とした条約である。また，酸性雨の原因となる越境大気汚染の防止を目的として1979年に締結された長距離越境大気汚染条約をさすこともある。

空欄5・空欄6．モルディブとツバルは，ともにサンゴ礁の環礁によって構成され，低平な国土である。したがって，地球温暖化による海面上昇のために国土の水没が懸念されている。

空欄7．OECD（経済協力開発機構）は，各国の経済成長の推進や発展途上国への援助を目的として設立された。UNEP（国連環境計画）やOECDにおいて，バーゼル条約作成の検討が行われた。

空欄8．空欄直後でリサイクル問題について述べられていることから，多くの金属が利用されているDの電子機器が該当する。

空欄9．難問。中国は2017年，主に生活ごみとして出されるプラスチックごみの輸入を禁止し，2020年には廃プラスチックの輸入を全面的に禁止した。

空欄10．難問。日本の最終処分場の約7割は，山間部に立地している（2009年）。

Ⅳ　解答

問1．褶曲　問2．火山　問3．B　問4．C
問5．（設問省略）　問6．A　問7．C

問8．活発な造山運動による急峻な山がみられるうえ，熱帯海域に位置するために周囲にサンゴ礁が分布している。(50字以内)

◀解　説▶

≪大地形≫

問1．リード文より，＜ア＞と＜イ＞はいずれも新期造山帯に属し，＜イ＞の方がマグマの活動が活発であることから，＜ア＞をアルプス=ヒマラヤ造山帯，＜イ＞を環太平洋造山帯とする。前者では，大陸プレートどうしの衝突により，ヒマラヤ山脈のような褶曲山脈が発達する。

問2．環太平洋造山帯では，海洋プレートがほかのプレートの下に沈み込むことにより，地下でマグマが生成され，海溝に沿って火山となって噴出している。

問4．ユカタン半島はメキシコに位置するため，＜ア＞のアルプス=ヒマラヤ造山帯には含まれない。

問6．アメリカ合衆国西部に位置するAのシエラネヴァダ山脈は，新期造山帯に属する。なお，Bのグレートディヴァイディング山脈とDのアパラチア山脈は古期造山帯，Cのカナダ楯状地は安定陸塊に属する。

問7．インドネシアのハルマヘラ島・スラウェシ島は，アルプス=ヒマラヤ造山帯と環太平洋造山帯の合流地点にあたるため，複雑な地形となっている。

問8．３つの島は，ともに新期造山帯に属するため，急勾配の山がみられる（ただし，スラウェシ島・ハルマヘラ島には火山がみられ，山地の占める割合が高いのに対して，カリマンタン島には火山がなく，長大な河川と広大な低地が広がっている）。さらに，赤道直下の熱帯海域に位置することから，周囲にサンゴ礁が分布している。以上の共通点を50字以内にまとめたい。

❖講　評

Ⅰ　農耕文化に関するリード文と絡めて，農業統計，農業の分類，さらには，宗教，植生，アフリカ・ラテンアメリカ地誌などが幅広く出題された。いずれも基本～標準レベルの設問であった。問５では，統計表は用いられていないものの，主要農作物の生産量第１位の国が問われた。日常の統計学習が大切である。

Ⅱ　災害について，グラフ・統計表・地形図を用いつつ，近年の災害，日本の河川や防災対策，新旧地形図の読図などが出題された。日本の一級河川における想定氾濫区域が問われた問５～問７は，やや難度が高かった。表中の特徴的な値に着目して河川を判定したい。問８・問９では，「広域避難」「想定最大規模」「マイ・タイムライン」など，災害対策に関する比較的新たな内容が問われた。日常的に防災に対して意識を高めたい。

Ⅲ　グローバル社会における環境問題について出題された。空欄４・空欄７・空欄８では，学習が手薄になりがちなバーゼル条約に関する事項が問われた。空欄前後の内容を活用する，消去法により選択肢を判定する，といった解法も有効である。空欄９は難問。空欄10も難問であるが，日本の国土の約７割が山地であることに留意したい。

Ⅳ　大地形について出題された。リード文中の＜ア＞＜イ＞の判定ができれば，基本～標準レベルの設問が中心であった。問７で問われたハルマヘラ島は難度が高いが，消去法で対応が可能。問８では，インドネシアの３つの島の地形上の共通点について，50字以内の論述問題が出題された。いずれも新期造山帯に属するが，カリマンタン島には火山がみられず，比較的広大な平野が広がる点には気をつけたい。

政治・経済

I 解答

設問1．1．大津事件　2．特別裁判所　3．15
4．弾劾裁判（所）　5．憲法裁判所

設問2．D　設問3．C　設問4．A　設問5．B　設問6．A

◀解　説▶

≪日本の司法制度≫

設問1．4．弾劾裁判は，裁判官の職務上の義務の著しい違反や職務の甚だしい怠慢，または裁判官としての威信を著しく失う非行があったとき，裁判官を罷免するための裁判である（裁判官弾劾法第2条）。2023年3月現在で弾劾の訴追を受けた裁判官は10名（1件は現在係争中）で，そのうち7名が罷免されている。

5．憲法裁判所は，違憲審査などの憲法問題のみを扱う特別の裁判所である。ドイツや韓国では，特別に設けられた憲法裁判所が具体的な訴訟を前提としないで法令の違憲審査を行う抽象的違憲審査制が採用されている。

設問2．D．正文。1787年に採択されたアメリカ合衆国憲法によって，議会の立法権，大統領の行政権，裁判所の司法権という権力の分割と相互抑制によるモンテスキューの厳格な三権分立が制度化された。

A．誤文。ロックは「立法権は君主に帰属する」とは主張していない。

B．誤文。ロックの主張する抵抗権は立法府にも及ぶ。

C．誤文。モンテスキューは権力間の抑制と均衡によって権力の乱用を防止できると考えた。

設問3．C．正文。2022年5月に最高裁判所は，在外選挙人に国民審査の投票権を認めていないことは，憲法第15条1項，第79条2・3項に違反すると判断した。

A．誤文。国民審査は衆議院議員総選挙の際に行われる（憲法第79条2項）。

B．誤文。国民審査は，辞めさせたい裁判官に対する記載欄に×の記号を記載する方式で行われる（最高裁判所裁判官国民審査法第15条）。

D．誤文。各国民審査は，すべての最高裁判所裁判官を対象としていない

（憲法第 79 条 2 項）。

設問 4．やや難。A．不適。2005 年の在外選挙権制限違憲判決の根拠となったのは，憲法第 15 条 1・3 項，第 43 条 1 項，第 44 条である。

設問 5．やや難。B．正文。愛媛玉ぐし料訴訟において，最高裁は 1997 年に目的・効果基準によって玉串料の公金支出を宗教活動にあたるとして違憲判決を下した。

A・C・D．誤文。いずれの訴訟においても最高裁は合憲の判決を下している。

設問 6．A．正文。裁判員裁判は，地方裁判所で行われる重大な刑事事件の第一審で行われる。

B．誤文。裁判員裁判では，裁判官 3 人と裁判員 6 人によって有罪・無罪が判断される。

C．誤文。2022 年 4 月の裁判員法の改正により裁判員の選任年齢も 18 歳以上に引き下げられた。

D．誤文。裁判員は衆議院議員選挙の有権者から選ばれるので，日本国籍を持たない者は裁判員に選ばれない。

Ⅱ　解答

設問 1．エッセンシャルワーカー

設問 2．ナショナル=ミニマム

設問 3．C　設問 4．A　設問 5．D　設問 6．赤字国債　設問 7．C

設問 8．クロヨン　設問 9．B　設問 10．夕張市

◀解　説▶

≪社会保障制度≫

設問 1．コロナ禍では，感染のリスクにさらされながら現場でコロナ患者に接触する医療従事者などのエッセンシャルワーカーの存在が注目された。

設問 2．国民の最低限度の生活を保障する公的扶助の水準を意味するナショナル=ミニマムは，イギリスのフェビアン協会のウエッブ夫妻によって提唱され，1942 年のベバリッジ報告書の原則となった。

設問 3．C．正文。世界金融危機が発生した 2007 年以降，生活保護被保護人員数が急増し，2013 年頃には 200 万人を超え 1951 年以降最大の水準となっている。

設問 4．やや難。A．正文。需要・供給の法則から，ある商品について供

給よりも需要が大きければ価格は上昇する。賃金は労働力という商品に支払われる価格であるため，労働供給量よりも労働需要量が大きいと賃金水準は上昇する。価格の変化に対して供給がどの程度変化するかを示す供給の価格弾力性は，価格の変化率に対する供給の変化率の割合として表され，1を上回ると弾力的，1を下回ると非弾力的である。

設問5．D．正文。石油や肥料の価格高騰は電力や農産物などの商品価格を上昇させ，コスト=プッシュ=インフレーションを発生させる。

A．誤文。インフレーションが起こった場合，現金給付の実質的水準は低下するため，給付水準を引き上げないと実質的な給付水準を維持することができない。

B．誤文。スタグフレーションは，スタグネーション（景気後退）とインフレーションが同時に起こる現象である。

C．誤文。総需要が増加することによって発生するインフレーションは，ディマンド=プル=インフレーションである。

設問6．赤字国債は，財政赤字を補うために発行される国債である。日本では一般会計予算の歳入不足分を補うために発行される特例国債がそれにあたる。

設問7．C．正文。生活必需品にも課税される消費税は，累進課税が採用されている所得税と比べて，低所得者ほど負担が重くなるという逆進性が強い一方で，同等の経済力に同等の税負担を求める水平的公平性が所得税と比べて保たれている。

A．誤文。消費税はすべての世代が負担するため，水平的公平性が保たれている。

B・D．誤文。消費税には課税対象が増加するほど高い税率を課す累進性はない。

設問8．クロヨンは，給与所得者・自営業者・農家の間の所得捕捉率（各々9割・6割・4割）の差に起因する不公平感を指す言葉である。

設問9．B．正文。地方交付税は，国が地方に代わって徴収する地方税であり，各地方自治体の財源状況を考慮して再配分される。再配分された地方交付税交付金は，使途が限定されない一般財源である。

A．誤文。地方交付税は，地方公共団体の税収入とするべき財源である。

C．誤文．2000年代の小泉純一郎内閣による三位一体の改革によって，地方交付税は削減された。

D．誤文。2022 年度には 73 の不交付団体が存在する。

設問 10．夕張市は 2007 年に財政再建団体に指定され，2010 年に財政健全化法に基づく財政再生団体に移行した。

Ⅲ 解答

設問１．１．購買力平価　２．IMF（国際通貨基金）
３．ニクソン

設問２．D　設問３．B　設問４．C　設問５．A

設問６．流動性のジレンマ　設問７．A

設問８．ミルトン=フリードマン

◀解　説▶

≪為替レート≫

設問１．１．購買力平価は，その国１単位の通貨でどれだけの商品が購入可能かを比較し，各国通貨の交換比率を示すものである。

設問２．D．正文。秋葉原の方がスマートフォンの価格が安いため需要は増加し価格が上昇する。一方で御茶ノ水の方がスマートフォンの価格が高いため供給は増加し価格が低下する。これらの動きは両者の価格差が解消するまで続く。

設問３．B．正文。アメリカで 5.81 ドルのビッグマックが日本では 390 円で買えたため 5.81 ドルと 390 円の購買力は等しい。したがって１ドル＝390／5.81≒67 円である。このときの為替レートは１ドル＝115 円であったため，実際の円はドルに対して過小評価されていたことになる。

設問４．C．正文。中国は 1978 年以降，改革・開放政策を進め，外国資本を積極的に導入して製造業で輸出を伸ばし，経常収支黒字を計上し続けている。

A．誤文。アメリカの経常収支は 1970 年代から赤字を計上することが多くなり，2000 年以降は中国の経済成長によって赤字が拡大している。

B．誤文。ドイツは共通通貨ユーロの導入によってドイツ企業の製品価格が割安になり，経常収支黒字を計上し続けている。

D．誤文。2000 年以降の原油価格は，2008 年の世界金融危機や 2015 年頃のシェールガス革命において下落しているものの，2000 年以前と比べると高価格のまま推移している。

設問5．A．正文。変動相場制の下で日本の金利がアメリカの金利より低くなれば，円を売ってドルを買う動きが強まる。これはドルの需要が増加するということであるから，ドルの需要曲線は右側にシフトし，需要曲線と供給曲線の交点が上方に移動して為替レートが上昇するため，円安ドル高となる。

設問6．流動性のジレンマは，ある国の通貨を基軸通貨とする国際通貨制度の下では，基軸通貨の供給と信用の維持を両立できないという矛盾を意味し，ドルを基軸通貨とするブレトン=ウッズ体制で問題となった。

設問7．A．正文。1971年8月のニクソン=ショックを受け，同年12月，アメリカのワシントンで10カ国蔵相会議（スミソニアン会議）が開かれ，スミソニアン協定が締結された。その概要は，固定相場制を維持するために取られた金平価切り下げ（金1オンス＝38ドル）と，米ドル切り下げによる多国間調整（固定レート手直し）であった。このとき円切り上げが行われ，1ドル＝308円になった。

設問8．1980年に刊行された『選択の自由』の著者であるアメリカの経済学者ミルトン=フリードマンは，経済的自由主義（新自由主義）の立場から，変動相場制や通貨増加率を固定化するマネタリズムを提唱した。

Ⅳ 解答

設問1．1．国民主権　2．公職選挙　3．職業選択
4．健康で文化的　5．学問

設問2．A　設問3．B　設問4．A　設問5．B　設問6．B・C※

※設問6については，正解が複数存在する可能性が判明したことから，正解を複数とする措置が取られたことが大学から公表されている。

◀解　説▶

≪日本国憲法≫

設問2．A．正文。公職選挙法第251条の2の規定である。

B．誤文。満18歳未満の人は投票も選挙活動も禁止されている。

C．誤文。公職選挙法では戸別訪問は禁止されている。

D．誤文。新聞や放送が候補者について量的に平等な報道を行う法的義務はない。

設問3．B．正文。労働者1人当たりの平均年間総実労働時間は，高度経済成長期にあたる1960年の2426時間から，2020年には1598時間と着実

に減少している。

A．誤文。最低賃金は，都道府県・産業別に異なる額が設定されている。

C．誤文。労働組合の組織率は1948年以降一貫して低下傾向にある。

D．誤文。1997年以降，共働き世帯は専業主婦世帯を常に上回っている。

設問5．B．適切。教師は公職選挙法の改正によって2022年の参議院選挙で高校生も投票することができたことを，憲法が定める国民主権の原則の身近な例として挙げることで，憲法の基本原則を守るために若者も投票すべきだと考えている。

設問6．B・C．正文。Aは憲法第20条1項，Bは憲法第26条1項，Cは憲法第21条1項，Dは憲法第30条の英訳である。リード文全体が大学進学についての話題であり，憲法第26条1項の内容にあたる。また第21条1項については直接言及されている。

❖講　評

Ⅰ　司法制度に関連して比較的基礎的な出題の多い問題構成である。選択問題は，問題文をよく読み消去法を駆使する必要がある。設問4・設問5は違憲判決等の判例学習の成果が試されておりやや難しい。

Ⅱ　社会保障制度をテーマとした大問であり，融合問題の傾向が強い。設問3のグラフの読み取りは意外に易しい。設問4は労働供給の弾力性についての理解が問われておりやや難しい。設問6～設問10の財政関連の出題は幅広い観点からの出題であるが基礎的・標準的で取り組みやすい。

Ⅲ　為替レートに関連してグラフの読み取りや需給分析，国際経済の動向など，融合問題の傾向が強い出題である。計算を要する設問3は落ち着いて取り組めば難しくない。設問5は近年の日本の為替動向を加味して類推する必要がある。

Ⅳ　日本国憲法に関連した出題である。設問5は読解力と類推力を働かせる必要がある。設問6は日本国憲法の条文の番号を知らないと迷う。

全体として，グラフ読み取りや統計的な知識，計算問題もあって広範な観点からの出題となっている。難問はなく，教科書の内容でスムーズに解答できるものが多く，標準的な難易度といえる。

数学

I 解答

(1) ア－1 イ－2 ウ－3 エ－2 オ－3 カ－3 キ－4

(2) ア－5 イ－4 ウ－5 エ－2 オ－1 カ－2 キ－5 ク－0

(3) ア－3 イ－0 ウ－0 エ－6 オ－6 カ－9 キ－0

(4) ア－2 イ－2 ウ－2 エ－6

(5) ア－7 イ－1 ウ－7 エ－1 オ－1 カ－9 キ－9 ク－4 ケ－5 コ－1 サ－9 シ－8 ス－0

(6) ア－2 イ－3 ウ－1 エ－1 オ－7 カ－1 キ－3

◀解　説▶

≪小問6問≫

(1) ① $\overrightarrow{OA}+2\overrightarrow{OB}+\sqrt{3}\,\overrightarrow{OC}=\vec{0}$ ……(P)

また，3点A，B，Cは点Oを中心とする半径1の円周上の点なので

$|\overrightarrow{OA}|=|\overrightarrow{OB}|=|\overrightarrow{OC}|=1$ ……(Q)

(P)から

$\overrightarrow{OA}+2\overrightarrow{OB}=-\sqrt{3}\,\overrightarrow{OC}$

$|\overrightarrow{OA}+2\overrightarrow{OB}|=|\sqrt{3}\,\overrightarrow{OC}|$

$|\overrightarrow{OA}+2\overrightarrow{OB}|^2=|\sqrt{3}\,\overrightarrow{OC}|^2$

$|\overrightarrow{OA}|^2+4\overrightarrow{OA}\cdot\overrightarrow{OB}+4|\overrightarrow{OB}|^2=3|\overrightarrow{OC}|^2$

したがって，(Q)より

$1^2+4\overrightarrow{OA}\cdot\overrightarrow{OB}+4\cdot1^2=3\cdot1^2$

$\overrightarrow{OA}\cdot\overrightarrow{OB}=-\dfrac{1}{2}$ →ア，イ

また，(P)から

$2\overrightarrow{OB}+\sqrt{3}\,\overrightarrow{OC}=-\overrightarrow{OA}$

$|2\overrightarrow{OB}+\sqrt{3}\,\overrightarrow{OC}|=|\overrightarrow{OA}|$

$|2\overrightarrow{OB}+\sqrt{3}\,\overrightarrow{OC}|^2=|\overrightarrow{OA}|^2$

$4|\overrightarrow{OB}|^2+4\sqrt{3}\,\overrightarrow{OB}\cdot\overrightarrow{OC}+3|\overrightarrow{OC}|^2=|\overrightarrow{OA}|^2$

したがって，(Q)より

$$4\cdot1^2+4\sqrt{3}\,\overrightarrow{\mathrm{OB}}\cdot\overrightarrow{\mathrm{OC}}+3\cdot1^2=1^2$$

$$\overrightarrow{\mathrm{OB}}\cdot\overrightarrow{\mathrm{OC}}=-\frac{\sqrt{3}}{2}\quad\rightarrow ウ，エ$$

② (Q)と①の結果から

$$\overrightarrow{\mathrm{OA}}\cdot\overrightarrow{\mathrm{OB}}=|\overrightarrow{\mathrm{OA}}||\overrightarrow{\mathrm{OB}}|\cos\angle\mathrm{AOB}$$

より，$-\frac{1}{2}=1\cdot1\cdot\cos\angle\mathrm{AOB}$ であるから

$$\cos\angle\mathrm{AOB}=-\frac{1}{2}\qquad\therefore\quad\angle\mathrm{AOB}=120°$$

また

$$\overrightarrow{\mathrm{OB}}\cdot\overrightarrow{\mathrm{OC}}=|\overrightarrow{\mathrm{OB}}||\overrightarrow{\mathrm{OC}}|\cos\angle\mathrm{BOC}$$

より，$-\frac{\sqrt{3}}{2}=1\cdot1\cdot\cos\angle\mathrm{BOC}$ であるから

$$\cos\angle\mathrm{BOC}=-\frac{\sqrt{3}}{2}\qquad\therefore\quad\angle\mathrm{BOC}=150°$$

また，①と同様の計算によって

$$\overrightarrow{\mathrm{OA}}\cdot\overrightarrow{\mathrm{OC}}=0\qquad\therefore\quad\angle\mathrm{AOC}=90°$$

以上から，3点A，B，Cは右図の位置にある。

よって，△ABCの面積は

$$\triangle\mathrm{ABC}=\triangle\mathrm{AOB}+\triangle\mathrm{BOC}+\triangle\mathrm{COA}$$
$$=\frac{1}{2}\cdot1^2\cdot\sin120°+\frac{1}{2}\cdot1^2\cdot\sin150°+\frac{1}{2}\cdot1^2$$
$$=\frac{1}{2}\left(\frac{\sqrt{3}}{2}+\frac{1}{2}+1\right)$$
$$=\frac{3+\sqrt{3}}{4}\quad\rightarrow オ〜キ$$

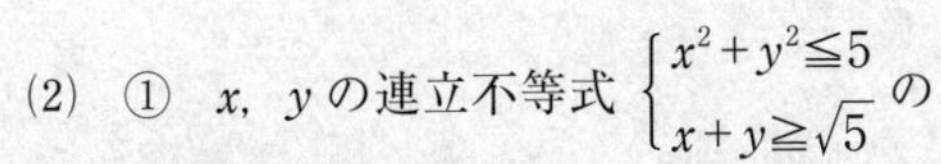

(2) ① x，y の連立不等式 $\begin{cases}x^2+y^2\leqq5\\x+y\geqq\sqrt{5}\end{cases}$ の表す座標平面上の領域は，右図の網かけ部分。ただし，境界線はすべて含む。この領域を D とする。

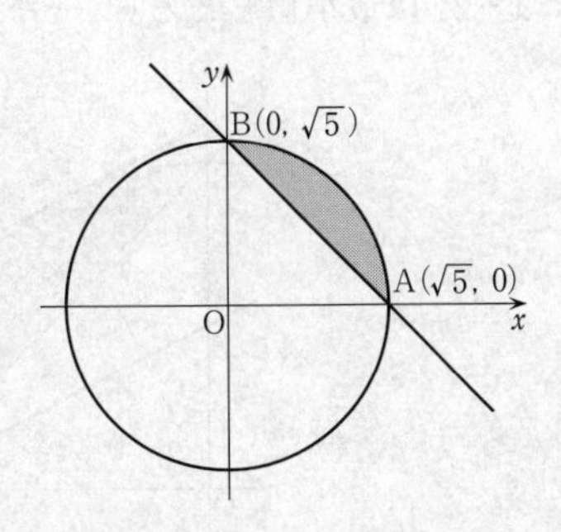

① A$(\sqrt{5},\ 0)$，B$(0,\ \sqrt{5})$ とすれば，網かけ部分の面積 S は

$S=$（扇型OAB）$-$（三角形OAB）

$=\pi(\sqrt{5})^2\cdot\dfrac{1}{4}-\dfrac{1}{2}\cdot(\sqrt{5})^2$

$=\dfrac{5}{4}\pi-\dfrac{5}{2}$　→ア～エ

②　$x+2y$ のとり得る値の範囲を I とする。次のように読み替えられる。

$k\in I$

$\Longleftrightarrow \begin{cases} x^2+y^2\leqq 5 \\ x+y\geqq\sqrt{5} \end{cases}$ かつ $x+2y=k$ を満たす実数の組 $(x,\ y)$ が存在する

$\Longleftrightarrow$ 領域 D と直線 $x+2y=k$ が共有点 $(x,\ y)$ をもつ

ここで，直線 $x+2y=k$ は傾き $-\dfrac{1}{2}$ の直線であることに注意する。

k が最大，すなわち $x+2y=k$ の y 切片が最大となるのは，下図のように，直線 $x+2y=k$ が円 $x^2+y^2=5$ の $x\geqq 0$ かつ $y\geqq 0$ の部分の円弧と接するときである。この接点をTとすれば，直線 $x+2y=k$ の傾きは $-\dfrac{1}{2}$ なので，直線OTの傾きは2である。したがって，点Tの座標を $(X,\ Y)$ とすると

$Y=2X$ かつ $X^2+Y^2=5$ かつ $X\geqq 0$ かつ $Y\geqq 0$

これより

$X^2+(2X)^2=5\qquad\therefore\quad X^2=1$

$x\geqq 0$ であるから

$(X,\ Y)=(1,\ 2)$

したがって，$(x,\ y)=(1,\ 2)$ のとき，$x+2y$ は最大値をとる。　→オ，カ

また，k が最小，すなわち直線 $x+2y=k$ の y 切片が最小となるのは，直線が点Aを通るときである。すなわち，$(x,\ y)=(\sqrt{5},\ 0)$ のとき，$x+2y$ は最小値をとる。　→キ，ク

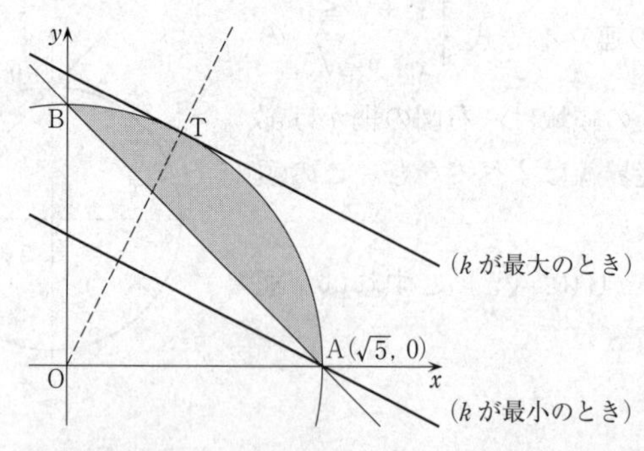

(3)　①　0以上の整数の組 $(x,\ y,\ z)$ と，○23個，／(仕切り) 2枚を横一列に並べたときの並べ方が対応する。したがって，求める組の数は

$$\frac{25!}{23!2!}=300\text{ 通り}\quad\rightarrow\text{ア〜ウ}$$

②　0以上の整数 $X,\ Y,\ Z$ により，

$(x,\ y,\ z)=(2X+1,\ 2Y+1,\ 2Z+1)$ と置き換える。

$$(2X+1)+(2Y+1)+(2Z+1)=23$$

$$X+Y+Z=10$$

したがって，○10個，／2枚を横一列に並べたときの場合の数を考えて

$$\frac{12!}{10!2!}=66\text{ 通り}\quad\rightarrow\text{エ，オ}$$

③　$z^2=23-(x+y)\leqq 23$ から，z のとり得る値は $z=0,\ 1,\ 2,\ 3,\ 4$ のみ。

(i) $z=0$ のとき，$x+y=23$

(ii) $z=1$ のとき，$x+y=22$

(iii) $z=2$ のとき，$x+y=19$

(iv) $z=3$ のとき，$x+y=14$

(v) $z=4$ のとき，$x+y=7$

(i)を満たす $(x,\ y)$ は

$$(x,\ y)=(0,\ 23),\ (1,\ 22),\ (2,\ 21),\ \cdots,\ (23,\ 0)$$

の24通りである。(ii)〜(v)も同様に考えて

$$24+23+20+15+8=90\text{ 通り}\quad\rightarrow\text{カ，キ}$$

(4)　①　$40\cdot 2^m$ と 10^8-1 はいずれも整数なので

$$40\cdot 2^m>10^8-1\Longleftrightarrow 40\cdot 2^m\geqq 10^8$$

である。両辺の値は正なので，それぞれの値を真数とした，底を2とする対数をとり

$$\log_2(40\cdot 2^m)\geqq\log_2 10^8$$

$$\log_2 40+\log_2 2^m\geqq 8\log_2 10$$

$$\log_2(2^3\cdot 5)+m\geqq 8\log_2(2\cdot 5)$$

$$3+\log_2 5+m\geqq 8(1+\log_2 5)$$

$$m\geqq 5+7\log_2 5=5+7\cdot 2.32=21.24$$

したがって，不等式を満たす最小の正の整数 m は

$$m=22\quad\rightarrow\text{ア，イ}$$

②　$1+2+2^2+\cdots+2^n=\dfrac{2^{n+1}-1}{2-1}=2^{n+1}-1$ である。したがって，与えられた不等式は $2^{n+1}-1\geqq 10^8$ となる。$2^{n+1}-1$ と 10^8 はいずれも整数なので

$$2^{n+1}-1\geqq 10^8 \Longleftrightarrow 2^{n+1}>10^8$$

である。両辺の値は正なので，それぞれの値を真数とした，底を2とする対数をとり

$$n+1>\log_2 10^8$$
$$n+1>8\log_2(2\cdot 5)$$
$$n+1>8(1+\log_2 5)$$
$$n>7+8\log_2 5=7+8\cdot 2.32=25.56$$

したがって，不等式を満たす最小の正の整数 n は

$n=26$　→ウ，エ

(5)　①　2023を素因数分解すると，$2023=7\times 17^2$ である。したがって，2023の正の約数のうち，最小のものは1であり，小さい方から

2番目は　7　→ア
3番目は　17　→イ，ウ
4番目は　$7\cdot 17=119$　→エ～カ
5番目は　$17\cdot 17=289$
6番目は　2023

②　$17\leqq n\leqq 119$ のうち，7で割って1余る n を，整数 m により $n=7m+1$ と表す。

$$17\leqq 7m+1\leqq 119$$
$$\frac{16}{7}\leqq m\leqq \frac{118}{7}$$

$\dfrac{16}{7}=2.2\cdots$，$\dfrac{118}{7}=16.8\cdots$ なので，$m=3,\ 4,\ \cdots,\ 16$ である。つまり，条件を満たす n の総和は

$$\sum_{m=3}^{16}(7m+1)=\frac{22+113}{2}\cdot(16-2)\quad（等差数列の和）$$
$$=945\quad →キ～ケ$$

③　任意の整数 n を，ある整数 m，r を用いて $n=7m+r$（$r=0,\ \pm 1,\ \pm 2,\ \pm 3$）と表すとき

$$n^2=(7m+r)^2=7(7m^2+2mr)+r^2$$

である。これより，n^2 を 7 で割った余りと r^2 を 7 で割った余りは一致する。

$$0^2=0,\ (\pm 1)^2=1,\ (\pm 2)^2=4,\ (\pm 3)^2=9=7+2$$

より，n^2 を 7 で割った余りが 1 となるのは，$n=7m\pm 1$，すなわち，n を 7 で割った余りが 1 または 6 のときである。$n=7m+6$ とすれば

$$17 \leqq 7m+6 \leqq 119$$

$$\frac{11}{7} \leqq m \leqq \frac{113}{7}$$

であり，$\frac{11}{7}=1.5\cdots$，$\frac{113}{7}=16.1\cdots$ より，$m=2,\ 3,\ 4,\ \cdots,\ 16$ である。

つまり，7 で割って 6 余る整数 n のうち，$17 \leqq n \leqq 119$ に含まれる値の総和は

$$\sum_{m=2}^{16}(7m+6)=\frac{20+118}{2}\cdot(16-1)=1035$$

②の結果と合わせ，求める値は

$945+1035=1980$ →コ〜ス

(6) ①

$$f(1)=\int_1^2 |x^2-2x|\,dx=\int_1^2 |x(x-2)|\,dx=\int_1^2\{-(x^2-2x)\}\,dx$$

$$=\int_1^2(-x^2+2x)\,dx=\left[-\frac{1}{3}x^3+x^2\right]_1^2=\frac{2}{3}$$ →ア，イ

②・③ $y=|x^2-2x|$ のグラフは，$y=|x(x-2)|$ より右図のようになる。

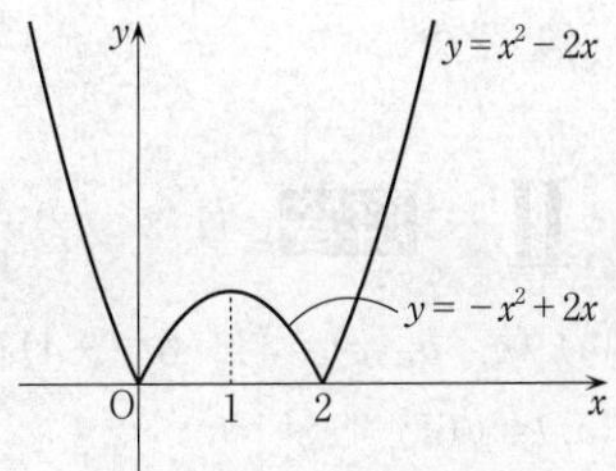

(i) $1<a<2$ のとき

$$f(a)=\int_a^2(-x^2+2x)\,dx+\int_2^{a+1}(x^2-2x)\,dx$$

$$=\left[-\frac{1}{3}x^3+x^2\right]_a^2+\left[\frac{1}{3}x^3-x^2\right]_2^{a+1}$$

$$=\frac{4}{3}-\left(-\frac{1}{3}a^3+a^2\right)+\frac{1}{3}(a+1)^3-(a+1)^2+\frac{4}{3}$$

$$=\frac{2}{3}a^3-a^2-a+2$$

$$f'(a)=2a^2-2a-1=2\left(x-\frac{1-\sqrt{3}}{2}\right)\left(x-\frac{1+\sqrt{3}}{2}\right)$$

(ii) $a\geqq 2$ のとき

$$f(a)=\int_a^{a+1}(x^2-2x)\,dx=\left[\frac{1}{3}x^3-x^2\right]_a^{a+1}=\frac{1}{3}(a+1)^3-a^2-\frac{1}{3}a^3+a^2$$

$$=a^2-a-\frac{2}{3}=a(a-2)+(a-2)+\frac{4}{3}>0$$

したがって，$f(a)$ $(1\leqq a)$ の増減表は，右のようになる。

a	1	$\cdots$	$\frac{1+\sqrt{3}}{2}$	$\cdots$	2	$\cdots$
$f'(a)$		$-$	0	$+$	$+$	$+$
$f(a)$	$\frac{2}{3}$	↘		↗	$\frac{4}{3}$	↗

$f(a)=\frac{10}{3}$ となるような a は，$\frac{10}{3}>\frac{4}{3}$ より，$a>2$ のときであるから

$$a^2-a-\frac{2}{3}=\frac{10}{3}$$

$$a^2-a-4=0$$

$a>2$ より

$$a=\frac{1+\sqrt{17}}{2}\quad\to ウ〜オ$$

また，増減表より，$f(a)$ が最小となるような a の値は

$$a=\frac{1+\sqrt{3}}{2}\quad\to カ，キ$$

II　解答

(1) 2　(2) $\dfrac{\tan\alpha+\tan\beta}{1-\tan\alpha\tan\beta}$　(3) $t=3-\sqrt{3}$

(4) $(a,\ b,\ c)=(1,\ 6,\ -4)$

(5) $t=\sqrt{6}$

導出の過程：$t\geqq 1>0$ より，t，$\frac{6}{t}$ はいずれも正の実数である。したがって，相加平均・相乗平均の関係から

$$y=t+\frac{6}{t}-4\geqq 2\sqrt{t\cdot\frac{6}{t}}-4=2\sqrt{6}-4$$

が成り立つ。この式で等号が成立する条件は

$t=\frac{6}{t}$ かつ $t>0$

$t^2=6$ かつ $t>0$

$t=\sqrt{6}$

これは $1\leqq t\leqq 3$ を満たす。このとき $y=2\sqrt{6}-4$ となる。

したがって，y が最小となるときの t の値は

$t=\sqrt{6}$

◀解　説▶

≪座標平面における直線のなす角の大きさ，分数関数の最小値≫

(1)　$AB=\sqrt{(3-1)^2+(3-1)^2}=2\sqrt{2}$

$AP=\sqrt{1^2+(-1)^2}=\sqrt{2}$

$BP=\sqrt{3^2+(3-2)^2}=\sqrt{10}$

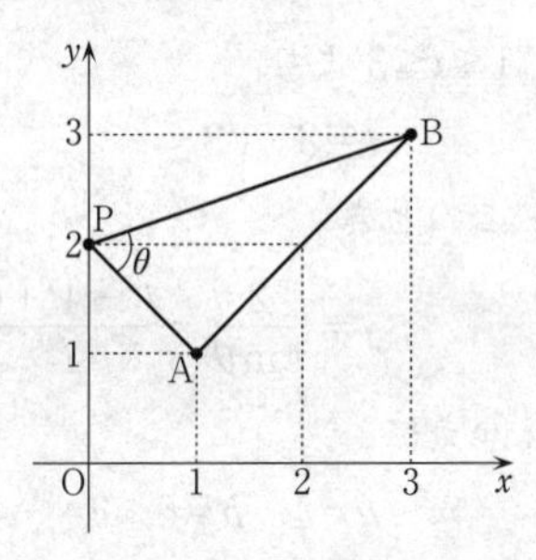

これより

$AB^2+AP^2=BP^2$

したがって，$\triangle ABP$ は $\angle PAB=90°$ の直角三角形である。ゆえに

$$\tan\theta=\frac{AB}{AP}=\frac{2\sqrt{2}}{\sqrt{2}}=2$$

(2)　加法定理から

$$\tan(\alpha+\beta)=\frac{\tan\alpha+\tan\beta}{1-\tan\alpha\tan\beta}$$

(3)・(4)　x 軸の正の方向と直線 AP のなす角を α $\left(-\frac{\pi}{2}<\alpha<0\right)$，直線 BP のなす角を β $\left(0<\beta<\frac{\pi}{2}\right)$ とする。

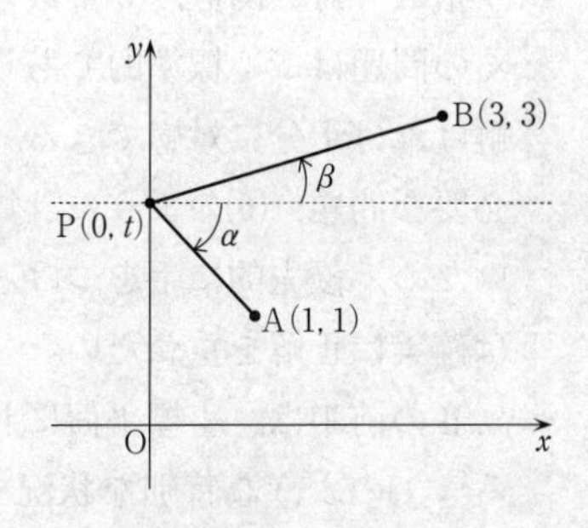

$0<-\alpha<\frac{\pi}{2}$ であるから，(2)より

$$\tan(\beta-\alpha)=\tan\{\beta+(-\alpha)\}$$

$$=\frac{\tan\beta+\tan(-\alpha)}{1-\tan\beta\tan(-\alpha)}$$

$$=\frac{\tan\beta-\tan\alpha}{1+\tan\beta\tan\alpha}$$

$\theta=\beta-\alpha$，$\tan\alpha=\dfrac{1-t}{1}=1-t$，$\tan\beta=\dfrac{3-t}{3}$であるから

$$\tan\theta=\frac{\dfrac{3-t}{3}-(1-t)}{1+\dfrac{3-t}{3}(1-t)}=\frac{2t}{t^2-4t+6}$$

$\theta=\dfrac{\pi}{4}$のとき，$\tan\theta=1$であるから

$$t^2-4t+6=2t$$
$$t^2-6t+t=0$$

$1\leqq t\leqq 3$より

$$t=3-\sqrt{3}$$

このとき

$$y=\frac{2}{\tan\theta}=\frac{t^2-4t+6}{t}=t+\frac{6}{t}-4$$

ゆえに

$$a=1,\ b=6,\ c=-4$$

❖講　評

大問２題の出題で，数学Ⅰ・Ⅱ・A・Bそれぞれから出題されている。

Ⅰは小問集合であり，(1)ベクトル，(2)図形と方程式，(3)整数の性質，(4)指数・対数関数，(5)整数の性質，(6)微積分法からの出題であった。多くの問題はごく標準的であり，教科書のやや発展的な問題，例題までが解ければ十分に対応できる。ただし，(5)の②のようにやや高度な議論が必要な問題，(6)のように計算量がある問題も出題される。試験時間が短いため，優先的に手をつける問題を見極めつつ，標準レベルの問題までは確実に正解を重ねたい。

Ⅱの前半は，座標平面における２つの直線がなす角に関する問題である。(1)のような特別な状況であれば，〔解説〕のように正確に図を描ければ解決する。一般的には図から説明をしづらいため，$\tan\theta$の加法定理を利用して説明する。(2)の問題が，この解決策に気付くためのヒントである。まったく経験がない受験生が試験中にこの誘導に従えるかというとやや難しく，(2)をきっかけに思い出すという人が多かったと考えら

れる。入試でよく問われるテーマに関しては，十分に訓練を積んでおきたい。

一つ一つの内容は決して難しいものではないが，試験本番の緊張感により，また，分量に対して短い試験時間の設定から，高得点を確保するのが難しい。まずは試験時間を気にせず，各単元，各分野の標準的な問題を漏れなく，確実に解ける実力をつけることから始めてほしい。また，過去問は分量，時間の感覚をつかむのには最適であり，特に問題に慣れるという意味では，時間を計りつつ取り組むことで効果が発揮されるだろう。

❖講評

現代文二題、古文一題、漢字一題の計四題が出題された。

一の評論は、資本主義における貨幣（G）と商品（W）の循環形式を示しながら、交換価値の増殖を論じている。GとWの対比が明確で、具体的な記述も多いので、難解な文章ではない。問1・問2の空所補充は、組み合わせを選ぶので、わかるものから決めて選択肢を絞れば容易。問3・問4は、空欄前後の文脈をおさえ、選択肢の表現にも注意して選べばよい。問5は、脱落文の内容・キーワードに注目して挿入箇所を決める。問6・問8は、具体例の箇所の文脈を丁寧にたどることが必要。問7は、両者の対比が明確なのでまとめやすい。問9は、選択肢中の不適切な箇所が明確なので選びやすい。全体として標準レベルの問題。

二の随筆は、筆者が『續明暗』を書いた事情を述べたものである。問1は、本文全体の流れをおさえた上で、最終段落で選択肢が決定できる。問2は組み合わせを選ぶので、わかるものから決めていけば容易。問4は、筆者のありようを述べた部分に注目して、「十一字」もヒントにして探す。問6の文学史は基本。問7は、選択肢中の不適切な箇所が明確なので選びやすい。問8は、選択肢が言及している箇所を丁寧に読めば難しくはない。全体として標準レベルの問題。

三の古文は、入試頻出作品の『紫式部日記』からの出題。特に第一段落は有名な箇所である。問1・問8は文脈をふまえて、問2は指示語に注目して、それぞれ解釈することが必要である。問3は、ふまえられた和歌の内容・状況を的確におさえる。問6は、傍線部に至る文脈を丁寧にたどる必要があり、やや難。問9は文法から選択肢が絞りやすい。問10は基本。全体として標準レベルの問題。

四は、選択式による漢字の問題。書き取り・読みともに標準レベルの問題。

るが、それでは思いやりがないと述べた上で、女房たちの言うこともっともだと言っている。そういう文脈をおさえて②に決まる。①の「縁起を」以降は作者が「いはまほしき」と思ったこと。③・⑤は女房たちに言及していない。④の「思いやりがない」は、女房たちへの反論を作者自らが評した言葉。

問7　空欄Bの前はサ行下二段活用の「まかす」の未然形か連用形であるから、終止形（ラ行変格活用では連体形）に接続する「らし」「なり」「らむ」は不適。作者が気がねをしていることを述べている箇所であるから、過去の意味を持つ「けむ」「き」も不適。続く部分の「さへ」に注目すれば、〈思うようにしたいことまでも〉ではなく、〈思うようにしてもよいことまでも〉という文脈だろう。そこで、希望の「たし」「まほし」ではなく、強意の「つ」に決まる。「べし」が続いているので終止形になる。「つべし・ぬべし・てむ・なむ」の形は基本事項。

問8　「いでや」は〝いやもう、いやはや〟の意。〝言いたいこともありますが〟に続く部分なので、④に決まる。

問9　「なめり」は、断定の助動詞「なり」の連体形「なる」＋推量の助動詞「めり」の終止形が〈なるめり→なんめり→なめり〉のように撥音便が表記されなくなった形で、〝～であるようだ〟の意。これだけで①・②に絞れる。あるいは、ものに通じている人は少ないという言葉に続いているので、大方の人についての言及であり、「わたし」のことではないから、③～⑤を除いてもよい。「人をばなきになす」は、〝人を無いようにする〟と直訳できるので、①に決まる。

問10　紫式部が仕えたのは中宮彰子、清少納言が仕えたのは中宮定子。彰子・定子とも一条天皇の中宮（定子は後に皇后）である。

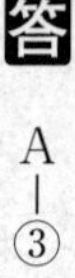

四　解答

A―③　B―⑤　C―①　D―⑤　E―②　F―③

り、気がねをする。まして、(宮仕えをして)人の中にまじっては、言いたいこともありますが、いやはや何も言うまいと思われ、わかってくれそうにない人には、言っても益はないでしょう、ものを非難し、我こそはと思っている人の前では、面倒なので、ものを言うことも、おっくうです。特にたいそう物事のあれこれに通じている人はなかなかいない。(たいていの人は)ただ、自分の得意とすることばかりをとりあげて、他人を無視するようなものだ。

▲解　説▼

問1　「艶なり」は〝風流だ、優美だ〟の意。「なりぬる」とあるので〝風流になってしまった人〟であり、この段落は批判的に書かれているので、風流ぶっていてそれが身についてしまった人ということになる。

問2　「心」は同じ文冒頭の「その心」であり、その指示内容は直前の「心すごう」である。「すごし」は〝ぞっとするほど寂しい〟の意。思い出もなく行く末の頼みもなく、作者は寂しさで心がすさんでいるのである。

問3　設問文によれば、踏まえられているのは、荒れた家で琴をひいている女に男が詠んだ歌であり、その第四句を示して、〈わび住まいをしている上に嘆きが加わる〉という意味を表そうとしている。「ゆゆし」は〝忌まわしい〟の意の重要単語。「悩みを重ねたような」「忌まわしく思われます」とおさえられているので、①が正解。②は「求婚」、④は「勘違いをさせる」の部分でそれぞれ不適。③・⑤は「女」とあるところから不適。

問4　「厨子」は〝調度品や書画などをのせる戸棚〟のことである。法隆寺の玉虫厨子は有名。

問5　空欄Aは女房たちの陰口の部分にある。女性である作者が漢籍を読むことを批判しているのである。不審に思い問いただす意味の⑤「なでふ」が正解。ここでは、係助詞「か」とあわせて反語を表す。直訳すると〝どういう女が漢籍を読むのか(いや、女は誰も読んだりしない)〟となる。直後の「女」は作者を指しているわけだから、①の〝どの〟、②の〝どこの〟では不適。③の〝ましてや〟も不適。④は〝なぜ〟の意であるが、漢文の「何為」を読んだものであり、作者を批判している女房たちが使うはずがない。

問6　やや難。直訳すれば〝またそういうこともある〟である。女房たちの陰口に対し、「いはまほしく」思うこともあはりなくならないのでしょうか、物思いのまさる秋の夜も、縁近く出て座って物思いにふけるならば、いっそう、月を昔は賞美したのだろうかと（いうように）、（周囲の人々にもの寂しく）見られている様子をひき起こすもとのようでございますし、世間の人が忌み嫌うと言います咎も、きっとやってくるだろうと、はばかられて、少し奥に引っ込んで、そうは言ってもやはり寂しさにすさんだ心のうちには尽きることなく自然とものを思い続けています。
風の涼しい夕暮れに、聞きよくもない独奏の琴をかきならしては、わび住まいから悩みを重ねたような（琴の音）と、聞き知る男もあろうかと、忌まわしくなど思われますのは、愚かにもわびしくもありました。
それというのも実は、粗末で黒ずみすすけた自宅の部屋に、箏の琴と和琴が調律したままで、気をつけて「雨の降る日は、琴柱を倒せ」などとも言いませんのでそのままに、塵が積もって、寄せ立てておいた厨子と柱との間に（琵琶の）首をさし入れては、琵琶も左右に立ててあります。
大きな厨子一対に、すきまもなく積んでありますものは、ひとつの厨子には、古歌や物語（の書物）で言いようもなく虫の巣になってしまったもので、不快なほどに虫がはって散っているので、開けて見る人もいません。もう一方の厨子には、漢籍などで、わざわざ重ねておいた夫もいなくなりましたのち、手を触れる人も特にありません。それらを、あまりにもひどく所在ないときに、一冊二冊引っぱり出して見ますのを、女房たちが集まって、「御前様（＝紫式部）はこうでいらっしゃる（＝漢籍をお読みになる）から、お幸せが少ないのである。どういう女が漢籍を読むのか（いや、女は誰も読んだりしない）。昔は（女が）お経を読むことをさえ人は止めた」と、陰口を言うのを聞きますにつけても、縁起をかついだ人が、将来命が長いようなことなど、見たことのない例だと、言いたいのですが、それでは思いやりがないようです。また一方女房たちが言うのももっともです。
どんなことも、人によってまちまちである。得意げで派手で、気分良さそうに見える人もいます。すべてに所在ない人が、気の紛れることのないままに、不要な紙（＝古い書物）を探し、勤行を多く行い、お経を絶えず唱え、数珠の音を高くするなど、たいへん気に入らない行いだと存じまして、思うにまかせてよいことまでも、ただ自分の侍女の目をはばか

三

出典 『紫式部日記』

解答

問1 ③
問2 ①
問3 ①
問4 ずし
問5 ⑤
問6 ②
問7 つ
問8 ④
問9 ①
問10 ②

◆全 訳◆

清少納言は、得意顔でたいへん偉そうにしていた人です。それほどにりこうぶって、漢字を書きちらしています程度も、よく見ると、まだひじょうに足りないところが多い。このように、他人より特別であろうと思いそのように行うのを好む人は、必ず見劣りがし、行く末は見苦しいばかりですから、風流ぶってしまった人は、まったく寂しくなんということもないときも、しみじみと趣深いようになり、興あることも見過ごさないでいるうちに、自然と、あるまじくうわついた様子になるのでしょう。そのうわついてしまった人の果てが、どうして良いでしょうか。

このように、あれこれにつけて、何ひとつ思い出されるべきこともなくて、過ごしてきました人（＝私）が、特に将来の頼みもないのは、慰める方法さえありませんが、心寂しくふるまう身だとはせめて思いますまい。そういう気持ちはや問3　空欄X直後の二つの文は対になっている。空欄直後の文の「ここ」は引用部分を指すのだから、そこには「人間」と「文士」への言及があるはずである。⑤が正解。
問4　空欄Yに続く部分の文脈をおさえる。筆者は「[Y]を生きて来ることのできなかった人間」であり、漱石の言葉がそういう人間に語りかけるのは、漱石が「当時の日本の『今ここ』にある言説空間に向かって書かなかった」からである。ということは、筆者は「今ここ」を生きて来なかった人だと言える。三つ前の段落の前半に、海の向こうで生きて来た筆者の目の前に広がる言語空間への言及がある。
問5　脱落文冒頭の「だが」に注目する。入るべき箇所の前には、「わたし」の母国語が英語（＝日本語ではない）と思えるような内容があるはずである。そう考えながら段落の末尾を見ていくと、第五段落に「日本語でものを書いたことは数えるほどしかない」とある。
問6　①・⑤は漱石、③・④は鷗外の作品。②は二葉亭四迷もしくは林芙美子の作品。
問7　傍線2に続く部分に注目する。漱石が無縁だった「流行」は「自然主義」であり、彼は「学問」があったから「人間」に向かって書くことができた、「今」と「ここ」から離れていた「言葉」を読むことができたのである。以上をおさえた⑤が正解。他の選択肢は、前半後半ともに適さない。
問8　①空欄bの前に「自分の母国語が……当たり前のことのように思えた」とある。合致しない。
②第二段落に「……それだけでは片づかない」とある。「全く同じで」の部分で合致しない。
③傍線2の後に、「流行遅れ」と「学問」へのプラスの評価が書かれている。「どちらかといえば悪評」の部分で合致しない。
④空欄bの段落の冒頭の一文に合致する。
⑤空欄Xの次の段落にあるように、「『今ここ』で彼らが操るしゃべる言葉がすべてである」のは、畏れるに足りない「文士」たちのことである。「文士」は批判の対象であり筆者は「衝撃を受けた」わけではない。合致しない。

問7　⑤
問8　④

◆要　旨◆

十二歳でアメリカに渡ったわたしにとって、母国語が日本語であるのは当たり前のことのように思えたが、日本に戻ると、日本の「今」と「ここ」の中に閉ざされた言語空間に困惑する。日本語を選びとってしまったことによって、切れてしまったようなわたしと世界との関係を復活させてくれるのが漱石のテクストである。わたしに漱石がまっすぐ語りかけてくれるのは、彼が当時の日本の「今ここ」にある言説空間に向かって書かなかったからである。「学問」とは「今ここ」から離れた言葉を読むことであり、漱石は「学問」があったから「人間」に向かって書けた。『續明暗』は漱石を読むことを通じて「人間」に向かい、わたしと日本語との結びつきの必然性を今一度選びなおそうという試みである。

▲解　説▼

問1　すべての選択肢前半に共通する「本屋」への言及の部分では、④の「日本語力がためされている」が不適。後半の『續明暗』への言及の部分で、最終段落をふまえている②に決まる。本文最後の二つの段落にあるように、漱石を読むことは「今」と「ここ」から離れた言葉を読むことであり、それによって筆者は人間に向かって書こうとしている。だから①の「自分は……考えてみたい」の部分は不適。③は「疎外感から抜け出そうとする」、④は「漱石の……参考にしたい」、⑤は「漱石の……学びたい」の部分で、それぞれ不適。

問2　空欄aは、本棚に並んだ本が背を向けている様子を表している部分である。組むのは「スクラム」である。空欄bの段落にある、「すべての子供をアメリカ人にしようとするアメリカ」で、「自分の母国語が日本語であること」を「当たり前にする」のは、大変だったはずである。二つ前の段落にも「必死で日本人であろうとして来た」とある。「エネルギー」に決まり、ここまでで選択肢は⑤になる。空欄cは続く部分から、「漱石」が「拊石」の「モデル」だとつかめる。空欄dは書かれたものである。空欄eの「オマージュ」は〝敬意、賛辞〟の意。

②空欄Dの段落に、貨幣的な価値の獲得が転化をもたらすとある。
③空欄Bの段落に、報酬が行為の価値を高めるわけではないと述べられている。
④「人と競う場においてはじめて得られる」ものならば、「締め出される」ことにはならない。
⑤これは倫理的な意味である。

問9　①「宗教的な崇拝の対象」といった言及はない。
②第一のグループが一番寄付金を得たのだから、公共的な善のための使命感の方が、貨幣的な報酬よりも強い動機づけになっている。「人は結局」以降の部分で合致しない。
③本文冒頭の部分から、「W－G－W′」だったものが「G－W－G′」の循環に反転し、その循環の繰り返しが価値増殖であり資本主義であるとつかめる。合致する。
④「終末論的な思想」への言及はない。
⑤「秩序を……もたらした」といった言及はない。

二

出典　水村美苗『日本語で読むということ』〈3　私の母、母の本　『續明暗』のあとに〉（筑摩書房）

解答

問1　②
問2　⑤
問3　⑤
問4　日本の「今」と「ここ」
問5　しかない。
問6　②

のがある。②「行為へと転化する」、③「単純作業となる」、⑤「抽象的な循環となる」は続きにくい。貨幣が高次の目的へと転換すると、「使用価値」や「行為の価値」はどうなるのか。空欄Yの後の「使用価値Wが……終極性を失い」や「魅力を失う」等にも注目して④に決まる。

問5　脱落文には、特殊が普遍性の具体化になること、普遍性が欲望の対象になること、が述べられている。これは第七段落に示された内容であり、G－W－G′の段階である。

問6　傍線1の現象については、続く三つの段落で、具体的な実験例で解説され、三つ目の段落の最後に「これが、『市場……締め出し』という現象である」とある。善行が賃労働になると、善なる目的への奉仕という意味が締め出されるのである。

①傍線3の前段落に「公共善のための活動にわずかでも貨幣的な報酬がともなうと、人は主として貨幣的な報酬のために活動するようになる」とあり、「これが、『市場……締め出し』という現象である」とある。適。

②道徳が締め出されることへの言及がない。不適。

③「弱肉強食的な競争社会」は本文の内容と無縁。第一グループが最も好成績だったこととも合わない。不適。

④「幼い子どものような……奪われていく」とは本文に書かれていない。不適。

⑤使命感が締め出されていなかったことになる。不適。

問7　傍線2の次の段落は活動の結果について述べている。その次の段落に注目する。善行が賃労働に変質した点をおさえ、第一グループと第二・第三グループの違いを述べればよい。制限字数が少ないので、双方を「前者」「後者」としてよい。

問8　傍線3に続く部分に、パズルやゲームを例とした説明がある。空欄Aの段落に「具体的な行為……締め出されるのだ」、空欄Xの次の段落に「行為の……締め出し」、空欄Bの次の段落に「行為それ自体……具体的な価値」と、同様の言及がある。そこに注目して①に決まる。

為の倫理的な意味や行為の特殊で具体的な価値が締め出される。貨幣的価値の獲得により、任意の使用価値がそれの具体化であるような普遍的な目的として位置づけられるようになる。交換価値Gは使用価値Wへと受肉しながら循環し続ける。

◀解　説▶

問1　空欄Aの前は、行為の特殊性に応じた価値があること。後は、その価値が締め出されること。だから逆接。空欄Bの前は、募金について〈～かもしれないがそうではない〉の形での考察。後も、パズル解きについて同様の表現形式での考察。選択を示す「あるいは」になる。空欄Cの前後は同内容の言い換え。イコールでつなぐ「つまり」が入る。空欄Dは、前で物神性にふれ、後でそれが生まれる論理を述べている箇所。前後は同内容でも逆接でもない。貨幣本来の意味から述べ始めているので、「もともと」が入る。したがって正解は①である。

問2　空欄bの前では、普遍性が事物の有する属性であり、事物への付属品であるとし、使用価値（＝W）中心に展開している状態が述べられているので、空欄bは「W－G－W′」である。空欄cは普遍性が欲望の対象となった段階であり、続く部分に〈抽象的な普遍性（＝G）は自分自身へと回帰する〉とある。空欄cは「G－W－G′」になる。そして空欄b・cの段落では、本来［b］だったのが、特殊性と普遍性の間の論理的なプライオリティの関係に逆転が生じた段階が［c］だと述べていて、続く段落に「［d］から［e］への転換」とあるので、d＝b、e＝cということになる。傍線1以降にも、貨幣という報酬が加わることによる変化が述べられている。そこで⑤に決まる。空欄aも直後に「変化」とあるので「G－W－G′」になる。

問3　空欄Xに入る提案は、直後から、「貨幣的な価値……抵抗すべきだ」という意味を持つものである。最終段落に、〈貨幣的な価値は交換価値Gであり、行為の価値は使用価値Wだ〉ということが述べられているので、GよりWを重視するという②に決まる。①は「貨幣の優位性」で不適。③～⑤は貨幣についての言及がなく、「社会体制」「社会システム」も本文とは無縁で不適。

問4　空欄Yの主語は、直前の「個々の具体的な……行為の価値」であるから、そもそも述語の形としてつながらないも

国語

一

出典 大澤真幸『新世紀のコミュニズムへ――資本主義の内からの脱出』＜第4章 脱成長のための絶対知 3 交換価値か、使用価値か＞（NHK出版新書）

解答

問1 ①
問2 ⑤
問3 ②
問4 ④
問5 態である。
問6 ①
問7 前者にとっては善い目的への使命感のある活動だが、後者にとっては自分の利益のための賃労働という意味。（五〇字以内）
問8 ①
問9 ③

◆要　旨◆

資本主義とはG－W－G′の循環を基軸として経済が展開している社会システムである。この循環公式は人の欲望のあり方の変化を表現している。本来、普遍性は特殊な事柄の属性にすぎなかったが、特殊性が普遍性のひとつとして位置づけられるようになると、普遍性自体が欲望の対象となり実体性を獲得する。それが貨幣である。貨幣という報酬により、行

MEMO

MEMO

MEMO

2022年度

問題と解答

■学部別入試

問題編

▶試験科目・配点

教　科	科　　　目	配　点
外国語	「コミュニケーション英語Ⅰ・Ⅱ・Ⅲ，英語表現Ⅰ・Ⅱ」，ドイツ語（省略），フランス語（省略）から１科目選択	150 点
選　択	日本史Ｂ，世界史Ｂ，地理Ｂ，政治・経済，「数学Ⅰ・Ⅱ・Ａ・Ｂ」から１科目選択	100 点
国　語	国語総合（漢文を除く）	100 点

▶備　考

「数学Ｂ」は「数列，ベクトル」から出題する。

英語

（60分）

〔Ⅰ〕 以下の英文を読んで，1～5の問いに答えなさい。

Though people both take and share more photos than ever before, until recently we have known very little about how different reasons for taking photos impact people's actual experiences. For instance, when touring a city, some people take photos to share with others (e.g., to post on Facebook), while others take photos for themselves (e.g., to remember an experience later on). Will those who take photos to share them enjoy the experience more or less than those who take photos for themselves? How do people's purposes for taking photos impact their enjoyment of photographed experiences? In twelve studies with over 2,800 participants, results show that (ア) fact those who take photos to share with others, compared to those who take photos for themselves, enjoy the photographed experiences less.

In one study, tourists lined up to take a photo at the famous Rocky statue in Philadelphia were asked whether these photos were (あ) for themselves or to share. Then, after they took the photo, they were asked how much they enjoyed the experience. Based (イ) their answers in conjunction with other studies it was found that those who take photos to share enjoy the experience less, and are less likely to recommend the experience to a friend, compared to those who take photos for themselves.

Similar effects were found when people were asked to take photos during their Christmas celebrations. Participants were tasked with taking photos on December 25th for a photo album that was either just for themselves or to share on social media platforms, such as Facebook. Interestingly, the albums created for sharing differed from those created for personal use. Albums created for sharing featured more photos where people were posed (as opposed to candid) and where people were smiling for the camera, suggesting that they wanted to present a positive impression to the viewers of the album. In addition, with shared albums, people were more likely to include photos that included items typical (ウ) the holiday (e.g., Christmas trees, stockings, etc.), suggesting that they felt the need(X) to provide details about the context for those who were not there. Further, those that were told to take photos to share enjoyed the photo-taking experience less than those who took photos for themselves.

But why is that the case? Why would one's purpose for taking photographs affect enjoyment of the experience? Findings suggest that this occurs because taking photos to share increases photographers' worries about how others will judge their photos. This intent to share with others increases feelings of anxiety(a) to present one's self in a positive light, which in turn reduces enjoyment during the experience. In addition, these negative feelings extend to people's interest in participating in similar future experiences, such that taking photos to share actually decreases their desire to repeat that experience again. This is even the case when the person taking the photo is not personally in the photo, such as when sharing a photo of a sunset or, in the previous study, a Christmas tree.

Some people experienced these negative effects of intending to share more strongly than others. Those who are high in self-consciousness (those who are highly concerned about how they appear to others and what others think about them) show stronger effects. When they take photos to share, they enjoy the experience less, not just compared to those taking photos for themselves, but also compared to those who do not worry so much about what others think of them.

Does it matter who sees the photos? Researchers investigated whether the audience (エ) whom one shares matters. They reasoned that intending to share one's photos with a broad group of acquaintances (e.g., all friends on Facebook) would reduce enjoyment, but taking photos to share only with close friends or for one's own personal album would make the experience itself significantly more enjoyable. Indeed, that was the case. Taking photos to share with people they did not know very well, and who did not know them well, (い) participants to have feelings of anxiety and also reduced the extent to which they felt engaged in the experience. They worried about what others thought and hence were less present in their own experience, causing them to enjoy the experience less.

Moreover, this research identifies a potential misstep among businesses; (う) consumers to take photos to share during experiences may be counterproductive. For instance, many restaurants and hotels incorporate hashtags throughout their advertising to motivate consumers to take photos for sharing on Instagram, Facebook, and Twitter. Such salient(b) reminders might have unintended costs if they reduce the enjoyment people feel during the experience itself, with potentially harmful(c) effects on remembered enjoyment. Moreover, these negative effects on consumers' experiences may reduce their propensity to repeat such experiences or recommend them to others.

Our experiences are vital(d) to our well-being, and understanding what affects our enjoyment is important both to people seeking happiness and to companies creating and marketing such experiences. People widely share with others, not only through (え) and verbal communication, but increasingly through photos. More and more, photos are taken as an experience unfolds, and hundreds of millions of these photos are shared every day through social media and other channels. While consumers may enjoy sharing these photos later on, and find value in receiving "likes" and "comments" when they do, they may want to consider how taking photos to share can undermine their own enjoyment during the actual experience itself.

1. 空欄（ア）～（エ）に入れるのに適切な語を，それぞれ（1）～（4）から1つ選び，その番号をマークしなさい。

(1) in　　(2) of　　(3) on　　(4) with

2. 空欄（あ）～（え）に入れるのに適切な語を次から選び，必要な場合には適切な形に変えて，解答欄に記入しなさい。

encourage / intend / lead / write

3. 下線部（a）～（d）の語と最も意味が近い語を，それぞれ（1）～（4）から1つ選び，その番号をマークしなさい。

(a) anxiety
(1) anger　　(2) concern
(3) happiness　　(4) reassurance

(b) salient
(1) easy　　(2) irrelevant
(3) notable　　(4) open

(c) harmful
(1) damaging　　(2) favorable
(3) real　　(4) strong

(d) vital
(1) critical　　(2) detrimental
(3) spiritual　　(4) unimportant

4. 下線部（X）は，この場合，具体的にはどのようなことを意味していますか。日本語で書きなさい。

5. 以下の（1）～（8）の英文について，本文の内容に合致している場合にはTを，合致していない場合にはFを，それぞれマークしなさい。

(1) People who take photos for themselves enjoy the photographed experiences less than those who share photos online.
(2) Those who take photos for themselves are less likely to smile in the photos than people who share photos online.
(3) Someone who did not include Christmas party decorations in their photos

probably enjoyed the party more than someone who did include the decorations.

(4) Taking a photo without people in it prevents the anxiety of sharing the photo.

(5) Sharing photos is a good way to make a person less self-conscious.

(6) A restaurant could eventually lose customers who are persuaded to share photos showing themselves in the restaurant.

(7) Due to social media, people use photos rather than spoken communication to exchange experiences.

(8) Someone anxious about taking photos to share will not enjoy sharing pictures of the event afterwards.

〔Ⅱ〕 以下の英文を読んで，1～7の問いに答えなさい。

We have been telling stories about machines with minds for almost three thousand years. In *The Iliad**, written around 800 B.C., Homer* describes the oldest known AI: "golden handmaids" created by Hephaestus, the disabled god of metalworking. They "seemed like living maids" with "intelligence … voice and vigor," and "ran around supporting their master." In *The Odyssey**, Homer also gave us the first autonomous vehicles — the self-sailing ships that take Odysseus home to Ithaca. They navigate "by thought," along with two robots — a pair of silver and gold watchdogs which guard a palace not with teeth and claws but with their "intelligent minds."

Such stories have been told continually ever since. They come in a wide range of forms: myths and legends, film and fiction, and serious-minded <u>speculations</u>(a) about the future. Today more than ever, intelligent machines are featured in popular films and bestsellers, from *Star Wars* and *Westworld* to Ian McEwan's *Machines Like Me*. Currently, we might call such machines "AI" — artificial intelligence — a term <u>coined</u>(b) in 1955. But they have had many other names, all of which have different nuances, including "automaton" (since antiquity), "android" (1728), "robot" (1921), and "cyborg" (1960).

Why are we so fascinated by robots? A few scholars have tried to explain. The first was Ernst Jentsch, who claimed in his 1906 essay "On the Psychology of the Uncanny" that "in storytelling, one of the most reliable ways to produce uncanny effects is to leave the reader uncertain as to whether he has a human person or an automaton in front of him." Jentsch illustrated this idea with the 1816 short story "The Sandman" by E. T. A. Hoffmann. The story features a young man, Nathanael, enchanted by the beautiful Olimpia, a young woman who lives next door to him. She is an excellent dancer, but does not speak beyond saying "Ah-ah!" When Nathaniel (A) discovers that she is, in fact, an automaton, constructed by her "father," he is so upset that he commits suicide.

In his essay "The Uncanny" a few years later, Sigmund Freud further developed this idea. The notion of the uncanny has remained central to thinking about our reaction to human-like machines to this day. The Japanese roboticist Masahiro Mori famously coined the term "uncanny valley" to describe the unsettling(c) effect of being confronted with a machine that is almost, but not quite, human.

(B), Minsoo Kang argued in his book *Sublime Dreams of Living Machines* (2011) that Freud is wrong to only focus on the [ア] associated with robots, such as being deceived by a machine into thinking that it is human. Throughout history people have also linked hopes and positive feelings to robots. For example, E. R. Truitt writes in her book *Medieval Robots* (2015) about the castle of Hesdin in medieval France, where automata played jokes on unsuspecting visitors. *Star Wars* fans might think of the comic relief provided by the robots C-3PO and R2-D2.

Kang's own view is that the humanoid machine is fascinating because it is "the ultimate paradox. Its very nature is a series of contradictions." The uncanny is one aspect of this, challenging(d) the categories of the real and the unreal. But it is not the whole story, as such machines also challenge our divisions between the living and the dead, or creatures and objects.

Kang's analysis is surely right — but again, not the whole story. Writer and critic Victoria Nelson added another piece of the puzzle, suggesting that repressed religious beliefs motivate many of the stories we tell about humanoid machines. This too seems right. Classicist Adrienne Mayor describes mythical tales of intelligent machines as "ancient thought experiments" in the potential of technology to transform the human condition. This too seems like an important function. Stories — in particular, the last hundred years of science fiction — offer the deepest explorations available of life with AI.

(C) one explanation for why humanoid robots fascinate us is that they can fulfill (e) so many functions. They can be simultaneously unsettling and [イ]. In a way, they can be what we want them to be, unrestricted by what would count as "[ウ]" for a human. In this way, they can fulfill narrative roles similar to those of gods or demons, embodying archetypes* and exaggerated concepts: the ruthless unstoppable killer, the perfect lover, or the ultra-rational calculating machine. They allow us to explore extremes — which is one reason why robot stories are often utopian or dystopian. Stories about such machines are therefore always really stories about ourselves: (X)人間であるとはどういうことかについての私たちの観念を，パロディにし，検討し，複雑化することである。

The Iliad 『イーリアス』(ホメーロスによる叙事詩)

*Homer ホメーロス(古代ギリシアの詩人)

**The Odyssey* 『オデュッセイア』(ホメーロスによる叙事詩)

*archetypes 原型

1. 下線部(a)〜(e)の語句の意味と最も近い語句を，それぞれ(1)〜(4)から選び，その番号をマークしなさい。

(a) speculations

(1) gambles (2) hopes

(3) investments (4) suppositions

(b) coined

(1) discussed (2) invented

(3) monetized (4) tossed

(c) unsettling

(1) disturbing (2) encouraging

(3) flattering (4) surprising

(d) challenging

(1) achieving (2) disputing

(3) establishing (4) trying

(e) fulfill

(1) evoke (2) fascinate

(3) perform (4) provoke

2. 空欄（A）～（C）に入れるのに最も適切な語句を，それぞれ（1）～（4）から1つ選び，その番号をマークしなさい。

(A) (1) at first (2) even

(3) still (4) ultimately

(B) (1) And (2) For

(3) However (4) Therefore

(C) (1) As (2) But

(3) So (4) While

3. 空欄［ア］～［ウ］に入れるのに最も適切な語句を，それぞれ（1）～（5）から1つ選び，その番号をマークしなさい。

［ア］(1) affections (2) curiosities (3) fears

(4) inconveniences (5) joys

［イ］(1) funny (2) furious (3) jealous

(4) scary (5) unpleasant

［ウ］(1) difficult (2) positive (3) realistic

(4) superb　　(5) suppressive

4. 下線部（X）の日本語を英訳するために，（1）～（9）の単語を並び替えてカッコの中に入れ英文を完成させるとき，カッコ内の単語のうち6番目に来るものの番号をマークしなさい。

parodying, examining, or complicating (　　　　　　　　　　).

(1) be　　(2) human　　(3) it　　(4) means　　(5) notions
(6) of　　(7) our　　(8) to　　(9) what

5. この文章の内容と合致する文を，それぞれ1～4から1つ選び，その番号をマークしなさい。

(1) The oldest known AI

1 sailed on self-sailing ships.

2 served their disabled master.

3 were made by "golden handmaidens."

4 were not able to talk.

(2) In a story written by E. T. A. Hoffmann,

1 Nathanael enjoys dancing and talking with Olimpia.

2 Nathanael kills himself.

3 Nathanael's father kills himself.

4 Nathanael's father kills Olimpia.

(3) The author of this article

1 agrees best with Kang's analysis.

2 agrees best with Victoria Nelson's and Adrienne Mayor's analysis.

3 develops their thoughts based on Freud, Kang, Nelson, and Mayor, adding their own analysis.

4 disagrees with all of the other scholars, developing their own analysis.

6. (設問省略)

7. この文章にタイトルをつける場合，以下の（1）～（5）のうち，最も内容にふさわしいものを1つ選び，その番号をマークしなさい。

(1) A Brief History of Robots in Literature and Film

(2) Our Many Words for Robots

(3) The Evolution of Robots in Fiction

(4) Why We Keep Telling Robot Stories

(5) Why Robots Are Important

〔Ⅲ〕 Amanda Gorman is a young black woman who was invited, at the age of 22, to read aloud her own poem at U.S. President Joe Biden's inauguration ceremony. The world was moved and inspired by the grace and power of her hopeful message. The following conversation is from a television interview she gave the next day in Los Angeles.

For each question (1) to (15) choose the ONE correct answer from A to D that fits the blank.

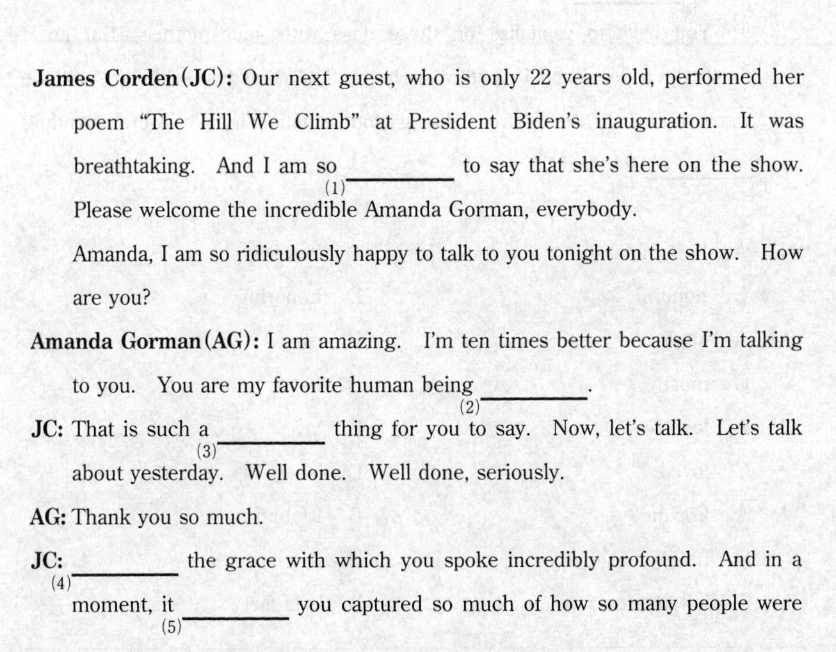

James Corden (JC): Our next guest, who is only 22 years old, performed her poem "The Hill We Climb" at President Biden's inauguration. It was breathtaking. And I am so ____(1) to say that she's here on the show. Please welcome the incredible Amanda Gorman, everybody.

Amanda, I am so ridiculously happy to talk to you tonight on the show. How are you?

Amanda Gorman (AG): I am amazing. I'm ten times better because I'm talking to you. You are my favorite human being ____(2).

JC: That is such a ____(3) thing for you to say. Now, let's talk. Let's talk about yesterday. Well done. Well done, seriously.

AG: Thank you so much.

JC: ____(4) the grace with which you spoke incredibly profound. And in a moment, it ____(5) you captured so much of how so many people were feeling and you captured the nation's heart. How are you processing this last 24 hours, and the massive positive attention (6)________ bestowed on you?

AG: I don't think I really can process it. To give you a metaphor for that, my phone was (7)________, it was so hot. It just gave up on itself three hours (8)________. I was outside in the cold and my phone was so hot with the (9)________ support and love that was coming for my words. And that was just incredible. You know, honestly, it's a personal honor for me to be the youngest inaugural poet, but I think it was something beyond that, beyond myself, a moment for the country and the world to really move (10)________. And for me to be a small part of that, that's (11)________ anyone can ask for.

JC: But I don't think you were a small part. I think you were for me the pivotal moment. Now. I know that your mother is a teacher (12)________ here in Los Angeles. She (13)________ beyond proud of you, I imagine every day, but today particularly.

AG: This is (14)________ where I can unabashedly say, "I need a new iPhone." Get it! You have to capitalize on these days with your mother. But no, I finished my poem and I came up to her and she was just sobbing. And we were trying to keep from being too emotional. We were standing (15)________ the world!

(1) A. honorable B. honored
C. honorific D. honoring

(2) A. at all B. ever
C. mostly D. never

(3) A. lovable B. love
C. loved D. lovely

(4) A. For me B. I found
C. If only D. It was

(5) A. felt like B. is in fact

C. let　D. believed that

(6) A. that had been　B. that is being
C. who has been　D. who will be

(7) A. fired　B. firing
C. on fire　D. set fire

(8) A. ago　B. early
C. late　D. since

(9) A. all　B. amount of
C. emotion　D. lots of

(10) A. around　B. backward
C. forward　D. up

(11) A. all　B. because
C. therefore　D. why

(12) A. by　B. correctly
C. exactly　D. right

(13) A. can be　B. has been
C. is going to be　D. must be

(14) A. one of those days　B. timely
C. timing　D. today

(15) A. and expected by　B. back of
C. behind　D. in front of

日本史

（60分）

〔Ⅰ〕　次に示す史料A～Dを読み，以下の設問に答えなさい。なお，史料には，適宜，表記を改めた箇所がある。

史料A

第三十五条　衆議院ハ［　1　］ノ定ムル所ニ依リ公選セラレタル議員ヲ以テ組織ス

　衆議院ノ議員ハ其ノ資格ト其ノ任期トヲ定メテ広ク全国人民ノ公選スル所ヲ取ラムトス。本条議員選挙ノ制規ヲ以テ之ヲ別法ニ譲ル者ハ，蓋選挙ノ方法ハ時宜ノ必要ヲ将来ニ見ルニ従ヒ，之ヲ補修スルノ便ヲ取ルコトアラムトス。故ニ憲法ハ其ノ細節ニ渉ルコトヲ欲セザルナリ。

（出典：伊藤博文『憲法義解』（注1）国家学会）

史料B

　若し全国民が悉く平等の能力を有し，平等の資格を有つて居るものとすれば，全国民に悉く平等の選挙権を与へて，総ての議員が均しく全国民から公選することにするのが最も正当であるべき筈でありますが，併しながら実際には国民は決して平等なものではない。(ア)国民は其の門閥に於て，其の財産に於て，其の学識に於て，其の経験に於て，又は其の社会上の徳望に於て，千差万別，実際は極めて不平等なものであります。此の実際上の不平等を無視して，全国民を平等な者として取扱ひ，之に平等の選挙権を与へて，平等に全国民の中から総ての議員を公選するものとするのは，決して真に適当なる代表者を得る所以ではないのであります。

（出典：美濃部達吉『憲法講話』（注2）有斐閣）

史料C

然し更に遡つて吾々の考へて見ねばならぬ点は，［　2　］論者が(中略)観て以て選挙権の行使に必要なりとする「能力」とはどの程度のものを指すかの問題である。若し之が，一方に於ては現代の政治組織を正確に理解し，又他方に於ては時々刻々に起る各種の政治問題に就て相当の意見を積極的に立て得る程度の高い能力を意味するものならば，斯かる能力を有する者は，国民中極めて少数の部類である事は疑も無い。(中略)併し乍ら，現代立憲政治の運用に於ては実は斯かる高度の能力を選挙権者に求むる者では無い。然らば何れ丈けの能力を必要とするかと言ふに，(中略)選挙権者が，其権利を行使するに際し，各候補者の言論を聴いて，其の何れが多くの真理を含むやの判断を為し，又予ねての見聞に基き，其各候補者の人格を比較し，其のいづれかより多く信頼するに足るかの判断を誤らなければ可い。積極的に政治上の意見を立つるまでの必要は無い。即ち極めて平凡なる常識で足りるのである。受働的に候補者の人格と政見との比較を適当に為し得れば可いのである。之れ位の事なら，今日の国民には誰にも出来ると思ふ。(中略)教育の盛んな現代の文明国民の普通に有つて居る最低度の常識的能力で十分なのである。(中略)斯く考ふれば，選挙制度は原則として必ず普通選挙たらざる可らざるの理は，一目瞭然であらう。

(出典：吉野作造『普通選挙論』(注3)万朶書房)

史料D

だが此度の選挙で一票入れられるのは，皆さん方のお父さん，御良人，お兄さん，お子さん方を初め運転手，店員，下男，作男，小使，等々すべて男だけです。男なら二十五歳以上の人には全部あります。いくらお母さんでも，学校の校長さんでも，院長さんでも，女ではだめです。

では投票は女には出来ない程の六ヶ敷いことかといえば，それは何でもないことです。二月二十日の選挙日に投票場ときめられている所へ行って，自分の最もいいと思う候補者の名を紙に書いて箱に入れてくればいいのです。（中略）

尤も女が一票もったって何にもならないではないかと仰有る方があるかも知れません。

然し男と同様に女も一票持っているということになれば，第一女の値打ちが上がります。女だというので男から馬鹿にされる事が少なくなります。又(また)一票の手前，女自身もうっかりしていられなくなります。それに一票持っていると，現在女にとって不都合な法律，例えば男は姦通してもいいが女はいけないとか，子供は男親のものだとか，夫婦で共稼ぎをして貯めた金でも全部夫のものになってしまうといった法律(イ)を改正する事が出来易くなります。

なぜならそれ等の法律を改正するのは代議士がするのですから，一票あれば代議士に賛成させる事が容易です。否，じっとしていても，代議士は女の持っている一票がほしいので，女の気に入るように，先方からこの法律を改(か)えましょう，といって来ます。法律だけでなく，学校の事，子供の事その他同様です。

だからどうしても女も一票持つ必要があります。

（出典：市川房枝「婦選運動十三年」(注4)，『市川房枝集』第2巻）

（注1）『憲法義解』：1889年公刊。明治政府の準公式的な大日本帝国憲法解説書。史料Aは，「第三十五条…」の部分が憲法の条文，「衆議院ノ議員ハ…」の部分が解説である。

（注2）『憲法講話』：1912年初版。引用は1918年の改訂版による。

（注3）『普通選挙論』：1919年刊行。

（注4）「婦選運動十三年」：1932年の『婦人世界』第27巻第3号に掲載。13年前に市川房枝は平塚らいてうらとともに新婦人協会を設立した。

問1　普通選挙について，史料B，C，Dはそれぞれどのように考えているか。解答欄に180字以内で書きなさい。

問2　史料Aの空欄［　1　］に入る語句は何か。条文の解説をよく読んで，解答欄に漢字3字で書きなさい。

問3　史料Aに関連して，大日本帝国憲法第35条は，選挙資格の「細節」を「別法」に委ねたため，「時宜」に応じた選挙権の拡張が可能となった。最終的に，大日本帝国憲法下で選挙権（選挙人の資格）はどこまで拡張したか。年齢，性別，納税資格の有無に注意して，12字以内で解答欄に書きなさい。

問 4　史料Bの著者である美濃部達吉は，天皇機関説を唱えて，天皇主権説を唱えたある憲法学者と論争した。その憲法学者の姓名を漢字で解答欄に書きなさい。

問 5　史料Bの下線部(ア)の見地に立って美濃部達吉が正当化した，国民の公選によらない議院を何というか。適切な語句を漢字で解答欄に書きなさい。

問 6　史料Cの空欄［ 2 ］には，「普通選挙」と対になる語句が入る。その語句を漢字4字で解答欄に書きなさい。

問 7　史料Bの著者である美濃部達吉と史料Cの著者である吉野作造は，政党内閣と議院内閣制を正当化する理論を提供し，昭和初期には二大政党が政権交代を繰り返す状況が続いた。このような政治のあり方を何と呼ぶか。適切な語句を解答欄に書きなさい。

問 8　史料Dの下線部(イ)に関連して，民法典論争において「民法出デヽ忠孝亡ブ」と主張した憲法学者の兄で，男性優位の家父長制的な家制度を支えた民法の起草者の一人は誰か。その姓名を漢字で解答欄に書きなさい。

〔Ⅱ〕 次の文章を読み，以下の設問に答えなさい。

鎌倉時代，将軍との間に主従関係を結んだ武士は，とくに「御家人」(ア)と呼ばれた。源頼朝は挙兵後に関東の荘園・公領を支配し，1185年に義経追討を理由として守護・地頭(イ)をおく許可を得ると，御家人に対し，おもに地頭に任命することで先祖伝来の所領の支配を保障したり，新たな領地を与えたりした。一方，御恩を受けた御家人には，従者として奉公(ウ)を果たす義務があった。このように土地の給与を通じて，主人と従者が御恩と奉公の関係によって結ばれる制度を封建制度という。鎌倉幕府は封建制度にもとづいて成立した最初の政権であった。

鎌倉時代初期には幕府の力はまだ脆弱であり，諸国では朝廷の任命した国司が力を持つなど，政治の面でも経済の面でも二元的な支配が特徴であった。その後，承久の乱(エ)に勝利した幕府は，上皇方についた貴族や武士の所領を没収し，戦功のあった御家人らをその地の地頭に任命した。こうして幕府の力が強まると，朝廷と幕府の二元的支配の状況は大きく変わり，幕府が優位に立つことが多くなった。

しかし蒙古襲来(オ)では，幕府は御家人たちの功績に対し十分な所領を与えることができず，御家人たちの信頼を失うこととなった。鎌倉時代は分割相続を原則としていたこともあり，新たな所領が与えられなければ所領は細分化され，御家人たちは経済的に困窮していった(カ)。困窮する御家人たちの幕府への反発は強まり，後醍醐天皇の呼びかけに応じて足利尊氏などが倒幕に立ち上がると，1333年，鎌倉幕府は滅亡した。その後は南北朝の動乱が続いたが，足利義満は南北朝の合体を実現し，室町幕府を確立した。

武士が大きな力を持つようになった鎌倉時代には，京都の公家の文化(キ)を受け継ぎながらも，一方では，新興の武士や庶民に支持された新しい文化が生み出され，しだいに成長していった。仏教では旧仏教の腐敗を批判する新たな仏教(ク)が生まれ，各地に広がっていった。さらに室町時代になると，武家文化と公家文化の融合は一層進み，当時成長しつつあった惣村(ケ)や都市の民衆から(コ)の影響も受けることで，広い基盤をもつ文化が生み出された。

問１　下線(ア)について，源頼朝の死後におこなわれた十三人の合議制に参与した東国武士団出身の御家人として正しいものはどれか。Ａ～Ｅから一つ選び，解答欄にマークしなさい。

Ａ　大江広元

Ｂ　三善康信

Ｃ　北条泰時

Ｄ　三浦義澄

Ｅ　金沢実時

問２　（設問省略）

問３　下線(ウ)に関連して，鎌倉時代の御家人の奉公についての記述として正しいものはどれか。Ａ～Ｅから一つ選び，解答欄にマークしなさい。

Ａ　戦時には，惣掟にもとづいて惣領が出陣・参戦を行った。

Ｂ　平時には，交替で東北地方の警護にあたった。

Ｃ　平時には，将軍御所や鶴岡八幡宮の修造などに経済的負担を負った。

Ｄ　国司は，各国の御家人に対して，京都大番役への勤仕を催促・指揮する権限を持った。

Ｅ　幕府は，将軍権力を支える軍事力の育成につとめ，奉公衆と呼ばれる直轄軍を編成した。

問４　下線(エ)に関連して，承久の乱後の政治についての記述として正しいものはどれか。Ａ～Ｅから一つ選び，解答欄にマークしなさい。

Ａ　京には京都守護が置かれ，西国御家人のための裁判にあたった。

Ｂ　北条泰時は執権を補佐する連署をおいて北条氏一門以外の御家人をこれにあてた。

Ｃ　幕府は後鳥羽上皇を佐渡へ，順徳上皇を隠岐へ配流した。

Ｄ　承久の乱後に補任された地頭を本補地頭という。

Ｅ　幕府は後堀河天皇を即位させるなど皇位の継承にも干渉するようになった。

問 5　下線(オ)に関連して，蒙古襲来後の鎌倉時代の政治や社会についての記述として正しいものはどれか。A～Eから一つ選び，解答欄にマークしなさい。

A　九州地方の政務や裁判の判決，御家人の指揮にあたる異国警固番役を置いた。

B　北条氏の力が大きくなり，執権，連署，評定衆で行われる寄合は形骸化した。

C　御内人と御家人の対立が激しくなり，霜月騒動が起きた。

D　幕府は永仁の徳政令を発布したが，翌年全ての内容を撤回した。

E　各地の地頭が力を持ち，国人一揆が起きた。

問 6　下線(カ)に関連して，中世の相続についての記述として正しいものはどれか。A～Eから一つ選び，解答欄にマークしなさい。

A　鎌倉時代，武家ではいったん所領を譲ると，父祖はどのような理由があっても所領を取り返すことはできなかった。

B　鎌倉時代に所領をめぐる争論の解決のため，鎌倉に赴いた女性の紀行文が『十六夜日記』である。

C　御成敗式目によって女性が相続できる所領は男性よりも少なくなった。

D　室町時代になると，地方武士団は血縁的結合を重視するものへと変質していった。

E　室町時代には守護領国制の確立にともない，分割相続が禁じられた。

問 7　下線(キ)に関連して，鎌倉時代，衰退していく貴族の運命を冷静に観察し，道理による歴史の解釈を試みた歴史書はどれか。A～Eから一つ選び，解答欄にマークしなさい。

A　愚管抄

B　歎異抄

C　方丈記

D　徒然草

E　吾妻鏡

問 8　下線(ク)について，新仏教の宗派と中心寺院の組み合わせとして正しいものはどれか。A～Eから一つ選び，解答欄にマークしなさい。

A　浄土宗 ― 本願寺

B　浄土真宗 ― 円覚寺

C　臨済宗 ― 清浄光寺

D　日蓮宗 ― 久遠寺

E　曹洞宗 ― 建仁寺

問 9　下線(ケ)に関連して，室町時代の惣村についての記述として正しいものはどれか。A～Eから一つ選び，解答欄にマークしなさい。

A　名主・組頭・百姓代からなる村方三役によって運営された。

B　宮座を中心に，神社の祭礼をおこなった。

C　年貢納入などの連帯責任を負う五人組が制度化された。

D　一揆と結び，幕府に大挙しておしかける打ちこわしが頻発した。

E　入会地や灌漑用水の管理などがおもな役割で，村民が警察権を行使することはなかった。

問10　下線(コ)に関連して，14 世紀末の都市や民衆についての記述として正しいものはどれか。A～Eから一つ選び，解答欄にマークしなさい。

A　連雀商人や振売と呼ばれた行商人の数が増加していった。

B　月に三度の市(三斎市)が誕生した。

C　美濃の杉原紙，加賀の伊万里焼などの特産品が生産されるようになった。

D　町衆を中心に町が生まれ，独自の町法が定められた。

E　庶民の娯楽として人形浄瑠璃が流行した。

〔Ⅲ〕 次の文章を読み，以下の設問に答えなさい。

17世紀以降長い時間をかけて形成された江戸時代の貨幣制度$_{(ア)}$は，幕末になり外国との本格的な貿易が始まると，国際的な動向に左右されるようになった。輸出の大幅な増大と金貨の外国への流出防止のための改鋳によって，物価は上昇し，庶民の生活は圧迫された。

新政府が発足すると，1871年に新貨条例$_{(イ)}$が制定された。1873年には，財政の安定のために地租改正$_{(ウ)}$条例が公布されたが，負担の軽減を求める地租改正反対一揆が各地で起こった。最大規模の士族の反乱である西南戦争後，政府が財政危機に陥ると，1881年に大蔵卿に就任した松方正義は緊縮財政を推し進めて$_{(エ)}$，これを克服した。1882年に日本銀行$_{(オ)}$が設立され，1885年には銀本位の貨幣制度が確立された。第二次松方正義内閣は1897年に貨幣法を制定し，日清戦争の賠償金を準備金に欧米諸国に倣って金本位制を採用することで，貨幣価値の安定と貿易振興をはかった。

第一次世界大戦が勃発すると，日本は欧米列強と同様に金輸出を禁止したが，その一方で，輸出の大幅な増大により空前の好景気になった。しかし，このいわゆる大戦景気は長くは続かず，ヨーロッパ諸国の復興が進むと，国内の生産は圧迫された。株式市場の暴落を口火に欧米に先んじて［ 1 ］恐慌が発生し，ここから長い恐慌の時代に突入する。1923年には［ 2 ］恐慌が起きた。その後，片岡直温蔵相の失言がきっかけとなり［ 3 ］恐慌が起こった。1930年に時の蔵相によって金輸出解禁$_{(カ)}$がなされたものの，ニューヨークのウォール街での株価大暴落をきっかけとする世界恐慌の煽りを受け，［ 4 ］恐慌が起こった。各国が世界恐慌からの脱出をはかる$_{(キ)}$なか，日本は1931年に金輸出を再禁止し，管理通貨制度へと移行した。

第二次世界大戦後は，極度の物資不足と戦後処理などのための通貨の増発によって，猛烈なインフレが発生し，国民の生活は疲弊した。ＧＨＱによる占領政策のもと，幣原喜重郎内閣や吉田茂内閣等は，経済復興の推進に向けてさまざまな措置をとった$_{(ク)}$。

問1　下線部(ア)についての記述として正しいものはどれか。A～Eから一つ選び，解答欄にマークしなさい。

A　銭貨は江戸の銀座が独占的に鋳造し，全国に供給された。

B　17世紀後半から各藩が発行した藩札は，城下町を中心とする領内で流通した。

C　金座では，後藤庄三郎のもとで小判・一分金などの秤量貨幣が鋳造された。

D　東日本では主に銀貨，西日本では主に金貨が取引や計算単位に用いられた。

E　金・銀・銭の三貨は固定的な換算率で交換された。

問2　下線部(イ)に関連して，1870年代の日本の金融政策についての記述として正しいものはどれか。A～Eから一つ選び，解答欄にマークしなさい。

A　紙幣の統一を進めるために，兌換紙幣として政府紙幣を発行した。

B　伊藤博文が中心となって，金兌換紙幣にもとづく金本位制が確立した。

C　円，銭，厘を単位とした十進法を採用し，新硬貨をつくった。

D　不換紙幣整理のために，伊藤博文と岩崎弥太郎の尽力で国立銀行条例が発布された。

E　正貨兌換を義務付けた国立銀行条例が発布されると，国営の銀行が相次いで設立された。

問3　下線部(ウ)についての記述として正しいものはどれか。A～Eから一つ選び，解答欄にマークしなさい。

A　所有権を立証できない入会地は，分割して，所有者が決められた。

B　政府はさらなる歳入確保のため，1877年に地租率を3.5％に引き上げた。

C　地租額は，豊作の時は高く，凶作時は低く設定されることが決められていた。

D　地租額は，過去5年の平均収穫高の3％と決められた。

E　農民の土地の私的所有権が認められ，所有者が納税の義務を負った。

問4　下線部(エ)に関連して，その影響についての記述として正しいものはどれか。A～Eから一つ選び，解答欄にマークしなさい。

A　米価が高騰したが，地租額が固定されていたことから，農民の負担は相対的に軽くなった。

B　自らは耕作に関わらず，小作人に耕作地を貸し付けて高額な小作料を金納させる寄生地主制が急成長した。

C　西南戦争の戦費を賄うために濫発された兌換紙幣や兌換銀行券を回収したため，貨幣価値が下がった。

D　貧富の差が拡大し，資本主義経済の基盤となる賃労働者が生み出される条件ができていった。

E　酒造税の徴収や官営工場の払い下げなどによる，財政整理が進められ，インフレが起こった。

問5　下線部(オ)に関連して，日本銀行本店を設計した辰野金吾が設計した建築として正しいものはどれか。A～Eから一つ選び，解答欄にマークしなさい。

A　鹿鳴館

B　東京駅

C　旧東宮御所

D　ニコライ堂

E　三井倶楽部

問6　空欄［1］，［2］，［3］，［4］に入る語の組み合わせとして正しいものはどれか。A～Eから一つ選び，解答欄にマークしなさい。

	1	2	3	4
A	戦後	震災	金融	昭和
B	戦後	震災	昭和	金融
C	昭和	震災	金融	戦後
D	金融	戦後	震災	昭和
E	震災	戦後	金融	昭和

問7　空欄 3 の恐慌を，モラトリアムを発して収束させた内閣と蔵相の組み合わせとして正しいものはどれか。A～Eから一つ選び，解答欄にマークしなさい。

A　浜口雄幸内閣　　— 井上準之助蔵相
B　若槻礼次郎内閣 — 片岡直温蔵相
C　田中義一内閣　　— 高橋是清蔵相
D　若槻礼次郎内閣 — 井上準之助蔵相
E　犬養毅内閣　　　— 高橋是清蔵相

問8　下線部(カ)についての記述として正しいものはどれか。A～Eから一つ選び，解答欄にマークしなさい。

A　国内をデフレに導くことで，円高に向かわせ，金本位制から離脱した。
B　国内をインフレに導くことで，円安に向かわせ，金本位制から離脱した。
C　国内をデフレに導くことで，円高に向かわせ，金本位制に復帰した。
D　国内をインフレに導くことで，円安に向かわせ，金本位制に復帰した。
E　国内をデフレに導くことで，円安に向かわせ，金本位制に復帰した。

問9　下線部(キ)に関連して，日本を含む世界各国の動きについての記述として正しいものはどれか。A～Eから一つ選び，解答欄にマークしなさい。

A　イギリスなどの植民地を持つ国は本国と植民地のブロック経済圏を作り，自由貿易を促進した。
B　アメリカでは，セオドア＝ローズヴェルト大統領によってニューディール政策が行われた。
C　世界恐慌の影響で社会不安が高まったドイツでは，ファシスト党が急速に勢力を拡大した。
D　ソ連では，社会主義をとなえるスターリンのもとで計画経済を通じた中央集権的経済体制が作られた。
E　日本は円安を利用して輸出をのばすと，生糸の輸出が拡大し，イギリスを抜いて世界第一位の輸出国になった。

問10　下線部(ク)について，さまざまな措置として正しいものはどれか。A～Eから一つ選び，解答欄にマークしなさい。

A　ドッジ＝ラインでは，変動為替相場制をとり，国際競争力を強めようとした。

B　過度経済力集中排除法が制定され，指定を受けた企業の大多数が分割された。

C　ドッジ＝ラインによってインフレは収束し，景気が回復した。

D　石炭や鉄鋼の生産拡大に重点を置いた傾斜生産方式が閣議決定され，重要産業部門に資金供給が行われた。

E　インフレ抑制を目的として，金融緊急措置令が発令され，旧円の流通が促された。

〔Ⅳ〕　以下の文章を読み，問1～10に答えなさい。

戦争の終わりは決められても，「戦後」の終わりはよくわからない。第2次世界大戦の敗戦によって到来した日本の「戦後」は，いつ終わったのか。この問いへの解答はひとつではない。1950年から1953年にかけて，朝鮮半島では戦争が続いていた。日本経済はこの戦争から特需を得て，復興から「成長」の基礎を固めた。その後も，日本の経済・社会発展は，内戦や紛争，独立戦争，軍事独裁といった冷戦下の緊張と表裏の関係をなしていた。

【ア】1962年，地域間格差の是正を目指した新産業都市建設促進法(a)が公布され，全国総合開発計画が閣議決定された。同年には，フィデル＝カストロがソ連の援助によって［ 1 ］にミサイル基地を設置し，アメリカのジョン＝フィッツジェラルド＝ケネディ大統領は，海上封鎖を実施した。

【イ】新東京国際空港(現・成田国際空港)(b)が開港した。ただし建設の閣議決定がなされてから10年以上を経ており，大幅に遅れての開港であった。

【ウ】アメリカは財政赤字と経常収支赤字の「双子の赤字」に苦しみ，世界最大の対外債務国に転落した。ニューヨークのプラザホテルでＧ５（アメリカ，イギリス，西ドイツ，フランス，日本）の蔵相・中央銀行総裁会議が開かれ，プラザ合意(c)と呼ばれるドル高の是正を目標とする合意がなされた。

【エ】日本と大韓民国との間に日韓基本条約が締結された。大韓民国との国交は正常化したが，朝鮮民主主義人民共和国との国交は未だ正常化していない(d)。同年，アメリカは［ 2 ］への爆撃を開始し，インドシナ半島の戦争が激化した。

【オ】第４次中東戦争(e)が勃発し，アラブ石油輸出国機構（ＯＡＰＥＣ）は，「石油戦略」を行使してイスラエルと友好関係にある国への石油輸出を制限すると共に，原油価格を段階的に，大幅に引き上げた。

【カ】日本万国博覧会（大阪万博）(f)が開催された。テクノロジーが可能にする未来イメージを提示した企業パビリオン群が人気を博し，「産業のオリンピック」とも評された。

【キ】1989年，冷戦の象徴であったベルリンの壁が打ちこわされ，1991年に［ 3 ］が解体した。日本の政治は，竹下登内閣が総辞職して以後，小泉純一郎内閣の発足まで(g)，政権がめまぐるしく交代した。

問１　【ア】～【キ】の文章を下記のように左から右に年代順に並べた場合，［②］，［④］，［⑥］に当てはまる正しい組み合わせはどれか。A～Eから一つ選び，記号を解答欄にマークしなさい。

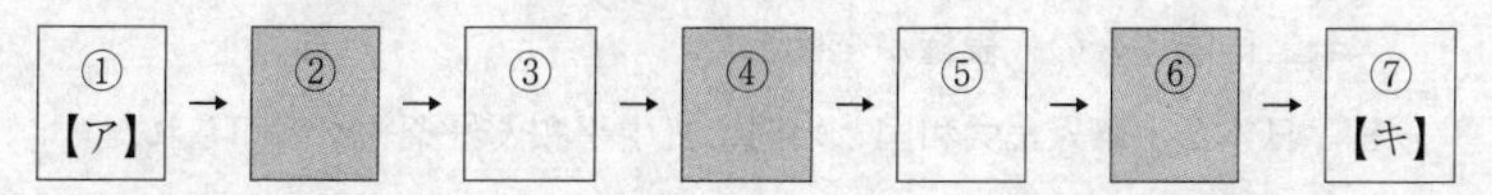

	②	④	⑥
A	エ	ウ	イ
B	オ	イ	ウ

C　ウ　オ　カ

D　イ　カ　オ

E　エ　オ　ウ

問２　下線部(a)が公布された1960年代前半の地方開発に関する記述として正しいものはどれか。Ａ～Ｅから一つ選び，解答欄にマークしなさい。

Ａ　山梨，奈良，佐賀は新産業都市に指定されたことで，重化学コンビナート建設が進んだ。

Ｂ　茨城県東海村に日本原子力研究所が設立された。

Ｃ　上越新幹線が開通し，高速鉄道網が整備されたことで，新潟市は政令指定都市となった。

Ｄ　京葉，京浜，中京などの太平洋ベルト地帯への工業の集中が進んだ。

Ｅ　北海道開発庁と沖縄開発庁が設置され，集中的な拠点開発が周縁部からスタートした。

問３　下線部(b)は，福田赳夫内閣の時に開港した。福田首相在任中の出来事として正しいものはどれか。Ａ～Ｅから一つ選び，解答欄にマークしなさい。

Ａ　「エサキ＝ダイオード」を開発した江崎玲於奈が，ノーベル物理学賞を受賞した。

Ｂ　日本経済は戦後初のマイナス成長となり，高度経済成長は終焉を迎えた。

Ｃ　ロッキード事件で田中角栄元首相が逮捕され，内閣の支持率が急落した。

Ｄ　国際連合の総会で，中華人民共和国の招請と中華民国の追放が可決され，国際連合の代表権が交代した。

Ｅ　日本と中華人民共和国との間に日中平和友好条約が調印された。

問４　下線部(c)以降の日本経済に関する記述として正しいものはどれか。Ａ～Ｅから一つ選び，解答欄にマークしなさい。

Ａ　空港や高速道路，学術都市建設といった巨大開発プロジェクトが行われなくなった。

B　国内の農業が手厚く保護されるようになり，穀物ベースの食料自給率が70％を超えた。

C　国内の畜産業が活性化し，牛肉の輸出量が輸入量を上回った。

D　レジャーや旅行関連産業，外食産業などが活性化し，第三次産業の比重が高まった。

E　繊維・繊維製品分野での中小企業の輸出力が高まり，西陣織や丹後ちりめんといった地場の絹織物産業が発展した。

問5　下線部(d)に関連して，小泉純一郎は日本の首相としてはじめて朝鮮民主主義人民共和国を訪問し，日朝平壌宣言に調印した。その際の朝鮮民主主義人民共和国の総書記は誰か。A～Eから一つ選び，解答欄にマークしなさい。

A　朴正熙

B　金正恩

C　金正日

D　金日成

E　李承晩

問6　文章中の空欄［1］，［2］に入る語の組み合わせとして正しいものはどれか。A～Eから一つ選び，解答欄にマークしなさい。

	1	2
A	キューバ	ベトナム社会主義共和国
B	ジャマイカ	ベトナム共和国
C	ジャマイカ	ベトナム社会主義共和国
D	キューバ	ベトナム民主共和国
E	メキシコ	ベトナム共和国

問7　下線部(e)に起因する第1次石油危機下の日本経済に関する記述として正しいものはどれか。A～Eから一つ選び，解答欄にマークしなさい。

A　石油から石炭へのエネルギー革命が起こり，石炭産業を中心とした産業構造に転換した。

B　洗剤やトイレットペーパーといった日用品を国家が統制し，配給することで，買い占めの抑制に成功した。

C　化学，鉄鋼，アルミ，石油精製部門が不況業種に転落した。国内工場の閉鎖や縮小が進み，重化学工業の企業城下町として栄えた地方工業都市が衰退した。

D　石油から，風力，太陽光といった再生可能エネルギーへと転換したことで，地方部がエネルギー生産基地となり，クリーン・エネルギー立国を実現した。

E　ソ連からパイプラインを引き込み，新たな石油供給ルートを開拓した。

問8　下線部(f)と同年に起こった出来事として正しいものはどれか。A～Eから一つ選び，解答欄にマークしなさい。

A　「日本列島改造論」を掲げた田中角栄内閣が発足した。

B　作家の三島由紀夫が市ヶ谷の自衛隊駐屯地内で割腹自殺した。

C　東京－新大阪間の新幹線が開通した。

D　沖縄返還協定が調印された。

E　自衛隊がカンボジアへ派遣された。

問9　下線部(g)の間に在職した内閣総理大臣とその事績の組み合わせとして正しいものはどれか。A～Eから一つ選び，解答欄にマークしなさい。

A　細川護熙　―　衆議院に小選挙区比例代表並立制を導入し，選挙制度改革を実施

B　中曽根康弘　―　日本国有鉄道・日本電信電話公社・日本専売公社を民営化

C　橋本龍太郎　―　日本郵政公社と日本道路公団を民営化

D　佐藤栄作　―　非核三原則の明確化，小笠原諸島と沖縄の返還協定調印

E　鳩山由紀夫　―　民主党政権が発足

問10　文章中の空欄 [3] に入る語として正しいものはどれか。A～Eから一つ選び，解答欄にマークしなさい。

A　独立国家共同体(ＣＩＳ)

B　ヨーロッパ経済共同体(ＥＥＣ)

C　ドイツ連邦共和国

D　ソビエト社会主義共和国連邦

E　オーストリア共和国

世界史

(60分)

〔Ⅰ〕次の文章を読み，空欄(ア～オ)に当てはまる語句を解答欄に記入しなさい。また，下線部(1～4)および空欄(①～③)に関する設問(1～5)に答えなさい。

4世紀後半から6世紀末にかけて，ゲルマン人の諸部族はローマ帝国の領内に侵入し，それぞれの王国を築いていった。その最初のきっかけを作ったのは，ドン川を越えて西進してきたアジア系遊牧民フン人による東ゴート人および西ゴート人(1)に対する圧迫であった。375年に東ゴート人がフン人の支配下に入ると，その翌年，庇護を求めた西ゴート人は[①]川を越えてローマ帝国領内に侵入し，これがその後200年以上続くいわゆるゲルマン人の大移動の先駆けとなった。

帝国の弱体化に伴う国境防衛力の低下や人口過剰による土地不足といったさまざまな要因が重なり，西ヨーロッパにおいても，当時すでに一定の統合が進んでいた他のゲルマン諸部族によって長期的で大規模な民族移動が繰り返されることになった。たとえば5世紀の初めに，ヴァンダル人，ブルグンド人，フランク人は，[②]川を渡ってガリアに侵入し，それぞれアフリカ北部とガリア東南部とガリア北部に王国を建てた。また，ユトランド半島から北ドイツの[③]川下流域に住んでいたアングル人，サクソン人，ジュート人は5世紀半ば頃大ブリテン島に渡って，後に七王国として統合されることになる複数の小王国群を築いた。

他方，[①]川中流域の[ア]を拠点に一大勢力を築いていたフン人は，同じ頃，アッティラ王の指導の下さらなる西進を続けていたが，451年，[イ]の戦いで西ローマ帝国とゲルマンの連合軍に敗れた。王の死後しばらくしてフンの王国が瓦解すると，フン人の支配下にあった東ゴート人は解放され，これがやがてテオドリック大王率いる東ゴート人がイタリアに転進する契機となった。493年，東ローマ帝国の要請を受けたテオドリック大王は，この間に西ローマ帝国を滅ぼしていたオドアケルの国を倒し，［ウ］を都とする東ゴート王国を建てた。ローマ系の文人(2)を数多く登用したテオドリック大王の治下，東ゴート王国は当時のゲルマン諸王国の中で最も栄えたが，王の死後，東ローマ帝国のユスティニアヌス帝によって滅ぼされた。しかし，皇帝の死後，北イタリアの地に侵入してきた次なる勢力は，6世紀半ば頃には［ア］にまで南下していたランゴバルド人であった。568年，彼らがパヴィアを都とするランゴバルド王国を建てた頃になって，ようやくゲルマン人の大移動の最初の大波は止むことになった。

大移動期を通じてゲルマン人の王国が乱立し，その多くは総じて短命に終わったものの，フランク王国だけは着実に勢力を拡大して長命を保ち，その後の西ヨーロッパ文明の礎を築いた。他の王国とフランク王国のその後の命運を分けた決定的な違いは，後者がいち早くローマ=カトリック教会(3)との結びつきを強めた点にあった。その関係は，496年，メロヴィング朝を開いたクローヴィスが［エ］派のキリスト教に改宗したときに始まった。これによって彼は，司教をはじめとするガリアのローマ系貴族や人口の大部分を占めるローマ系住民を味方につけると同時に，同じキリスト教でも他の宗派を信奉していたゲルマン諸国を討伐するための口実を手に入れることに成功したのである。

しかし，クローヴィスの死後，分割相続の伝統が災いして王家に内紛が生じ，国王の力が弱まると，やがて台頭してきたカロリング家の宮宰がフランク王国の実権を握るようになった。そして751年，宮宰［オ］の子ピピンがメロヴィング朝最後の王を廃して自ら王位につき，カロリング朝を興した。フランク王はこの時もローマ=カトリック教会との関係を巧みに利用した。ピピンは，神の代理人たるローマ教皇から王位を承認してもらうことで，より高い権威によってメロヴィング王家の権威を打ち破ることに成功したのである。他方，ローマ教皇は，当時イタリアで勢力圏を伸ばしていたランゴバルド王国の脅威をフランク王国の力を借りて排除することを期待できた。事実，ピピンは教皇に王位を認めてもらった見返りに，その後ランゴバルドを討伐するためにイタリアへ遠征し，［ウ］をはじめとする彼らから奪った領地を教皇に対して寄進することになった。教皇は王のために権威を授け，王は教皇のためにキリスト教世界を防衛し，拡大するという西ヨーロッパ的な中世の理念がここに誕生した。やがてピピンの子カール1世(4)が，その理念を体現する人物として世界史に登場することになる。

設問1　西ゴートのその後の歩みに関する説明として正しいものをひとつ選び，その記号を解答欄にマークしなさい。

A．アラリック王に率いられた西ゴート人は，バルカン半島を移動しながら5世紀初めにはイタリアに侵入し，ローマを荒らした。

B．アラリック王の死後，西ゴート人はガリア西南部へと転進し，418年，リヨンを都とするゲルマン人最初の国家を建設した。

C．6世紀初め，西ゴート王国はトゥール・ポワティエ間の戦いに敗れ，王国の重心をガリア西南部からイベリア半島へ移した。

D．トレドに都を移した西ゴート王国は，6世紀の後半以降イベリア半島全域に支配を広げたが，711年，後ウマイヤ朝軍によって滅ぼされた。

設問2　以下の人物の中からテオドリック大王に仕えた文人を一人選び，その記号を解答欄にマークしなさい。

A．ウェルギリウス　　B．ホラティウス

C．ボエティウス　　D．トリボニアヌス

設問3　西ローマ帝国の滅亡以来，東ローマ皇帝の権威を後ろ盾にすることができたコンスタンティノープル教会はローマ教会の首位権を否定するようになっていた。そのような状況を打開するためローマ教会が6世紀から8世紀にかけて行ったこととして正しいものをひとつ選び，その記号を解答欄にマークしなさい。

A．ローマ教会は，聖地イェルサレムを管轄するコンスタンティノープル教会に対抗し，パウロの後継者である教皇と，その殉教の地ローマの優越性を唱えた。

B．教皇グレゴリウス1世は，アングロ＝サクソン人をカトリックに改宗させるために，シトー会の修道士たちをイングランドへ派遣した。

C．コンスタンティノープル教会は聖像崇拝を許していたが，ローマ教会は異教徒への伝道の必要もあったため，聖像崇拝を禁じた。

D．大陸への伝道を教皇から託されたイングランドの修道士ボニファティウスは，フランク王国の後ろ盾を得て，ドイツ中部でカトリック信仰を広めた。

設問4　カール1世がキリスト教世界の防衛と拡大のために行った戦争の説明として正しいものをひとつ選び，その記号を解答欄にマークしなさい。

A．東方においては，隣国のバイエルン公国を倒し，当時中央ヨーロッパに進出してきたアジア系遊牧民のフリース人を撃退して，フランク王国の勢力圏をさらに東へ広げた。

B．西方においては，後に『ローランの歌』で詠われることになるアルプス山脈越えの遠征を行い，イスラーム勢力と戦った結果，国境防衛のためのスペイン辺境伯領を設置した。

C．南方においては，ランゴバルド王国の力が再び脅威となったため，教皇グレゴリウス1世の要請を受けてこの国を討伐し，イタリアでの覇権を確立した。

D．北方においては，容易には屈しないザクセン人との長い戦いに勝利し，ゲルマンの原始宗教を奉じていたザクセン人をカトリックに改宗させた。

設問5　［①］，［②］，［③］に当てはまる河川名の組み合わせとして正しいものをひとつ選び，その記号を解答欄にマークしなさい。

A．［①］：ライン，［②］：ドナウ，［③］：オーデル

B．［①］：ドナウ，［②］：ライン，［③］：エルベ

C．［①］：ライン，［②］：エルベ，［③］：ドナウ

D．［①］：ドナウ，［②］：オーデル，［③］：ライン

〔Ⅱ〕 次の文章を読み，空欄(ア～エ)に当てはまる語句を解答欄に記入しなさい。また，下線部(1～5)に関する設問(1～5)に答えなさい。

2020年5月のジョージ＝フロイド氏の殺害事件に端を発するブラック・ライブズ・マター(以下ＢＬＭ)運動は，アメリカ合衆国を越えて世界各地に燃え広がった。イギリスでは17世紀の奴隷商人の銅像が海に投棄され，ベルギーでは19世紀末にコンゴ盆地を私領化した国王［　ア　］の銅像が放火されたことからもわかるとおり，この運動は合衆国内のアフリカ系住民にたいする差別ばかりでなく，欧米とアフリカの歴史を根底から問いなおそうとする側面を有していた。

そもそもアフリカはながいあいだ，ヨーロッパによって，文明の光が届かない「暗黒大陸」として表象されてきた。たとえば，19世紀初頭に活躍したドイツ観念論哲学の大成者［　イ　］は，『歴史哲学講義』のなかで，アフリカが国家も歴史も存在しない未開の大陸であるかのように論じた。これに反して現実のアフリカには，国家と呼びうる政治体制がふるくから存在した。たとえば，東アフリカには，3～6世紀にインド洋交易などにより繁栄したアクスム王国があり，西アフリカには，(1)サハラ縦断交易で栄えた王国群があり，南アフリカには，11世紀にショナ人が建国しインド洋交易によって繁栄した［　ウ　］王国があった。とはいえ15世紀以前，こうしたアフリカの諸国家とヨーロッパ諸国との関係は，イスラーム世界やインドを介した間接的な交流にとどまっていた。

アフリカがヨーロッパと直接的に対峙するようになるのは，アフリカ大陸を経由してインドに至る航路の整備が進む(2)大航海時代のことである。さらに，アメリカ大陸においてサトウキビ・タバコ・綿花などを栽培するプランテーションが盛んになると，アフリカ住民が奴隷労働力としてもとめられるようになった。19世紀までに1000万人以上の住民が大西洋をわたったと推定され，アフリカの諸社会には甚大な被害が生じた。その一方，周辺国で獲得した奴隷とひきかえにヨーロッパ製の武器を購入することで強大化した(3)ダホメ王国のように，ヨーロッパとの直接的接触を契機としてあらたに勃興する国家も出現した。また，カリブ海では奴隷出身の［　エ　］を中心的指導者としてハイチ革命が起こり，のちの奴隷制廃止と黒人共和国の樹立につながった。近年の研究では，ハイチ革命が［　イ　］の思想形成に影響を及ぼしたことが指摘されている。

アフリカとヨーロッパの接触が熾烈化するのは，19世紀末から20世紀初頭にかけてである。産業革命を経て強大な経済力・軍事力を獲得したヨーロッパ諸国は，天然資源と販路の獲得をおもな目的としてアフリカの植民地化にのりだした。［　ア　］によるコンゴ支配の是非をひとつの争点として1884～1885年に開催されたベルリン会議により，アフリカの分割方式を定めた列強は，1910年代までに一部をのぞくアフリカ大陸全土(4)を支配下におさめていく。植民地化の過程はかならずしも一方的に進んだわけではなく，各地でアフリカ住民側からの抵抗運動(5)が生じ，そうした運動が国家樹立の宣言にいたる場合もあった。しかし，これらの運動は最終的に鎮圧され，アフリカ住民による国家建設が本格化するには，第二次大戦後をまたねばならなかった。近年のＢＬＭ運動によってあぶり出されたのは，おおくのアフリカ諸国が独立を遂げてから60年以上を経たいまもなお，奴隷貿易と植民地主義という負の遺産がアフリカと欧米の関係に暗い影を落としつづけている現実だった。

設問１　西アフリカで栄えた諸王国をめぐる説明として正しいものをひとつ選び，その記号を解答欄にマークしなさい。

Ａ．ガーナ王国は，サハラ砂漠で採掘された岩塩とニジェール川流域産の金とを取引する交易によって栄えた。

Ｂ．マリ王国の王アスキア＝ムハンマドは，数千人の従者を連れてメッカ巡礼をおこなったことで知られる。

Ｃ．ソンガイ王国最盛期の版図はアフリカ最大を誇ったが，火器で武装したムラービト朝モロッコ軍の侵入により崩壊した。

Ｄ．カネム＝ボルヌー王国の交易都市トンブクトゥは，西アフリカにおけるイスラーム文化の中心地となった。

設問２　大航海時代におけるヨーロッパ人のアフリカ進出をめぐる説明として正しいものをひとつ選び，その記号を解答欄にマークしなさい。

Ａ．「航海王子」エンリケは，1415年にアフリカ西北端のダカールを攻略し，西アフリカの探検事業を推進した。

B．バルトロメウ＝ディアスは，ジョアン2世の命を受けてアフリカ周回航路の探索に乗りだし，喜望峰を経由してモンバサに到達した。

C．ヴァスコ＝ダ＝ガマは，アフリカを経由して1498年にインド西岸のカリカットに到達し，その後ポルトガル勢力はアフリカ東岸のモザンビークとソファラを占領した。

D．スペイン国王イサベルは，マスト数の増加や逆風に強い縦帆の導入など帆船の改良を推し進め，多数の航海者をアフリカに派遣した。

設問3　ダホメ王国の説明として正しいものをひとつ選び，その記号を解答欄にマークしなさい。

A．現在のナイジェリア西部で繁栄した王国であり，19世紀末に英領ナイジェリアに組みこまれた。

B．現在のウガンダ南部に樹立されたバントゥー系の王国であり，19世紀初頭にブニョロを倒してこの地域の支配権を握った。

C．現在のナイジェリア北部一帯に成立したフルベ系の王国であり，19世紀初頭にはジハードを宣言し地域一帯を平定した。

D．アフリカ大陸西岸の現ベナンで成立した王国であり，19世紀末にフランスの植民地とされた。

設問4　1910年代においてヨーロッパ列強の公的な植民地や保護国とならなかったアフリカの独立国を地図中のa～fから二つ選び，それぞれの記号と国名を回答欄に記入しなさい。

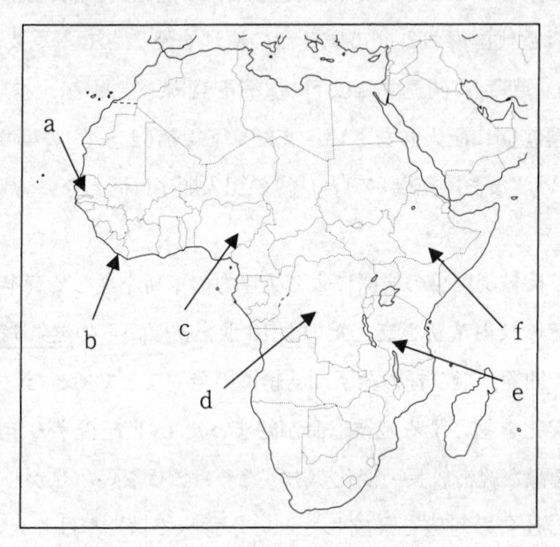

設問5　アフリカ住民による抵抗運動の説明として正しいものをひとつ選び，その記号を解答欄にマークしなさい。

A．ムハンマド＝アフマドに率いられたマフディー運動は，1885年にイギリス軍を撃破し，現在の南スーダンの首都であるハルツームにて国家樹立を宣言した。

B．オランダ人の移民であるアフリカーナーは，現在の南アフリカにトランスヴァール共和国とオレンジ自由国を建国し，石油資源の利権を狙うイギリスと闘った。

C．反フランス武装闘争を進めたサモリ＝トゥーレは，西アフリカ内陸部に100万人の住民を支配する帝国を建設し，イスラーム教による神権政治をおこなった。

D．ムハンマド＝アリーが指導する民族運動は，「エジプト人のためのエジプト」というスローガンの下，ヨーロッパ列強による内政干渉の排除を求めて武装蜂起した。

〔Ⅲ〕　ヨーロッパにおける近代社会の展開過程を考える際，18世紀後半から19世紀前半は歴史的な転換点といえる。イギリスでおこった産業革命は，農業を基盤とした社会から工業を中心とした資本主義経済体制への移行を促し，フランスにおける市民革命は近代国家および市民社会の原理を浸透させる重要な契機となった。この2つの「革命」に関連する以下の文章を読み，空欄（ア～エ）に当てはまる適切な語句を解答欄に記入しなさい。また，下線部（1～5）に関する設問（1～5）に答えなさい。なお，空欄（ア）と（イ）の記入順序は問わない。

産業革命は，機械制工場の展開による生産力の革新を通して資本主義経済体制を確立した。その技術革新を支えたのが18世紀初頭からの蒸気機関の開発(1)，コークス製鉄法の開発，飛び杼（とびひ）の発明，紡績機の発明などであった。

ただし，工業化を軸とする産業革命が始まった18世紀後半の年成長率は低調で，短期間で急激な経済成長・変化があったわけではない。しかし，今日に至る市場経済中心の社会の基盤を形成したという意味では，やはり人類史における「革命」的出来事だったといえる。我われの暮らしの側面からこの事象を捉えると，それは生活のあらゆる領域の商品経済化がグローバルに展開していくプロセスでもあった。

そのような状況の中で，1776年にスコットランド出身のアダム＝スミスによって『諸国民の富（国富論）』が刊行され，自由競争を基本原理とした近代経済学が体系化された。その一方で，手工業的な作業場で働いていた職人の失業・生活苦は深刻化し，さまざまな都市問題・生活問題・労働問題が発生した。このような労働者の悲惨な生活の現実を目の当たりにし，スミスとは異なる社会観を提示したのが，エンゲルスによって，フーリエ，サン＝シモンと並ぶ「3人の偉大なユートピア社会主義者」と称されたロバート＝オーウェン(2)であった。競争ではなく，相互扶助を基本原理とするオーウェンの主張は，社会改良のさまざまな領域で多大な影響を与えていくことになる。

さて，産業革命が本格的に展開するのは19世紀に入ってからである。なかでも蒸気機関車を軸とした交通網（鉄道）の発展は産業革命をおし進める原動力となり，1825年にはイングランド北東部の［　ア　］と［　イ　］の区間で世界初の客車・貨車牽引に成功した。その後，ヨーロッパ大陸部で，いち早く産業革命を成し遂げたのはオランダから独立した［ ウ ］であった。

一方，フランスでも七月革命を機に産業革命が本格化したが，工業化の過程は緩やかであった。それには，18世紀後半のイギリスとは異なるもうひとつの「革命」が少なからず影響している。いわゆるフランス革命である。

フランス革命の思想的背景には，18世紀にフランスで展開した啓蒙思想がある。この時期には数々の啓蒙思想家が登場し，当時の先進的な学問・技術・思想を集大成し，普及することをめざした『百科全書』(3)も刊行された。また，［ エ ］によって著された，特権身分を批判するパンフレット『第三身分とは何か』(1789年)は世論に多くの影響を与え，フランス革命の高揚を生み出した。

フランス革命の理念は，1789年に採択された人権宣言(人間および市民の権利の宣言)(4)に端的にあらわされているが，絶対王政や封建制を撤廃し，近代的議会制への道を開くという性質も有していた。

フランスでは，遡ること14世紀に初めて身分制議会としての「三部会」が設置された。しかし1614～1615年を最後に，1789年まで開催されることはなかった。同年，三部会から第三身分を中心とする一部の議員が分離して結成されたのが国民議会である。結果的に国民議会は国王によって承認され，憲法制定国民議会と改称し，憲法制定に着手する。これがフランス最初の国会といわれている。しかしながら，度重なる政治的混乱のなか，統領政府(1799～1804年)まで短期政権(5)を繰り返すことになる。そして，皇帝ナポレオンの統治の時代へと移行していく。

設問1　下線部(1)に関して，この技術を考案し，主に炭坑の地下水くみあげ作業の動力源として利用することに成功した人物の名前を解答欄に記入しなさい。

設問2　下線部(2)ロバート＝オーウェンに関する説明として正しいものをひとつ選び，その記号を解答欄にマークしなさい。

A．スコットランドのニューハーモニーに紡績工場を設立したが，失敗に終わった。

B．経済的相互扶助思想にもとづく『所有とは何か』を著し，労働組合運動の発展に尽力した。

C．協同組合の育成に貢献し，その後の国際的な協同組合運動の発展に大きな影響を与えた。

D．18歳未満の夜業を禁止する1819年工場法制定に貢献した。

設問3 下線部(3)『百科全書』の執筆に関わらなかった人物をひとり選び，その記号を解答欄にマークしなさい。

A．コント B．ケネー

C．テュルゴー D．ルソー

設問4 下線部(4)に関連する事柄の説明として正しいものをひとつ選び，その記号を解答欄にマークしなさい。

A．人権宣言の起草にも携わったラ＝ファイエットは，1792年におきた「8月10日事件」後，王権継続に反対しオーストリアへ亡命した。

B．パンの値上げに苦しむ女性らが先頭となってヴェルサイユへ行進した出来事を機に国王ルイ16世は人権宣言を承認した。

C．「球戯場（テニスコート）の誓い」とは，第三身分議員が人権宣言の承認を求めるために集まった事件である。

D．人権宣言では，個人の自由・男女平等・生存権などが自然権として確認された。

設問5 国民議会（憲法制定国民議会：1789～91年）から統領政府（1799～1804年）までの期間の政治の流れを左から右に年代順に並べた場合，［ ① ］，［ ② ］，［ ③ ］に当てはまるものを以下のA～Eから選び，その記号を解答欄にマークしなさい。

A．立法議会 B．国民公会 C．総裁政府 D．臨時政府 E．模範議会

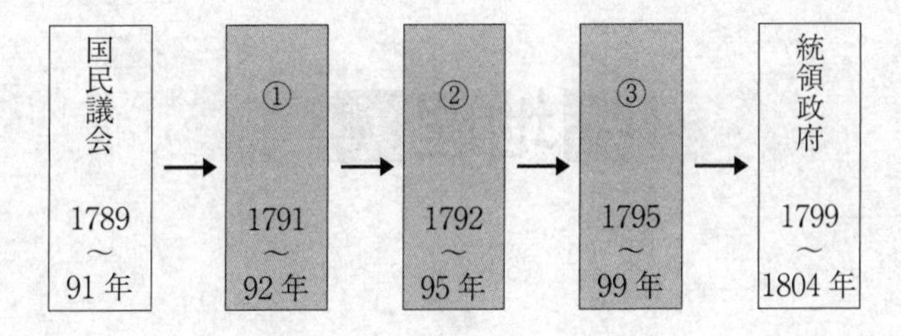

〔Ⅳ〕『統治二論』の著者であるロックは，経済問題についても関心を抱いていた。ロックは，別の本では，《貴金属鉱山に恵まれていない国では，国を富裕にする方法は，他国を征服したり，他国と貿易したりすることである》といった趣旨の文章を記している。ロックが指摘したような「貿易」を重視する経済政策について，すなわち，ヨーロッパにおける近代国家の形成期に，とりわけ絶対王政期に影響力をもった経済政策の本質について述べなさい。なお，解答の書き出しは「絶対王政期の政府は」で始め，解答のなかで上記の経済政策の名称を明記し，その政策が統治機構の整備にいかなる意義を有したのかに言及すること。

解答は，240字以上，260字以内で横書きとし，括弧や句読点は1マス1字に数え，また算用数字を使用する場合には1マス2字とする。

地理

（60分）

〔Ⅰ〕 以下の設問に答えなさい。

問１　以下に示す４つの地図(ア)〜(エ)の特徴として最も適切なものを，下記の選択肢からそれぞれ１つ選び，解答欄にマークしなさい。

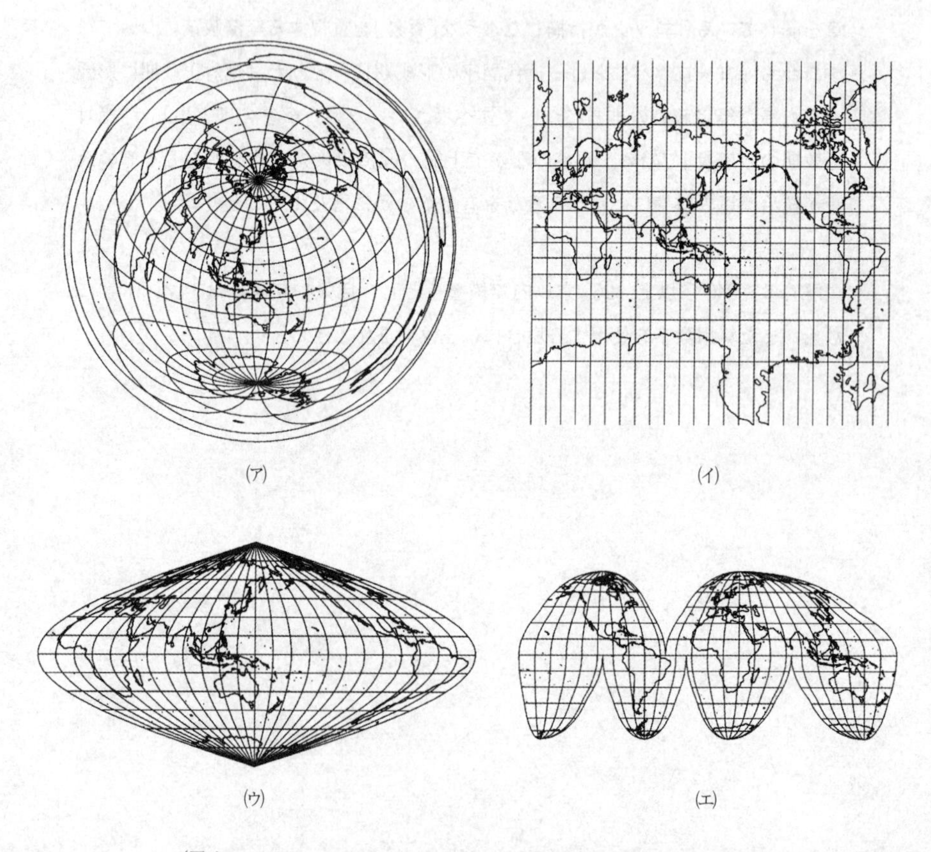

(ア)　(イ)　(ウ)　(エ)

（図は http://user.numazu-ct.ac.jp/~tsato/tsato/graphics/map_projection/ などにより作成）

A　すべての緯線は平行直線で描かれ，それに直交する直線の中央経線を除き，他の経線が正弦曲線で描かれる。低緯度の中央経線付近での形は正しいが，高緯度でのひずみが大きい。

B　陸地の形のひずみは小さい正積図法の一つであるが，その特徴から海洋上の移動を示した流線図を表すには適さない。

C　図の中心からの大圏航路が直線で表されるが，周縁部で形や面積のひずみが大きくなる。

D　地球表面を平面に対して正射影して描かれる。宇宙から地球を観測した時に見える様子というイメージを持てる図法とも言われる。

E　羅針盤を利用した航海に適する図法で，任意の2点間を結ぶ直線は等角航路になる。

F　緯線は平行であるが，高緯度ほど正しい長さより長く表示される。そのため高緯度でも，経線が正弦曲線で示される図法より形のひずみは小さい。

問2　日本の「水準点」の説明として最も適切なものを，以下の選択肢から1つ選び，解答欄にマークしなさい。

A　東京湾平均海面からの高さを表記するもので，航空写真をつかって測量され，整数で表示される。

B　東京湾平均海面からの高さを表記するもので，現地測量によって決められ，小数第一位までの数字で表示される。

C　土地の高さを正確に測量するために，全国の主な国道又は主要地方道に沿った約2kmごとに設置されているもの。

D　山の頂上付近や見晴らしのよいところに設置され，経度，緯度，標高が正確に求められているもの。

問3　1月1日のグリニッジ標準時と日本標準時の時差として最も適切な値を，以下の選択肢から1つ選び，解答欄にマークしなさい。ただし，日本標準時の基準となる経線は，東経135度に定められている。

A　8時間　　B　9時間　　C　10時間　　D　11時間

問 4　下の表Ⅰは，ある年の1月における東京(成田国際空港)からニューヨーク(JFK 国際空港)までと，東京(成田国際空港)からシンガポール(チャンギ国際空港)までのフライトスケジュールである。東京・ニューヨーク間の所要時間と東京・シンガポール間の所要時間の正しい組み合わせを，以下の選択肢から1つ選び，解答欄にマークしなさい。なお，時刻はすべて現地時間で示されている。

表Ⅰ

フライトスケジュール	日本と現地との時差
東京(成田)発 16：40 → ニューヨーク着 15：10	14時間
東京(成田)発 16：50 → シンガポール着 23：25	1時間

(Google フライトなどにより作成)

選択肢	東京(成田)・ニューヨーク間	東京(成田)・シンガポール間
A	8時間30分	5時間35分
B	8時間30分	7時間35分
C	12時間30分	5時間35分
D	12時間30分	7時間35分

問 5　北緯35度・東経135度の『対蹠点』を以下の選択肢から1つ選び，解答欄にマークしなさい。

A　南緯55度・西経135度　　B　南緯55度・西経45度

C　南緯35度・西経45度　　D　北緯35度・東経45度

問 6　GIS(地理情報システム)の機能と活用について述べた文として，適切ではないものを以下の選択肢から1つ選び，解答欄にマークしなさい。

A　人工衛星が観測した海流や，海水温などのデータと，過去の操業における位置情報，水温，漁獲量などのデータを組み合わせて，漁獲が多く見込めそうな漁場の位置情報を表すことができる。

B　人工衛星からの信号によって位置情報を計算し，地図上で正確な緯度，経度，高度を求めることができるシステムである。

C　航空写真の上に，防災施設の分布や高齢者の分布に関する情報を重ね合わせて，災害対策用の地図を作成することができる。

D　さまざまな種類の経済活動のデータを地図上に表示することができる。

問7　統計数値を効果的に示すために，本来の地図を変形させて表現した図の名称として最も適切なものを，以下の選択肢から1つ選び，解答欄にマークしなさい。

A　カルトグラム　　　　B　ドットマップ

C　メッシュマップ　　　D　コロプレスマップ

〔Ⅱ〕中央アジアの国々について述べた以下の(1)~(5)の説明文を読み，問いに答えよ。

(1)　この国はオアシス農業(ア)が盛んで，アムダリア川流域は［あ］の産地である。しかし，灌漑用水の過剰な利用により［1］海の縮小という深刻な環境問題も生じた。首都タシケントや，世界遺産に登録された古都サマルカンドはシルクロードの要衝地で，繊維・機械・食品工業などが発達している。

(2)　この国は，(1)~(5)の説明文の国々のなかで一人当たりGNI(国民総所得)の値がもっとも大きい。［2］海に面しており，沿岸部では油田開発が進んでいる。ステップと砂漠が広がっているが，北部の黒土地帯は［い］の主産地である。南部のシルダリア川流域では［あ］が栽培されている。鉱産資源(イ)も豊かで，ウランの生産量は世界第一位(2017年)，クロムの埋蔵量は世界第一位(2017年)である。

(3)　この国は，アムダリア川流域から［2］海にかけて広がっており，［3］砂漠が国土の約85％を占めている。人口は南部の山沿いやオアシスに集中している。旧ソ連時代には砂漠地帯を貫流する運河によって農耕地が拡大し，［あ］生産が増加した。近年は天然ガス（ウ）・石油開発が進み，これらの資源の生産と輸出に依存した経済である。

(4) この国は，［4］山脈から［5］高原にかけての山岳地帯に広がっている。西部の河谷沿いの低地や山麓は夏に乾燥し冬に比較的雨量の多い［う］気候であるが，山地は寒さの厳しい冷帯気候，［4］山脈の山岳部では高山気候となっている。山岳部では馬，羊，ヤギなどの牧畜が盛んであり，盆地では［あ］栽培もおこなわれている。原油，天然ガス，石炭，水銀，タングステンなどの地下資源に恵まれ，近年は特に金の輸出が急速に伸びている。

(5) この国は，国土の大部分が［5］高原とそれに連なる山脈・高原・河谷からなる。民族ではイラン系(ペルシア系)が，宗教ではイスラームのスンナ(スンニ)派（エ）が主流である。豊富な水力発電をもとに［え］の生産・輸出が多い。アンチモンなどのレアメタルも産出する。(1)～(5)の説明文の国々のなかでは，一人当たりGNIは最も低い水準にある。

問1 説明文(3)と説明文(5)に該当する国について，下記の国名(①～⑧)と場所(地図Ⅰのa～h)をそれぞれ1つずつ選びなさい。そのうえで，それらの組み合わせとして正しいものをA～Eのなかから1つ選び，解答欄にマークしなさい。

① パキスタン　② モンゴル　③ ウズベキスタン
④ アフガニスタン　⑤ タジキスタン　⑥ キルギス
⑦ トルクメニスタン　⑧ カザフスタン

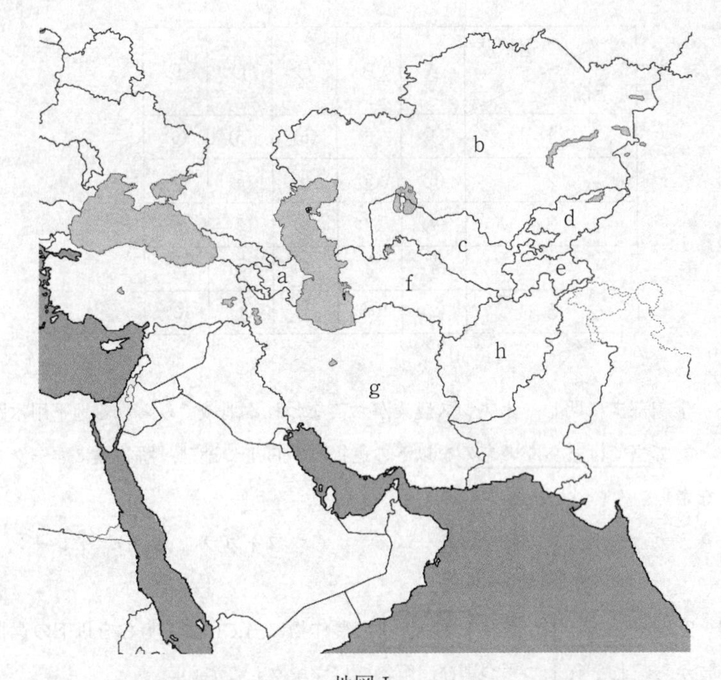

地図Ⅰ

出所：世界地図：http://www.sekaichizu.jp/ をもとに加工

説明文＼選択肢	A	B	C	D	E
(3)	①－a	③－c	⑧－b	⑦－f	④－g
(5)	⑥－d	④－h	②－d	⑤－e	①－a

問２　空欄［1］から［5］にあてはまる最も適切なものを次の①～⑧の選択肢からそれぞれ１つずつ選びなさい。そのうえで，それらの組み合わせとして正しいものをA～Eのなかから１つ選び，解答欄にマークしなさい。

①　パミール　　②　ゴラン　　③　テンシャン

④　カフカス　　⑤　アラル　　⑥　カスピ

⑦　キジルクーム　　⑧　カラクーム

空欄＼選択肢	A	B	C	D	E
1	①	⑥	⑤	⑤	⑥
2	⑤	⑤	⑥	⑥	⑦
3	⑦	⑦	⑧	②	⑧
4	④	③	③	④	⑤
5	②	④	①	①	②

問 3　下線部アに関し，オアシス農業がおこなわれる地域でみられる地下用水路として当てはまらないものを以下の選択肢から 1 つ選び，解答欄にマークしなさい。

A　カナート　　B　カレーズ　　C　フォガラ　　D　モレーン

問 4　空欄 [あ] と空欄 [い] の農作物に当てはまるものを以下の選択肢からそれぞれ 1 つずつ選び，解答欄にマークしなさい。

A　とうもろこし　　B　小麦

C　大麦　　D　綿花

問 5　下線部イに該当する資源名と生産地(産出地)の組み合わせとして正しいものを以下の選択肢から 1 つ選び，解答欄にマークしなさい。

A　鉄鉱石・クリヴォイログ　　B　石炭・カラガンダ

C　ニッケル・ノリリスク　　D　天然ガス・バクー

問 6　下線部ウに関し，下の表Ⅱはアメリカ合衆国，中国，ロシア，オーストラリア，イギリスの天然ガスの消費量と自給率(2017 年)を示したものである。ロシアに当てはまるものを以下の選択肢から 1 つ選び，解答欄にマークしなさい。

表Ⅱ

	消費量(単位　億㎥)	自給率(%)
A	2319	61.1
B	452	232.6
C	7671	99.1
D	4730	146.7
E	796	52.9

注：自給率は消費量に対する生産量の割合を示す。
出所：『世界国勢図会 2019/20』により作成。

問7　空欄 [う] に当てはまるものを以下の選択肢から1つ選び，解答欄にマークしなさい。

A　地中海性　　B　ステップ　　C　サバナ　　D　亜寒帯湿潤

問8　下線部エに関し，スンナ(スンニ)派が多数派を占める国として当てはまるものを以下の選択肢から1つ選び，解答欄にマークしなさい。

A　スリランカ　　B　イラン　　C　アルメニア　　D　トルコ

問9　空欄 [え] に当てはまるものを以下の選択肢から1つ選び，解答欄にマークしなさい。

A　ボーキサイト　　B　アルミニウム

C　ニッケル　　D　モリブデン

〔Ⅲ〕 次の会話文を読み，以下の問いに答えよ。

岡田：世界人口の急激な増加のことを「人口爆発」と言うらしいけど，これには時期区分があるのだよね。

田中：そうだよ。きっかけは工場制機械工業が進んだ18世紀後半以降のイギリスで起きた［ ① ］革命であり，その後ヨーロッパや北アメリカを中心に進展していった人口増加の現象を第一次，そして第二次世界大戦後の発展途上地域（ア）を中心に起きた同種の現象を第二次と呼ぶのだよ。

岡田：1950年には25億人程度だった世界人口が，それから100年後の2050年にはおよそ［ ② ］億人に達すると国連が予測しているのだから(2017年度中位推計)，私たちが生きる現代はさながら「第三次人口爆発」と言ってもよいくらいだね。

田中：世界の人口がこんなにも増加していく現状を見て心配なのは，私たちの毎日の食卓を囲む食料の問題だよね。

岡田：そうだね。世界には遺伝子組み換え作物を大規模に生産している国があるね。

田中：2017年時点での遺伝子組み換え作物の国別栽培面積データをみると，7000万ヘクタール以上もの広大な農地でその大規模栽培を行っているのが［ ③ ］，そしてこの国に続くのがおよそ5000万ヘクタールの農地で遺伝子組み換え作物を栽培する［ ④ ］，そしてさらにそれに続くのが2000万ヘクタール以上の農地でこの種の作物を栽培する［ ⑤ ］であることがわかるね。

岡田：また2015年の時点では，［ ③ ］で生産されている［ ⑥ ］といった作物の9割以上が遺伝子組み換え作物なのだね。

田中：私たちの生活に身近な作物が，実は遺伝子の操作によって生産されているとは驚きだよ。

岡田：まったくだよ。遺伝子組み換えによる作物の生産は将来的な食料自給率の問題（イ）を見据えてなのかもしれないけど，それと同時にこうした作物の大量生産が引き起こすであろう環境問題（ウ）も考えていかないといけないのだろうね。

問１　空欄［①］に当てはまる最も適切なものを１つ選び，解答欄にマークせよ。

A　緑の　　B　産業　　C　通信　　D　白い

問２　下線部アに関して説明した次の文章のうち，最も適切なものを１つ選び，解答欄にマークせよ。

A　WHO(世界保健機関)の2000年頃の資料によれば，積極的な推進の結果，発展途上地域全般において家族計画の実行率は40％以上に達している。

B　2013年の世界におけるHIV(ヒト免疫不全ウイルス)の感染者は北アフリカ地域に集中している。

C　世界の貧困人口を半減させるために，国連はODA(政府開発援助)の対GNI(国民総所得)比0.7％という目標を掲げているが，日本は2018年の段階においてこの目標を達成できていない。

D　ILO(国際労働機関)の2012年資料によれば，世界全体の児童労働者数は１億7000万人程度となっている。地域別でみると，ラテンアメリカにおける児童労働者数がこのうちの５割近くを占める。

問３　空欄［②］に当てはまる最も適切なものを１つ選び，解答欄にマークせよ。

A　100　　B　85　　C　70　　D　55

問4　空欄 ③ ， ④ ， ⑤ ，それぞれに当てはまる国名を以下の語群の中から1つずつ選び，解答欄にマークせよ。

A　中国　　B　インドネシア　　C　インド
D　アメリカ合衆国　　E　カナダ　　F　アルゼンチン
G　ロシア　　H　ブラジル

問5　空欄 ⑥ に入る農作物の組み合わせとして，最も適切なものを1つ選び，解答欄にマークせよ。

A　米，大豆，トウモロコシ　　B　トウモロコシ，卵，大豆
C　綿花，トウモロコシ，小麦　　D　大豆，トウモロコシ，綿花

問6　下線部イに関して説明した次の文章のうち，誤りのあるものを1つ選び，解答欄にマークせよ。

2017年の農水産品輸入額を見たとき，日本は

A　2106億円相当の農水産品をチリから輸入しているが，その6割以上がワインである。

B　191億円相当の農水産品をモロッコから輸入しているが，その9割近くが魚介類である。

C　1206億円相当の農水産品をフィリピンから輸入しているが，その6割以上がバナナである。

D　1182億円相当の農水産品をメキシコから輸入しているが，その4割近くが豚肉である。

問7　下線部ウに関して説明した次の文章のうち，最も適切なものを1つ選び，解答欄にマークせよ。

A　オゾン層保護のために，1985年に採択されたのがバーゼル条約である。

B　日本は森林大国であるため，京都議定書のルールで認められた二酸化炭

素の森林吸収量を満たしている。

C　アメリカ合衆国の西海岸における酸性雨の被害は深刻である。

D　エビの養殖によって，マングローブの大量破壊が引き起こされている。

問 8　遺伝子組み換え作物について述べた次の文章のうち，最も適切なものを1つ選び，解答欄にマークせよ。

A　食料の安定供給をめざして1990年代から広まったものであり，世界の栽培面積は2015年の時点で4億ヘクタールを超えている。

B　長年にわたる研究を経て，害虫や除草剤への耐性をもつ品種が開発された。

C　食材とすることに不安をもつ消費者もいるため，遺伝子組み換え作物を原料とするあらゆる食品に対してその表示が義務づけられている。

D　この作物は2015年の時点で，世界のあらゆるところで栽培されている。

〔Ⅳ〕 人口問題に関する以下の問いに答えよ。

問 1　下のグラフⅠは，おもな先進国の合計特殊出生率の推移を示したものである。このグラフに関する2つの設問に答えよ。

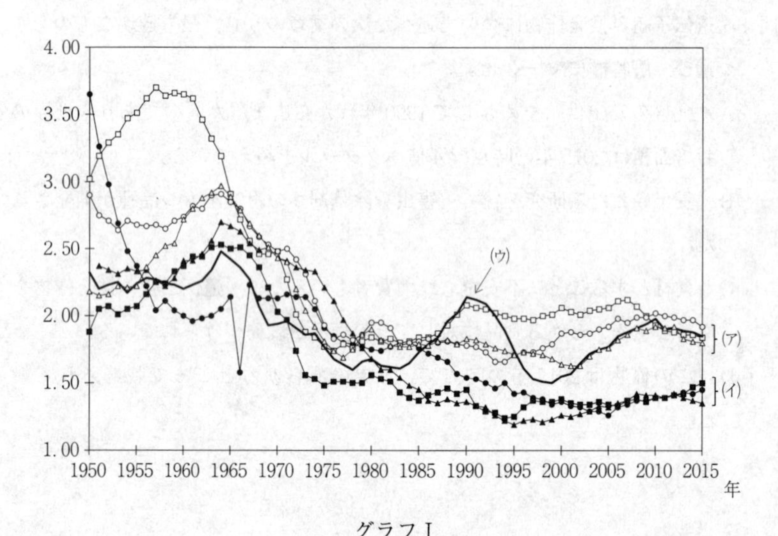

グラフⅠ

UN, Demographic Yearbook; OECD Family database; 厚生労働省「人口動態統計」による。

(1)　1970年代以降，先進国の多くで，合計特殊出生率の水準が人口規模の維持に必要な約2.1の水準を下回るようになったが，21世紀に入ると，図中の(ア)と(イ)のように，出生率が相対的に高い国々(2015年に1.80～1.92程度)と低い国々(同1.35～1.50程度)に分かれてきている。(ア)と(イ)の国々の組み合わせとして，最も適切なものを，以下の選択肢から1つ選んでマークせよ。なお，以下のアメリカはアメリカ合衆国を指す。

A　(ア)　イギリス，スペイン，フランス　(イ)　日本，オランダ，ドイツ

B　(ア)　アメリカ，スペイン，フランス　(イ)　日本，オランダ，イタリア

C　(ア)　イギリス，オランダ，ドイツ　(イ)　日本，スペイン，イタリア

D　(ア)　オランダ，フランス，ドイツ　(イ)　日本，アメリカ，イギリス

E　(ア)　イギリス，アメリカ，フランス　(イ)　日本，ドイツ，イタリア

(2)　(ウ)の太線のグラフの国は，1960年代だけでなく，1990年前後と2010年前後にも，大きな変動の波をくり返した。この国を，以下の選択肢から選んでマークせよ。

A　ノルウェー　　B　スウェーデン　　C　フィンランド

D　エストニア　　E　ロシア

問2　下のグラフⅡは，47都道府県から6つを選んで，合計特殊出生率の推移を示したものである。グラフから読みとれるように，出生率には地域差が存在する。たとえば，1950年をみると，出生率がこの年の全国値3.65を大きく超える(ア)のようなところもあれば，この時点ですでに3.0未満に低下している(カ)のようなところもある。これには，国内における人口転換の進展度が反映されていると考えられるが，人口転換終了後の出生率の推移にも地域差が存在する。実際，(ア)の出生率はこの中で最も低い水準にまで低下する一方で，1950年に4.0を超えていた(イ)は，2015年においても全国値1.45よりも高い水準にある。(ア)と(イ)に該当する都道府県はどこか。それぞれ，以下の語群から1つを選んでマークせよ。

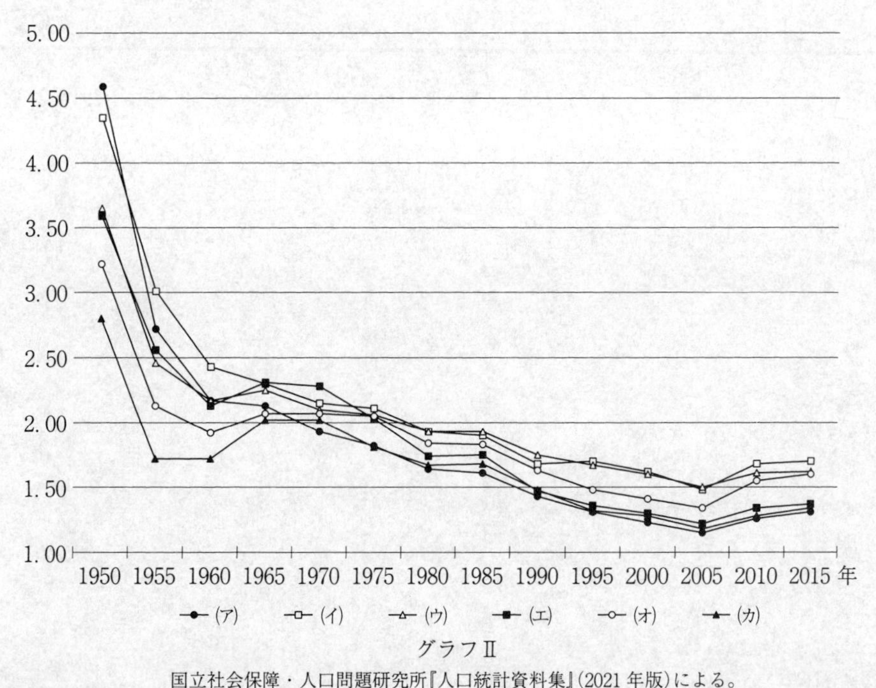

グラフⅡ

国立社会保障・人口問題研究所『人口統計資料集』(2021年版)による。

(語群)

A　北海道　　B　千葉　　C　福井
D　京都　　E　広島　　F　宮崎

問 3　下のグラフⅢは，1990年以降の日本の人口ピラミッドの推移を描いたものである(2040年以降は推計値)。この図から読みとれるように，平成時代の人口ピラミッドは，つぼ型の形状をしていたが，今後は逆さまのピラミッドのような形へと変化していくことが予測されている。このような人口ピラミッドの変化は，将来どのような問題や現象を発生させていくと考えられているか。政治，経済，社会の3つの側面を取り上げて，200字以内で論述しなさい。

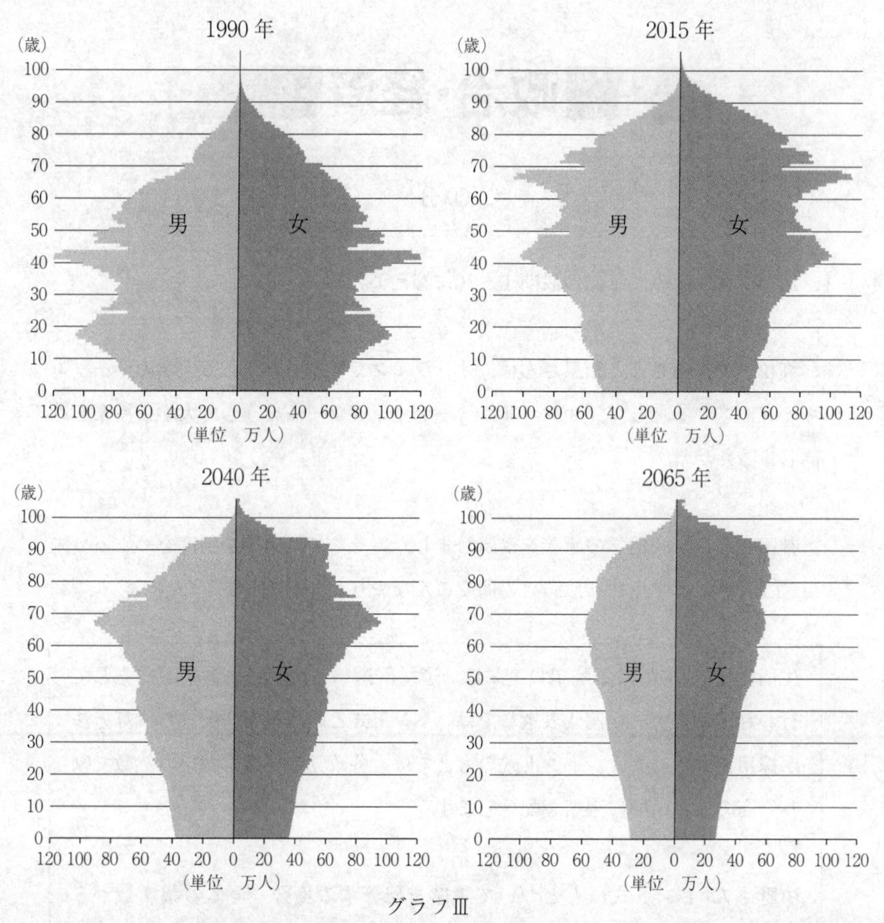

グラフⅢ

総務省「国勢調査」，国立社会保障・人口問題研究所「日本の将来推計人口」(平成29年出生中位・死亡中位推計)による。

政治・経済

（60分）

〔Ⅰ〕　次の文章を読み，下記の設問１～10に答えよ。

高校生の神田さんと和泉さんは，オンラインで実施されたある大学のオープンキャンパスに参加して，オンラインミーティングツールを通じて大学の授業を聴講しました。

神田さんは，政治学の講義を受講しました。そこでは，選挙制度をめぐって先生（生田教授）と学生（中野さん）の間でこんなやりとりがありました。

生田教授「日本の参議院議員選挙は，選挙区選挙と比例代表選挙が並立して行われています。比例代表選挙では，ドント式という議席の配分の計算方法が採用されています。ドント式のもとでは，各政党の総得票数を自然数で割り，商の大きい順に議席を配分します。」

中野さん「ドント式にもとづいて議席を配分する場合，全体の議席数が５で，花党が48票，鳥党が20票，風党が17票，月党が15票獲得した場合，図表１のように花党が３議席，鳥党と風党が１議席ずつ，月党は０議席が配分されます。」

生田教授「その通りですね。一方，比例代表制を採用している国では，ドント式に代わってサン＝ラグ方式という計算方法を採用しているところもあります。サン＝ラグ方式は，総得票数を，自然数ではなく，１から順に増える奇数（１，３，５…）で割り，商の大きい順に議席を配分します。」

中野さん「同じ比例代表制でも，計算方法によって配分される議席数に違いが出るんですね。」

生田教授「選挙制度には様々な類型があり，多数派の意見を過大に反映するものもあれば，少数派(1)の声をできるだけ反映させようとするものもあります。どの選挙制度が自分たちの社会に適切か考えてみることも重要です。」

中野さん「若者の投票率の低さ(2)が問題視されていますが，選挙制度そのものについても考えていかないといけないですね。」

図表１　比例代表におけるドント式に基づく議席の配分例（定数５）

	花党	鳥党	風党	月党
総得票数	48	20	17	15
÷１	48	20	17	15
÷２	24	10	8.5	7.5
÷３	16	6.7	5.7	5

※網かけ部分が，議席配分の対象となる上位５番までの商。

図表２　「衆議院議員総選挙における年代別投票率（抽出）の推移」

年	1967	1969	1972	1976	1979	1980	1983	1986	1990	1993	1996	2000	2003	2005	2009	2012	2014	2017
回	31	32	33	34	35	36	37	38	39	40	41	42	43	44	45	46	47	48
10歳代																		40.49
20歳代	66.69	59.61	61.89	63.50	57.83	63.13	54.07	56.86	57.76	47.46	36.42	38.35	35.62	46.20	49.45	37.89	32.58	33.85
30歳代	77.88	71.19	75.48	77.41	71.06	75.92	68.25	72.15	75.97	68.46	57.49	56.82	50.72	59.79	63.87	50.10	42.09	44.75
40歳代	82.07	78.33	81.84	82.29	77.82	81.88	75.43	77.99	81.44	74.48	65.46	68.13	64.72	71.94	72.63	59.38	49.98	53.52
50歳代	82.68	80.23	83.38	84.57	80.82	85.23	80.51	82.74	84.85	79.34	70.61	71.98	70.01	77.86	79.69	68.02	60.07	63.32
60歳代	77.08	77.70	82.34	84.13	80.97	84.84	82.43	85.66	87.21	83.38	77.25	79.23	77.89	83.08	84.15	74.93	68.28	72.04
70歳代以上	56.83	62.52	68.01	71.35	67.72	69.66	68.41	72.36	73.21	71.61	66.88	69.28	67.78	69.48	71.06	63.30	59.46	60.94
全体	73.99	68.51	71.76	73.45	68.01	74.57	67.94	71.40	73.31	67.26	59.65	62.49	59.86	67.51	69.28	59.32	52.66	53.68

出典：総務省「衆議院議員総選挙における年代別投票率（抽出）の推移」

　　一部修正

※①　この表のうち，年代別の投票率は，全国の投票区から，回ごとに144～188投票区を抽出し調査したものです。

※②　第31回の60歳代の投票率は60歳～70歳の値に，70歳代以上の投票率は71歳以上の値となっています。

※③　10歳代の投票率は，全数調査による数値です。

図表3　「衆議院議員総選挙における20歳代，70歳代以上，全体の投票率(抽出)の推移」

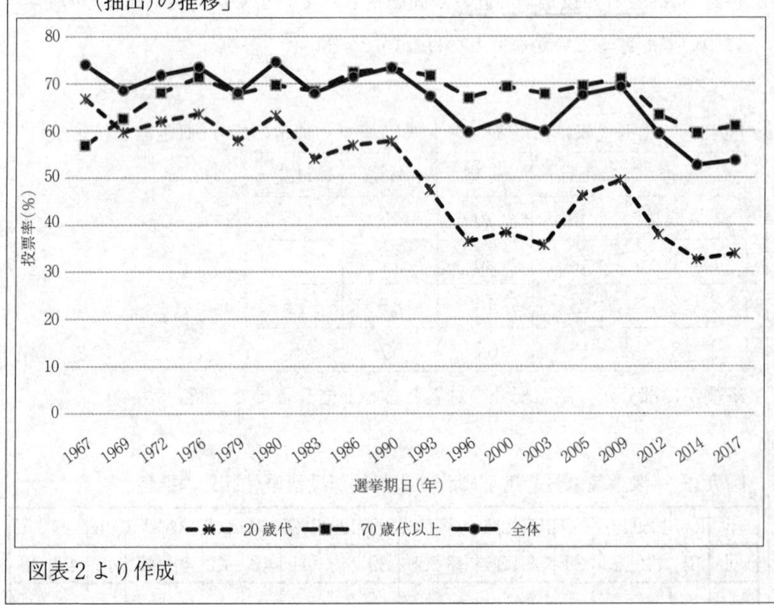

図表2より作成

設問1　図表1に関して，各党の総得票数と全体の議席数に変化がなく，計算方式のみサン＝ラグ方式で計算した場合，鳥党に配分される議席数を解答欄に数字で記入せよ。

設問2　下線部(1)に関連して，少数派に対する課題として，民族的マイノリティのアイデンティティを国家がどう認めていくのかということが，しばしば各国で議論される。2019年に日本で法律として初めてアイヌ民族を先住民族と明記し，差別の禁止などを盛り込んだ法律の名称を解答欄に記入せよ。

設問 3 政党の選挙戦術を考えてみよう。日本における比例代表選挙において，実際の現在の制度を踏まえたもっとも適当な選挙戦術と思われるものを次のなかから一つ選び，解答欄の記号(A～D)をマークせよ。

A．衆議院の比例代表選挙は非拘束名簿式なので，投票用紙に名前を書いてもらいやすいよう著名人を立候補させよう。

B．参議院の比例代表選挙は拘束名簿式で全国11ブロックに分かれているので，そのブロック内で知名度のある候補者を上位に登載した名簿を提出しよう。

C．衆議院の比例代表選挙では選挙区との重複立候補が認められていないので，特に当選させたい候補者は名簿の順位の上位に名前を登載しよう。

D．参議院の比例代表選挙には特定枠があるので，特に当選させたい候補者は名簿の特定枠に名前を登載しよう。

設問 4 下線部(2)に関連して，図表2および図表3から読み取れることは何か。もっとも適当と思われるものを次のなかから一つ選び，解答欄の記号(A～D)をマークせよ。

A．「シルバーデモクラシー」とは，高齢者の政治的影響力が世代間において相対的に大きくなっていることを指す。事実，70歳代以上の投票率は一貫して上昇している。

B．20歳代の投票率は常に全体の平均よりも高い。就職や出産・子育てなどで政治や行政との接点が多いからであると考えられる。

C．20歳代，30歳代の若者の「選挙離れ」は課題である。特に1960年代から20歳代の投票率は現在に至るまで一貫して低下しており，主権者教育の充実が望まれる。

D．1970年代と比べ現在の20歳代の投票率は低下している。少子高齢化も進んでおり，総投票数における比率でみた場合の20歳代の選挙結果に対する影響力は低下していると考えられる。

和泉さんは，政治学のゼミの一つにオンライン参加しました。ゼミが始まる前に，ゼミの学生の間でこんな会話がありました。

山中さん「政治的な自由が重視される自由民主主義体制というのは本当に素晴らしいのかな。新型コロナウイルス感染症が世界中で猛威を振るいはじめた 2020 年 では，政治的な自由度が低いとされる国や地域の方がいち早く新型コロナウイルス感染症の感染防止策(3)を実施して感染拡大の抑止に成功し，人口あたりの死者数を抑えられているという声もある。」

清里さん「そういう国や地域では，特定の政党や人物，中央政府に権限が集中し，市民の声が政治になかなか反映されないと聞く。競争的な選挙は重要であるし，地方分権も進めるべきだ。」

菅平さん「地方分権が進めばいいというわけではない。日本でも個人情報(4)保護制度について「2000 個問題」が大きな問題となった。新型コロナウイルスは行政機関や地方公共団体間のデータ連携の課題を浮き彫りにした。行き過ぎた地方分権は非効率的だ。」

清里さん「さまざまな課題があるにせよ，私は自らの生き方については自らが決定したい(5)し，そのことと密接に結びつく政治については，できるだけ自由が保障され，競争的であるとともに，身近な地方自治体にできるだけ大きな権限を持ってもらいたい。」

ゼミが始まると，政治と司法の関係についての話し合いが始まりました。そこでは，また違う学生同士でこんなやりとりがありました。

黒川さん「社会で生じる様々な争いを，憲法や法律の解釈に基づいて解決するのが司法の役割だが，司法もまた政治に影響を与える。」

八幡さん「たしかに，最高裁による婚外子相続差別や女性の再婚禁止期間の違憲判断は，国会に法改正を迫った。」

黒川さん「しかし，そのようにして憲法や法律の解釈に基づいて政治に影響を及ぼしうる存在の裁判官が，なんの民意の統制も受けないというのは問題ではないか。」(6)

設問 5 自由民主主義体制とは異なる政治体制の国として中国がある。中国における最高の決定機関である全国人民代表大会(全人代)の常設機関であり，法令の制定，法律の解釈，条約の批准などについて広範な権限を持っている機関を何というか。解答欄に記入せよ。

設問 6 下線部(3)に関連して，日本でも新型コロナウイルス感染症拡大防止のための行政施策にしばしば用いられたが，広範な許認可権限を持つ行政機関が一定の行政目的を達成させるため，勧告・助言・警告などの法的な根拠に基づかない手法を通じ，個人・法人・団体などに協力を求めることを漢字四文字で何というか。解答欄に記入せよ。

設問 7 下線部(4)に関連して，個人情報についての記述として，もっとも適当と思われるものを次のなかから一つ選び，解答欄の記号(A～D)をマークせよ。

A.「石に泳ぐ魚」事件は，原告が自らのプライバシーが侵害されたとして小説の出版差し止めを求めた裁判である。第一審判決(1964年)においてプライバシーの権利が法的に保護されることが初めて認定された。

B.「2000個問題」とは，民間事業者，国の行政機関，独立行政法人向けにそれぞれ個人情報保護に関連する法規があり，さらに地方自治体も独自に条例を制定することから，個人データの流通に支障がきたされていることを指す。

C. プライバシーの権利に対する関心の高まりやEUにおいて一般データ保護規則が制定されたことへの対応として，2016年から住民票をコンピューター管理する住民基本台帳ネットワークが実施された。

D．私的情報が個人の意思に反した目的などに勝手に利用されないために，プライバシーの権利が侵害されるおそれのある犯罪捜査において，捜査機関に通信の傍受を認める通信傍受法が制定されている。

設問 8　下線部(5)に関連して，和泉さんはこのやりとりを聞いて，「自己決定権」について学ぼうと思った。このとき和泉さんが取ろうとする行動としてもっとも適当と思われるものを次のなかから一つ選び，解答欄の記号（A～D）をマークせよ。

A．人間の自然状態は「万人の万人に対する闘争」状態となるので，一般意志に基づいて定められた法によって服従を強制すべきと主張したホッブズの著作を読もう。

B．人間を「自由の刑に処せられている」と表現し，自分の責任において積極的に社会参加すること（アンガジュマン）を主張したアリストテレスの著作を読もう。

C．本人の意思表示などの要件を欠いた安楽死は殺人にあたるとした，東海大学安楽死事件を調べよう。

D．宗教上の理由から輸血を拒否した患者に対し，医師が輸血を行ったことを合法とした1998年の東京高裁の判決を調べよう。

設問 9　逮捕された政治家や官僚が不起訴処分になった場合などに大きく話題になる機関で，検察官が被疑者（犯罪の嫌疑を受けている者）を裁判にかけなかったことの是非を審査する機関のことを何というか。解答欄に記入せよ。

設問10　下線部(6)に関して，この主張に対する反応として，もっとも適当と思われるものを次のなかから一つ選び，解答欄の記号（A～D）をマークせよ。

A．最高裁判所の裁判官には，罷免を可とする票が有効票数の過半数に達すると罷免される国民審査の制度があり，この制度は司法部に対する民主的な統制といえる。ただし，国民審査で罷免された裁判官は，ただのひとりも存在しない。

B．都道府県および政令市にひとつずつ設置されている地方裁判所の長官は，設置されている地方自治体の首長によって任命されるため，間接的に民意が反映されているといえる。

C．国家の行為について統治の基本に関する高度の政治性がある事柄に関しては，積極的に司法審査の対象とすることがある。これを統治行為論という。その場合，民主的な統制を受けている行政部より司法部の立場が優先されているといえる。

D．裁判員制度によって，訴訟価額が140万円以下の請求と罰金以下の刑にあたる罪に係る訴訟については，国民の中からくじで選ばれる裁判員が裁判官とともに審理に参加するので，司法部は民主的な統制を部分的に受けているといえる。

〔Ⅱ〕 次の文章を読み，下記の設問1～7に答えよ。

資本主義経済では，私有財産制と契約の自由の法的枠組みのもとで，企業はより多くの利潤を求めて競争し，市場のメカニズムを通じて，資源の効率的配分が達成される(1)。18世紀にアダム・スミスは，その著書『 1 』において，個人や企業が自由な経済活動をするとき，見えざる手を介して，社会全体の利益が増進されると説いた。しかし，経済が発展するにつれ，資本主義経済の弊害も認識されるようになった。その一つが過度な景気変動である。1929年のアメリカの株価暴落に端を発した世界恐慌は，企業の倒産とそれに伴う多数の失業者を発生させた。この世界恐慌に対し，アメリカのローズベルト大統領は，大規模な公共投資の実施や，労働者の団結権を保障した 2 法の制定などを骨子とするニューディール政策をとった。ニューディール政策は，大きな政府の先駆けと位置付けられるが，政府の経済活動への介入の理論的裏付けとされたのが，ケインズの経済学である。ケインズは，『雇用・利子及び貨幣の一般理論』で有効需要の原理を説き，第二次世界大戦後の各国政府は，景気変動(2)に対して，さまざまな政策(3)を実施するようになった。その後，石油危機後のスタグフレーションや政府の財政赤字の拡大を背景に，フリードマンを中心に市場のメカニズムを重視し，小さな政府を志向する［　3　］主義と呼ばれる考え方が台頭した。この主張に基づき，1980 年代以降の日本，アメリカ，イギリスなどでは，政府事業の民営化やさまざまな分野における規制緩和が行われたが，一連の政策は所得格差を拡大させたという指摘もある。

また，資本主義経済の進展に伴い，巨大企業による生産の集中が進んだ。その背景として，19 世紀後半以降に発展した重工業における規模の経済(4)の存在が挙げられる。市場支配力を持つ企業は，生産量を抑制して高価格を設定することが可能となり，その結果，資源の効率的配分が損なわれる。このような状況を回避するため，政府は企業の自由な行動を基本としつつも，市場構造のほか，価格設定や他社との取引条件などのさまざまな企業の行動に注視し，必要に応じ対応策を講じている。市場構造は，市場に存在する企業数や市場占有率などの指標で表され，市場に 1 企業しか存在しない場合は独占，少数の企業で構成される場合は寡占，市場に多数の企業が存在し，それらが異なるデザインや特性を持つ製品を販売する場合は［　4　］と呼ばれる。また，企業の競争を阻害する恐れがある行動(5)として談合がある。しかし，談合は関係者間で秘密裏に行われることから，これを発見し，防止することは難しい場合が多い。

さらに，企業が第三者に損失を与え，その企業が損失への支払いを行わないとき，外部不経済があるという。このような状況では，企業の生産量は過大となり，資源の効率的配分は損なわれる。しかし，損害を与えた企業への課税や，被害を被った者への補償金の支払い(6)によって，資源配分の問題は解決することもできる。資本主義経済では，市場のメカニズムが機能することが期待されているが，政府は，どのような場合に，どのような方法で，企業や個人の行動に関与するのか考えなければならない。

設問 1　文中の［　1　］～［　4　］に入る，もっとも適当と思われる語句を解答欄に記入せよ。

設問 2　下線部(1)に関して，完全競争市場の要件として，もっとも適当と思われるものを次のなかから一つ選び，解答欄の記号（A～D）をマークせよ。

A．多数の売り手を確保するため，企業の退出が制限されていること。

B．売り手と買い手の双方とも，財に関する完全な情報を保有すること。

C．買い手の嗜好に合うよう製品差別化が行われていること。

D．売り手が競争相手の行動に反応し，相互に数量や価格の決定に影響を与えながら競争すること。

設問 3　下線部(2)に関連して，図表4に示す日本の実質GDP成長率の推移に関して，もっとも適当と思われるものを次のなかから一つ選び，解答欄の記号(A～D)をマークせよ。

図表4　日本の実質GDP成長率の推移

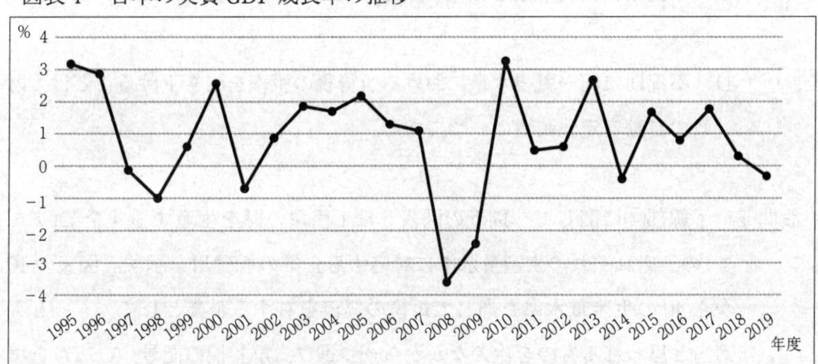

出典：内閣府「国民経済計算」より作成

A．実質GDP成長率とは，名目GDPを企業物価指数で除して実質化し，今期の実質GDPから前期の実質GDPを差し引いたものを，前期の実質GDPで除したものである。

B．1997年度と1998年度に実質GDP成長率がマイナスとなった主たる要因は，1997年に3％の消費税が導入されたことによって，民間消費が落ち込んだことによる。

C．2003年度から2007年度までの実質GDP成長率は，1から2％台で推移したが，これには好調なアメリカ経済を背景に外需が堅調であったことが寄与していた。

D．2008年度の実質GDP成長率の低下に対し，日本銀行は，2009年に金融機関が保有する日本銀行当座預金の一部にマイナス金利を適用することとした。

設問 4　下線部(3)の政策についての記述として，もっとも適当と思われるものを次のなかから一つ選び，解答欄の記号（A～D）をマークせよ。

A．景気過熱期に緊縮的な財政政策と金融引き締めを同時に実施することは，ポリシー・ミックスの一つである。

B．消費税は，支払額が増えるほど消費税額も増加するため，累進課税である。

C．不況期に公共事業を拡大するために発行される国債は，特例国債と呼ばれる。

D．不況期に同一所得水準における所得税の税率を引き下げることは，財政の自動安定化装置の一つである。

設問 5　下線部(4)に関して，以下の図表5は1種類の財を生産する4企業（ア～エ）の，それぞれの生産量水準に対応する企業の総費用を示す。図表の10から40の生産量水準を通して規模の経済を有する企業として，もっとも適当と思われるものを次のなかから一つ選び，解答欄の記号（A～D）をマークせよ。

図表5　4企業の生産量に対応した総費用

企業名＼生産量	10	20	30	40
ア	40	90	120	180
イ	45	100	165	200
ウ	50	100	150	200
エ	70	130	180	220

A．ア

B．イ

C．ウ

D．エ

設問 6　下線部(5)に関連する記述として，もっとも適当と思われるものを次のなかから一つ選び，解答欄の記号（A～D）をマークせよ。

A．同一産業に属する企業が，競争を回避し，利潤を増加させるために生産量を制限する協定をトラストという。

B．電気製品を製造するメーカーが，小売価格を指定したうえで小売店に製品を販売する行為は，法律上認められる。

C．消費者にとって財の価格は低いほど望ましいので，低価格の設定は，いかなる場合も独占禁止法に抵触することはない。

D．公正な企業の取引を確保する機関としての公正取引委員会は，委員長と4人の委員からなる行政委員会であるが，組織上は内閣府の外局にあたる。

設問 7　外部不経済があるとき，下線部(6)によって，企業の私的費用と社会的費用を一致させることを何というか。もっとも適当と思われる語句を解答欄に記入せよ。

〔Ⅲ〕 次の文章を読み，下記の設問1～9に答えよ。

21世紀の国際経済は財・サービスの貿易だけではなく，資本や労働力の国境を越えた移動も活発化しており，各国経済の相互依存はこれまでになく高まっている。このような国境を越えた経済活動において，貿易は古くから非常に重要な位置を占めており，リカードの比較生産費説(1)に基づく国際分業の利益が，今日の国際貿易や多角的な自由貿易制度の考え方の礎となっている。さらに，国際貿易の拡大(2)の背景には国際的な生産網の拡大もあり，特に企業が自社の業務の一部または全部を国外に移すオフショアリングが積極的に展開されている。

国際貿易などを含めた一国の対外取引の全体像を把握する上で，国際収支統計(3)が有用である。国際収支統計は大きく経常収支，金融収支，［ 1 ］および誤差脱漏の4つの項目に分けられ，ある国の一定期間内の対外取引についてまとめたものである。実際に海外と取引を行う主体は各国における企業がほとんどであり，国境をまたぎ，通貨や法制度などが異なる地域の相手と取引を行う点に対外取引の大きな特徴がある。特に法定通貨の違う相手と貿易を行う際，自国通貨を外国通貨に交換する必要が生じることが多々ある。ある国の通貨とそれ以外の国の通貨を交換する市場は［ 2 ］市場と呼ばれ，その市場における各国通貨の交換比率である為替レート(4)は様々な理由によって刻一刻と変動している。

国際収支統計各項目の赤字・黒字や為替レートの変動は，その経済学的な意味合い以上に，政治的な注目を集める場合がある。近年におけるその最たる例が米中貿易摩擦であり，米国はトランプ政権下で中国を含む多くの国に対して，多角的な自由貿易制度を軽視するような輸入制限措置(5)をとった。一国の通商政策の決定は，当然その国の主権の範疇である。しかし，多角的な自由貿易制度は多くの国に貿易を通じて恩恵をもたらすものであり，WTO（世界貿易機関）(6)はこのような多角的な自由貿易制度の実現に向けた調整の場として，また加盟国同士の貿易紛争(7)を解決する機関としての役割を果たすべく設立されている。しかし，米中貿易摩擦の発生および経過において，WTOがその調整機能や紛争解決機能を十分に果たしたとは言えない。前事務局長が異例の任期途中での辞任をするなど，WTO自体が機能不全に陥っており，今後の改革が注目される。

さらに，新型コロナウイルスの感染拡大により，対外的に国境封鎖や出入国制限などの措置をとり，国内ではロックダウンによる活動制限などを実施した国もある。この結果，感染が拡大した国だけではなく，国境を越えたヒト・モノ・カネの移動(8)を通じたつながりを持つ国際経済全体が大きなダメージを受けたのである。国境封鎖や出入国制限などにより，グローバル化がその勢いを失っているとする意見がある一方，様々な経済活動のオンライン・リモート化により，さらにグローバル化が推進されるという主張もある。新型コロナウイルスの感染拡大が貿易だけではなく，国境を越えた資本や労働力の移動にも大きな影響を与えたことは間違いない。それが今後のグローバル化や世界経済の在り方をどのように変えていくのかについては慎重に見極める必要があると言えよう。

設問１　文中［ 1 ］～［ 2 ］に入る，もっとも適当と思われる語句を解答欄に記入せよ。

設問２　以下の図表６のような２国を想定する。下線部(1)に関して，比較生産費説の考え方に基づいた場合，M財とN財それぞれに比較優位を持つ国の組み合わせとして，もっとも適当と思われるものを選択肢のなかから一つ選び，解答欄の記号（A～D）をマークせよ。

図表６　X国，Y国のM財，N財の生産性

	M財を１単位生産するのに必要な労働量	N財を１単位生産するのに必要な労働量
X国	30	9
Y国	100	20

	M財	N財
A.	X国	X国
B.	X国	Y国
C.	Y国	X国
D.	Y国	Y国

設問 3　下線部(2)に関連して，以下の図表 7 は世界全体の貿易額と円・ドル為替レートの推移を表したものである。図表 7 から読み取れる内容とそれに関する記述のうち，もっとも適当と思われるものを選択肢のなかから一つ選び，解答欄の記号（A～D）をマークせよ。

図表 7　世界の貿易額と円・ドル為替レートの推移

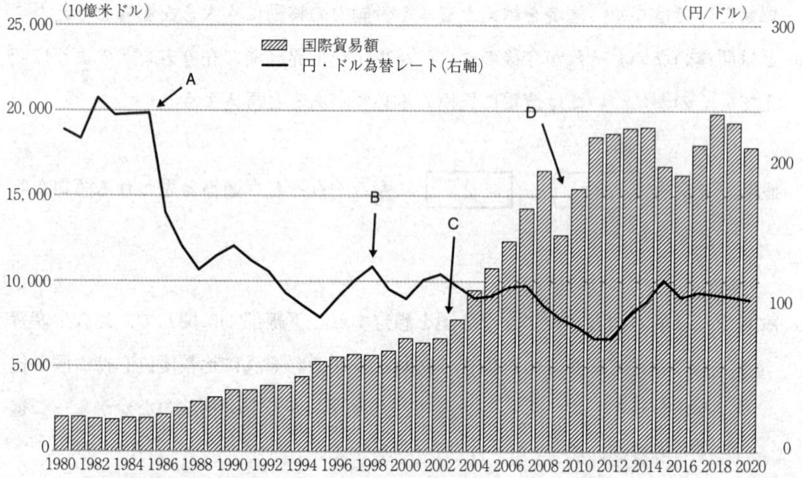

出典：世界貿易機関，日本銀行より作成

A．図中のA前後から見られる為替レートの大きな変動は，G 7 がドル高是正のための協調介入を行うことを合意したプラザ合意の影響によるものであると考えられる。

B．図中のB前後から見られる為替レートの変動は，インドネシアがその法定通貨であるルピアを切り下げたことを発端とするアジア通貨危機の影響が大きいと考えられる。

C．図中のC前後から見られる国際貿易の急成長の一因として，2001 年のロシア連邦の世界貿易機関加盟が挙げられる。

D．図中のD前後に見られる国際貿易の落ち込みはいわゆるリーマン・ショックによるものであると考えられ，リーマン・ショックはその後 G 20 首脳会談が定期的に開催される契機となった。

設問 4　下線部(3)に関連して，近年の日本の国際収支の状況に関する記述のうち，もっとも適当と思われるものを選択肢のなかから一つ選び，解答欄の記号(Ａ～Ｄ)をマークせよ。

Ａ．日本の経常収支黒字はかつて貿易・サービス収支黒字が最も大きな割合を占めていたが，2000年以降，第一次所得収支黒字が占める割合が最も高くなっている。

Ｂ．日本の貿易・サービス収支では，かつて貿易収支黒字が占める割合の方が大きかったが，2010年以降，訪日外国人の増加などにより，サービス収支黒字が占める割合の方が大きくなる傾向が続いている。

Ｃ．経常収支と金融収支は財・サービスとお金とで表裏一体の関係にあるため，経常収支が黒字である日本において，金融収支は赤字となっている。

Ｄ．日本は世界第２位の外貨準備高を保有しており，外貨準備は経常収支の赤字と為替相場への外国通貨売り介入によって増加する。

設問 5　下線部(4)に関して，為替レートの変動を説明する主な要因に関する記述のうち，もっとも適当と思われるものを選択肢のなかから一つ選び，解答欄の記号(Ａ～Ｄ)をマークせよ。

Ａ．貿易・サービス収支に注目した場合，ある国の貿易・サービス収支の黒字は，その国の通貨価値を下落させる要因になると考えられる。

Ｂ．購買力平価説によると，２国間の為替レートは，２国間の物価水準の違いによって決定される。

Ｃ．経済成長率などの経済の基礎的な条件が良好な場合，その後の循環的な景気後退予想からその国の通貨価値は下落する。

Ｄ．内外金利差説に基づいた場合，ある国における金利の上昇はその国の通貨での資金調達費用の上昇を意味するので，その国の通貨の価値は下落する。

設問 6　下線部(5)に関連して，WTOではある財の輸入が何らかの理由によって急増し，その財の国内生産者が重大な損害を被った場合，輸入制限措置を認めている。このWTOで認められている輸入制限措置の名称として，もっとも適当と思われる語句を解答欄に記入せよ。

設問 7　下線部(6)に関連して，WTO設立協定であるマラケシュ協定の附属書として結ばれ，著作権・商標・意匠・特許などについての実体的な保護規定と実施措置を定めた協定は何か。もっとも適当と思われる語句を解答欄に記入せよ。

設問 8　下線部(7)に関して，貿易紛争が発生した場合，WTO加盟国はWTOに提訴することによって審議を求めることができる。その審議を行う委員会の名称として，もっとも適当と思われる語句を解答欄に記入せよ。

設問 9　下線部(8)に関連して，以下の図表8は2018年における国境を越えるある経済活動について，日本の相手国上位10カ国を地図上に黒塗りで示したものである。この国際的なヒト・モノ・カネの移動として，もっとも適当なものを次のなかから一つ選び，解答欄の記号(A～D)をマークせよ。

図表８　国境を越えるある経済活動の日本の相手国上位10カ国

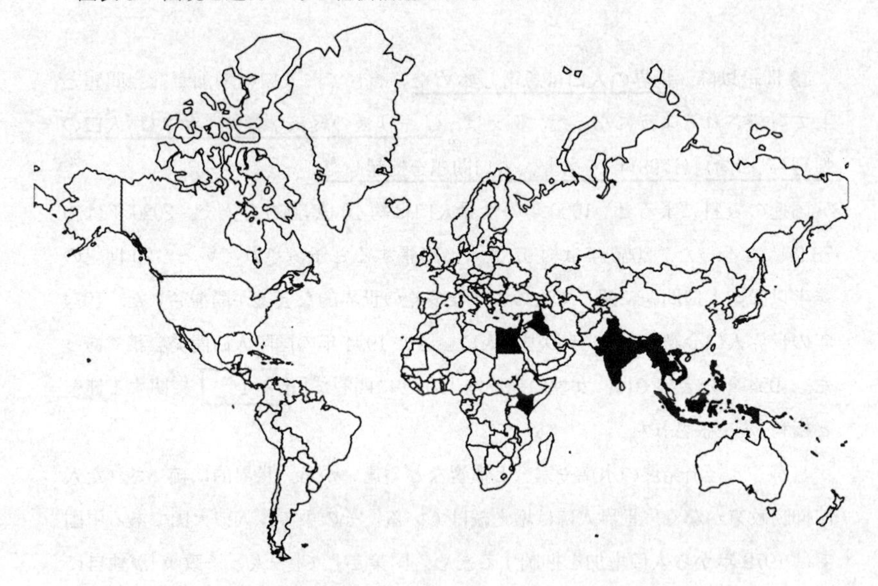

出典：各種政府統計より作成

A．対外直接投資額

B．化石燃料輸入額

C．政府開発援助総額

D．訪日外国人旅行客数

〔Ⅳ〕 次の文章を読み，下記の設問1～6に答えよ。

18世紀以降，世界の人口は急増し始めた(1)。そして，人口の増加が社会問題として討議されるようになった。例えば，イギリスの経済学者マルサスは『人口の原理(人口論)』(1798年)を著し，人口問題を提起した(2)。

国連の資料によると，1900年の世界人口は約16億5000万人で，2020年は約78億人となった。2050年は約97億人に膨張すると予測されている。20世紀の後半以降，人口問題に関して次のような多くの世界的な会議が開催された。1974年の世界人口会議や1984年の国際人口会議と1994年の国際人口開発会議であった。1994年の会議では，女性の地位向上などに関して「[1]に関する健康と権利」が主張された。

しかし，経済発展の水準や宗教と慣習などの違いから，世界的に統一された人口抑制政策がなく，世界人口は増え続けている。その中で，人口大国である中国では1979年から人口増加を抑制するため，国策として「一人っ子政策」が独自に実施された。しかし，高齢化が社会問題となる中，この政策は2015年に廃止された。2021年5月，中国政府は夫婦が[2]人の子どもをもうけることを認める方針を示した。

現在の発展途上国と先進国をみると，それぞれの人口問題の課題が異なる。まず，発展途上国における人口問題をみよう。世界人口の約4分の3を占める発展途上国における人口増加は，飢餓の問題を引き起こすこともあるが，他方，人口増加は経済発展を促す要因の一つとも考えられる。多くの発展途上国では，人口増加の過程には一定の期間に生産年齢人口に対する年少人口と老年人口の割合が低下する時期があり，その後，老年人口が増え始めるまでの一定の期間に生産年齢人口の割合が増える。このことを[3]という。

次に，先進国における人口問題をみよう。例えば，日本では，少子高齢化社会の進行に伴い(3)，日本の医療保険も改革せざるをえないし，公的年金も多くの課題(4)を抱えている。また，日本の総人口が減少を始めたことやさらなる少子化・高齢化に伴い，経済社会を維持するために，外国人労働者への依存が高まっている。1990年，「[4]及び難民認定法」が改正され，日系3世などには「定住者」

という在留資格が認められ，就労が可能となった。外国人単純労働者の入国はこの法律により依然として厳しく制限されているが，2018年には，同法が改正され，外国人労働者の受け入れが拡大された。労働力不足を補うための対策の一つとして外国人労働者をどう増加させるのかは引き続き日本社会の課題となっている。また，労働力不足を補うためには，(5)女性や高齢者の労働力の活用も行われてきた。

世界人口の増加の問題は現在注目されている地球環境の問題とも結びつけられていた。例えば，そのなかで，地球環境は閉ざされたもので，人間はその乗組員としての共同体の一員だという主張があった。この主張は［ 5 ］という言葉で表現された。これからわれわれは地球環境などの視点から人口問題に対処する諸方策をさらに講じなければならない。

設問 1　文中の［ 1 ］～［ 5 ］に入る，もっとも適当と思われる語句や数字を解答欄に記入せよ。

設問 2　下線部(1)に関連して，一般に近代化が進めば，「人口革命」といわれる現象がみられる。この現象についての記述のうち，もっとも適当と思われるものを次のなかから一つ選び，解答欄の記号(A～D)をマークせよ。

A．人口は年少人口中心型→生産年齢人口中心型→老年人口中心型へ転換する。

B．人口は多産多死型→多産少死型→少産少死型へ転換する。

C．人口の増加に伴い，市民たちが自由・平等，政治参加などを要求して市民革命をおこす。

D．近代化の過程において，大衆教育の普及によって人口の質が向上する。

設問 3　下線部(2)に関して，マルサスの人口問題についての主な主張は後世に深く影響を与えてきた。この主張に関する記述のうち，もっとも適当と思われるものを次のなかから一つ選び，解答欄の記号(A～D)をマークせよ。

A．高い出生率と高い識字率は経済成長をもたらす。

B．国民一人当たりの所得がある段階に到達すると，出生率の上昇傾向がみられる。

C．労働者階級の子どもの良好な発育を確保するためには，学校給食の普及は不可欠である。

D．人口は「1，2，4，8」と等比級数的（幾何級数的）に増加するが，食料は「1，2，3，4」と等差級数的（算術級数的）に増加するため，飢饉などの社会問題が発生する。

設問 4　下線部(3)に関して，以下の図表9を参考に少子高齢化社会に関するもっとも適当と思われる記述を次のなかから一つ選び，解答欄の記号（A～D）をマークせよ。

図表 9　日本の人口の推移

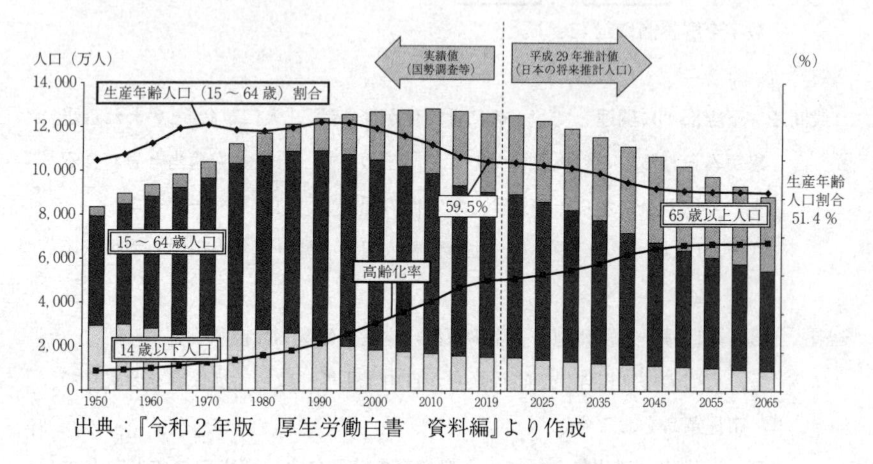

出典：『令和2年版　厚生労働白書　資料編』より作成

A．高齢化率の折れ線グラフから，高齢化率が2019年には約20％であり，2065年には約45％になると推計することができる。

B．日本の高齢化率は1970年に高齢化社会の基準である7％に達し，1994年には高齢社会の基準である14％に達した。倍加年数は24年となる。アメリカとフランスのこの倍加年数は日本よりはるかに短い。日本にとって高齢化問題の対策を制定するには欧米諸国よりも時間のゆとりがあった。

C．1990年代以降，生産年齢人口割合は低下し，2019年に59.5％であり，2065年には，51.4％になると推計されている。こういう状況の中で，今後，社会保障の運用は生産年齢人口の負担の問題を考慮せざるをえない。

D．今後の生産年齢人口の低下という状況において，高齢者問題に対処するためには，公的年金の受給年齢を引き上げる以外の方法が考えられない。

設問 5　下線部(4)に関して，公的年金の課題の一つは財源の調達の方法である。財源の調達の方法には主に積立方式と賦課方式がある。積立方式と賦課方式のそれぞれの特徴についての記述のうち，もっとも適当と思われるものを次のなかから一つ選び，解答欄の記号（A～D）をマークせよ。

A．積立方式は，年金受給に必要な原資を，被保険者の保険料のみを積み立てる方式であるため，人口の減少に伴い，原資を確保しにくいという課題を抱えている。

B．積立方式の場合は，インフレになると積立金が増額される。

C．賦課方式の場合は，人口の高齢化がすすむと現役世代の負担が重くなる。

D．賦課方式は，その年の年金給付総額を在職中の被保険者と国がそれぞれ賦課金として拠出する方式である。この方式では雇用者が賦課金を拠出していないため，労使関係の協調には不利であるという問題点がある。

設問 6　下線部(5)に関して，労働力不足を補うための女性や高齢者の労働力活用に関連する記述のうち，もっとも適当と思われるものを次のなかから一つ選び，解答欄の記号（A～D）をマークせよ。

A．1995年に，育児・介護休業法として，家族の介護のための休業が法制化され，女性の職場進出を促進する制度が整備されてきた。

B．1997年の男女雇用機会均等法の改正により，男性と同様に女性も深夜業や就労できる職種を拡大するなどの規制緩和が進められている。

C．1999 年の男女共同参画社会基本法の制定によって，女性の非正規労働者に関する労働条件の文書化や正社員に転換するチャンスを講じることが義務化された。

D．2012 年に高年齢者雇用安定法が改正され，希望すれば 70 歳まで雇用を確保することが可能となった。

数学

（60分）

〔Ⅰ〕　次の各問の ☐ にあてはまる0から9までの数字を解答用紙の所定の欄にマークせよ。分数はすべて既約分数で表し，根号の中の平方数は根号の外に出して簡略化せよ。文字 x について，通常 $1x$ は x と書き，1を省略するが，以下の問では x の係数として1を正答とする場合もあり得る。

(1)　さいころを4回投げることを考える。k 回目 $(k=1,2,3,4)$ に出た目の数を a_k とする。

①　$a_1 < a_2 < a_3 < a_4$ となる目の出方は [アイ] 通りある。

②　$a_1 \leqq a_2 < a_3 < a_4$ となる目の出方は [ウエ] 通りある。

③　$a_1 \leqq a_2 < a_3 \leqq a_4$ となる目の出方は [オカ] 通りある。

(2)　x, y, z はそれぞれ0以上の実数であり，$x+y+z=\pi$ かつ

$$\begin{cases} \sin x \cos y = \sin z \\ \cos x + \sin y = \sqrt{3}\sin z \end{cases}$$

を満たすとする。

①　$y=0$ のとき，$x=\dfrac{[ア]}{[イ]}\pi$ である。

②　$y>0$ のとき，$x=\dfrac{[ウ]}{[エ]}\pi,\ y=\dfrac{[オ]}{[カ]}\pi$ である。

(3)　座標空間において，定点 A$(0,0,1)$ と2点 B$(b,0,0)$ および C$(0,c,0)$ が与えられている。ここで b，c は正の実数であり，$\angle \mathrm{BAC}=\dfrac{1}{3}\pi$ を満たすように変化する。

①　$\overrightarrow{\mathrm{AB}}$ と $\overrightarrow{\mathrm{AC}}$ の内積 $\overrightarrow{\mathrm{AB}}\cdot\overrightarrow{\mathrm{AC}}$ の値は [ア] である。

② △ABC の面積は $\dfrac{\sqrt{\boxed{\text{イ}}}}{\boxed{\text{ウ}}}$ である。

③ $b=\dfrac{\sqrt{3}}{2}$ のとき，$c=\dfrac{\boxed{\text{エ}}\sqrt{\boxed{\text{オ}}}}{\boxed{\text{カ}}}$ である。

④ 線分 BC の長さの最小値は $\sqrt{\boxed{\text{キ}}}$ である。

(4) a は正の定数であり，2 次関数 $f(x)$ は

$$\int_a^x f(t)dt + af(x) = 2x^3 + 3x^2 - 31x + 20$$

を満たす。

① 関数 $f(x)$ について，x^2 の係数は $\boxed{\text{ア}}$ である。

② 定数 a の値は $\boxed{\text{イ}}$ である。また関数 $f(x)$ は

$$f(x) = \boxed{\text{ア}}\,x^2 - \boxed{\text{ウエ}}\,x + \boxed{\text{オ}}$$

である。

(5) xy 平面上に放物線

$$\mathrm{H}: y = x^2$$

と直線

$$\mathrm{L}: y = x + 6$$

がある。両者の交点を A, B とする。ただし A の x 座標は B の x 座標より小さい。

いま直線 L を y 軸の負の向きに平行移動した直線 M を考える。ここで直線 M は放物線 H と異なる 2 点 P，Q で交わるとする。ただし P の x 座標は Q の x 座標より小さい。P の x 座標を k とおく。

① Q の x 座標を k の式で表すと，

$$\boxed{\text{ア}} - \boxed{\text{イ}}\,k$$

である。

② k の値のとり得る範囲は

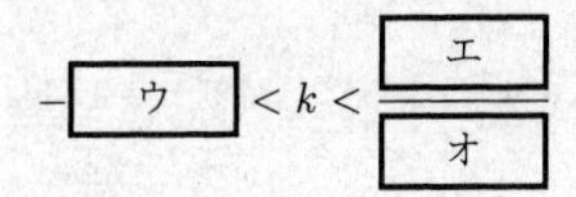

である。

③ 四角形 ABQP の面積を S とする。S を k の式で表すと，

$$S = \boxed{\text{カ}}\,k^3 - \boxed{\text{キ}}\,k^2 - \boxed{\text{ク}}\,k + \boxed{\text{ケコ}}$$

である。

④ 直線 M が条件を満たしながら動くとき，面積 S を最大にするような k の値は $-\dfrac{\boxed{\text{サ}}}{\boxed{\text{シ}}}$ である。

(6) 関数

$$y = 4^x - 15 \cdot 2^x + 60 \cdot 2^{-x} + 16 \cdot 4^{-x} + 52$$

を考える。

① $t = 2^x - 2^{2-x}$ とする。このとき y は t の 2 次関数として

$$y = \boxed{\text{ア}}\,t^2 - \boxed{\text{イウ}}\,t + \boxed{\text{エオ}}$$

と表せる。

② y の最小値は $\dfrac{\boxed{\text{カキ}}}{\boxed{\text{ク}}}$ である。y を最小にする x の値は $\boxed{\text{ケ}}$ である。

〔Ⅱ〕　3 つの地点 A, B, C のあいだを，動点 P が次の規則に従って移動している。なお以下で n は 0 以上の整数である。

(a)　時刻 n に地点 A にいるならば，時刻 $n+1$ には確率 $\frac{3}{4}$ で B に，確率 $\frac{1}{4}$ で C に移る。

(b)　時刻 n に地点 B にいるならば，時刻 $n+1$ には確率 $\frac{3}{4}$ で A に，確率 $\frac{1}{4}$ で C に移る。

(c)　時刻 n に地点 C にいるならば，時刻 $n+1$ には確率 1 で C にとどまる。

時刻 n において動点 P が地点 A, B, C にいる確率をそれぞれ a_n, b_n, c_n とする。また，時刻 0 に動点 P は地点 A にいるとする。すなわち $a_0=1$，$b_0=0$，$c_0=0$ とする。次の各問に答えよ。

(1)　b_1 と a_2 と c_3 の値をそれぞれ求めよ。

(2)　c_{n+1} を c_n で表せ。

(3)　c_n の一般項を求めよ。

(4)　$c_n \geqq 0.99$ となるような最小の整数 n を求めよ。なお $\log_{10} 2 = 0.30$，$\log_{10} 3 = 0.48$ とする。

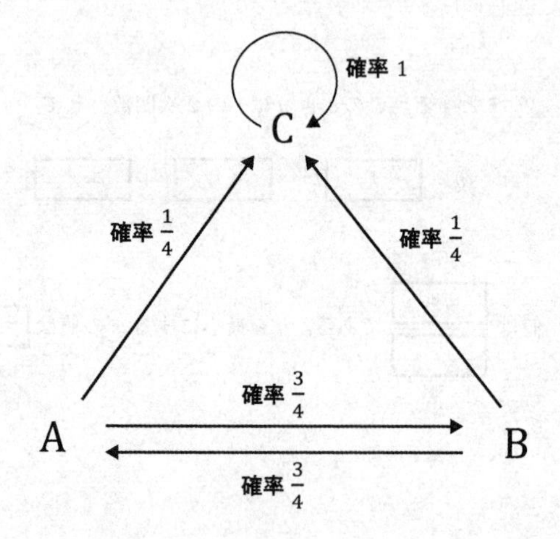

④　カン境問題が深刻だ。
⑤　先生はカン暦になった。

E　凹凸のないなだらかな坂道。
①　でこぼこ
②　でこでこ
③　おうとつ
④　でこおつ
⑤　おうでこ

F　斟酌を加える必要はない。
①　しゃくりょう
②　しょうりょう
③　しょうしゃく
④　しんかく
⑤　しんしゃく

B　料テイで歓迎会を開く。

①　テイ宅に住む。
②　記念品を贈テイする。
③　横領の内テイ捜査を行う。
④　利益がテイ減している。
⑤　あの家はテイ主関白の家だ。

C　長い間、怠ダな生活をしてきた。

①　政治がダ落している。
②　ダ性で仕事をしてはいけない。
③　無ダ遣い厳禁。
④　宿敵のダ倒をめざす。
⑤　ダ協点を見付ける。

D　血液循カンが正常だ。

①　遺カンの意を表する。
②　カン大な措置に感謝する。
③　詐欺師のしかけたカン穽におちいる。

問9　右の文中に登場する「元輔」の娘が著した文学作品として最も適切なものを次の中から一つ選んで、番号をマークせよ。

①　浜松中納言物語
②　蜻蛉日記
③　更級日記
④　枕草子
⑤　源氏物語

(四)

次のA～Dのカタカナを漢字に改めた場合、それと同じ漢字を用いるもの、またE・Fの漢字の読みとして最も適切なものをそれぞれの群から一つ選び、その番号をマークせよ。

A　盗みのケン疑をかけられる。

①　定時にケン温する。
②　ケン虚な態度で臨む。
③　死者の霊にケン花する。
④　自己ケン悪におちいる。
⑤　ケン著な効果が期待できる。

問6　傍線4「をこなる」の解釈として最も適切なものを次の中から一つ選んで、番号をマークせよ。

①　わたしを老人だと思って笑っていると、いずれ自分が老人となったときに後悔する。
②　冠を落とすことは前例もあることで、それも知らずにわたしを笑うのは愚かである。
③　老人の頭髪が寂しくなるのは自然であるから、それを笑うのは無礼である。
④　馬は心をもたないものなのだから、ひとがそれを自由にできないと笑うのは愚劣である。
⑤　落馬して冠を落としたひとはこれまでもいるのだから、落馬を笑うものこそ馬鹿である。

問7　傍線5「落ち給ふ則ち冠を奉らで、などかくよしなし事は仰せらるるぞ」の解釈として最も適切なものを次の中から一つ選んで、番号をマークせよ。

①　落馬なさってすぐに冠をおかぶりにならず、どうしてこのようなつまらないことをおっしゃったのですか。
②　落馬なさったあとすぐに冠を献上なさらず、なぜこのようなとりとめもないことを奏上されたのですか。
③　落馬なさって即座に冠をかぶって乗り直さず、どうしてこのような気にとめるべきでないお話をなさったのですか。
④　冠を落とされたあとすぐに冠をお渡ししたのに、どうしてこのようなくだらないお話をなさったのですか。
⑤　冠を落とされてすぐにかぶり直さず、なぜこのようなどうでもよいことをおっしゃったのですか。

問8　右の文中に登場する「元輔」は勅撰和歌集である『後撰和歌集』の撰者の一人である。いわゆる八代集のうち、『後撰和歌集』は何番目に編まれたか。解答欄に合うように**漢数字**で記せ。算用数字等で記した場合は不正解とする。

問3　空欄 A に入れるべき助動詞を次に示すもののなかから一つ選び、適切な活用形にして記せ。

【まじ　めり　なり　らむ　べし　たり】

問4　傍線3「君達に聞ゆべき事あり」とあるが、なぜ元輔は話をしたのか。本文に照らして、その理由として最も適切なものを次の中から一つ選んで、番号をマークせよ。

① 失態を取り繕うようなことを大まじめに述べて、笑いを誘うため。
② 年少のひとびとに自分の知見を語り、今後の糧としてもらうため。
③ 年老いてからの失敗について自分を許せず、事態をごまかすため。
④ 自分に落ち度がないことを述べ、許しを得るため。
⑤ 失敗についての釈明をして、今後の自分の評判を上げるため。

問5　空欄 B および C には同一の語が入る。その語として最も適切なものを次の中から一つ選んで、番号をマークせよ。

① など
② なむ
③ また
④ だに
⑤ より

＊さらなる……盤（さら）のような。平らな。
＊御禊……大嘗会の前に天皇が行う禊の儀式。

問1　傍線1「おいらかに」の解釈として最も適切なものを次の中から一つ選んで、番号をマークせよ。
①　慎重に
②　率直に
③　すばやく
④　ゆったりと
⑤　威厳をもって

問2　傍線2「冠」について、本文に照らして正しい着用方法として最も適切なものを次の中から一つ選んで、番号をマークせよ。
①　冠の左右に飾りを付ける。
②　冠は儀礼の際にのみ用いる。
③　冠は本来、馬上ではかぶらない。
④　冠のあごひもをしっかり締める。
⑤　髪を冠の中にまとめて入れて留める。

の事なり。まして馬は心あるものにあらず。この大路はいみじう石高し。馬は口を張りたれば、歩まんと思ふ［　C　］歩まれず。と引きかう引き、くるめかせば、倒れんとす。馬を悪しと思ふべきにあらず。*唐鞍はさらなる鐙の、かくうべくもあらず。それに、馬はいたくつまづけば落ちぬ。それ悪しからず。また冠の落つる事は、物して結ふものにあらず、髪をよくかき入れたるにとらへらるるものなり。それに鬢は失せにたれば、ひたぶるになし。されば落ちん事、冠恨むべきやうなし。また例なきにあらず。何の大臣は大嘗会の*御禊に落つ。何の中納言はその時の行幸に落つ。かくのごとく例も考へやるべからず。しかれば、案内も知り給はぬこの比(ごろ)の若き君達、笑ひ給ふべきにあらず。笑ひ給はば<u>をこなるべし</u>[4]」とて、車ごとに手を折りつつ数へて言ひ聞かす。

かくのごとく言ひ果てて、「冠持て来」というてなん取りてさし入れける。その時に、どよみて笑ひののしる事限りなし。冠せさすとて、馬添の曰く、[5]<u>「落ち給ふ則ち(すなは)冠を奉らで、などかくよしなし事は仰せらるるぞ</u>」と問ひければ、「痴事(しれごと)ないひそ。かく道理をいひ聞かせたらばこそ、この君達は後々にも笑はざらめ。さらずは、口さがなき君達は長く笑ひなんものをや」とぞいひける。人笑はする事役にするなりけり。

（『宇治拾遺物語』による）

注
*元輔……清原元輔。
*内蔵助……内蔵寮の次官。
*ほとぎ……瓶。
*馬添……馬の口取りをする従者。

③「点は墜石の如く」の言葉に若いときに出会っていてもあまり重い意味をもたなかったかもしれないが、このように生きなかったという年齢に達してから出会うと大きな意味を持つようになると思われる。

④「点は墜石の如く」は一番好きな言葉であるが、悔恨をともなってこちらに迫ってくることがある。なぜなら若いときに、この言葉の意味をきちんと把握しないで好きになってしまったからである。

⑤人間や美術品や言葉はみな出会いが重要である。それらの多くは偶然の出会いであることが多いが、しかし必ずしもそうではなく、長い人生においては運命的な出会いというものもあるのである。

(三)

次の文章を読んで、後の問に答えよ。

今は昔、歌よみの元輔*、内蔵助*になりて、賀茂祭の使しけるに、一条大路渡りける程に、殿上人の車多く並べ立てて、物見ける前渡る程に、1おいらかにては渡らで、人見給ふにと思ひて、馬をいたくあふりければ、馬狂ひて落ちぬ。年老いたる者の、頭をさかさまにて落ちぬ。君達あないみじと見る程に、いととく起きぬれば、2冠脱げにけり。髻（もとどり）露なし。ただほとぎ*を被（かづ）きたるやうにてなんありける。

馬添*、手惑ひをして、冠を取りて着せさすれど、後ろざまにかきて、「あな騒がし。しばし待て。3君達に聞ゆべき事あり」とて、殿上人どもの車の前に歩み寄る。日のさしたるに頭きらきらとして、いみじう見苦し。大路の者、市をなして笑ひののしる事限りなし。車、桟敷の者ども笑ひののしるに、一つの車の方ざまに歩み寄りていふやう、「君達、この馬より落ちて冠落したるをば、をこなりとや思ひ給ふ。しか思ひ給ふ［A］。その故は、心ばせある人［B］も、物につまづき倒るる事は常問6　傍線「しかし、日が経つにつれて、この言葉の持つ意味は、私の心の中で、その時々で多少変化して、今日に到っている。」とあるが、その説明として最も適切なものを次の中から一つ選んで、番号をマークせよ。

① 最初は、顔真卿の書とその優れた人間性に対する批評という受け取り方をし、その後は書に対してよりもより人間性に対する讃辞としての意味をもったが、最近はまた書に対する敬意の意味になっている。

② 最初は、顔真卿の書とその非凡な人間に対する批評という受け取り方をし、その後は顔真卿と離して解釈する一時期があり、最近はまた顔真卿の一生についての讃辞という意味になっている。

③ 最初は、顔真卿の書と優れた生涯に対する批評という受け取り方をしたが、その後はすべての書に対しての意味をもち、最近は人間の一生はこうでなければならないという意味になっている。

④ 最初は、顔真卿の書と優れた武将に対する批評という受け取り方であったが、その後は顔真卿を離れた受け取り方をし、最近ではもっと広い受け取り方をするようになっている。

⑤ 最初は、顔真卿が国に殉じた人物であったという受け取り方であったが、その後はもっと広い政治家としての受け取り方をし、最近では広い展望をもった人という受け取り方をするようになっている。

問7　本文の内容と最も合致するものを次の中から一つ選んで、番号をマークせよ。

① 人生航路には、点をうつことにより物事を始めることもあれば、鉤や戈のように方向転換して折り曲げるようなことも必要ではあるが、しかしうまくいかないことも多くあるのが人生である。

② 出会いは、純粋な若いときよりも、中年以後の年齢になってからの方が感動的な出会いをすることが多い。最近では国内外の十一面観音像や女神像、また五重塔との感動的な出会いがあった。

問3　空欄 C に入る最も適切な表現を次の中から一つ選んで、番号をマークせよ。

①　凛乎とした
②　郁々とした
③　謹厳とした
④　隆然とした
⑤　燦々とした

問4　本文には、次の一文が欠落している。どこに入るのが最も適切か。入るべき箇所の直前の五字を抜き出せ。（句読点・記号等も字数に含む）

【脱落文】出会いというものは、そんないい加減なものではないのであって、どこかに魂を売り渡してしまったようなところがある。

問5　本文は井上靖の文章である。井上靖の作品を次の中から一つ選んで、番号をマークせよ。

①　たけくらべ
②　それから
③　あにいもうと
④　あらくれ
⑤　しろばんば

ったに違いないのであるが、そうしたことは、ただの一度もなかったのである。

そういう意味では、この言葉ともっと早く出会うべきであったという考え方もできるが、しかし、早く出会わなかったからこそ、いまこの言葉が好きになっているのだと思う。おそらく若い時、この言葉にぶつかっていても、何ものも感じなかったに違いない。この言葉のように生きるべきであったが、そのようには生きなかった。そう思う年齢に達して、この〝点は墜石の如く〟の言葉の生命は、初めて千鈞の重みをもって輝いて見えるに違いないのである。

私はいま、せめてこれから書く小説の主題が、いつも墜石の如きものでありたいと思っている。天から落ちて来た石のように、私の心の中に落ちて来たものでなければならないと念じている。そうできるかどうかは判らないが、そうありたいと心掛けているのである。

（井上靖の文章による）

問1　空欄 A に入る最も適切な表現を次の中から一つ選んで、番号をマークせよ。

①　温故知新
②　謦咳に接する
③　久闊を叙す
④　平身低頭
⑤　光陰矢の如し

問2　空欄 B には、本文中の九字の言葉が入る。最も適切なものを選んで記せ。（句読点・記号等も字数に含む）

それからまた、私はこの〝点は墜石の如く〟の言葉を、顔真卿の書とも、その人間とも離して解釈した一時期がある。私は勝手に自分の一存で、この言葉を一本立ちにさせてしまったのである。なべて書というものを考える場合、この言葉の生命はそのまま通用すると考えたからだ。

しかし、最近、この〝点は墜石の如く〟の言葉は、私の心の中でこれまでとはかなり大きく変わった坐り方をしている。現在の私にとっては、この言葉はたいへん広い展望を持っている。人の一生というものは、このようなものでなければならぬというような意味を、私はこの言葉から貰っている。私が勝手にこのような解釈をしたのには違いないが、私にこのような解釈をさせるだけのものを、もともとこの言葉が持っていたとも言えるかと思う。

人間が一生を生きるには、その人生行路に於て、点もあれば、画もあり、鉤もあれば、戈もあると思う。物事を始めるのは点を打つことと変わりはないし、その仕事を長く続けてゆくのは、一画、一画を大切にしてゆくようなものである。しかし、いつも平坦な道が続くとばかりは限らない。方向転換して折り曲げなければならぬ時もあれば、思い切って身を躍(おど)らせなければならぬ時もある。それは人生における鉤でもあり、戈であると言っていいのではないかと思う。

このように広く解釈すると、この顔真卿の書に対する評言は、急に広い展望をもって、私たちの人生に、生活に、仕事に直接結びついてくる。

現在、この言葉は、私の好きな言葉の一つになっている。ただ私にとって、多少、この言葉は悔恨といった性格をもって、こちらに迫ってくる。私はこれまでの生涯を、決してこの言葉が意味しているようには生きて来なかったからである。墜石の如く、一つの仕事をスタートラインに置いたこともなければ、夏雲の湧くようなゆたかさで、仕事を育てて行ったこともない。そして逆境に処して、屈金の如き強い意志を持ったこともなければ、発弩の如き決意と構えを持ったこともない。そうすべきであで、簡単にはその前には立てないし、水分神社の女神像も、いくらすばらしくても神像なので、簡単にお目にかかることはできない。近江の二つの十一面観音像の方は、度々その前に立っている。(中略)

言葉とか、文章というものにも出会いはある。四、五年前、中国唐代の有名な文人であり、官吏であり、書家であった顔真卿のことを、小さい文章に綴るために調べたことがあった。その時、顔真卿の書を評した言葉の中に、

——点は墜石の如く、画は夏雲の如く、鉤は屈金の如く、戈は発弩の如し

というのがあるのを知った。もちろん顔真卿の書を褒めた言葉で、このような褒め方をされれば、顔真卿もさぞ満足であろうと思った。〝点は墜石の如く〟は、言うまでもなく、顔真卿の字に見える点は、［B］のように自然であり、力があり、そして梃でも動かぬ安定さがある。まあ、こういった意味であろうと思う。同様に、一画一画は夏雲の如くゆったりして、軽やかで、美しく、折り曲げる箇処は折り曲げられた金のように力強く、確りしており、はねるところは今まさに弓を振りしぼって発せんとしているかのように力が漲っている。大体こういう意味ではないかと思う。顔真卿の書は、日本にも愛好者が多いので、そうした人たちには、この評のこころはそのまま受け入れられるのではないかと思う。

この〝点は墜石の如く〟に始まる短い言葉は、初めてこれを眼にした時から、ずっと今日まで私の心の中に居坐っている。しかし、日が経つにつれて、この言葉の持つ意味は、私の心の中で、その時々で多少変化して、今日に到っている。

私はこの言葉を、顔真卿の書に対する評であると共に、それとほぼ同分量に顔真卿という非凡な人間に対する批評であるという受取り方をした一時期があった。顔真卿は安禄山の乱によって唐朝が危なくなった時、ひとり叛逆者に対抗し、よく唐朝を支えた人物であり、最後は李希烈の乱に際して、ひとり節義を守って、国に殉じた人物である。その［C］生涯には、点もあれば、画もあり、鉤もあれば、戈もあったと言える。その書に対する評はそのまま、その生涯に対する評であり、その書に対する讃辞は、その人間、その生涯に対する讃辞として通用するように思ったからである。

(二)

次の文章を読んで、後の問に答えよ。

最近、人間にしろ、美術品にしろ、言葉にしろ、所詮はみな出会いであると思うようになっている。一生付き合う友達とも、そのそもそもの始まりは出会いに他ならないし、美術品でも、言葉でも同じである。一生忘れることのできないような感動を受けたものとの邂逅(かいこう)は、甚だ偶発的な出会い以外の何ものでもなさそうである。自分が意識して求めたわけでもないのに、ある日、ある時、ある場所でたまたま出会ってしまったのである。

室生寺の五重塔、浄瑠璃寺の九体仏、東大寺三月堂、東寺の講堂、龍安寺の石庭、唐招提寺の鑑真和上坐像、薬師寺の塔、醍醐寺の塔、法隆寺の金堂。いずれも若い時出会ったものである。今でも奈良や京都へ行くと、 A といったような気持で、時間があれば顔を出す。昔からかぞえ切れないほどお目にかかっているものであるから、そうしたものを見るより、新しいものを見に行った方がいいに決まっていると思うが、なかなかその気になれない。曾て一度大きい感動を受け、それ以後今日までずっと付き合って来たもののところを訪ねる方が間違いないといった気持である。決して裏切られることはないし、一度大きい感銘を受けたものは、何回その前に立っても、やはりいいと思う。昔はよかったが、今はそれほどでもないといったような場合は、まずないと言っていい。

出会いという形での取引の多くは若い時になされ、ある年齢からは、こちらが気難しくなるのか、容易なことでは出会いは成立しない。めったに出会うことはないのである。と言って、出会いが全くないというわけではない。この四、五年の間に、やはり出会いと言っていい会い方をしているものがある。滋賀県高月町の渡岸寺の十一面観音像、同じく木之本町の石道寺の十一面観音像、吉野水分(みくまり)神社の女神像、韓国扶余の定林寺の石の五重塔、慶州石窟庵の浮彫りの十一面観音像などは、その前に立った時の感動は今なお新しい。何回もその前に立ちたくなる。定林寺の五重塔も、石窟庵の十一面観音像も、異国の塔や仏像なの問8　傍線4「観光客の哲学」とはどのようなものか。次の中から最も適切なものを次の中から一つ選んで、番号をマークせよ。

①　グローバリズムとナショナリズムの両立を目指すもの
②　人間と動物の融和を目指すもの
③　政治と経済が別の秩序で構成されることを目指すもの
④　思考と欲望が二つの層として存在することを目指すもの
⑤　個人が欲望を持ったまま公共とつながることを目指すもの

問9　本文の内容と最も合致するものを次の中から一つ選んで、番号をマークせよ。

①　現在はナショナリズムとグローバリズムの二層構造の世界であり、カントやヘーゲルが考えたネーションやナショナリズムとは異なる思考によって、この二つの層を接続することが求められている。
②　政治と経済の二つの場が接続することで、ネーションやナショナリズムを超越したグローバリズムの移行を実感することができる。
③　ネーションにとって政治と経済は、それぞれ思考と欲望の場であり、この二つと上手につながることで、欲望に忠実な市民でいることができる。
④　人間は肉体関係に流される動物的欲望を持っており、それを人間的理性で制御することによって、成熟した市民社会にとどまり、常識的な生活を送ることができる。
⑤　欲望によって国境を超越するのが二一世紀の現実であり、小さな企業や個人の自由な経済的活動を起点として、動物的な層からの世界像の転換を迫られている。

問5　傍線1「身も蓋もない現実の帰結」とはどのようなことか。その説明として最も適切なものを次の中から一つ選んで、番号をマークせよ。

① 大企業のみならず、個人もまた国境を越えて、自由に経済活動をしているということ。
② 「上半身」と「下半身」が分裂し、身体の統合がとれていないということ。
③ 「意識」と「無意識」の対比によって、精神の統合がとれていないということ。
④ 政治はネーションを単位としているが、経済はネーションを単位としていないということ。
⑤ ナショナリズムからグローバリズムへと、時代が移行しているということ。

問6　傍線2「このイメージこそ、まさに、二層構造の時代の世界秩序の表象にふさわしい。」とあるが、なぜか。その説明として最も適切なものを次の中から一つ選んで、番号をマークせよ。

① 個人の欲望に頼ることで、現在の国民国家が成立しているから。
② グローバリズム以前の国家は、個人の欲望をおさえこむことで成立しているから。
③ 現在の市民社会を媒介にして、国家はばらばらな形で存在しているから。
④ ナショナリズムにおいて、国民の欲望は、様々な場所で展開するから。
⑤ グローバリズムとナショナリズムが一体化して、国民の欲望は、様々な国家と融合するから。

問7　傍線3「愛を確認しないまま、肉体関係だけをさきに結んでしまった」とあるが、どういうことと筆者は考えているか。本文中の言葉を用いて五〇字以内で述べよ。（句読点・記号等も字数に含む）

問2　空欄 X に入る最も適切なものを次の中から一つ選んで、番号をマークせよ。

① まずはおまえの金銭にまみれた欲望を抑えこんでから
② まずはおまえのみすぼらしい姿をよく見直してから
③ まずはおまえの動物的な本能を抑制してから
④ まずはおまえの下半身を制御できるようになってから
⑤ まずはおまえの寝ぼけた顔をよく洗ってから

問3　本文には、次の一文が段落末尾から欠落している。どこに入るのが最も適切か。入るべき箇所の直前の八字を抜き出せ。

（句読点・記号等も文字数に含む）

【脱落文】それは人間関係でも国際関係でも同じではなかろうか？

問4　空欄 A ～ E に入る語の組み合わせとして、最も適切なものを次の中から一つ選んで、番号をマークせよ。

① A　グローバリズム　B　ナショナリズム　C　ナショナリズム　D　ナショナリズム　E　ナショナリズム
② A　ナショナリズム　B　グローバリズム　C　ナショナリズム　D　グローバリズム　E　グローバリズム
③ A　グローバリズム　B　ナショナリズム　C　グローバリズム　D　グローバリズム　E　グローバリズム
④ A　グローバリズム　B　ナショナリズム　C　グローバリズム　D　ナショナリズム　E　グローバリズム
⑤ A　ナショナリズム　B　グローバリズム　C　ナショナリズム　D　ナショナリズム　E　ナショナリズム

大きな世界像の転換があったからである。

シュミットもコジェーヴもアーレントも、みな一致して、グローバリズムの到来を「人間ではないもの」の到来と位置づけていた。彼らは、経済の拡大は人間の消滅につながると考えていた。だからこのふたつの層は、人間の層と「人間ではないもの」の層、すなわち人間の層と動物の層と名づけることもできる。

二一世紀の世界は、人間が人間として生きるナショナリズムの層と、人間が動物としてしか生きることのできないグローバリズムの層、そのふたつの層がたがいに独立したまま重なりあった世界だと考えることができる。この世界像のうえであらためて定義すれば、本書が構想する<u>観光客の哲学</u>[4]なるものは、グローバリズムの層とナショナリズムの層をつなぐヘーゲル的な成熟とは別の回路がないか、市民が市民社会にとどまったまま、個人が個人の欲望に忠実なまま、そのままで公共と普遍につながるもうひとつの回路はないか、その可能性を探る企てである。

（東浩紀『観光客の哲学』による）

問1　空欄 a ～ d に入る語の組み合わせとして、最も適切なものを次の中から一つ選んで、番号をマークせよ。

① a だとすれば　b また　c それゆえ　d したがって
② a だとすれば　b そして　c けれども　d したがって
③ a そして　b また　c むしろ　d たしかに
④ a それゆえ　b たしかに　c けれども　d そのうえ
⑤ a そして　b そのうえ　c しかし　d そのうえ

の時代の世界秩序の表象にふさわしい。

　経済はつながるのに、政治はつながらない時代。欲望はつながるのに、思考はつながらない世界。下半身はつながっているのに、上半身はつながりを拒む時代。それが二層構造の時代の世界秩序だが、最後に、さらに下品との非難を浴びるのを承知のうえで連想を進めるとすれば、この時代においては、国民国家（ネーション）間の関係は、しばしば、3愛を確認しないまま、肉体関係だけをさきに結んでしまったようなものになりがちだと言うことができるのかもしれない。

　いまの時代、経済＝身体は、欲望に忠実に、国境を越えすぐにつながってしまう。けれども政治＝頭はその現実に追いつかない。政治＝頭のほうは、両国のあいだにはさまざまな問題があり、いまだ信頼関係は育っていないので、経済＝身体だけの関係は慎むべきだと考える。とはいえ市民社会＝身体はすでに快楽を知っており、関係はなかなか切断できない。機会があればまた関係をもってしまう。比喩的に言えば、いま世界中でそのような事態が起きている。日本と隣国の関係もその一例である。そしてここで問題なのは、愛がないなら関係は切るべきだ、とはいえ現実には切れないという葛藤は、実際には社会のなかにストレスを高めるだけでろくな結果を引き起こさないということである。

　たしかに、愛を確認しないまま関係をもってしまったのは、つまりは政治的な信頼関係をつくれないまま経済的な依存関係を深めてしまったのは、軽率ではあるだろう。不純でもあるかもしれない。二層構造の時代は、そういう意味では徹底して軽率で不純な時代である。けれども結局は、関係が切れないなら、覚悟を決めて愛を育てるしかない。

　いささか話が逸れた。いずれにせよ、ぼくたちは、以上のように、国家と市民社会、政治と経済、思考と欲望、ナショナリズムとグローバリズムのふたつの層からなる、二層構造の世界に生きている。それが本書の仮説である。ぼくたちがいま、カントとヘーゲルのパラダイム（ナショナリズムの時代のパラダイム）では「政治」の定義に原理的にあてはまらない、しかしそれでも政治的と言うほかない事例についてあらためて思考することを迫られているのは、政治そのものの場所を変質させる、このような以上の記述からわかるとおり、現代はけっしてナショナリズムの時代ではない。かといって単純にグローバリズムの時代でもない。現代では、ナショナリズムとグローバリズムというふたつの秩序原理は、むしろ、政治と経済のふたつの領域にそれぞれ割り当てられ重なり共存している。ぼくはそれを二層構造の時代と名づけたいと思う。

カントは国民国家を人間＝人格として捉えた。実際に［ E ］の時代においては、国際関係はしばしば人間関係に擬して描かれた。読者のみなさんも、歴史の教科書で、日清戦争や日露戦争の当時、ヨーロッパのメディアが日本を含む関係諸国を擬人化して描いたポンチ絵を見たことがあるのではないかと思う。アメリカが星条旗の山高帽を被ったひげの男性として、中国(清)がアヘン中毒の患者として、ロシアが熊として描かれているようなコミカルなイラストだ。最近はそのようなポンチ絵はあまり見ない。この二層構造の時代においては、アメリカにしろ中国にしろロシアにしろ、ひとつの人格でひとつの国家を代表させることに無理があるからである。実際、トランプ大統領が誕生したからといって、アメリカ全体がすぐに保護主義的で排外主義的になり、閉じたネーションになるかといえば、必ずしもそうではない。トランプの政策にかかわらず、アメリカは中国との貿易を止めることができないし、これはほかの国に対しても同じである。

それでは、この世界に適合するイメージとはどのようなものだろうか。二層構造の時代においては、政治がいくらいがみあっていても経済はつながり続けるのだから、もし国際関係をポンチ絵にしたてあげるとすれば、それは、各国が独立の人間として表象されるのではなく、むしろ人間としての独立性を失い、ひとつにつながった「身体」(市民社会)のうえに、ばらばらに「顔」(国家)だけがくっついているような絵になると考えられる。じつは日本のマンガ史には、まさにこの特徴を満たした有名なイメージが存在する。諸星大二郎が一九七四年の「生物都市」で描いた怪物がそれである。宇宙船が異星からもち帰った「何か」のため、人々の身体が、接した生物や無機物とつぎつぎに融合してしまう。けれども意識の独立性は失われない。最終的に出現するのは、無数の独立した「顔」が付随した、生物とも機械とも言えない不定型の怪物である。[2]このイメージこそ、まさに、二層構造ントとヘーゲルは、この前提のうえで、国家が市民社会のうえに立ち、政治の意識が経済の無意識を抑えこんで国際秩序を形成するのが、人倫のあるべきすがただと考えた。

さて、ここでしつこくイメージの話をしているのは、ナショナリズムの時代の世界秩序をそのように捉えると、それとの差異を定めることで、現在の世界秩序もまたより明確に理解できるからである。

ナショナリズムの時代においては、国家と市民社会、政治と経済、公と私のふたつの半身が合わさり、ひとつの実体＝ネーションが構成されていた。だからこそネーションがすべての秩序の基礎となりえた。

けれども、二一世紀の世界ではまさにその前提こそが壊れているのである。そしてここで重要なのは、けっしてネーションそのものが壊れたのではなく、ただネーションの統合性が壊れただけだと理解することである。

いまもネーションは生き残っている。政治はいまだにネーションを単位に動いている。政治家は国民から信任を集め、国民のために働いている。そこには厳然とネーションの感覚がある。けれども経済はネーションを単位としていない。商人は世界中の消費者に商品を売り、世界中の消費者から貨幣を集めている。大企業だけでなく、驚くほど小さな企業や個人でさえ、いまや国境を越えて商売をしている。そこにネーションの感覚はない。政治の議論はネーション単位で分かれているが、市民の欲望は国境を越えてつながりあっている。それが二一世紀の現実である。

言い換えれば、ぼくたちが生きるこの二一世紀の世界においては、国家と市民社会、政治と経済、思考と欲望は、ナショナリズムとグローバリズムという異質なふたつの原理に導かれ、統合されることなく、それぞれ異なった秩序をつくりあげてしまっているのだ。ぼくの考えでは、それが大澤を悩ませた問題の正体である。［A］は［B］を破壊したのではない。それを乗り越えたのでもない。ましてやその内部で［C］を生みだしたのでもない。それは、単純に、既存の［D］の体制を温存したまま、それに覆い被せるように、まったく異質な別の秩序を張りめぐらせてしまったのである。

ナショナリズムの時代の世界像の意味を、あらためて考えてみよう。そこでは国家と市民社会は、ひとつの実体（ネーション）の精神と身体になぞらえられていた。

ここで精神と身体の対比を、フロイト的な意味での「意識」と「無意識」の対比に、あるいはさらに低俗に、「上半身」と「下半身」の対比に重ねてみる。上半身は思考の場所、下半身は欲望の場所である。だとすれば、国民（ネーション）にとって、国家＝政治は思考の場所、市民社会＝経済は欲望の場所だと言うことができる。実際、国民は政治の場では政策について理性をもって熟議するし、経済の場では必要と欲望にしたがい自由にモノを購買するものだと見なされている。

この比喩をさらに推し進めてみる。人間はふだん、上半身の合理的な思考に基づき行動している。少なくともそのつもりになっている。他人に見せるのは上半身の顔だけである。けれども、現実にはつねに下半身が抱く非合理な欲望に悩まされている。欲望の管理は、健全な社会生活を営むうえで致命的に重要である。それに失敗すると病気になる。それがフロイトの精神分析の教えである。

[a]、ネーションについても同じことが言えないだろうか。国民（ネーション）はふだん、政治の合理的な思考に基づき行動している。少なくともそのつもりになっている。[b]他国に見せるのは、カントが言うように国家という顔＝人格だけである。[c]、現実にはつねに、市民社会に渦巻く非合理な欲望に悩まされている（排外主義やヘイトスピーチを想像してみてほしい）。[d]、その欲望の管理は、健全な国際秩序を設立するうえで致命的に重要になる。このように解きほぐすとわかるように、『永遠平和のために』の第一確定条項（各国家における市民的体制は共和的でなければならない）は、人間の話に置き換えると、じつはきわめてわかりやすい、ほとんど低俗と形容していいようなことを言ってしまっている。カントはじつはそこで、各国家に、[X]国際社会に乗りだしてこいと、そう注文をつけていたのである。

国民国家（ネーション）は、国家と市民社会、政治と経済、上半身と下半身、意識と無意識のふたつの半身からなっている。カ

国語

（六〇分）

(一)

次の文章を読んで、後の問に答えよ。

かつて、ナショナリズムの時代は終わり、これからはグローバリズムの時代が来ると楽観的に語られたことがあった。いまでも情報社会論ではそのような楽観主義が見られる。しかしその「移行」は、かりに未来では実現するとしても、そう簡単に進むものではなさそうである。現実にはこの四半世紀、グローバリズムが高まるとともに、ナショナリズムもまたその反動として力を強めている。そしていまや両者の衝突こそが政治問題となっている。つまりは、世界はいま、一方でますますつながり境界を消しつつあるのに、他方ではますます離れ境界を再構築しようとしているように見える。ぼくたちが生きているのは、カントが夢見た国家連合の時代（ナショナリズムの時代）でもなければ、SF作家やIT起業家が夢見る世界国家の時代（グローバリズムの時代）でもなく、そのふたつの理想の分裂で特徴づけられる時代である。

この分裂はなぜ生じたのだろうか。大澤真幸の著作『ナショナリズムの由来』（五六一頁以下）は、その分裂のメカニズムを説明するため、きわめて複雑な論理を編み出している。それこそが彼の大著の主題でもある。しかしぼくには、それは、もっとシンプルな、ある意味で身も蓋もない現実の帰結[1]にすぎないように感じられる。

解答編

英語

I **解答**　1．ア—(1)　イ—(3)　ウ—(2)　エ—(4)

2．あ．intended　い．led　う．encouraging　え．written

3．(a)—(2)　(b)—(3)　(c)—(1)　(d)—(1)

4．その場にいなかった人々にもその場の状況について詳しくわかるようにする必要性のこと。

5．(1)—F　(2)—T　(3)—F　(4)—F　(5)—F　(6)—T　(7)—T　(8)—F

◆全　訳◆

≪写真の共有が経験に及ぼす影響≫

人々は今まで以上に多くの写真を撮り，さらにシェアするが，最近まで私たちは写真を撮る様々な理由がどのように実際の経験に影響を及ぼすのかほとんど知らなかった。例えば，市内観光をするとき他人とシェアするために写真を撮る（例えばフェイスブックに投稿するため）人がいる一方，自分のために写真を撮る（例えば後で経験したことを思い出すため）人もいる。人とシェアするために写真を撮る人々は，自分のために写真を撮る人々よりその経験を楽しんでいるのかいないのか？　写真を撮る人々の目的が，どのように撮影された実経験を楽しむことに影響を及ぼすのか？　2800人を超える参加者を用いた12に及ぶ研究では，自分のために写真を撮る人々と比較し，人とシェアするために写真を撮る人々は実際のところ撮影された実経験をそれほど楽しんでいないという結果が示されている。

ある研究で，フィラデルフィアの有名なロッキー像のところで写真撮影するために並んだ観光客たちは，これらの写真が自分のためなのか，あるいは，シェアすることを意図されたものか尋ねられた。次に，その写真を撮った後でどれほど彼らがその実経験を楽しんだか聞かれた。他の研究を加味しながら彼らの答えを基にわかったのは，シェアする目的で撮影する人々は，自分のために写真を撮る人々と比較し，その実経験をそれほど楽しまず，また，友人にその経験を勧める可能性も少ないことがわかった。

クリスマスの祝日期間に写真を撮影するよう頼まれたときも同様の結果が得られた。参加者たちは，自分自身のため，もしくは，フェイスブックのようなソーシャルメディアプラットフォーム上にシェアする目的のいずれかで 12 月 25 日に写真アルバム用の撮影をするという課題を与えられた。面白いことに，シェアするために作られたアルバムは個人的利用のために作られたアルバムとは相違していた。シェア用に作られたアルバムでは，人々がポーズをとったり（ありのままではなく），人々がカメラに向かって微笑んでいるような写真がより多く載せられており，そのことはそのアルバムを見る人にポジティブな印象を残したいと思っていることを暗に示していた。さらに，シェアされたアルバムに関して，人々はその祝日に典型的なアイテム（例えばクリスマスツリー，靴下など）が写っている写真を含めている傾向がより高く，それはそこにいなかった人々のためにその状況に関する詳細を提供する必要性を彼らが感じていることを暗に示していた。さらに，シェアする目的で撮影するよう言われた人々は，自分のために写真を撮る人々と比較し，写真撮影体験をそれほど楽しまなかった。

しかし，なぜそのようなことになるのだろうか？　なぜ写真を撮る目的がその経験を楽しむことに影響を及ぼすのだろうか？　わかったことから暗示されるのは，これが生じるのはシェアするために写真を撮る場合，他人が写真をどう判断するか撮影者が不安を募らせてしまうからだということである。このような他者とシェアするという意図は，ポジティブな観点から自分を提示しなければいけないという思いを増加させ，今度はそのせいでその経験の最中の楽しみを少なくさせてしまうのである。さらに，これらのネガティブな感情は人々が将来同じような経験に参加したいという興味へと拡大するのだが，その感情はあまりに強いため，シェアを目的で撮影することで実際にはもう一度その経験をしたいと思う気持ちが減ってしまうほどなのである。このことは，夕焼けの写真を，あるいは，前の研究ではクリスマスツリーの写真を共有するときのように，その写真の中にその人自身が写っていようがいまいが関係ない。

シェアしようとすることのネガティブな効果を人一倍強く経験する人々もいた。自意識が強い人々（自分はどのように人に見えているか，自分のことを人はどのように思っているか大いに心配する人々）はより強い影響を示している。自分のために撮影している人々だけでなく他人が彼らをどう思っているかさほど心配しない人々と比べると，シェアする目的で写真を撮るとき，彼らはその経験を楽しめていない。

誰がその写真を見るかは重要なのだろうか？　研究者たちはシェアする相手が重要なのかどうかを調べてみた。彼らは，広範囲に及ぶ知人のグループ（例えばフェイスブック上のすべての友人）と写真をシェアしようとすることは楽しみを減らすが，親友とだけシェアする目的で，あるいは，自身の個人アルバムのために写真を撮ることはその経験自体をはるかに楽しめるものにすると推論した。実際にそれは事実であった。参加者たちは，自分がよく知らない人々，そして，自分をよく知らない人々とシェアする目的で写真を撮ると不安な気持ちになってしまい，さらにまた，その経験に参加している感覚が減ってしまったのである。彼らは他者が思っていることを心配し，そのため自身の経験の中において彼らの存在は希薄になり，その結果，彼らはその経験をそれほど楽しめなくなってしまったのである。

さらにこの研究では，ビジネスにおいて失敗になりかねないことを特定した。消費者に対し，その経験の最中にシェア目的の写真を撮影するよう促すのは逆効果なのかもしれないということである。例えば，多くのレストランやホテルは，消費者がインスタグラム，フェイスブック，そして，ツイッター上でシェアする写真を撮るよう動機づけるため，広告の中にハッシュタグを組み込んでいる。もしそのような目立ったリマインダーがその経験の最中に人々が感じる楽しみを減らしてしまい，記憶に残る楽しみに悪影響を及ぼしかねないならば，それらは予想外の損失をもたらしているかもしれない。さらに，こうした消費者の実経験への悪影響により，再びそのような経験をしたい，あるいは，その経験を他者に推薦したいという気持ちが減ってしまうかもしれない。

私たちの実経験は私たちの幸福にとって必須のものであり，何が私たちの楽しみに影響を与えるのかを理解することは，幸福を求める人々およびそのような経験を創造しマーケティングする会社の双方にとって重要である。人々は，筆記および口頭のコミュニケーションを通してだけでなく，ますます写真を通して広く情報を共有する。経験が生まれると，ますます写真は撮影され，何億ものこれらの写真がソーシャルメディアおよび他のチャンネルを通して毎日共有される。消費者は後にこれらの写真を共有することを楽しみ，そのときに「いいね」や「コメント」を受け取ることに価値を見出すかもしれないが，シェアするために写真を撮影することが実経験そのものの最中における自身の楽しみをどのように損ないかねないか考えたほうがよいかもしれない。

◀解　説▶

1．ア．in fact「①実際，②ところが実際は」 単に事実を示す場合と，論と逆接的に展開する場合がある。本文では①の意味。

イ．be based on ～「～に基づいて」 本文では based から始まる分詞構文。

ウ．be typical of ～「～に典型的である，～に特徴的である（≒be characteristic of ～）」

エ．share with ～「～と共有する」 この場合の share は自動詞。

2．あ．be intended for ～「～に向けられている」 *cf.* be intended to *do*「～するよう意図されている」

い．lead *A* to *do*「*A* が～するよう導く」 主語が原因で *A* to *do* が結果になることが多い。本文では taking photos が原因にあたる。文脈上過去形 led が適切。

う．encourage *A* to *do*「*A* が～するよう奨励する」 本文では encourage 部分が主語になるため，動名詞 encouraging が適切。

え．後に続く形容詞 verbal「口頭の」との並立と考え，分詞形容詞の written「筆記の」が適切。

3．(a) anxiety「心配，不安，切望」 意味が近いのは concern「心配，関心」である。

(b) salient「顕著な，目立った」 意味が近いのは notable「注目に値する，著しい」である。

(c) harmful「有害な」 意味が近いのは damaging「損害を与える，不利になる」である。

(d) vital「①生命の，②活気のある，③極めて重要な」 本文では③の意味。意味が近いのは critical「危機的な，批判的な，極めて重要な」である。

4．後に続く to provide … 以下の内容を記述する。context「状況，背景，前後関係」 there は「クリスマスのお祝いの場」のこと。

5．(1)「自分のために写真を撮る人々は写真をオンラインでシェアする人々ほど撮影される実経験を楽しまない」 第1段第5文（In twelve studies …）より，本文に不一致。

(2)「自分のために写真を撮る人々は，オンライン上で写真をシェアする人々ほど写真の中で微笑むことがなさそうである」 第3段第4文（Albums created for …）に，シェア用に作られたアルバムには微笑んでいるような写真がより多いとあるので，本文に一致。

(3)「写真の中にクリスマスパーティーの装飾を入れない人は，おそらく，その装飾を入れた人々よりパーティーを楽しんだだろう」 第3段第5文（In addition, with …）に，アルバムをシェアしようとする人々はクリスマスに典型的なアイテムが写っている写真をアルバムに入れようとするという記述はあるが，それは写真の取捨選択の問題であって写真に装飾を入れることとパーティーを楽しむことの関係性自体を推論することはできない。よって，本文に不一致と判断する。

(4)「その中に人々が入っていない写真を撮ることは写真をシェアする不安感を防ぐ」 第4段最終文（This is even …）に，共有するための写真を撮ることについてのネガティブな感情は，「その写真の中にその人自身が写っていようがいまいが関係ない」とある。また，単に人が写っていない写真を撮ることに関する記述は本文にない。よって，本文に不一致。

(5)「写真をシェアすることは，人をそれほど自意識的にしないようにするよい方法である」 写真をシェアすることによって自意識が弱まるという記述はない。よって，本文に不一致。

(6)「レストランは，そのレストランの中で自身が写っている写真をシェアするよう説得される顧客を最終的には失いかねない」 第4段最終2文（In addition, …）ならびに第7段最終文（Moreover, these negative …）より，本文に一致。

(7)「ソーシャルメディアのせいで，人々は経験を取り交わすために口頭でのコミュニケーションよりも写真を利用する」 最終段第2文（People widely share …）だけを見ると，「書いたり口頭でのコミュニケーションばかりでなく，どんどん写真を通しても多くの人と経験を共有するようになっている」とあるので，一致していないように思われる。しかし，続く同段第3文（More and more, …）を見ると，「経験を写真に撮ってSNS

でシェアしようという動きがますます加速し，何億枚もの写真が毎日シェアされている」とあるので，最終的には本文に一致していると判断できる。
(8)「シェアするための写真を撮ることに気を使う人は，後にその出来事の写真をシェアすることを楽しまないだろう」 記述にない。よって，本文に不一致。

II 解答

1．(a)—(4)　(b)—(2)　(c)—(1)　(d)—(2)　(e)—(3)
2．A—(4)　B—(3)　C—(3)
3．ア—(3)　イ—(1)　ウ—(3)
4—(4)
5．(1)—2　(2)—2　(3)—3
6．（設問省略）
7—(4)

◆全　訳◆

≪なぜ人はロボットの物語を語り続けるか≫

ほぼ3千年前から心をもつ機械に関する話が伝わっている。紀元前800年頃書かれた『イーリアス』の中で，体に障害がある金属細工の神ヘパイストスが創造した，知られている最古のAI「黄金の女性給仕たち」についてホメーロスは記述している。彼らは「知能…声そして活力」をもった「まるで命ある給仕のようであり」，「走り回って主人を支えた」のである。ホメーロスはまた『オデュッセイア』の中で，最初の自律した乗り物，すなわち，オデュッセウスをイサカへと帰郷させる帆船を私たちに示した。それらは，2つの「ロボット」，すなわち，歯や爪ではなく「知的な頭脳」で宮殿を守る金銀一対の番犬とともに「思考を基に」航海を続ける。

そのような物語はそれ以来絶えず語られている。それらは神話や伝説，映画や物語，そして，未来への真剣な推測といった様々な形をとる。今日，これまで以上に知的機械は，『スターウォーズ』や『ウェストワールド』からイアン=マキューアンの『私のような機械』まで，人気ある映画やベストセラーの中で主役として扱われている。今であれば，私たちはそのような機械を1955年に造語された用語である“AI”，すなわち，人工知能と呼ぶかもしれない。しかし，それらには多くの他の名前があり，そのようなすべては様々なニュアンスをもっている。その中には「オートマトン」

（古代から），「アンドロイド」（1728），「ロボット」（1921），そして，「サイボーグ」（1960）がある。

なぜ私たちはそれほどまでロボットに魅了されるのだろうか？　何人かの学者たちはそれを説明しようとした。最初はエルンスト=イエンチであり，彼は1906年のエッセイ『不気味の心理学について』の中で「物語において不気味な効果を作り出す最も確実な方法の一つは，読者に自分の前にいるのが人間なのか，それとも，オートマトンなのかはっきりわからなくさせることだ」と主張した。イエンチはこの考えをE. T. A. ホフマンの1816年の短編小説『ザ・サンドマン』を例に用いて示した。その話では，隣に住んでいるオリンピアという美しい若い女性に魅了されるナサニエルという若者が主人公である。オリンピアは素晴らしい踊り子なのだが「アー，アー！」としか話さない。ナサニエルはついに彼女は実は父親によって作られたオートマトンであると知り，動揺のあまり自殺してしまう。

数年後，『不気味なもの』というエッセイの中で，ジークムント=フロイトはさらにこの考え方を発展させた。疑似人間的機械に対する我々の反応について考える場合，今日まで依然として不気味なものという考え方はその中心にある。日本のロボット研究家森政弘は，ほぼ人間だが完全には人間でない機械に直面する際に気持ちが落ち着かなくなる効果を説明するため，「不気味の谷」という用語を創造したことはよく知られている。

しかし，ミンス=カンは『生命をもつ機械という崇高な夢』（2011）という本の中で，機械に欺かれてそれを人間だと思ってしまうといった，ロボットに関わる不安のみに焦点を当てたのはフロイトの誤りだと主張した。歴史を通して人々は，希望と前向きな感情もまたロボットと結び付けてきた。例えば，E. R. トゥルイットは『中世のロボット』（2015）という著作の中で中世フランスのエダンという城について書いている。その城ではオートマータが信じ込みやすい客人たちをからかっていた。『スターウォーズ』のファンならロボットC-3POとR2-D2が与えてくれる息抜きの場面について考えるかもしれない。

カン自身の見方によると，ヒューマノイドは「究極の逆説であり，まさに本質は一連の矛盾である」という理由で魅力的なのである。不気味なものというのはこのような逆説の一側面であり，現実と非現実という区分に異議を唱えているのである。しかし，それが話のすべてではなく，そのような機械はまた生者と死者，あるいは，生物と物体の区分をも問題化する。

カンの分析が正しいのは確かであるが，しかし，それもまた話のすべてではない。作家で批評家のヴィクトリア=ネルソンはそのパズルの一片をさらに加え，ヒューマノイドについて私たちが語る物語の多くを動機づけているのは抑圧された宗教的信念であると示唆する。これもまた正しいように思える。古典学者アドリエンヌ=メイヤーは，知能を有する機械に関する神話的物語を人間状態を変える技術潜在力に関する「古代の思考実験」だと説明する。これもまた重要な機能のように思える。物語，特にここ百年の空想科学小説は，AIとともに生きることへの可能な限り最も深い探求を提供している。

したがって，なぜヒューマノイドロボットが私たちを魅了するのかの説明としては，ひとつにはそれらが非常に多くの機能を果たすことができるということである。それらは不安にさせると同時に面白い。ある意味では，それらは私たちがそれらにそうあってもらいたいものになることができ，人間にとって「現実的」であろうとみなされるものによって制約されることもない。このようにして，それらは神や悪魔の役割に類似した物語上の役割を果たすことができ，原型や誇張された概念を具体化する。すなわち，情け容赦ない止めることができない殺人者，完全な恋人，あるいは，超合理的な計算機械のような人といったものである。それらは私たちが極端なものを探索することを可能にさせ，そして，そのことがロボットの話がしばしばユートピア的にもディストピア的にもなる一つの理由である。それゆえ常にそのような機械に関する物語というのは，実際に私たち自身に関する物語である。人間であるとはどういうことかについての私たちの観念を，パロディにし，検討し，複雑化することである。

◀解　説▶

1．(a) speculation「①推測，②投機」 ここでは①の意味。よって，意味が近いのはsupposition「推測」である。

(b) coin「～を鋳造する，～(造語など) を作り出す」 意味が近いのはinvent「～を発明する」である。

(c) unsettling「不安定な，落ち着かなくさせる」 意味が近いのはdisturbing「かき乱す，不安を生じさせる」である。

(d) challenge「①～に挑戦する，挑む，②～を争う，～に異議を唱える」

ここでは②の意味。よって，意味が近いのは dispute「～を論じる，～に異議を唱える」である。

(e) fulfill「～を果たす，～を実現する」 意味が近いのは perform「～を遂行する，～を果たす」である。

2．A．第3段第5～最終文（The story features … he commits suicide.）は小説『ザ・サンドマン』の内容を順を追って説明している。展開の結末部分を示す副詞 ultimately「最終的に，ついに」が適切。

B．空欄Bの前の第4段では，ジークムント=フロイトがロボットの不気味さに焦点を当てて論を展開したことが記されている。空欄の後でミンス=カンはフロイトは間違っていると主張しているので，However「しかしながら」が適切。

C．空欄Cの前の第7段ではカンの分析以外に，ヴィクトリア=ネルソンやアドリエンヌ=メイヤーが考える「知的機械」に関する機能が記されている。第3段のエルンスト=イエンチ，第4段のジークムント=フロイトの考え方も含めて考え，最終段第1文の最初に So「したがって，だから」と展開してまとめるのが適切。

3．ア．第4段第2文（The notion of …）において，フロイトは人間に似た機械に関して uncanny「不気味な」側面に注目している。したがって，fears が適切。

イ．第6段第1文（Kang's own view …）においてヒューマノイドは逆説的であることが魅力であると述べられている。したがって，unsettling「不安定な，落ち着かなくさせる」と対比的な形容詞として funny「愉快な，楽しい」が適切。

ウ．空欄に続く文（In this way, …）で，ロボットは物語上 gods や demons のような役割を果たすとして，現実にはありえないような存在が列挙されている。よって，realistic「現実的な」が適切。

4．(parodying, examining, or complicating) our notions of what it <u>means</u> to be human.

parodying, examining, complicating はそれぞれ動名詞。it は仮主語であり to be human が真の主語である。

5．(1)「知られている限り最古の AI は…」 第1段第2文（In *The Iliad,* …）より，それらを作ったヘパイストスが主人であると考え，2．

「体に障害のある主人に仕えた」が適切。1.「自律する帆船で航海した」のは第1段第4文（In *The Odyssey*, …）にあるオデュッセウスなので不可。

(2)「E. T. A. ホフマンによって書かれた話の中で…」 第3段最終文（When Nathaniel …）より，2.「ナサニエルは自殺する」が適切。

(3)「この記事の著者は…」 文章全体の内容より，3.「フロイト，カン，ネルソン，メイヤーに基づいた考え方を展開し，さらに，自身の分析を付け加える」が適切。The author という単数の名詞に対して their が使われているのは，著者の性別が明らかになっていないためと考えてよいだろう。

1.「カンの分析に一番同意する」 第7段第1文（Kang's analysis is …）より不適。

2.「ヴィクトリア=ネルソンとアドリエンヌ=メイヤーの分析に一番同意する」 第7段第3文（This too seems right.）および第5文（This too seems like …）より不適。

4.「その他すべての学者とは意見を異にし，自身の分析を展開する」 最終段第1・2文（(　C　) one explanation … unsettling and [　イ　].）より不適。

7．文章全体を通してロボット（人工知能をもった機械）に関する物語や映画などの魅力と機能について語っているので，(4)「なぜ人はロボットの物語を語り続けるか」が表題として適切。

(1)「文学と映画の中のロボットに関する簡潔な歴史」 (2)「ロボットに対する多くの言葉」 (3)「作り話におけるロボットの進化」 (5)「なぜロボットは重要か」

III　解答

(1)―B　(2)―B　(3)―D　(4)―B　(5)―A　(6)―B
(7)―C　(8)―A　(9)―B　(10)―C　(11)―A　(12)―D
(13)―D　(14)―A　(15)―D

◆全　訳◆

≪アマンダ=ゴーマンへのインタビュー≫

アマンダ=ゴーマンは，22歳でアメリカ大統領ジョー=バイデンの就任式で自身の詩を朗読するよう招待された若き黒人女性である。世界は彼女の希望に満ちたメッセージの優美さと力強さに感動し，そして，鼓舞された。次の会話は翌日にロサンゼルスでなされた彼女のテレビインタビューからのものである。

James Corden（JC）：次のゲストは若干 22 歳でバイデン大統領の就任式で「私たちが登る丘」という詩を朗読しました。それは見事でした。彼女がこのショーに来ているなんて本当に私は光栄です。皆さん，素晴らしきゲスト，アマンダ=ゴーマンさんです，ようこそいらっしゃいました。

アマンダ，今夜このショーであなたとお話しできて本当にうれしく思います。こんにちは。

Amanda Gorman（AG）：こんにちは，素晴らしい気分です。あなたと話しているなんていつもより 10 倍気分がいいです。あなたはこれまでで私が一番好きな人間なのですから。

JC：あなたにそう言ってもらえるなんて大変うれしいです。さて，話をしましょう。昨日のことについて話しましょう。よかったですよ。本当に素晴らしかったです。

AG：大変ありがとうございます。

JC：あなたが話をした優雅さは信じられないほど深いものだと思いました。そしてすぐに，あなたはとても多くの人々が感じていることの多くをとらえ，そして，国民の心をとらえたように感じられました。この 24 時間を，そして，あなたに与えられているものすごくポジティブな注目をどう処理されているのでしょうか？

AG：うまく処理できていないと思います。比喩で言うとすれば，私の携帯電話は火がついてしまって，とても熱くなってしまいました。3 時間前にとても使ってはいられなくなりました。私は寒い屋外にいて，私の携帯は私の言葉に対する大量の支持と愛でとても熱くなってしまったのです。もう本当に信じられませんでした。正直言って，私が一番若くして就任式の詩人となれて個人的には光栄なのですが，それは，それ以上のもの，私以上のものであり，国と世界が本当に先へと進む瞬間だったと思っています。そして，私がそのほんの小さな部分となれたこと，それが，誰もが求めることのできるすべてです。

JC：でも私にはあなたが小さな部分であるとは思えません。あなたは私にとっては重要な瞬間だったと思っています。さて，あなたのお母さんはここロサンゼルスで教師をなさっていることを私は知っています。私が想像するに，お母さんは毎日，特に今日は，きっとあなたを誇りに思っているどころではないと思います。

AG：今日は「新しい iPhone が必要なの」って臆面もなく言える，そんな日のひとつなんです。買ってよって！ お母さんに関してはこのような日を利用しないと。でも無理でした，私が詩の朗読を終え彼女に近づくと彼女はただ泣いていました。それから私たちはあまりに感情が高ぶらないようにしようとしていました。私たちは世界の前に立っていたわけですから！

◀解　説▶

(1) be honored to *do*「～して光栄である」 honor「～に栄誉を与える」を受動態にして用いる定型表現。

(2) my favorite human being ever「今までで一番好きな人間」 ever は最上級を強める副詞として用いることができる。favorite は「一番好きな」という意味を含意する。

(3) lovely「①魅力的な，美しい，②素晴らしい」 ここでは②の意味。

(4) I found O C「私はOがCであるとわかった」 C は incredibly profound の部分。

(5) it felt like S V「～であるように感じられた」 like は接続詞。口語的表現。

(6) (attention) that is being (bestowed on ～)「～に授けられている注目」 that は主格の関係代名詞。bestow *A* on *B*「*A* を *B* に授ける，*A* を *B* に与える」

(7) be on fire「燃えている，興奮している」 ここでは比喩として使われている。

(8)動詞部分（gave up）が過去形になっていることに注目する。three hours ago「３時間前に」

(9)直前に定冠詞 the が示されているので，A．all とD．lots of は不適。文脈より，(the) amount of (support and love)「支援と愛の量（大きさ）」が適切。

⑽文脈より，move forward「前に進む」が適切。大統領就任式にふさわしい内容となるはずだと推測する。

⑾文脈より，that's all anyone can ask for.「それが誰もが求めうるすべてである」が適切。これ以上望むべきものはない，ということ。

⑿文脈より，right here「ちょうどここ」が適切。ロサンゼルスからテレビインタビューが行われているという状況である。

⒀文脈より，推定を表す must be ～「きっと～にちがいない」が適切。

⒁(This is) one of those days (where ….)　this は「今日」を指し示し，one of those days は「(where 以下で説明されるような) 日々のうちの1日」と考える。関係副詞 where はここでは when と同様の使い方をしている。

⒂文脈より，in front of が適切。stand in front of the world「世界の前に立つ」という表現は，大統領就任式で世界中の人々に注目されている状況を表していると推測する。

❖講　評

2022年度は大問3題で，読解問題2題，会話文問題1題である。

Ⅰは，ソーシャルネットワーク上でシェアするための写真撮影が実経験に及ぼす影響を中心に記述した文章である。設問形式は空所補充，同意表現，内容説明，内容真偽であり，総合的英語力を問う形式である。

Ⅱは，多くの引用を基にAIをもつ機械が人々を引きつける理由を考察した文章からの出題で，哲学的分析も含まれている。設問に関してはⅠと同様に総合力を問う形式だが，3.［　ウ　］などは文脈判断の精度を要する。

Ⅲは会話文問題であり，テレビインタビューがベースになっている。対話の流れをしっかり押さえることが基本である。⑺，⒁などは表現の仕方が個性的なので想像力を働かせたい。

日本史

I 解答

問1．史料Bは，家柄・財産・学識・経験・徳望などにおいて不平等な状況では普通選挙実施は不適切であると主張する。史料Cは，有権者に必要なものは候補者の人格や政見を比較する能力であるから，教育が普及した状況であれば普通選挙を実施すべきであると主張する。史料Dは，女性に参政権が与えられることで女性に不利な法や社会制度の改正が可能となると主張している。(180字以内)

問2．選挙法

問3．満20歳以上の成人男女。(12字以内)

問4．上杉慎吉　問5．貴族院　問6．制限選挙　問7．憲政の常道

問8．穂積陳重

◀解　説▶

≪近代の選挙制度と政治制度≫

問1．普通選挙について，美濃部達吉『憲法講話』，吉野作造『普通選挙論』，市川房枝「婦選運動十三年」でそれぞれどのように述べられているかを180字以内にまとめることが求められている。

美濃部達吉は，普通選挙の実現を条件つきで認めている。全国民に「平等の能力」「平等の資格」がある場合は「平等の選挙権」を与えるべきだと述べているのである。しかし，その後の文章では国民の不平等な現状に言及する。「門閥」「財産」「学識」「経験」「徳望」など様々な面で不平等だと断じ，その状況下では全国民から議員を公選するのは適当ではないとしている。つまり，美濃部達吉はこの時期の普通選挙実現には反対の立場をとっている。

吉野作造は，政治について自ら積極的な意見を持てる者は少数であるが，投票行動にはそこまで積極的かつ高度な能力が必要なわけではなく，候補者の人格や政見を比較できればよいと主張する。また，この時期の日本は教育が普及しており，最低限度の常識的能力を備えた文明国民が育成されていることをふまえ，吉野作造は普通選挙実現に賛成の立場をとる。

市川房枝は，女性にも投票行動は可能な行為であり，また，女性に不利

な法や社会制度の改正につながる可能性を指摘することにより，女性参政権を実現すべきと主張している。

以上の内容をふまえて，３人の考えがはっきり示されている箇所を要約し，バランスよくまとめて解答を作成しよう。

問２．条文の解説文中に「本条議員選挙ノ制規ヲ以テ之ヲ別法ニ譲ル」とあるが，この「別法」とは選挙法（衆議院議員選挙法）のことである。選挙の方法については情勢をみて「補修」(改正）していくことが必要であり，憲法ではあえて細部まで記さないという内容が解説文で述べられている。

問３．まず，戦後最初の総選挙は日本国憲法下ではなく，大日本帝国憲法下で実施されていることに注意したい。1945 年の 12 月に衆議院議員選挙法が大幅に改正され，満 20 歳以上の成人男女に選挙権が与えられた。これにより男女普通選挙が実現し，1946 年の総選挙で 39 名の女性議員が誕生した。解答を作成する際には，字数に余裕があれば納税資格の制限がないことにも言及したいが，12 字以内という制約があるので，1925 年の普通選挙法から変化した内容を優先して書くべきである。

問４．天皇主権説を唱えた憲法学者で，天皇機関説を唱えた美濃部達吉と論争したのは上杉慎吉である。上杉慎吉は，主権を有する天皇の権力行使に制限はないと主張し，国家主義団体の七生社を育成するなど実践面にも関与した。

問５．国民の公選によらない議院は貴族院である。公選による立法機関である衆議院とは異なり，貴族院は皇族議員・華族議員らの世襲議員，勅選議員，多額納税者議員で構成された。

問６．普通選挙と対になる語句は制限選挙である。1889 年に公布された衆議院議員選挙法では，選挙権は直接国税を 15 円以上納める 25 歳以上の男子，被選挙権は同条件の 30 歳以上の男子と定められていたため，選挙権の資格に制限を設ける制限選挙が実施された。1925 年に納税額による制限を撤廃し，25 歳以上の男子普通選挙が実現した。

問７．1924 年の加藤高明内閣から 1932 年の犬養毅内閣まで，衆議院で多数の議席を有する政党が内閣を担当し，二大政党が政権交代を繰り返す状況が続いた。この慣例を「憲政の常道」とよぶ。

問８．民法典論争において「民法出デヽ忠孝亡ブ」と主張した憲法学者は穂積八束であり，穂積八束の兄は穂積陳重である。穂積陳重は法典調査会主査委員として民法などの編纂にあたった。

Ⅱ **解答** 問1．D　問2．（設問省略）　問3．C　問4．E
問5．C　問6．B　問7．A　問8．D　問9．B
問10．A

◀解　説▶

≪鎌倉時代の政治・社会経済・文化≫

問1．D．正解。源頼朝の死後に行われた13人の合議制に参与したのは，北条時政・北条義時・比企能員・和田義盛・梶原景時・三浦義澄・安達盛長・八田知家・足立遠元・大江広元・三善康信・中原親能・二階堂行政である。大江広元と三善康信は東国武士団出身の御家人ではなく公家出身なので，Dの三浦義澄を選ぶ。

問3．C．正文。将軍御所や鶴岡八幡宮の修造などに御家人が経済的負担を負うことを関東御公事とよぶ。

A．誤文。惣掟は惣村の寄合で定められた規約である。

B．誤文。平時には，交替で京都大番役や鎌倉番役をつとめた。

D．誤文。各国の御家人に対して，京都大番役への勤仕を催促・指揮する権限を持ったのは国司ではなく守護である。

E．誤文。奉公衆は室町幕府の直轄軍である。

問4．E．正文。幕府は仲恭天皇を廃し，後堀河天皇を即位させた。承久の乱後は，幕府が皇位の継承や朝廷の政治にも干渉するようになった。

A．誤文。承久の乱後に京に置かれたのは六波羅探題である。

B．誤文。連署は北条氏一門から任命された。

C．誤文。幕府は後鳥羽上皇を隠岐へ，順徳上皇を佐渡へ配流した。

D．誤文。承久の乱後に任命され，新補率法を適用された地頭を新補地頭という。

問5．C．正文。蒙古襲来後，得宗家（北条氏の嫡流）の地位が強化される中，1285年，有力御家人の安達泰盛と得宗の家来（御内人）を代表する内管領の平頼綱が対立して霜月騒動が起きた。安達泰盛の敗北により得宗の権威はさらに高まった。

A．誤文。蒙古襲来後に置かれ，九州地方の政務や裁判の判決，御家人の指揮にあたったのは鎮西探題である。
B．誤文。執権・連署・評定衆で行われる評定が形骸化し，得宗の私邸で催される寄合が幕政を左右するようになった。
D．誤文。9代執権北条貞時のもとで永仁の徳政令が出されたが，かえって困窮する御家人が増えたこともあり，質入地・売却地の無償返還の項目だけを残し，他はすべて撤回した。
E．誤文。南北朝期から室町時代にかけての在地有力武士を国人とよび，国人層が結成した地縁的集団が国人一揆である。
問6．B．正文。阿仏尼が所領紛争解決のために都を出発して鎌倉に赴いたときの紀行文が『十六夜日記』である。
A．誤文。親から子へいったん譲った所領であっても，不孝を理由に父母の判断で所領を取り返せるという規定が御成敗式目26条にある。
C．誤文。御成敗式目では，所領の相続を性別で分ける規定はなかった。また，実子のいない女性が所領を養子に譲る権利が認められているなど，公家法とは異なる独自の規定がみられる。
D．誤文。鎌倉後期から南北朝期にかけて，血縁的結合を主とした地方武士団が地縁的結合を中心とするものへと変質していった。
E．誤文。分割相続が禁じられたわけではないが，鎌倉後期から南北朝期にかけて武家社会では単独相続が一般的になった。
問7．A．正解。慈円が著した『愚管抄』は，道理の理念と末法思想により時代の変化を論じた。後鳥羽上皇の討幕計画をいさめるねらいがあった。
問8．D．正解。日蓮宗の総本山である久遠寺は，佐渡配流から帰った日蓮が甲斐国に建てた寺院である。
A．誤り。浄土宗の中心寺院は知恩院である。
B．誤り。浄土真宗の中心寺院は本願寺である。
C．誤り。臨済宗の中心寺院は建仁寺である。
E．誤り。曹洞宗の中心寺院は永平寺である。
問9．B．正文。神社の祭祀を自主的に運営する宮座は，惣村結合の中心的役割を果たし，土一揆の際には一味神水し行動計画を立てた。
A．誤文。村方三役によって運営されたのは江戸時代の村である。
C．誤文。年貢納入などの連帯責任を負う五人組が制度化されたのは江戸時代である。

D．誤文。打ちこわしが頻発したのは江戸時代である。
E．誤文。惣村では治安の維持や裁判を自治的に行った。そのような行為は自検断（地下検断）とよばれる。
問10．A．正文。室町時代には連雀商人や振売といわれた行商人が各地で活躍し，京都近郊では大原女・桂女など女性行商人の進出がみられた。
B．誤文。三斎市は鎌倉時代にあらわれ，室町時代には六斎市がみられるようになった。
C．誤文。有名な和紙では美濃の美濃紙，播磨の杉原紙があった。伊万里焼とは，朝鮮出兵後に創始された有田焼が伊万里港から各地へ積み出されたことから消費地でよばれるようになった名称であり，室町時代には存在しない。
D．誤文。町衆を中心に町が生まれたのは応仁の乱後であり，15世紀以降のことである。
E．誤文。人形浄瑠璃は室町時代末期に起こり，17世紀以降に流行した。

Ⅲ 解答

問1．B　問2．C　問3．E　問4．D　問5．B
問6．A　問7．C　問8．C　問9．D　問10．D

◀解　説▶

≪近世～現代の貨幣史・金融史≫

問1．B．正文。藩札は諸藩が主に財政難打開のために発行した紙幣であり，領内でのみ通用した。
A．誤文。銭貨を鋳造する銭座は江戸と近江坂本に1636年に設置され，その後は各地に設けられて，寛永通宝を大量に鋳造した。
C．誤文。小判・一分金は計数貨幣である。
D．誤文。東日本では主に金貨，西日本では主に銀貨が取引や計算単位に用いられた。
E．誤文。三貨の交換比率は相場によって常に変動した。
問2．C．正文。1871年の新貨条例では円・銭・厘の十進法が採用された。金本位制は確立できず，実際は金銀複本位制だった。
A．誤文。兌換紙幣は国立銀行条例によって設立された民間銀行が発行した。
B．誤文。第2次松方正義内閣のもとで1897年に貨幣法が成立し，金本位制を基本とした貨幣の製造および発行が規定された。

D．誤文。国立銀行条例は岩崎弥太郎ではなく渋沢栄一らの尽力で発布された。

E．誤文。正貨兌換を義務づけていたため国立銀行の開業は 4 行にとどまった。1876 年に正貨兌換義務を取り除いたことで増加し，1879 年には 153 行におよんだ。

問 3．E．正文。地租改正によって地券所有者が納税者となり，地主・自作農の土地所有権が確立した。

A．誤文。所有権を立証できない入会地は，没収されて官有地となった。

B．誤文。負担の軽減を求める地租改正反対一揆が各地で起こり，1877 年に地租率は 2.5％に引き下げられた。

C．誤文。地租額は豊作・凶作に関係なく一定だった。

D．誤文。地租額は地価の 3％と決められた。

問 4．D．正文。米価と繭価の下落により小作人に転落する農民が増え，小作人の子女の中には工場の賃労働者として家計を補う者もあった。

A．誤文。米価と繭価が下落し収入が減る一方で，地租は定額であることから農民の負担は重くなった。

B．誤文。小作人が地主へ納める小作料は現物納が多かった。

C．誤文。政府は西南戦争の戦費の必要から不換紙幣を増発した。

E．誤文。松方財政ではデフレ政策をとってインフレを抑えようとした。その結果，物価が下がり深刻な不況となった。

問 5．B．正解。辰野金吾は日本銀行本店や東京駅などを設計した。A の鹿鳴館，D のニコライ堂，E の三井倶楽部はいずれもコンドルが設計した。C の旧東宮御所（迎賓館赤坂離宮）は片山東熊が設計した。

問 8．C．正文。金本位制に復帰すれば金と円が連動するため，日本銀行が日本銀行券を自由に増発できる状態を抑える必要があった。そこで浜口雄幸内閣の大蔵大臣井上準之助は，産業を合理化して物価を引き下げることでデフレの状態とし，日本銀行券の増発をむやみに行えないようにすることで円高に向かわせ，金輸出解禁を断行した。

問 9．D．正文。ソ連のスターリンは一国社会主義をとなえて独自の中央集権的経済体制を築いており，世界恐慌の影響をあまり受けずに工業生産力をのばした。

A．誤文。ブロック経済圏により促進されるのは自由貿易ではなく保護貿易である。
B．誤文。ニューディール政策を行ったのはフランクリン=ローズヴェルト大統領である。
C．誤文。ドイツで急速に勢力を拡大したのはナチ党である。
E．誤文。イギリスを抜いて世界第1位の規模に達した輸出品は綿織物である。
問10．D．正文。傾斜生産方式とは，産業復興を目的に石炭・鉄鋼・電力などの基幹産業の生産拡大に重点を置く経済政策である。有沢広巳が提唱し，第1次吉田茂内閣が閣議決定した。
A．誤文。ドッジ=ラインでは固定相場制をとり，1ドル＝360円の単一為替レートが設定された。
B．誤文。過度経済力集中排除法により指定を受けた企業は325社だったが，占領政策の変化により実際に分割されたのは11社のみであった。
C．誤文。ドッジ=ラインによってインフレは収束したが，不況が深刻化し，中小企業の倒産と人員整理によって失業者が増大した。
E．誤文。インフレ抑制を目的とした金融緊急措置令の発令により，旧円の流通が禁止され，新円の引出しを制限して貨幣流通量を減らそうとした。

IV 解答

問1．E　問2．D　問3．E　問4．D　問5．C
問6．D　問7．C　問8．B　問9．A　問10．D

◀解　説▶

≪戦後日本の経済・社会発展≫

問1．【ア】新産業都市建設促進法の公布は1962年（池田勇人内閣）。→【エ】日韓基本条約の締結は1965年（第1次佐藤栄作内閣）。→【カ】日本万国博覧会（大阪万博）の開催は1970年（第3次佐藤栄作内閣）。→【オ】第4次中東戦争の勃発は1973年（田中角栄内閣）。→【イ】新東京国際空港（現・成田国際空港）の開港は1978年（福田赳夫内閣）。→【ウ】プラザ合意が成立したのは1985年（中曽根康弘内閣）。→【キ】竹下登内閣の退陣は1989年。以上の内容から正解はEとなる。
問2．D．正文。1960年に池田勇人内閣が閣議決定した所得倍増計画を推進するための産業基盤として，関東から北九州までの太平洋ベルト地帯構想が提唱された。

A．誤文。1962 年の新産業都市建設促進法で指定された都市は 13 区域（のち 15 区域）であったが，山梨・奈良・佐賀は入っていない。

B．誤文。茨城県東海村に日本原子力研究所が設立されたのは 1956 年である。

C．誤文。上越新幹線の開通は 1982 年である。

E．誤文。北海道開発庁の設置は 1950 年，沖縄開発庁の設置は沖縄が日本に返還された 1972 年である。

問３．E．正文。日本と中華人民共和国との間に日中平和友好条約が調印されたのは福田赳夫首相在任中の 1978 年である。

A．誤文。江崎玲於奈がノーベル物理学賞を受賞したのは 1973 年（田中角栄内閣）。

B．誤文。日本経済が戦後初のマイナス成長となったのは 1974 年（田中角栄内閣）。

C．誤文。ロッキード事件で田中角栄元首相が逮捕されたのは 1976 年（三木武夫内閣）。

D．誤文。国際連合の総会で，中華人民共和国の招請と中華民国の追放が可決されたのは 1971 年（佐藤栄作内閣）。

問４．D．正文。日本の第三次産業の構成比は上昇し続け，1980 年には約 6 割となり，2005 年には 7 割を上回った。

A．誤文。1994 年に開港した関西国際空港，2012 年に開通した新東名高速道路，1987 年の関西文化学術研究都市建設促進法の制定により進められている関西文化学術研究都市建設など，1985 年以降も巨大プロジェクトが進められている。

B．誤文。日本の食料自給率は減少傾向にあり，国内で消費される食料の多くを海外からの輸入に頼っている。

C．誤文。日米貿易交渉により 1991 年から牛肉・オレンジ輸入自由化が決定されて以降，牛肉の輸入量が増え，自給率が減っている。

E．誤文。繊維・繊維製品分野は 1950 年代に好景気を迎えたが，1985 年のプラザ合意以降は繊維輸入が輸出を上回るようになった。

問５．C．正解。朝鮮民主主義人民共和国では 1948 年に金日成が初代首相となり，1972 年からは国家主席となった。1994 年に金日成が死去すると，息子の金正日が後継者となり，2002 年の日朝首脳会談で日本人拉致問題の存在を認めた。2011 年には金正恩が最高指導者の地位を継承している。

問6．D．正解。1．キューバ革命後の 1962 年，ソ連がキューバにミサイルを配備したことから米・ソの関係が悪化した（キューバ危機）。

2．アメリカは南ベトナムの政権を支援し，北ベトナム（ベトナム民主共和国）を爆撃した。1973 年のベトナム和平協定により米軍はベトナムから撤退し，1976 年にハノイを首都とするベトナム社会主義共和国が成立した。

問7．C．正文。石油危機の影響は鉄鋼・化学・窯業などの素材産業で最も大きかった。産業コストに占める原燃料や海外一次産品の割合が高く，設備投資などの動向に左右される度合いが大きかったことなどが原因であった。

A．誤文。石炭から石油へのエネルギー革命が起こり，石炭産業は衰退していた。

B．誤文。洗剤やトイレットペーパーなどの配給は行われていない。

D．誤文。2011 年の福島第一原子力発電所事故の後，再生可能エネルギーへの注目度が急速に高まった。

E．誤文。日本はソ連からパイプラインを引き込んではいない。

問8．やや難。B．正文。日本万国博覧会（大阪万博）の開催は 1970 年であり，三島由紀夫が割腹自殺したのも 1970 年である。

A．誤文。田中角栄内閣が発足したのは 1972 年である。

C．誤文。東京－新大阪間の新幹線（東海道新幹線）が開通したのは 1964 年である。

D．誤文。沖縄返還協定が調印されたのは 1971 年である。

E．誤文。自衛隊がカンボジアへ派遣されたのは 1992 年である。

問9．A．正解。細川護熙内閣（1993～94 年）は小選挙区比例代表並立制を導入した。竹下登内閣（1987～88 年）と小泉純一郎内閣（2001～06 年）の間の時期の内閣である。

B．誤り。中曽根康弘内閣（1982～87 年）は竹下登内閣より前の時期である。

C．誤り。橋本龍太郎内閣（1996～98 年）は竹下登内閣と小泉純一郎内閣の間の時期だが，日本郵政公社と日本道路公団を民営化したのは小泉純一郎内閣である。

D．誤り。佐藤栄作内閣（1964～72 年）は竹下登内閣より前の時期である。

E．誤り。鳩山由紀夫内閣（2009～10 年）は小泉純一郎内閣より後の時期である。

問 10．D．正解。ソビエト社会主義共和国連邦は 1991 年に解体し，ロシア連邦を中心に 11 の共和国によって構成される独立国家共同体（CIS）が成立した。

❖講　評

大問数は 4 題であった。2021 年度は大問 5 題であったが，2022 年度は 2020 年度までの大問数に戻ったと言える。解答個数は 2021 年度と変わらず 38 問だった。選択問題が 30 問，記述問題が 6 問，論述問題が 2 問となっている。2021 年度に続き年代配列問題が 1 問出題された。文章選択問題は例年通りすべて正文選択問題であった。

難易度は標準である。一部にやや難問がみられるが，ほとんどは教科書中心の学習で解答が可能である。

Ⅰが近代の政治，Ⅱが中世の政治・社会経済・文化，Ⅲが近世～現代の社会経済，Ⅳが現代の社会経済・政治・外交となっている。時代別では，近現代の割合が大きい。2022 年度は古代からの出題がなかったが 2021 年度は出題されているので，全時代の学習をしっかりしておきたい。分野別では，政治史・外交史・社会経済史・文化史から幅広く出題されている。2022 年度は社会経済史からの出題が目立った。

Ⅰは『憲法義解』『憲法講話』『普通選挙論』「婦選運動十三年」という 4 つの史料を読んで，選挙や政治制度などに関する設問に答えることが求められた。問 1 は史料Ｂ・Ｃ・Ｄを読んで，普通選挙について美濃部達吉・吉野作造・市川房枝の考えがはっきり述べられている箇所をそれぞれ探し出して要約しなければならない。180 字以内という字数内で，3 人の考えをバランスよくまとめる必要がある。

Ⅱは鎌倉時代の政治・社会経済・文化について出題された。問 1 は源頼朝の死後に行われた 13 人の合議制に参与した人物に関する出題であり，やや詳細な内容が問われた。

Ⅲは近世～現代の貨幣史・金融史をテーマとして出題された。教科書を中心にしっかり学習していれば解答が可能な設問ばかりであり，高得点をねらいたい。

Ⅳは戦後日本の経済・社会発展に関する出題であった。問２・問４・問７の正文選択問題では誤りの選択肢の中で詳細な内容がみられた。問８は日本万国博覧会（大阪万博）と三島由紀夫の割腹自殺が同年であると判断しなければならない設問で，やや難問であった。

一部の選択問題では詳細な内容が問われる場合があるが，問題の多くは教科書の内容を基礎として出題されている。近現代史を中心に，教科書の範囲内で解ける問題を取りこぼさないように学習することを心がけたい。

世界史

I 解答

ア．パンノニア　イ．カタラウヌム　ウ．ラヴェンナ
エ．アタナシウス　オ．カール=マルテル

設問1．A　設問2．C　設問3．D　設問4．D　設問5．B

◀解　説▶

≪ゲルマン人の移動とフランク王国≫

ア．パンノニアはドナウ川中流域，現在のハンガリーとほぼ同じ地域にあたり，古代ローマ時代の属州に由来する地名。

ウ．ラヴェンナはイタリア北東部に位置する都市。西ローマ帝国を滅ぼしたオドアケル，東ゴート王国のテオドリックがこの地を都とした。ユスティニアヌス帝が東ゴート王国を滅ぼしたのち，ビザンツ帝国のイタリア統治における重要拠点となった。その後，ランゴバルド王国がこの地を奪ったが，フランク王国のピピンがこれを討伐，ラヴェンナとその周辺を教皇に献上した（ピピンの寄進）。

エ．アタナシウス派はニケーア公会議（325 年）で正統とされたキリスト教の宗派。

設問1．B．誤文。西ゴート王国が最初に都を置いたのはトロサ（現フランスのトゥールーズ）である。

C．誤文。トゥール・ポワティエ間の戦いは，732 年，フランク王国の宮宰カール=マルテルがウマイヤ朝イスラーム軍を撃破した戦い。西ゴート王国はフランク王国のクローヴィスに南西ガリア地方を奪われ，都をイベリア半島のトレドに移した。

D．誤文。西ゴート王国はウマイヤ朝軍によって滅ぼされた（711 年）。

設問2．ボエティウスはテオドリック大王に仕えた哲学者で，ギリシア哲学のラテン語訳に努め，彼の著作は中世の哲学に影響を与えた。主著は『哲学の慰め』。

設問3．やや難。A．誤文。教皇は十二使徒の筆頭であるペテロの後継者。

B．誤文。シトー会は 11 世紀末に創設された修道会である。

C．誤文。ローマ教会はゲルマン人への布教に聖像が必要であると主張し

た。コンスタンティノープル教会は東ローマ皇帝の支配下にあり，東ローマ皇帝は 8 世紀前半に聖像禁止令を出している。
設問 4．やや難。A．誤文。カール 1 世が撃退したアジア系遊牧民はアヴァール人である。
B．誤文。カール 1 世はピレネー山脈越えの遠征を行い，スペイン辺境伯領を設置した。
C．誤文。グレゴリウス 1 世は 6 世紀末～ 7 世紀初め（在位 590～604 年）の教皇である。

II 解答

ア．レオポルド 2 世　イ．ヘーゲル　ウ．モノモタパ
エ．トゥサン=ルヴェルチュール
設問 1．A　設問 2．C　設問 3．D
設問 4．記号：b　国名：リベリア　記号：f　国名：エチオピア
設問 5．C

◀解　説▶

≪アフリカの歴史≫
ア．レオポルド 2 世はスタンリーの探検を支援してコンゴの植民地化を図った。これにイギリス・ポルトガルが抗議し，ベルリン会議（ベルリン=コンゴ会議：1884～85 年）が開かれ，結果的にコンゴはレオポルド 2 世の私有領として認められた（コンゴ自由国）。
ウ．モノモタパ王国（11～19 世紀）は現ジンバブエから現モザンビークにかけて支配し，金などの輸出で繁栄した。
エ．トゥサン=ルヴェルチュールはサン=ドマングにおける 1791 年からの黒人奴隷反乱を指導し，1801 年に独立を宣言したがフランス軍に捕らえられ獄死した人物で，「黒いジャコバン」と呼ばれた。
設問 1．B．誤文。多くの従者を連れてメッカ巡礼を行ったマリ王国（1240～1473 年）の王はマンサ=ムーサ（カンカン=ムーサ：在位 1312～37 年）。アスキア=ムハンマドはソンガイ王国（1464～1591 年）の全盛期の王である。
C．誤文。ムラービト朝（1056～1147 年）はソンガイ王国登場以前に滅亡している。ソンガイ王国を滅ぼしたのはサアド朝のモロッコ軍である。
D．誤文。トンブクトゥはマリ王国からソンガイ王国時代に栄えた，アフ

リカ西部を流れるニジェール川中流域の都市。カネム=ボルヌー王国（8世紀頃～1846年）はアフリカ中央部のチャド湖周辺で栄えた国である。

設問2．A．誤文。「航海王子」エンリケが1415年に攻略したアフリカ西北端の地はセウタ。

B．誤文。バルトロメウ=ディアスは1488年に喜望峰に到達したのち帰還しており，アフリカ東岸中部のモンバサには到達していない。

D．誤文。マスト数の増加や逆風に強い縦帆の導入など帆船の改良を推し進めたのは「航海王子」エンリケである。スペイン国王イサベルはコロンブスの航海を支援した人物。

設問3．難問。A．誤文。ナイジェリア西部で繁栄し，19世紀末に英領ナイジェリアに組みこまれたのはベニン王国（13世紀～1897年）。

B．誤文。ウガンダ南部のバントゥー系王国で，19世紀初頭にブニョロを倒してこの地域の支配権を握ったのはブガンダ王国（17世紀～19世紀末）。

C．誤文。ナイジェリア北部一帯に成立したフルベ（フラニ）系の王国で，19世紀初頭に地域一帯を平定したのはフラニ王国（19世紀初め～20世紀初め）。

設問4．bのリベリア（共和国）はアメリカの解放奴隷の入植によって成立した国で，1847年に独立した。fのエチオピアは紀元前後頃に成立したアクスム王国が7世紀に衰退し，10世紀以降小国分裂状態となったが，13世紀後半にエチオピア帝国が成立した。メネリク2世がアドワの戦い（1896年）でイタリア軍を撃退し，独立を維持した。

設問5．A．誤文。ハルツームはスーダン共和国の首都。南スーダンの首都はジュバである。

B．誤文。イギリスが狙ったのはダイヤモンドと金の利権。

D．誤文。「エジプト人のためのエジプト」というスローガンのもと武装蜂起したのはエジプトの軍人ウラービー（オラービー）である（ウラービーの反乱：1881～82年）。ムハンマド=アリーはオスマン帝国のエジプト総督で，ムハンマド=アリー朝（1805～1952年）を創始した人物。

Ⅲ 解答

ア・イ．ストックトン・ダーリントン（順不同）
ウ．ベルギー　エ．シェイエス
設問１．ニューコメン　設問２．C　設問３．A　設問４．B
設問５．①―A　②―B　③―C

◀解　説▶

≪産業革命とフランス革命≫

ウ．ベルギー（南ネーデルラント）はウィーン会議でオランダに併合されたが，1830 年，七月革命を機に武装蜂起して独立を宣言し，翌 1831 年にレオポルド１世が即位して立憲王国となった。

エ．シェイエスは聖職者出身の政治家で，三部会・国民議会において指導的役割を果たした。その後，総裁政府に加わったが，ブリュメール 18 日のクーデタ（1799 年）に際してはナポレオンに協力し，第二統領となった。

設問２．難問。A．誤文。オーウェンが失敗したのはアメリカに建設した共産社会ニューハーモニーである。

B．誤文。経済的相互扶助思想にもとづく『所有とは何か』を著したのはプルードン（仏）である。

D．誤文。18 歳未満の夜業を禁止したのは 1833 年の一般工場法である。

設問３．コント（1798～1857 年）は 19 世紀に実証主義哲学を創始した哲学者。『百科全書』が刊行されたのは 1751～72 年のことである。

設問４．A．誤文。ラ=ファイエットは立憲君主派の自由主義貴族で，「8 月 10 日事件」（1792 年）後，王権が停止されたことに反対して亡命した。

C．誤文。「球戯場（テニスコート）の誓い」（1789 年）は国民議会を形成した第三身分代表を中心とする議員が，憲法制定まで解散しないことを誓い合った出来事。

D．誤文。人権宣言において女性の権利は想定されていなかった。

Ⅳ 解答

絶対王政期の政府は積極的に経済に介入し国富の増大を目指す重商主義政策をとった。初期にはスペインのように金銀を獲得する重金主義がとられたが，やがて輸出を増やし輸入を抑えることで富の蓄積を目指す貿易差額主義に移行した。これは 17 世紀のイギリスやフランスなどでみられ，輸出拡大のために国家が産業の保護・育成を行う産業保護主義もとり，また，貿易の拡大・市場の獲得のため東インド会社を展開させ，植民地の獲得にのりだした。こうして重商主義政策によって蓄積された国富は，絶対王政を支える官僚制と常備軍を整備・維持する財源となった。(240字以上260字以内)

◀解　説▶

≪絶対王政期の経済政策≫

絶対王政期に影響力をもった経済政策とは重商主義政策のこと。重商主義には重金主義と貿易差額主義などがあるが，前者はスペイン，後者はイギリスやフランスで展開され，その本質は国富の増大を目指すことにあった。貿易差額主義では，輸出拡大に向けての良質の製品を製造するため，国家が国内産業の保護・育成を行った。そうした製品の原料供給・市場の獲得のため東インド会社が広く展開され，その活動の延長上に激しい植民地獲得競争がなされたのである。なお，重商主義の具体的なあり方は時期や国によって様々で，フランスのルイ14世の財務総監コルベールが東インド会社を再建して貿易振興をはかり，王立マニュファクチュアを創設するなどして国内の商工業の保護・育成を行ったことなども字数に余裕があれば言及してもよいだろう。重商主義政策が統治機構の整備にいかなる意義を有したかについては，蓄積された国富が絶対王政の統治機構，すなわち，官僚制と常備軍を整備・維持する財源となったことを記すこと。

❖講　評

Ⅰ　ゲルマン人の移動とフランク王国に関する大問。リード文の空欄にあてはまる語句の記述と，空欄と下線部に関する設問で構成されており，設問は正文選択と正語の組み合わせ選択である。選択法は選択肢に詳細な内容を含むものがある。設問3と設問4はかなり詳細な内容であり，やや難。設問2も詳細な知識が必要であるが，他の選択肢が不適であることが明確なので消去法で対処できる。

Ⅱ　アフリカの植民地化を中心に，この地の歴史を問うた大問。空欄補充（記述）と下線部に関する設問で構成されている。設問5問中4問が正文選択で，1問が地図を用いた問題となっている。設問3はアフリカの王国について詳細な知識が必要で難問である。設問4の地図問題は標準レベル。

Ⅲ　産業革命とフランス革命についての大問で，関連して思想・文化についても問われた。語句の記述と正文・語句選択，さらに配列法が出題されている。正文選択の選択肢に詳細な内容のものが複数含まれているものがある。設問2のDは工場法の内容まで把握していないと判断が難しく，難問といえる。

Ⅳ　絶対王政期の経済政策について説明する論述問題。2021年度のような指定語句がない一方，書き出し方が指定されて，おさえるべきポイントが解答条件として挙げられている。政策の本質，意義をおさえつつ，240字以上260字以内でまとめる必要があるため，時間配分をよく考えて取りかかる必要があるだろう。

地理

I 解答

問1．(ア)ーC (イ)ーE (ウ)ーA (エ)ーB
問2．C 問3．B 問4．D 問5．C 問6．B
問7．A

◀解 説▶

≪地理情報と地図≫

問1．(ア)の正距方位図法はCに該当する。(イ)のメルカトル図法はEに該当する。(ウ)のサンソン図法はAに該当する。(エ)のホモロサイン図法（グード図法）はBに該当する。緯度40度44分でサンソン図法とモルワイデ図法を接合した正積図法であり，陸地のひずみは小さいが，海洋部の断裂のため，流線図や海図には適さない。なお，Dは正射図法，Fはモルワイデ図法の説明である。

問2．水準点は，土地の高さを測量する基準点である。
A・B．誤文。実際の水準点に高さが表記されているわけではない。
D．誤文。見晴らしのよい山頂付近に設置されているのは，三角点である。

問3．グリニッジ標準時は，経度0度を基準にした時刻であるので，日本との経度差は135度。経度15度で1時間の時差が生じることから

135度÷15度＝9時間

問4．東京（成田）はニューヨークより14時間進んでいるので，東京（成田）を16：40に出発するとき，ニューヨークの現地時刻は2：40。15：10に到着するので，所要時間は12時間30分となる。同様に，東京（成田）はシンガポールより1時間進んでいるので，東京（成田）を16：50に出発するとき，シンガポールの現地時刻は15：50。23：25に到着することから，所要時間は7時間35分となる。

問5．対蹠点の緯度は，値はそのままで，北緯（南緯）を南緯（北緯）にかえて求める。一方，経度は，180度から経度の値を引き，東経（西経）を西経（東経）にかえて求める。

問6．GISは，地理情報を重ね合わせて地図に表現できるシステムである。
B．誤文。GNSS（全球測位衛星システム）の説明である。

問7．B．ドットマップは，点（ドット）で分布を表現した地図。
C．メッシュマップは，地図上に網目（メッシュ）をかけ，各網目の情報を表現した地図。
D．コロプレスマップ（階級区分図）は，統計数値をいくつかの階級に分け，地域ごとに塗り分けた地図。

Ⅱ　解答

問1．D　問2．C　問3．D
問4．あ―D　い―B　問5．B
問6．D　問7．A　問8．D　問9．B

◀解　説▶

≪中央アジアの地誌≫

問1．(3)トルクメニスタンについての説明である。国土の大半をカラクーム砂漠（空欄3）が占め，アムダリア川から出るカラクーム運河周辺では，綿花（空欄あ）の生産が，カスピ海周辺では天然ガスの採掘が盛んである。
(5)タジキスタンについての説明である。トルコ系が多い周辺国に対して，イラン系の民族が主流である。
なお，(1)はウズベキスタン，(2)はカザフスタン，(4)はキルギスの説明である。
問2．1．アラル海。アムダリア川やシルダリア川の流域での灌漑用水の大量消費により，下流のアラル海の縮小が深刻となった。
2．カスピ海。カザフスタンやトルクメニスタンが面しており，周辺では天然ガスや原油の産出量が多い。
4．テンシャン山脈。キルギス西部から中国まで連なっている。
5．パミール高原。タジキスタンを中心に，アフガニスタンや中国などに連なっている。
問3．D．誤り。モレーンは氷河によって運搬された土砂が堆積した地形である。
問4．い．小麦。カスピ海の北部には肥沃なチェルノーゼムが分布するため，小麦の生産が盛んである。
問5．B．カラガンダ炭田はカザフスタン北東部に位置する。A．クリヴォイログはウクライナで鉄鉱石の，C．ノリリスクはロシアでニッケル鉱などの，D．バクーはアゼルバイジャンでの原油のそれぞれ産出地である。

問6．D．ロシア。輸出量が世界第1位で自給率が高く，消費量も世界第2位である。

A．中国。近年の経済成長に伴い消費量は多いが，一部は輸入に頼っている。

B．オーストラリア。5カ国中，人口と消費量は最も少ない一方，輸出量が多く，自給率は最も高い。

C．アメリカ合衆国。消費量は世界第1位であるが，シェールガス開発により産出量を増加させ，自給率は100％前後である。

残るEがイギリスである（いずれも2017年)。

問7．空欄の直前に「夏に乾燥し冬に比較的雨量の多い」とあるので，地中海性気候である。

問8．A．スリランカは上座（上座部）仏教，B．イランはイスラームのシーア派，C．アルメニアはキリスト教（アルメニア正教）が主流である。

問9．空欄の直前に「豊富な水力発電をもとに」とあるので，精錬時に大量に電力を消費するアルミニウムである。

III　解答

問1．B　問2．C　問3．A

問4．③—D　④—H　⑤—F

問5．D　問6．A　問7．D　問8．B

◀解　説▶

≪人口問題と食料問題≫

問1．A．緑の革命は，発展途上国で穀物の収穫量を飛躍的に増大させた農業の技術革新である。

D．白い革命は，インドで乳牛の品種改良などにより，経済成長に伴って生乳の生産量が増加したことである。

問2．C．正文。日本のODA拠出額の対GNI比は0.28％（2018年）である。

A．誤文。発展途上国では家族計画の普及が進んでいない国が多い。

B．誤文。HIV感染者は南アフリカ地域に多い。

D．誤文。児童労働者数は，2012年にはアジア太平洋地域で最も多かったが，2016年以降はサハラ以南アフリカで最も多くなっている。

問3．2050年には，約97億人に達すると予測されている。

問4．遺伝子組み換え作物の栽培面積は，南北アメリカで大きい。

問5．世界の作物別遺伝子組み換え作物栽培面積は，第1位が大豆，第2位がトウモロコシ，第3位が綿花の順であり，上位3品目で約94％を占める（2015年）。これらはアメリカ合衆国でも生産量の多い作物である。

問6．A．誤文。チリから最も多く輸入している農水産品は，魚介類（特にサケ・マス）である（2017年）。B．モロッコからはタコやマグロ，C．フィリピンからはバナナ，D．メキシコからは豚肉や果実の輸入が多い。

問7．A．誤文。オゾン層保護のために1985年に採択されたのは，ウィーン条約である。

B．誤文。森林吸収量としてカウントできるのは，適切に整備がなされている森林に限られる。森林の面積が大きければ，それだけで二酸化炭素の森林吸収量を満たせるわけではない。

C．誤文。アメリカ合衆国では，化石燃料の消費量が多い北東部での酸性雨被害が大きい。

問8．A．誤文。2015年時点で，遺伝子組み換え作物の栽培面積は約1億8千万ヘクタールである。

C．誤文。遺伝子組み換え作物が主原料でない場合は，現在の日本では表示義務はない。

D．誤文。安全性への懸念などから，商業用の栽培が禁止されている国も多い。

Ⅳ 解答

問1．(1)―E　(2)―B

問2．(ア)―A　(イ)―F

問3．有権者に占める高齢者の割合が高くなるので，高齢者の支持を得るための政策が優先され，若者の意見が反映されにくくなる。また，労働力人口の減少に伴う生産・消費活動の縮小により，国内市場が縮小して経済が停滞する。さらに，総人口が急激に減少し，地方の過疎化と地域格差の拡大が加速するうえに，老年人口を支える生産年齢人口の減少により，社会保障費の負担の増大，財政の悪化，介護の人材や施設の不足等の問題が生じる。（200字以内）

◀解　説▶

≪人口問題≫

問1．(1)(ア)には，少子化対策が手厚いフランスや，出生率の高い移民が多いアメリカ合衆国が入る。一方で，(イ)には，男女の分業など伝統的な家族観が根強い日本やドイツに加えて，財政状況が厳しい南ヨーロッパのイタリアが入る。同様に，スペインも出生率が低いため，A・Bは誤りである。

(2)難問。スウェーデンは，政策として移民や難民を受け入れており，1990年代の旧ユーゴスラビア内戦，2003年のイラク戦争，2011年のシリア内戦などで生じた難民を受け入れた際に，合計特殊出生率が上昇した。

問2．難問。(ア)北海道。戦後，札幌市を中心に急速に核家族化と単身世帯の増加が進行したこともあり，合計特殊出生率が大幅に低下した。

(イ)宮崎県。合計特殊出生率が比較的高水準で推移しており，2019年には都道府県別で第2位となっている。

問3．問題文とグラフから，①人口ピラミッドの変化，②将来の問題や現象，③政治・経済・社会的側面への影響を考えることが求められている。①について，過去から将来にかけて老年人口割合が高くなり，生産年齢人口と年少人口の割合が低くなっていくことを読み取り，その影響について述べるという方針を立てる。②と③について，政治面では，高齢者の意見が採用され，若者の意見が反映されにくくなる点，経済面では，労働力人口の減少による経済の停滞，財政の悪化，社会保障費の増大などについて言及すればよい。そして，社会面では，人口の急速な減少，地方の衰退・地域格差の拡大，介護の負担の増大などが考えられる。3つの側面について，因果関係をきちんと述べることが重要である。

❖講　評

Ⅰ　地理情報と地図について，図法，水準点，時差，対蹠点，GIS，統計地図などが幅広く出題された。水準点の適切な説明を選択する問2は，やや注意が必要であったが，いずれも基本的事項が問われていた。

Ⅱ　中央アジアについて，国名と位置，自然地形名，農業，鉱工業，気候，宗教など広範囲から出題された。学習が手薄になりやすい地域であり，タジキスタンを問う問1の(5)や，カザフスタンのカラガンダ炭田を問う問5で差がついたと思われる。問9は難しいが，空欄直前の文から，電力指向型工業のアルミニウムが問われていると判断したい。

Ⅲ　人口問題と食料問題にからめて，人口爆発，国際協力，遺伝子組み換え作物，貿易，環境問題など様々な分野から出題された。正文（誤文）選択問題の問2，問6，問7，問8はやや細かく，問5では統計の知識が問われていた。日常の学習で細かい知識や統計の習得に努めたい。

Ⅳ　Ⅲに続き，人口問題について出題された。グラフをもとにした出題が中心で，問1の(1)はやや細かく，問1の(2)と問2は難問である。特筆すべきは，問3で200字以内の論述問題が出題されたことである。問われているのは基本的事項であるので，重要な点について冷静に論述したい。

政治・経済

I　**解答**　設問1．1　設問2．アイヌ民族支援法
設問3．D　設問4．D　設問5．常務委員会
設問6．行政指導　設問7．B　設問8．C　設問9．検察審査会
設問10．A

◀解　説▶

≪日本の政治制度≫

設問1．図表1に関して，サン=ラグ方式で議席を配分した場合，花党は2議席，鳥党は1議席，風党は1議席，月党は1議席となる。なお，サン=ラグ方式は総得票数を奇数（1，3，5…）で割っていくため，自然数（1，2，3…）で割った場合よりも商が小さくなり，ドント式と比べて総得票数の少ない政党が議席を得やすいという特徴がある。

設問3．D．正文。特定枠とは，2018年の公職選挙法改正により導入され，それ以降の参議院選挙で実施されている制度である。参議院の比例代表選挙は非拘束名簿式が採用されているので，原則として候補者個人の得票数が多い順に当選が決まっていくが，例外的に政党が優先的に当選する候補者を指定するのが特定枠である。

A．誤文。衆議院の比例代表選挙は拘束名簿式が採用されており，有権者は投票に際して政党名のみを記入することができる。そのため，投票用紙に候補者個人の名前を書くことはできない。

B．誤文。参議院の比例代表選挙は非拘束名簿式が採用されており，有権者は投票に際して政党名または各政党の候補者名を記入できる。また，参議院の比例代表選挙は全国1ブロックとなっている。全国11ブロックに分かれているのは衆議院の比例代表選挙である。

C．誤文。衆議院の比例代表選挙では選挙区との重複立候補が認められており，比例区と小選挙区のどちらにも立候補することができる。なお，参議院の比例代表選挙では選挙区との重複立候補が認められていない。

設問7．B．正文。「2000個問題」とは，日本において個人情報保護に関連する法律や条例が2000個近くあるため，相互の個人情報の定義や解釈

の違いにより，個人情報の利活用や地方自治体間の連携などが阻害されている問題を指す。

A．誤文。東京地裁の第一審判決（1964年）により，プライバシーの権利が法的に保護されることが初めて認定されたのは「宴のあと」事件である。

C．誤文。住民基本台帳ネットワークが実施されたのは2002年からである。

D．誤文。通信傍受法によって捜査機関による通信の傍受が認められているのは，一定の組織的な犯罪（組織的殺人や薬物関連犯罪など）である。

設問8．C．正文。東海大学安楽死事件（1991年）は，医師が末期がんの患者に塩化カリウムを投与して死亡させた事件。1995年に横浜地裁は医師に有罪判決を下し，安楽死が許容される要件として，①患者に耐えがたい激しい肉体的苦痛が存在すること，②死が避けられず，死期が迫っていること，③患者の意思表示があること，④苦痛の除去・緩和のための手段が尽くされ，他に代替手段がない状態に至っていることの4つを挙げた。

A．誤文。一般意志に基づいた法律の重要性を主張したのはルソーである。また，そもそも「法によって服従を強制」することは「自己決定権」の事例とはいえない。

B．誤文。社会参加（アンガジュマン）を主張したのはフランスの思想家サルトルである。

D．誤文。エホバの証人輸血拒否事件の東京高裁判決（1998年）では，医師が患者の承諾を得ずに輸血を行ったことについて不法行為責任が認められた。

設問10．A．正文。

B．誤文。地方裁判所は，各都府県に1カ所，北海道に4カ所の計50カ所に置かれており，「都道府県および政令市にひとつずつ設置されている」は誤り。また，地方裁判所の長官は，最高裁判所の指名した者の名簿に基づいて内閣が任命する（日本国憲法第80条1項）。よって，「設置されている地方自治体の首長によって任命される」は誤り。

C．誤文。統治行為論とは，統治の基本に関する高度の政治性がある国家行為（統治行為）については司法審査の対象とはしないという立場であり，砂川事件などで最高裁判所が採用したことで知られている。よって，統治行為について「積極的に司法審査の対象とする」わけではなく，また，司法部よりも，民主的な統制を受けている立法部や行政部を優先する考え方である。

D．誤文。裁判員制度は，重大な刑事事件（殺人など）の第一審について，有権者から選ばれた裁判員が裁判官とともに審理に参加する制度である。なお，「訴訟価額が140万円以下の請求と罰金以下の刑にあたる罪に係る訴訟」を管轄するのは簡易裁判所である。

Ⅱ　解答

設問1．1．諸国民の富〔国富論〕　2．ワグナー
3．新自由　4．独占的競争

設問2．B　設問3．C　設問4．A　設問5．D　設問6．D
設問7．内部化

◀解　説▶

≪資本主義経済の発展と市場の失敗≫

設問1．4．難問。市場に多数の企業（売り手）が存在し，それぞれの企業がデザインなどの面で差別化された製品を販売して競争することを独占的競争という。企業が多数存在する点では完全競争市場と同じだが，完全競争市場のようにすべての企業が同じ品質の製品を販売するわけではない点に注意。

設問2．B．正文。売り手と買い手の双方が，財に関する情報を熟知していることが完全競争市場の条件となる。なお，その他の条件としては，企業（売り手）が自由に市場へ参入・退出できること（ゆえにAは誤文），製品は同質で差別化されていない（ゆえにCは誤文），売り手も買い手も多数存在し，製品の価格に影響を与えることはない（ゆえにDは誤文）点が挙げられる（設問1〔解説〕参照）。

設問3．やや難。C．正文。

A．誤文。名目GDPをGDPデフレーター（GDPを用いた物価指数）で除して実質GDPが算出される（名目GDP÷GDPデフレーター＝実質GDP）。なお，GDPデフレーターは，GDPに計上されるすべての財・サービスを含むため，企業物価指数や消費者物価指数よりも包括的な物価指数といえる。

B．誤文。3％の消費税が導入されたのは1989年であり，1997年に5％

に引き上げられた。

D．誤文。日本銀行が，市中銀行の保有する日銀当座預金を対象にマイナス金利を適用したのは2016年である。

設問4．A．正文。景気変動に対処するため，政府の財政政策と中央銀行の金融政策を同時に実施することをポリシー・ミックスという。

B．誤文。消費税の税率は支払額にかかわらず一律であり，累進課税ではない。

C．誤文。不況期に公共事業を拡大するために発行される国債は，建設国債と呼ばれる。特例国債は赤字国債ともいい，事務的諸経費など通常の財政支出に充てるために発行される国債である。

D．誤文。不況期に所得税の税率を引き下げることは，裁量的財政政策（フィスカル・ポリシー）の一つである。なお，自動安定化装置（ビルト・イン・スタビライザー）とは，累進課税制度と社会保障制度が機能することによって自動的に景気を調節する仕組みである。

設問5．D．正答。規模の経済（スケールメリット）とは，企業の生産規模が拡大するほど，製品1個あたりの生産費用が低下することである。図表5では，企業ア〜エの総費用を生産量で割ることで財1単位あたりの生産費用を導くことができる。企業アの場合，生産量10単位の場合は，40÷10＝4で1単位当たり4の生産費用がかかり，生産量40単位の場合は180÷40＝4.5で1単位当たり4.5の生産費用がかかる。同様に計算していくと，企業イは，生産量10単位で1単位当たり4.5の生産費用，生産量40単位で1単位当たり5の生産費用，企業ウは，生産量10単位で1単位当たり5の生産費用，生産量40単位で1単位当たり5の生産費用，企業エは，生産量10単位で1単位当たり7の生産費用，生産量40単位で1単位当たり5.5の生産費用がかかる。よって，生産量の増加に応じて，財1個あたりの費用が低下している企業エが規模の経済に該当する。

設問6．D．正文。

A．誤文。同一産業に属する企業が，利潤確保のため生産量や販路などについて協定を結ぶことをカルテルという。なお，トラストは同一産業に属する企業同士が合併することである。

B．誤文。独占禁止法では，メーカーが小売店に対して小売価格を指定することは不公正な取引きとして禁止されている。ただし，例外的に書籍や新聞など6品目については，言論の自由や文化保護の観点から小売価格の指定が認められている（再販売価格維持制度）。

C．誤文。独占禁止法では，供給に要する費用を著しく下回る価格で商品を販売すること（不当廉売）は不公正な取引きとして禁止されている。

III　解答

設問1．1．資本移転等収支　2．外国為替

設問2．B　設問3．D　設問4．A

設問5．B　設問6．セーフガード〔緊急輸入制限〕

設問7．TRIPs協定　設問8．パネル〔紛争処理小委員会〕

設問9．C

◀解　説▶

≪現代の国際貿易≫

設問1．1．資本移転等収支とは，対価を伴わない固定資産の提供，債務免除，非生産・非金融資産の取得・処分などにかかわる収支である。

設問2．B．正答。比較生産費説（比較優位説）は，リカードが提唱した国際分業に関する理論であり，一国の各商品の生産費（生産性）の比を他国と比較し，比較優位の商品の生産に特化することで全体の生産量が増大すると説かれる。図表6では，当初，X国とY国はそれぞれM財とN財を1単位ずつ生産しており，全体の生産量はM財が2単位（1+1），N財も2単位（1+1）となっている。そのうえで，各財を1単位生産するのに必要な労働量を比較すると，X国のM財とN財の労働量が3.3：1，Y国のM財とN財の労働量が5：1となることから，X国の方がM財の生産性が高いことがわかる。そして，X国がM財の生産に特化して1.3単位を生産し，Y国がN財の生産に特化し6単位を生産することで，合計の生産量が7.3単位（1.3+6）と最も多くなる。

設問3．D．正文。

A．誤文。プラザ合意（1985年）は，G7ではなくアメリカ・イギリス・フランス・ドイツ（当時は西ドイツ）・日本のG5によって行われた。プラザ合意ではドル高是正のため外国為替相場への協調介入が決定され，これ以降，日本でも急激に円高ドル安が進行していった。

B．誤文。アジア通貨危機は，1997年にタイの法定通貨であるバーツが暴落したことが発端となった。

C．誤文。2001 年に WTO（世界貿易機関）に加盟したのはロシア連邦ではなく中国である。なお，ロシア連邦は 2012 年に WTO に加盟している。

設問 4．難問。A．正文。第一次所得収支とは，雇用者報酬と投資収益（利子・配当など）の合計額の収支である。2000 年以降，貿易・サービス収支に代わって第一次所得収支の黒字額が最も大きくなっている。

B．誤文。近年の訪日外国人の増加などを背景として，2019 年にサービス収支は初の黒字となった（1996 年の統計開始以降）。ただし，それ以前のサービス収支は赤字であり，2010 年以降にサービス収支の黒字額が貿易収支の黒字額を上回ったわけではない。

C．誤文。日本の金融収支は黒字である。なお，「経常収支と金融収支は財・サービスとお金とで表裏一体の関係にある」が，金融収支では海外への投資による資産の増加をプラスで計上するため，経常収支が黒字であれば金融収支も黒字となる関係にある。

D．誤文。「経常収支の赤字と為替相場への外国通貨売り介入」の場合，外貨準備は増加ではなく減少する。例えば，円とドルの関係で考えると，上記の事例では日本側（政府や日銀）は為替相場においてドル売り円買いを行うため，外貨（ドル）の保有量は減少することになる。

設問 5．やや難。B．正文。

A．誤文。ある国の貿易・サービス収支の黒字は，その国の自国通貨に対する需要をもたらすため通貨価値を上昇させる要因となる。

C．誤文。ある国の経済の基礎的な条件が良好であれば，その国の自国通貨に対する需要をもたらすため通貨価値を上昇させる要因となる。

D．誤文。ある国における金利の上昇は，その国の自国通貨に対する需要をもたらすため通貨価値を上昇させる要因となる。

設問 8．WTO では加盟国間の貿易紛争が生じた場合，紛争当事国の申立てにより設置されるパネル（紛争処理小委員会）において審理される。また，パネルの審理では，全加盟国が異議を唱えない限り採択される方式（ネガティブ・コンセンサス方式）が採用されており，従来の GATT（関税と貿易に関する一般協定）と比べ紛争処理機能が強化されている。

設問 9．やや難。C．正答。東南アジア諸国やアフリカ諸国が上位であることから政府開発援助（ODA）総額であると判断したい。なお，対外直接投資額（A）の上位国にはアメリカや中国，化石燃料輸入額（B）の上位国にはサウジアラビアなどの中東諸国，訪日外国人旅行客数（D）の上位国には近隣の中国・韓国・台湾がそれぞれ入っており，いずれも誤りとなる。

Ⅳ　解答

設問１．１．性と生殖　２．３　３．人口ボーナス
４．出入国管理　５．宇宙船地球号

設問２．B　設問３．D　設問４．C　設問５．C

設問６．AまたはB※

※設問６については，複数の選択肢を正解として扱ったことが大学から公表されている。

◀解　説▶

≪世界の人口問題≫

設問１．１．「性と生殖に関する健康と権利」は「リプロダクティブ・ヘルス・ライツ」とも呼ばれ，子どもの人数や出産の時期などに関して女性の自己決定権を認めようという考え方のことである。

２．中国では一人っ子政策の廃止により，夫婦が２人の子どもを持つことを認めたが，出生率の増加につながらなかったため，2021 年５月に，夫婦が３人まで子どもを持つことを認める方針を政府が発表した。

３．難問。人口ボーナスとは，生産年齢人口（15～64 歳）が，それ以外の従属人口（０～14 歳の年少人口と 65 歳以上の老年人口の合計）の２倍以上ある状態であり，高い経済成長率が期待できる人口構成とされる。

５．「宇宙船地球号」はアメリカの経済学者ボールディングの言葉であり，閉鎖的で有限な地球環境を宇宙船にたとえたものである。

設問２．B．正文。社会が近代化する過程において，人口構造が「多産多死型」→「多産少死型」→「少産少死型」へと移行することを人口転換という。

設問４．C．正文。

A．誤文。2019 年の高齢化率（65 歳以上人口の割合）は約 28％である。また，2065 年の高齢化率は約 38％になると推計されている。

B．誤文。日本の倍加年数（高齢化率が７％を超えてから 14％に達するまでの所要年数）は 24 年（1970～1994 年）であり，フランス（115 年）やアメリカ（72 年）など欧米諸国と比べてはるかに短い。

D．誤文。高齢者問題への対処としては，公的年金の受給年齢の引き上げだけではなく，働く意欲のある高齢者が就労を継続できる環境づくり，健康寿命の延伸による医療費の縮減など様々な方策が考えられる。

設問5．C．正文。

A．誤文。積立方式では，被保険者自身が将来受給する年金を積み立てるため，人口変動の影響を受けず原資を確保することができる。

B．誤文。インフレになると通貨価値が下落するため，積立金は実質的に減額される。

D．誤文。賦課方式では，被保険者と国だけでなく，雇用者も保険料を負担する。例えば，厚生年金では雇用者と被保険者が保険料を半分ずつ負担している。

設問6．A．正文。育児・介護休業法により，労働者は家族一人につき通算で93日間の介護休業の取得が認められている。

B．正文。1997年に男女雇用機会均等法が改正され，また女性の深夜業が解禁された。なお，後者は労働基準法の改正によるものである。

C．誤文。「非正規労働者に関する労働条件の文書化や正社員に転換するチャンスを講じること」を義務付けているのは，男女共同参画社会基本法ではなくパートタイム労働法である。

D．誤文。2012年に高年齢者雇用安定法が改正され，65歳までの雇用確保措置をとることが事業主に義務付けられた。なお，同法は2020年にも改正され，65歳から70歳までの就業機会確保義務（ただし努力義務）が事業主に課されている。

❖講　評

Ⅰ　日本の選挙制度，新しい人権（プライバシー権や自己決定権），政治と司法の関係など政治分野から幅広く出題されている大問である。標準的な難易度の問題が並んでおり，教科書レベルの知識があれば十分に対応することができる。設問3の衆参両議院の選挙制度の違いは頻出なので注意したい。また，設問7では見慣れない用語（「2000個問題」）が問われているが，消去法により正答可能である。

Ⅱ　資本主義経済の進展，それに伴う独占や寡占，外部不経済などをテーマとした大問である。市場メカニズムが機能しない「市場の失敗」

はたびたび出題される分野。ただし，設問3はやや難。設問1．4の「独占的競争」，設問7の「内部化」は教科書や用語集にもほとんど記載が見られない点では難問といえる。

Ⅲ　国際収支や為替レート，WTOを中心とした自由貿易体制など国際経済の分野から出題されている。論理的な思考力を問う設問（設問2・設問5），詳細な知識を問う設問（設問4・設問7）が見られ，全般的に難度の高い大問である。

Ⅳ　発展途上国と先進国の人口問題をテーマとした大問である。難易度は概ね標準的といえるが，人口問題は手薄となりやすい分野だけに得点差がつきやすい大問だったと考えられる。設問1．3の「人口ボーナス」はかなりの難問。

数学

I 解答

(1)ア―1　イ―5　ウ―3　エ―5　オ―7　カ―0
(2)ア―1　イ―6　ウ―1　エ―2　オ―1　カ―3
(3)ア―1　イ―3　ウ―2　エ―3　オ―7　カ―7　キ―2
(4)ア―6　イ―2　ウ―1　エ―8　オ―5
(5)ア―1　イ―1　ウ―2　エ―1　オ―2　カ―1　キ―4　ク―3
ケ―1　コ―8　サ―1　シ―3
(6)ア―1　イ―1　ウ―5　エ―6　オ―0　カ―1　キ―5　ク―4
ケ―3

◀解　説▶

≪小問6問≫

(1) ①　1，2，3，4，5，6の6個の目から異なる4個の目の組を選ぶ方法は，${}_6C_4={}_6C_2=15$ 通りある。

この異なる4個の目の組に対して1組あたり，$a_1<a_2<a_3<a_4$ を満たすように a_1，a_2，a_3，a_4 の値を決める方法は，1通りであるから，求める目の出方は

$15\times1=15$ 通り　→ア，イ

②　$a_1\leqq a_2<a_3<a_4$ を満たすときは，次の2つの場合がある。

(i) $a_1<a_2<a_3<a_4$，(ii) $a_1=a_2<a_3<a_4$

(i)を満たす目の出方は，①より　15通り

(ii)を満たす目の出方は，①と同様に考えると，1，2，3，4，5，6の6個の目から異なる3個の目の組を選ぶ方法の数に一致するから

${}_6C_3=20$ 通り

よって，求める目の出方は

$15+20=35$ 通り　→ウ，エ

③　$a_1\leqq a_2<a_3\leqq a_4$ を満たすときは，次の4つの場合がある。

(i) $a_1<a_2<a_3<a_4$，(ii) $a_1=a_2<a_3<a_4$，

(iii) $a_1<a_2<a_3=a_4$，(iv) $a_1=a_2<a_3=a_4$

(i)または(ii)を満たす目の出方は，②より　35通り

(iii)を満たす目の出方は，(ii)と同様に　　20 通り

(iv)を満たす目の出方は　　${}_6C_2=15$ 通り

よって，求める目の出方は

$35+20+15=70$ 通り　→オ，カ

(2)　　$x+y+z=\pi$　……(i)

すなわち，$z=\pi-(x+y)$ より

$$\begin{cases}\sin x\cos y=\sin z\\ \cos x+\sin y=\sqrt{3}\sin z\end{cases}$$

の z を消去すると

$$\begin{cases}\sin x\cos y=\sin\{\pi-(x+y)\}\\ \cos x+\sin y=\sqrt{3}\sin\{\pi-(x+y)\}\end{cases}$$

すなわち

$$\begin{cases}\sin x\cos y=\sin(x+y) & \cdots\cdots\text{(ii)}\\ \cos x+\sin y=\sqrt{3}\sin(x+y) & \cdots\cdots\text{(iii)}\end{cases}$$

また，x，y，z はそれぞれ 0 以上の実数，かつ，(i)より

$0\leqq x\leqq\pi$，$0\leqq y\leqq\pi$，$0\leqq z\leqq\pi$　……(iv)

①　$y=0$ のとき，(iii)より

$\cos x=\sqrt{3}\sin x$

これは $x=\dfrac{\pi}{2}$ のときは成り立たないから，(iv)より $\cos x\neq 0$ であり，両辺を $\cos x$ で割ると

$$1=\sqrt{3}\cdot\frac{\sin x}{\cos x}$$

$$\tan x=\frac{1}{\sqrt{3}}$$

よって，(iv)より　　$x=\dfrac{1}{6}\pi$　→ア，イ

②　$\sin(x+y)=\sin x\cos y+\sin y\cos x$ より，(ii)は

$\sin x\cos y=\sin x\cos y+\sin y\cos x$

$\sin y\cos x=0$

となり，これより

$\sin y=0$　または　$\cos x=0$

これと(iv)，$y>0$ より

$$x=\frac{1}{2}\pi \quad \text{または} \quad y=\pi$$

(あ)$x=\frac{1}{2}\pi$ のとき

(iii)より

$$\sin y=\sqrt{3}\sin\left(\frac{1}{2}\pi+y\right)$$

$$\sin y=\sqrt{3}\cos y$$

これは $y=\frac{\pi}{2}$ のときは成り立たないから，(iv)より $\cos y\neq 0$ であり，両辺を $\cos y$ で割ると

$$\frac{\sin y}{\cos y}=\sqrt{3}$$

$$\tan y=\sqrt{3}$$

よって，(iv)より

$$y=\frac{1}{3}\pi \quad \left(\text{このとき，(i)より } z=\frac{1}{6}\pi\right)$$

(い)$y=\pi$ のとき

(i)と(iv)より，$x=y=0$ であるが，これは(iii)を満たさないから不適である。

以上(あ)，(い)より　　$x=\frac{1}{2}\pi$，$y=\frac{1}{3}\pi$　→ウ～カ

(3)　A$(0,\ 0,\ 1)$，B$(b,\ 0,\ 0)$，C$(0,\ c,\ 0)$ より

$$\overrightarrow{\mathrm{OA}}=(0,\ 0,\ 1),\ \overrightarrow{\mathrm{OB}}=(b,\ 0,\ 0),\ \overrightarrow{\mathrm{OC}}=(0,\ c,\ 0)$$

①　$\overrightarrow{\mathrm{AB}}=\overrightarrow{\mathrm{OB}}-\overrightarrow{\mathrm{OA}}=(b,\ 0,\ -1)$，$\overrightarrow{\mathrm{AC}}=\overrightarrow{\mathrm{OC}}-\overrightarrow{\mathrm{OA}}=(0,\ c,\ -1)$ より

$$\overrightarrow{\mathrm{AB}}\cdot\overrightarrow{\mathrm{AC}}=b\times 0+0\times c+(-1)^2=1 \quad \to \text{ア}$$

②　$\angle\mathrm{BAC}$ は $\overrightarrow{\mathrm{AB}}$ と $\overrightarrow{\mathrm{AC}}$ のなす角であるから

$$\overrightarrow{\mathrm{AB}}\cdot\overrightarrow{\mathrm{AC}}=|\overrightarrow{\mathrm{AB}}||\overrightarrow{\mathrm{AC}}|\cos\angle\mathrm{BAC}$$

$\angle\mathrm{BAC}=\frac{1}{3}\pi$ と①の結果より

$$1=|\overrightarrow{\mathrm{AB}}||\overrightarrow{\mathrm{AC}}|\cos\frac{1}{3}\pi$$

$$|\overrightarrow{\mathrm{AB}}||\overrightarrow{\mathrm{AC}}|=2 \quad \cdots\cdots(\mathrm{i})$$

よって

$$\triangle ABC=\frac{1}{2}AB\cdot AC\sin\angle BAC=\frac{1}{2}|\overrightarrow{AB}||\overrightarrow{AC}|\sin\frac{1}{3}\pi$$

$$=\frac{1}{2}\cdot 2\cdot\frac{\sqrt{3}}{2}=\frac{\sqrt{3}}{2}\quad \to イ，ウ$$

③　$b=\dfrac{\sqrt{3}}{2}$ より

$$\overrightarrow{AB}=\left(\frac{\sqrt{3}}{2},\ 0,\ -1\right)$$

これと $\overrightarrow{AC}=(0,\ c,\ -1)$ より

$$|\overrightarrow{AB}|=\sqrt{\left(\frac{\sqrt{3}}{2}\right)^2+0^2+(-1)^2}=\frac{\sqrt{7}}{2}$$

$$|\overrightarrow{AC}|=\sqrt{0^2+c^2+(-1)^2}=\sqrt{c^2+1}$$

であるから，(i)より

$$\frac{\sqrt{7}}{2}\cdot\sqrt{c^2+1}=2$$

$$\sqrt{c^2+1}=\frac{4}{\sqrt{7}}$$

両辺を2乗すると

$$c^2+1=\frac{16}{7}\qquad c^2=\frac{9}{7}$$

よって，$c>0$ より　　$c=\sqrt{\dfrac{9}{7}}=\dfrac{3\sqrt{7}}{7}$　→エ～カ

④　　$|\overrightarrow{BC}|^2=|\overrightarrow{AC}-\overrightarrow{AB}|^2=|\overrightarrow{AC}|^2-2\overrightarrow{AB}\cdot\overrightarrow{AC}+|\overrightarrow{AB}|^2$

$\overrightarrow{AB}=(b,\ 0,\ -1)$，$\overrightarrow{AC}=(0,\ c,\ -1)$ より

$$|\overrightarrow{AB}|=\sqrt{b^2+1},\ |\overrightarrow{AC}|=\sqrt{c^2+1},\ \overrightarrow{AB}\cdot\overrightarrow{AC}=1$$

であるから

$$|\overrightarrow{BC}|^2=(c^2+1)-2\cdot 1+(b^2+1)=b^2+c^2\quad\cdots\cdots(\text{ii})$$

また，(i)より

$$\sqrt{b^2+1}\sqrt{c^2+1}=2$$

$$(b^2+1)(c^2+1)=4$$

であり，$b^2+1>0$ であるから

$$c^2+1=\frac{4}{b^2+1} \qquad c^2=\frac{4}{b^2+1}-1$$

これを(ii)に用いると

$$|\overrightarrow{BC}|^2=b^2+\frac{4}{b^2+1}-1=(b^2+1)+\frac{4}{b^2+1}-2 \quad \cdots\cdots \text{(iii)}$$

$b^2+1>0$，$\dfrac{4}{b^2+1}>0$ であるから，相加平均と相乗平均の関係より

$$b^2+1+\frac{4}{b^2+1} \geqq 2\sqrt{(b^2+1)\cdot\frac{4}{b^2+1}}$$

$$\left(\begin{array}{l}\text{等号成立条件は，}\\ b^2+1=\dfrac{4}{b^2+1} \text{ かつ } b>0 \text{ より，} b=1\end{array}\right)$$

すなわち

$$b^2+1+\frac{4}{b^2+1}-2 \geqq 2$$

よって，(iii)より，$|\overrightarrow{BC}|^2 \geqq 2$ であるから，線分 BC の長さの最小値は $\sqrt{2}$ である。 →キ

(4)　$$\int_a^x f(t)\,dt+af(x)=2x^3+3x^2-31x+20 \quad \cdots\cdots \text{(i)}$$

①　(i)の両辺を x で微分すると

$$f(x)+af'(x)=6x^2+6x-31 \quad \cdots\cdots \text{(ii)}$$

$f(x)$ を n 次式（n は自然数）とすると，$f'(x)$ は $n-1$ 次式であり，(ii)の左辺は n 次式である。

これより，(ii)の右辺は 2 次式であるから，$n=2$ であり

$$f(x)=px^2+qx+r \quad (p,\ q,\ r \text{ は実数の定数，} p\neq 0)$$

とおくと，$f'(x)=2px+q$ であるから

$$((\text{ii})\text{の左辺})=px^2+(q+2ap)x+r+aq$$

(ii)は x の恒等式であるから，係数を比較すると

$$\begin{cases} p=6 & \to ア \\ q+2ap=6 & \cdots\cdots \text{(iii)} \\ r+aq=-31 & \cdots\cdots \text{(iv)} \end{cases}$$

②　$p=6$ を(iii)に代入すると

$$q+12a=6$$

であり，これと(iv)より

$$q=-12a+6,\quad r=12a^2-6a-31$$

であるから

$$f(x)=6x^2+(-12a+6)x+12a^2-6a-31 \quad \cdots\cdots(\text{v})$$

また，(i)の両辺に $x=a$ を代入すると

$$\int_a^a f(t)\,dt+af(a)=2a^3+3a^2-31a+20$$

すなわち

$$af(a)=2a^3+3a^2-31a+20$$

であり，(v)より

$$a\{6a^2+(-12a+6)a+12a^2-6a-31\}=2a^3+3a^2-31a+20$$

これより

$$4a^3-3a^2-20=0$$

$$(a-2)(4a^2+5a+10)=0$$

よって，a は実数であるから　　$a=2$　→イ

(v)より　　$f(x)=6x^2-18x+5$　→ウ～オ

(5)　①　直線Mは直線L：$y=x+6$ と平行であるから，Mの傾きは1であり

$$\text{M}: y=x+m \quad (m \text{ は実数})$$

とおくと，放物線H：$y=x^2$ とMの共有点の x 座標は

$$x^2=x+m \quad \cdots\cdots(\text{i})$$

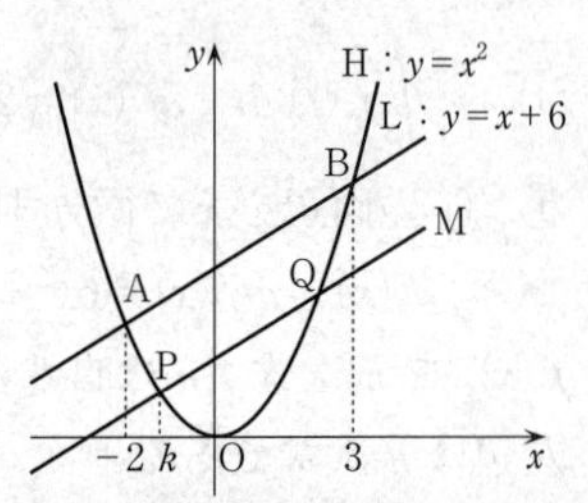

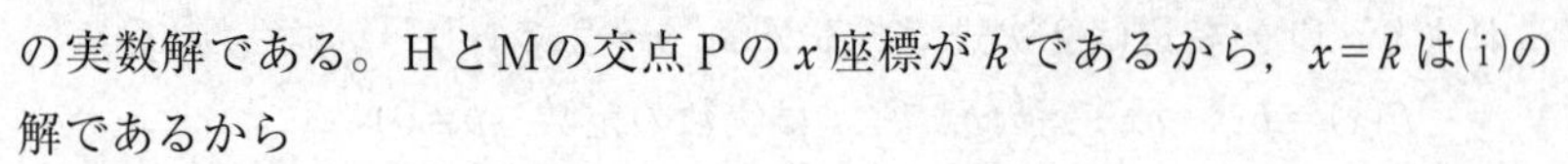

の実数解である。HとMの交点Pの x 座標が k であるから，$x=k$ は(i)の解であるから

$$k^2=k+m$$

$$m=k^2-k$$

これを(i)に代入すると

$$x^2=x+k^2-k$$

$$(x-k)\{x-(1-k)\}=0$$

よって，Qの x 座標は　　$1-k\,(=1-1\cdot k)$　→ア，イ

②　MはLを y 軸の負の向きに平行移動した直線であり，MはHと異なる2点で交わるから

$$-2<k<1-k<3$$

$$-2<k<\frac{1}{2} \quad \to ウ〜オ$$

③　点Pから直線L：$x-y+6=0$ の距離を d とおくと

$$S=\frac{1}{2}(\mathrm{AB}+\mathrm{PQ})\cdot d \quad \cdots\cdots(\mathrm{ii})$$

ここで，A$(-2,\ 4)$，B$(3,\ 9)$，P$(k,\ k^2)$，Q$(1-k,\ (1-k)^2)$ より

$$\mathrm{AB}=\sqrt{(-2-3)^2+(4-9)^2}=5\sqrt{2}$$

$$\mathrm{PQ}=\sqrt{\{k-(1-k)\}^2+\{k^2-(1-k)^2\}^2}=\sqrt{2(2k-1)^2}=\sqrt{2}\,|2k-1|$$

$$=\sqrt{2}\,(1-2k) \quad \left(-2<k<\frac{1}{2}\text{ より}\right)$$

$$d=\frac{|k-k^2+6|}{\sqrt{1^2+(-1)^2}}$$

また，P$(k,\ k^2)$ は不等式 $y<x+6$ が表す領域内に存在するから

$$k^2<k+6$$

$$k-k^2+6>0$$

を満たすから　　$d=\dfrac{k-k^2+6}{\sqrt{2}}$

(ii)より

$$S=\frac{1}{2}\{5\sqrt{2}+\sqrt{2}\,(1-2k)\}\cdot\frac{k-k^2+6}{\sqrt{2}}$$

$$=k^3-4k^2-3k+18\ (=1\cdot k^3-4k^2-3k+18) \quad \to カ〜コ$$

④　$f(k)=k^3-4k^2-3k+18$ とおくと

$$f'(k)=3k^2-8k-3=(3k+1)(k-3)$$

より，$-2<k<\dfrac{1}{2}$ における $f(k)$ の増減は右のようになる。

k	(-2)	$\cdots$	$-\frac{1}{3}$	$\cdots$	$\left(\frac{1}{2}\right)$
$f'(k)$		$+$	0	$-$	
$f(k)$		↗		↘	

よって，$f(k)$ すなわち S を最大にする k の値は

$$k=-\frac{1}{3} \quad \to サ，シ$$

(6)　①　　$t=2^x-2^{2-x}=2^x-2^2\cdot 2^{-x}=2^x-4\cdot 2^{-x} \quad \cdots\cdots(\mathrm{i})$

より

$$t^2=(2^x-4\cdot 2^{-x})^2=(2^x)^2-2\cdot 2^x\cdot 4\cdot 2^{-x}+(4\cdot 2^{-x})^2=4^x+16\cdot 4^{-x}-8$$

であるから

$$y=4^x-15\cdot 2^x+60\cdot 2^{-x}+16\cdot 4^{-x}+52$$
$$=(4^x+16\cdot 4^{-x}-8)-15(2^x-4\cdot 2^{-x})+60$$
$$=t^2-15t+60\ (=1\cdot t^2-15t+60)\quad \rightarrow ア〜オ$$

②　(i)より

$$t=2^x-4\cdot\frac{1}{2^x}$$
$$(2^x)^2-t\cdot 2^x-4=0\quad \cdots\cdots(\text{ii})$$

これより，x の方程式(i)を満たす実数 x が存在するような t の条件を考える。

ここで，$2^x=X$ とおくと，(ii)は

$$X^2-tX-4=0\quad \cdots\cdots(\text{iii})$$

となり，$2^x>0$ すなわち $X>0$ であるから，X の方程式(iii)が $X>0$ の範囲に少なくとも 1 つ解をもつような t の条件を考えればよい。

$f(X)=X^2-tX-4$ とおくと，放物線 $Y=f(X)$ は下に凸であり，かつ $f(0)=-4<0$ であるから

「放物線 $Y=f(X)$ は X 軸と $X>0$ の範囲に共有点をもつ」

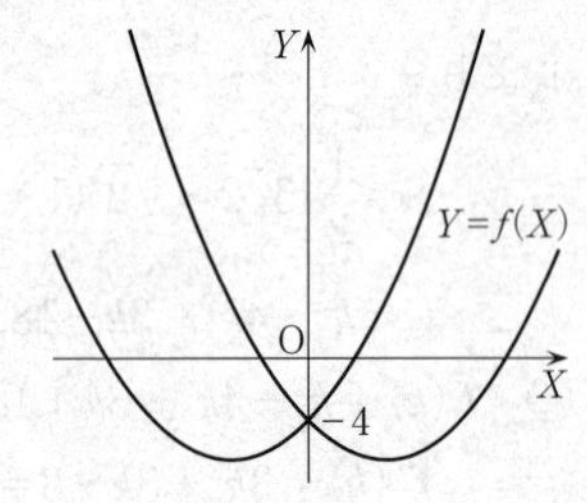

すなわち

「X の方程式(iii)は $X>0$ の範囲に解をもつ」

これより，t はすべての実数をとる。よって，①の結果より

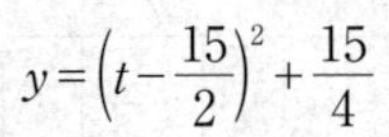

$$y=\left(t-\frac{15}{2}\right)^2+\frac{15}{4}$$

であるから，y は

$$t=\frac{15}{2}\ のとき，最小値\ \frac{15}{4}\quad \rightarrow カ〜ク$$

をとる。このとき(i)より，$\frac{15}{2}=2^x-4\cdot 2^{-x}$ であるから

$$2\cdot(2^x)^2-15\cdot 2^x-8=0$$
$$(2\cdot 2^x+1)(2^x-8)=0$$

であり，$2^x>0$ であるから

$$2^x=8\,(=2^3) \qquad x=3 \quad \to ケ$$

Ⅱ 解答

(1) $b_1=\dfrac{3}{4}$，$a_2=\dfrac{9}{16}$，$c_3=\dfrac{37}{64}$

(2) $c_{n+1}=\dfrac{3}{4}c_n+\dfrac{1}{4}$　(3) $c_n=1-\left(\dfrac{3}{4}\right)^n$　(4) $n=17$

◀解　説▶

≪確率漸化式，0 以上の整数 n で表された不等式を満たす最小の n の値≫

(1)　問題に与えられた点Pの１回の移動に対する推移の図より，時刻０から時刻３までの点Pがいる地点の推移は次図のようになる。

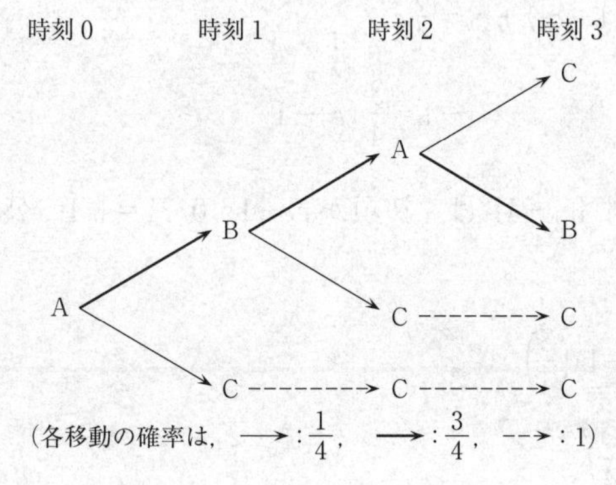

（各移動の確率は，$\longrightarrow$：$\dfrac{1}{4}$，　$\boldsymbol{\longrightarrow}$：$\dfrac{3}{4}$，　$\dashrightarrow$：1）

よって，求める確率は

$$b_1=\frac{3}{4}$$

$$a_2=\frac{3}{4}\cdot\frac{3}{4}=\frac{9}{16}$$

$$c_3=\frac{3}{4}\cdot\frac{3}{4}\cdot\frac{1}{4}+\frac{3}{4}\cdot\frac{1}{4}\cdot1+\frac{1}{4}\cdot1\cdot1=\frac{37}{64}$$

(2)　時刻 n に点Pは，地点A，地点B，地点Cのいずれかにいるから

$$a_n+b_n+c_n=1 \quad \cdots\cdots(\text{i})$$

次に，(1)と同様に，時刻 $n+1$ に点Pが地点Cにいるような時刻 n と時刻 $n+1$ の点Pの推移は次図のようになる。

上の推移図より

$$c_{n+1}=a_n\cdot\frac{1}{4}+b_n\cdot\frac{1}{4}+c_n\cdot 1=\frac{1}{4}(a_n+b_n)+c_n$$

(i)より，$a_n+b_n=1-c_n$ であるから

$$c_{n+1}=\frac{1}{4}(1-c_n)+c_n=\frac{3}{4}c_n+\frac{1}{4}$$

(3) (2)の結果より　$c_{n+1}-1=\frac{3}{4}(c_n-1)$

これより，数列 $\{c_n-1\}$ は，初項が $c_0-1=0-1=-1$，公比が $\frac{3}{4}$ の等比数列であるから

$$c_n-1=-1\cdot\left(\frac{3}{4}\right)^n$$

$$c_n=1-\left(\frac{3}{4}\right)^n$$

(4) (3)の結果と $c_n\geqq 0.99$ より

$$1-\left(\frac{3}{4}\right)^n\geqq 0.99 \qquad \left(\frac{3}{4}\right)^n\leqq\frac{1}{100}$$

これより，$\log_{10}\left(\frac{3}{4}\right)^n\leqq\log_{10}\frac{1}{100}$ であるから

$$n(\log_{10}3-\log_{10}4)\leqq\log_{10}10^{-2}$$

すなわち

$$n(\log_{10}3-2\log_{10}2)\leqq -2\log_{10}10$$

これと $\log_{10}2=0.30$，$\log_{10}3=0.48$ より

$$n(0.48-2\times 0.30)\leqq -2\times 1$$

$$n\geqq\frac{50}{3}\ (=16.66\cdots)$$

よって，求める n の値は　$n=17$

❖講　評

大問２題の出題で，数学Ⅰ，Ⅱ，A，Bから幅広く出題されている。

Ⅰは小問集合で(1)場合の数，(2)三角関数，(3)空間座標，(4)積分法，(5)図形と方程式，微分法，(6)指数関数，２次関数からの出題である。標準レベルの問題の出題が多いが，(6)の②で t のとり得る値の範囲を正しく考察するのは，やや難度が高いと感じるかもしれない。この部分以外は各分野の基本事項を押さえて，典型的な問題をくまなく演習していれば得点できる問題であるので，しっかり得点したい。

Ⅱは，まず時刻 n において点Pが地点Cにいる確率 c_n を求める問題である。時刻０から時刻 n までの点Pの推移をすべて考える事は困難であるため，(2)で数列 $\{c_n\}$ の漸化式を立式して，この漸化式を利用して(3)で c_n 求めるという方針が示されている。このような漸化式を利用した確率の計算に慣れていれば難しくない問題であるが，この経験がなければ難しく感じたかもしれない。大切な手法の一つなので，慣れていない人はしっかり演習するようにしてほしい。

全体的に，各分野の標準的なレベルの問題がほとんどであるので，基本事項を漏れのないように固めて，各分野の典型的な問題の演習をしっかり行ってほしい。ただ，問題集等で演習した問題とまったく同じ問題が出題される訳ではないので，問題と考え方を意識しながら問題演習をしてほしい。

であるから容易。問3の空所補充はやや難。問4は、脱落文の内容や指示語に注目して挿入箇所を絞る。問5の文学史は基本。問6は、傍線の後の文脈をたどれば難しくはない。問7は、選択肢中の不適切な箇所が明確なので難しくはない。全体として標準レベルの問題。

三の古文は、入試頻出作品の『宇治拾遺物語』からの出題。清少納言の父である清原元輔のエピソード。問2は、知識問題ではなく、冠への言及箇所をおさえればよい。問3・問5の文法は基本。問4・問6は、元輔の言葉を丁寧にたどることが必要。問8・問9の文学史も基本事項である。全体として標準〜やや易のレベルの問題。

四は、選択式による漢字の問題。書き取り・読みともに、日常的な語句を中心とした漢字が出題されている。標準レベルの問題。

ことである。順序はしっかりおさえておきたい。①『古今和歌集』、②『後撰和歌集』、③『拾遺和歌集』、④『後拾遺和歌集』、⑤『金葉和歌集』、⑥『詞花和歌集』、⑦『千載和歌集』、⑧『新古今和歌集』である。

問9　④『枕草子』の作者である清少納言の「清」は「清原」に由来する。

①作者未詳だが菅原孝標女かとも言われる。

②藤原倫寧女（藤原道綱母）。

③菅原孝標女。

⑤藤原為時女（紫式部）。

四

解答

A―④　B―⑤　C―②　D―④　E―③　F―⑤

❖講　評

現代文二題、古文一題、漢字一題の計四題が出題された。

一の評論は、ナショナリズムとグローバリズムをテーマとした文章。二一世紀の世界における両者のつながりを考えようとしている。比喩も多いが、対比が明確なので、難解な文章ではない。問1・問4の空所補充は、組み合わせを選ぶので、わかるものから決めて選択肢を選べば容易。問2は、空欄前後の文脈をおさえて、「低俗」な比喩を選べばよい。問3は、脱落文の内容や指示語に注目して挿入箇所を絞る。問5・問6は、傍線前後の文脈を丁寧にたどることが必要。問7は、傍線前後の文脈から、「政治」と「経済」の対比をまとめる。問8は、最終段落をおさえればよい。全体として標準レベルの問題。

二の随筆は、言葉との出会いについての井上靖の文章。問1は慣用表現の知識が求められる。問2は「墜石」の意味問3　空欄Aは、笑った君達に対する元輔の言葉の中にある。空欄の前で「をこなりとや思ひ給ふ」と問いかけているが、言葉の最後に「笑ひ給ふべきにあらず。笑ひ給はばをこなるべし」とある。つまり「をこなり」と思って笑ってはいけないということである。空欄直前の「しか」は指示語で「をこなりと」を指すので、空欄には打消の意味を持つ語が入るはずである。そこで「まじ」に決まる。文末で、係り結びなどもないので、終止形のままでよい。

問4　最終段落に、人々は「どよみて笑ひののしる事限りなし」とあり、なぜつまらないことを言ったのかと問う馬添に、道理を言い聞かせたと元輔は言っている。そして最後の一文に「人笑はする事役にする」とある。こうした文脈をふまえると①に決まる。

問5　空欄Bを含む文は、〈「心ばせある人」もつまずく、「まして馬は」心もないのだから（つまずく）〉という内容である。〝～さえ～まして～〟という類推の意を表す「だに」が適する。空欄Cの前後も〈歩こうと思うときさえ歩けない〉という意で問題ない。

問6　傍線を含む言葉の最初で、元輔は「君達……をこなりとや思ひ給ふ」と問いかけている。そして、そう思ってはいけない理由を述べている。馬がつまずくのは悪いことではなく、冠も結んであるわけではないので、落ちても冠が悪いのではない、落ちた前例もある、と続け、笑うべきではない、「笑ひ給はばをこなるべし」と言ったのである。

②・⑤に同様の言及があるが、馬と冠の双方にふれている⑤が正解。「御禊」は河原で行うもの、「行幸」は天皇のお出ましであり、両方とも移動を伴い、大臣や中納言も馬に乗っていたと考えられる。

問7　「落ち」は〝落ちる〟の意であり、〝落とす〟ではない。「奉る」が動詞のときは、〝お食べになる、お飲みになる、お召しになる、お乗りになる、さし上げる〟の意であることは基礎重要事項。ここまでで①が選べる。「よしなし」は〝つまらない〟、「仰す」は〝おっしゃる〟でいずれも基本単語。

問8　八代集は、最初の勅撰和歌集である『古今和歌集』から、八番目の『新古今和歌集』までの、八つの勅撰和歌集のる者たちも笑い騒いでいると、（元輔は）一つの車の方に歩み寄って言うことには、「君達よ、この馬から落ちて冠を落としたのを、愚かだとお思いか。そうはお思いになるまい。その理由は、心がけのある人でさえも、物につまずいて倒れることは常のことである。まして馬は心を持っているものではない。この大路は非常に石が高い。馬は手綱で口を引っ張られているので、歩こうと思うときさえ歩けない。ああ引いたりこう引いたり、ぐるぐる回すと、倒れるようになる。馬を悪いと思うべきではない。唐鞍は平らな鐙で、（足を）かけることもできない。それに、馬がひどくつまずいたので落ちた。それは悪いことではない。また、冠が落ちることは、（冠は）物で結びつけるものではなく、髪の毛を（冠の中に）かき入れたところに留められるものである。それに（私の）鬢の毛はなくなっているので、まったくない。だから落ちることは、冠を恨むべきことではない。また、前例がないのではない。何々の大臣は大嘗会の御禊のときに落ちた。何々の中納言はこれこれのときの行幸のときに落ちた。このように例も考えきれない（ほど多い）。だから、事情も知っていらっしゃらないこの頃の若い君達は、お笑いになるべきではない。お笑いになったら（それこそが）愚かだろう」と言って、車ごとに手を折っては数えて言いきかせる。

このように言い終わって、（元輔は）「冠を持って来い」と言って受け取ってかぶった。そのときに、どっと声が起こって（人々が）笑い騒ぐことこの上ない。冠をつけさせようとして、馬添が言うには、「落馬なさってすぐに冠をおかぶりにならず、どうしてこのようなつまらないことをおっしゃったのですか」と尋ねたところ、（元輔は）「ばかなことを言うなよ。このように道理を言いきかせたなら、この君達は後々にも笑わないだろう。そうでなかったら、口うるさい君達はきっといつまでも笑うだろうに」と言った。人を笑わせることを役目のようにするのであった。

◀解　説▶

問1　形容動詞「おいらかなり」は〝ゆったり落ち着いている、おだやかである〟の意。〈「おいらかに」通らないで馬をひどくあおった〉という文脈もヒントになる。

問2　第二段落で元輔が君達に言った言葉の中に冠への言及がある。「物して結ふものにあらず、髪をよくかき入れたる

三

出典　『宇治拾遺物語』〈巻第十三　二　元輔落馬の事〉

解答

問1　④
問2　⑤
問3　まじ
問4　①
問5　④
問6　⑤
問7　①
問8　二（番目）
問9　④

◆全　訳◆

今では昔のこと、歌よみの（清原）元輔が、内蔵寮の次官になって、加茂祭の使者をしたところ、一条大路を通ったときに、殿上人が車をたくさん並べて止めて、見物していた前を通ったときに、（元輔は）ゆったりとは通らないで、人がご覧になっているからと思って、馬をひどくあおって急がせたので、馬が狂ったようになって（元輔は馬から）落ちた。年老いた者が、頭からまっ逆さまに落ちた。君達（きんだち）（＝"貴族の子供たち"）がああ大変だと見ているうちに、（元輔は）たいへん早く起き上がったので、冠が脱げてしまった。髻（もとどり）が少しもない。ただ瓶をかぶったようであった。馬添（＝馬の口取りをする従者）が、あわてふためいて、冠を取ってかぶらせるが、（元輔は）後ろの方へかきやって、「ああ騒がしい。しばらく待て。君達に申し上げるべきことがある」と言って、殿上人たちの車の前に歩み寄る。日が射しているので頭がきらきらとして、非常に見苦しい。大路の者は、群をなして笑い騒ぐことこの上ない。車や、桟敷にい

〝凛とした・きびしくひきしまった様子〟を表す①が適切。②は〝文化が盛んな様子〟、③は〝行いを慎み厳格な様子〟、④は〝栄えている様子〟、⑤は〝明るく照り輝く様子〟を表す言葉。

問4　脱落文に「そんないい加減なもの」とあるので、挿入箇所の前には、いい加減な出会いについての言及があるはずである。（中略）の後は顔真卿の書を評した言葉とのよき出会いについて述べられているので、最初の三つの段落の中で考えることになる。

問5　作者の幼年時代をモデルにした自伝的作品である⑤が正解。他の作品の作者は、①樋口一葉、②夏目漱石、③室生犀星、④徳田秋声である。

問6　傍線の後に、「この言葉」に対する筆者の受け取り方・解釈の変化が述べられている。それを順に確認すればよい。まず次の段落には、「顔真卿の書」・「顔真卿という非凡な人間」に対する批評、その次の段落には、「書というもの」一般を考えるもの、その次の段落には、「人の一生というものは、このようなものでなければならぬ」という解釈、とある。この順序でおさえている③が正解になる。

問7　①人生に様々な場面があることは述べられているが、「うまくいかないことも多くある」という言及はない。合致しない。

②第二段落は「若い時出会ったもの」の例であり、第三段落冒頭には、「出会い……若い時になされ……」とある。「若いときよりも、中年以後の年齢になってからの方が」の部分で、合致しない。

③最後から二つ目の段落の内容に合致する。

④最後から三つ目の段落に、悔恨を伴う理由として「これまでの生涯……生きて来なかったから」とある。「意味をきちんと把握しないで」の部分で、合致しない。

⑤第一段落に、「偶発的な出会い以外の何ものでもなさそう」・「たまたま出会ってしまった」とある。「そうではなく……運命的な」の部分で、合致しない。

問3　①
問4　っていい。
問5　⑤
問6　③
問7　③

◆要　旨◆

最近、人間にしろ、美術品にしろ、言葉にしろ、所詮はみな出会いであると思うようになっている。四、五年前、顔真卿の書を評した〝点は墜石の如く〟という言葉を知った。この言葉は今日まで私の心に居坐っているが、言葉の意味は、私の中で多少変化している。最初は顔真卿の書と人物に対する評、その後はすべての書に対しての意味、最近は人の一生のあるべき姿という意味になっている。この言葉のように生きるべきだったが、そうは生きなかった。そう思う年齢に達して、この言葉の生命は輝いて見える。

▲解　説▼

問1　前後の文脈をおさえる。若いとき出会ったもののところに、時間があれば顔を出すときの気持ちである。かつて感動を受けたものの方が間違いないと思って訪ねるのである。〝久しぶりの挨拶をする〟という意味の③が正解。①は〝古いことを調べて新しいことに適応すべき知識を得る〟、②は〝尊敬する人の話を身近に聞く〟、④は〝体をかがめて恐れ入る〟、⑤は〝時間はすばやく過ぎる〟の意味。

問2　空欄を含む文は「点は墜石の如く」の意味の説明であり、「墜石の如く」を「［B］のように」と述べているので、空欄Bは「墜石」すなわち〝落ちた石〟を意味する言葉である。顔真卿の書の「点」について言及している部分に注目して九字の言葉を探せばよい。

問3　やや難。空欄の前に顔真卿の説明がある。唐朝を支え節義を守り国に殉じた彼の生涯を形容する言葉としては、問8　「観光客の哲学」という言葉はここで初めて登場している。最終段落で考えれば、ナショナリズムとグローバリズムのふたつの層が独立したまま重なっている世界において、ふたつをつなぐヘーゲル的成熟とは別の回路、「市民が……つながるもうひとつの回路」を探るものである。ヘーゲルの考えは空欄Xの次の段落にある、「国家」・「政治」が「市民社会」・「経済」のうえに立つという考え方である。それとは別の、〈市民が市民社会にとどまり、個人が欲望に忠実なまま公共と普遍につながる回路を探る〉ものである。よって⑤が正解。①・③・④は現在のふたつの層に関するだけなので、不適。本文に「人間の層」と「動物の層」への言及はあるが（最後から二つ目の段落）、②には「層」という言葉もないので、人間と犬やライオンが融和するように読める。不適。

問9　①最終段落の内容に合致する。

②第一段落に「移行」は簡単ではないとあり、最終段落では「ふたつの層」が「重なりあった世界」でのつながりを考えている。合致しない。

③空欄Aの前の二つの段落に、二一世紀にはネーションの統合性が壊れ、政治はネーションを単位とし、経済はネーションを単位としていない、とある。「市民の欲望は国境を越えてつながりあっている」ともある。合致しない。

④一般的な意味での欲望と理性の対比は考えられていない。合致しない。

⑤最終段落にあるように、動物的な層はグローバリズムであり、その存在は前提である。「動物的な層からの世界像の転換」の部分で合致しない。

二

出典　井上靖『わが一期一会』〈近時寸感　点は墜石の如く〉（学習研究社）

問1　③

問2　天から落ちて来た石

問5　「身も蓋もない」は、〝露骨すぎて含蓄もない〟という意味の慣用表現。傍線は、同じ段落冒頭の「この分裂」の説明である。「この分裂」は、第一段落の「ぼくたちが生きている」時代の「分裂」であり、空欄Aの前の二つの段落に、「ネーションの統合性が壊れた」「二一世紀の世界」や「二一世紀の現実」への言及がある。そこをふまえた④が正解。

①空欄Aの前の段落にある「二一世紀の現実」の、「経済」の面への言及である。不適。

②・③第四段落で、「精神と身体」の対比を、「意識」と「無意識」、「上半身」と「下半身」の対比に重ねている。つまり「意識」と「上半身」が「精神」の側、「無意識」と「下半身」が「身体」の側ということになる。「上半身」と「下半身」が「身体」を形成し、「意識」と「無意識」が「精神」を形成するという一般的な意味で使われているのではない。不適。

⑤第一段落に、「移行」は「簡単に進むものではなさそう」とある。不適。

問6　「このイメージ」は直前の「無数の……怪物」のことである。同じ段落の前半に、二層構造の時代の世界のイメージが「人間としての……絵になる」と述べられている。続く段落にもつながるものとつながらないものとの対比が述べられている。つまり、「身体（市民社会）」・「経済」・「欲望」がつながっているのに、「顔（国家）」・「政治」・「思考」はばらばらなのである。これらをふまえて③に決まる。

問7　傍線3は、二層構造の時代の国民国家間の関係を、「さらに下品」にたとえた箇所である。二層構造については、空欄Eの前の段落に言及があり、傍線2の段落では、「政治がいくらいがみあっていても経済はつながり続ける」とし、怪物のイメージも示している。そして、傍線3の段落に、「つながる」ものは「経済」・「欲望」・「下半身」、「つながらない」ものは「政治」・「思考」・「上半身」とあり、二つ後の段落で、「愛を確認しないまま関係をもってしまった」ことを、「政治的な……深めてしまった」と述べている。以上の流れをおさえて、政治と経済の対比としてまとめる。

二層構造の時代に、市民が市民社会にとどまり個人の欲望に忠実なまま、公共と普遍につながる回路の可能性を探るものである。

▲解　説▼

問1　空欄の前の段落には、比喩として、人間の上半身の合理的な思考と下半身の非合理な欲望との対比が述べられている。それを受けて空欄の段落では、「ネーション」における思考と欲望とを対比させている。空欄cが決めやすい。空欄cの前は〈他国に見せる国家という顔〉、後は〈現実の非合理な欲望〉であり、前段落の対応する箇所も参照して逆接に決まる。空欄dの前は〈欲望に悩まされていること〉、後は〈欲望の管理の重要性〉であり、理由を受ける「したがって」となる。これで選択肢の②に決まる。空欄aは比喩を受けて考えている部分、空欄bの前後は「政治の合理的な思考」と「国家という顔」、つまりどちらも「上半身」についてである、と確認すればよい。

問2　空欄X直後と選択肢の表現に注目すれば、Xには「国際社会に乗りだして」行くときの前提が入るとつかめる。空欄dの後に、国際秩序の設立には欲望の管理が重要だとあり、空欄Xの前に「ほとんど低俗と形容していいようなこと」とある点をあわせて考えれば、④になる。

問3　脱落文冒頭に「それは」とあるので、挿入箇所の直前には、「人間関係」・「国際関係」のどちらかだけではなく、双方にあてはまる事柄が書かれているとわかる。段落末尾という点に注目すれば、不適切な箇所はいくつも明らかになる。また、挿入箇所の次の段落の冒頭の文とのつながりも考える。接続語や指示語はつながりを確認する大きなヒントになる。内容面とあわせて該当箇所を絞ればよい。

問4　空欄Eは、続く部分に日清・日露戦争当時の例があるので、ナショナリズムとわかり、これだけで選択肢の①・⑤に絞れる。違うのは空欄Aと空欄Bである。〈A は B を破壊したのでも乗り越えたのでもなく、その内部でナショナリズムを生んだのでもない。既存のナショナリズムの体制を温存したまま……〉という文脈から、容易に決められる。

国語

一

出典　東浩紀『観光客の哲学』＜第1部　観光客の哲学　第3章　二層構造＞（ゲンロン）

解答

問1　②

問2　④

問3　育てるしかない。

問4　①

問5　④

問6　③

問7　思考の場である政治面での信頼関係を作れないまま、欲望の場である経済面での依存関係を深めたということ。（五〇字以内）

問8　⑤

問9　①

◆要　旨◆

ナショナリズムの時代は、国家と市民社会、政治と経済、思考と欲望のふたつの半身が合わさり、ひとつのネーションを構成していた。けれども二一世紀にはネーションの統合性が壊れ、国家と市民社会、政治と経済、思考と欲望は、ナショナリズムとグローバリズムというふたつの原理に導かれ、異なった秩序をつくりあげた。観光客の哲学とは、そういう

2021年度

問題と解答

■学部別入試

問題編

▶試験科目・配点

教　科	科　　　目	配 点
外国語	「コミュニケーション英語Ⅰ・Ⅱ・Ⅲ，英語表現Ⅰ・Ⅱ」，ドイツ語（省略），フランス語（省略）から１科目選択	150 点
選　択	日本史Ｂ，世界史Ｂ，地理Ｂ，政治・経済，「数学Ⅰ・Ⅱ・Ａ・Ｂ」から１科目選択	100 点
国　語	国語総合（漢文を除く）	100 点

▶備　考

「数学Ｂ」は「数列，ベクトル」から出題する。

英語

(60 分)

〔Ⅰ〕 以下の英文を読んで，1～5の問いに答えなさい。

In 2011, a Maryland dog owner named Mali Vujanic uploaded a video to YouTube confidently titled "Guilty!" He'd come home to find his two retrievers near an empty bag of cat treats. The first dog, a golden retriever, lounged calmly, her conscience seemingly clear. But the second dog, a yellow Labrador named Denver, sat quaking in a corner, her eyes downcast, making what Vujanic called "her signature 'I done it' face." Vujanic gasped at the apparent admission of guilt: "You did this!" Denver beat her tail nervously and looked uneasy. "You know the routine. In the kennel." Obediently, the dog sent herself to her room.

The video quickly garnered (A) comments. Since then, "dog shaming" has become popular on Twitter and Instagram, as owners around the world post shots of their (ア) pets beside notes in which the dogs seem to confess to bad behavior. "0 days since the last toilet paper massacre," a cocker spaniel confesses; "I ate an extra large pepperoni pizza," admits a brown Lab. Human enthusiasm for guilty dogs seems boundless: A 2013 collection of dog-shaming photos landed on the *New York Times* best-seller list; Denver's video has been viewed more than 50 million times.

But according to Alexandra Horowitz, a dog cognition expert at Barnard College, 「我々は犬がうしろめたそうな顔をしていると思っているが，まったく悪いと思っている印ではない」[X]. In a 2009 study, she had owners forbid their dogs to eat a tempting treat, then asked the owners to leave the room. While each owner was gone, she either removed the treat or (イ) it to the dog. When the owners returned, they were told — (B) the truth — that their dog either had or had not eaten it. If owners thought their dogs had indulged, (a) reprimands (b) followed, and guilty looks abounded. Yet dogs who hadn't eaten the treat were *more* likely to appear guilty than dogs who had — (C) their owners told them off. (D) signaling remorse, (c) one group of researchers wrote in a 2012 paper, the guilty look is likely a submissive response that has proved advantageous because it reduces conflict between dog and human.

History reveals the most extreme consequences of that conflict. The Avesta, an ancient Zoroastrian religious text, deemed dogs capable of "willful" offenses and ordered that the criminals be punished by having a leg cut off. In medieval Europe, misbehaving dogs were routinely tried in court on criminal charges such as assault and murder; punishments ranged from jail to death.

(E), it's easy to see harsh words and corny tweets as benign (d) responses to bad behavior. But some experts worry that our assumptions of canine guilt may be self-fulfilling. Julie Hecht, a doctoral student who studies animal behavior at the Graduate Center of the City University of New York, cites research showing that the more dogs are punished, the more they tend to act in ways that drive their owners crazy. Scolding, Hecht believes, may confuse dogs, (ウ) in "an anxious cycle of destruction and appeasement" that could ultimately "harm the dog-human bond."

To keep that bond strong, Horowitz suggests that dog owners "take away the temptation (e)": Put a lid on the trash can, keep your shoes in the closet, hide the kitty snacks. And if you must blame someone when your dog misbehaves, look inward. As one commenter put it after (エ) Denver shake in submission, "Let's face it, somebody left the treats out."

1. (A) ～ (E) に入れるのに最も適切な語句を次の (1) ～ (5) から選び，その番号をマークしなさい。ただし，文頭に来る語も語頭の文字は小文字にしてある。

(1) a flood of

(2) by comparison

出典追記：Your Dog Feels No Shame, The Atlantic March 2018 Issue by William Brennan

(3) far from
(4) regardless of
(5) so long as

2. (ア) ～ (エ) に入れるのに適切な語を，次から選び，必要な場合には適切な形に変えて，解答欄に記入しなさい。

feed,　result,　tremble,　watch

3. 下線部 (a) ～ (e) の語と最も意味が近い語句を，それぞれ (1) ～ (5) から１つずつえらび，その番号をマークしなさい。

(a) <u>indulged</u>
(1) eaten　(2) failed
(3) fallen　(4) insulted
(5) taken

(b) <u>reprimands</u>
(1) commanding　(2) praising
(3) repealing　(4) repeating
(5) scolding

(c) <u>remorse</u>
(1) redemption　(2) regret
(3) relief　(4) response
(5) revenge

(d) <u>benign</u>
(1) difficult　(2) first
(3) harmless　(4) simple
(5) weak

(e) <u>temptation</u>
(1) assumption　(2) attraction
(3) elation　(4) frustration
(5) perspiration

4. ［X］には，「我々は犬がうしろめたそうな顔をしていると思っているが，まったく悪いと思っている印ではない」という英文を入れたい。次の語を並び替えて適切な英文を作る場合，（4）と（8）に来る語の番号をそれぞれマークしなさい。

what（　1　）（　2　）（　3　）（　4　）dog's（　5　）（　6　）（　7　）（　8　）（　9　）of guilt at all

(1) a　(2) as　(3) guilty　(4) is　(5) look
(6) no　(7) perceive　(8) sign　(9) we

5. 以下の（1）～（8）の英文について，本文の内容に合致している場合にはTを，合致していない場合にはFを，それぞれマークしなさい。

(1) Denver's reaction to her owner proves that Denver ate the cat treats.
(2) Owners reward their dogs by posting their dogs' pictures on social media.
(3) It is easy for owners to know when their dogs have been disobedient.
(4) The guilty look on a dog's face probably improves a dog's relationship with its owner.
(5) In ancient times dogs could possibly be punished by going to prison.
(6) Punishing dogs will usually improve their behavior.
(7) Owners cannot do anything to prevent their dogs from misbehaving.
(8) Horowitz believes that it is not the dog's fault if it misbehaves.

〔Ⅱ〕 以下の英文を読んで，1～7の問いに答えなさい。

If you've ever put off an important task by, for example, organizing your books in alphabetical order, you know it wouldn't be fair to describe yourself as lazy. After all, alphabetizing requires focus and effort. And it's not like you're hanging out with friends or watching Netflix. You're cleaning and organizing — something your parents would be proud of! This isn't laziness or bad time management. This is procrastination.

If procrastination isn't about laziness, then what is it about? Etymologically*, "procrastination" is derived from the Latin verb *procrastinare* — to put off until tomorrow. But it's more than just voluntarily delaying. Procrastination is also derived from the ancient Greek word *akrasia* — doing something against our better judgment. "It's self-harm," said Dr. Piers Steel, a professor of motivational psychology at the University of Calgary.

Procrastination isn't a unique character flaw(1) or a mysterious curse on your ability to manage time, but a way of coping (ア) challenging emotions and negative moods induced(2) by certain tasks — (X) and beyond. "Procrastination is an emotion [A] problem, not a time management problem," said Dr. Tim Pychyl, professor of psychology and member of the Procrastination Research Group at Carleton University in Ottawa.

In a 2013 study, Dr. Pychyl and Dr. Sirois found that procrastination can be understood as "the primacy of short-term mood repair… (イ) the longer-term pursuit of intended actions." Put simply, procrastination is about being more focused on "the immediate urgency of managing negative moods" than getting on with the task, Dr. Sirois said.

If it seems ironic that we procrastinate to avoid negative feelings, but end up feeling even worse, that's because it is. And once again, we have evolution to thank. Procrastination is a perfect example of present bias(3), our hard-wired tendency to prioritize short-term needs ahead (ウ) long-term ones. "We really weren't designed to think ahead into the further future because we needed to focus on providing for ourselves in the here and now," said psychologist Dr. Hal Hershfield, a professor of marketing at the U.C.L.A. Anderson School of Management.

How do we get to the root cause of procrastination? We must realize that, at its core, procrastination is about emotions, not productivity. The solution doesn't involve downloading a time management app or learning new strategies for self-control. It has to do with managing our emotions in a new way. "Our brains are always looking for relative rewards. If we have a habit loop around procrastination but we haven't found a better reward, our brain is just going to keep doing it over and over until we give it something better to do," said psychiatrist and neuroscientist Dr. Judson Brewer.

To rewire any habit, we have to give our brains what Dr. Brewer called the "Bigger Better Offer" or "B.B.O." In the case of procrastination, we have to find a better reward than [B] — one that can relieve our challenging feelings in the present moment without causing harm to our future selves.

One option is to forgive yourself in the moments you procrastinate. In a recent study, researchers found that students who were able to forgive themselves for procrastinating when studying for a first exam ended up procrastinating less when studying for their next exam. They concluded that self-forgiveness supported productivity by allowing "the individual to move past their maladaptive behavior and focus on the upcoming examination without the burden of past acts."(Y)

Another option: make your temptations more [C]. It's still easier to change our circumstances than ourselves, said Gretchen Rubin, author of *Better Than Before: What I Learned About Making and Breaking Habits*. According to Ms. Rubin, we can take what we know about procrastination and "use it (エ) our advantage" by placing obstacles between ourselves and our temptations to induce a certain degree of frustration or anxiety.(4) If you compulsively check social media, delete those apps from your phone or "give yourself a really complicated password with not just five digits, but 12," Ms. Rubin said. By doing this, you're adding friction to the procrastination cycle and making the reward value of your temptation less immediate.

On the flip side, Ms. Rubin argues that you should make the things you want to do as [D] as possible for yourself. If you want to go to the gym before work but you're not a morning person, sleep in your exercise clothes. Try to remove every roadblock.

Still, procrastination is deeply existential, as it raises <u>questions about individual agency</u>(Z) and how we want to spend our time as opposed (オ) how we actually spend it. But it's also a reminder of our commonality — we're all vulnerable to painful feelings, and most of us just want to be happy (カ) the choices we make.

*etymologically 語源(学)的に

1. 下線部(1)～(4)の単語の意味に最も近いものを，1～4から1つ選び，マークしなさい。

(1) <u>flaw</u>

1. fault 2. finding 3. foil 4. form

(2) <u>induced</u>

1. abandoned 2. caused 3. minimized 4. preserved

(3) <u>bias</u>

1. affection 2. emotion 3. hesitation 4. inclination

(4) <u>anxiety</u>

1. confusion 2. desire 3. scare 4. uneasiness

2. 空欄(ア)～(カ)に入る，最も適切な前置詞を以下の1～8から1つ選び，番号をマークしなさい。同じ前置詞を何度選んでもよい。

1. at 2. for 3. into 4. of
5. on 6. over 7. to 8. with

3. 空欄（X）に入る単語として，最も不適切なものを1～6から1つ選び，番号をマークしなさい。

1. boredom　　2. frustration　　3. insecurity
4. pleasure　　5. resentment　　6. self-doubt

4. 空欄［A］～［D］に入る最も適切な単語を，それぞれ1～5から1つ選び，番号をマークしなさい。

［A］
1. elimination
2. prevention
3. promotion
4. regulation
5. solution

［B］
1. avoidance
2. emotion
3. laziness
4. productivity
5. time management

［C］
1. effective
2. inconvenient
3. manageable
4. necessary
5. threatening

［D］
1. easy
2. exciting
3. inspiring
4. perpetuating
5. understandable

5. 下線部（Y）は，この場合，具体的にはどんなことを意味していますか。簡潔に日本語で説明しなさい。

6. 下線部（Z）は，どのような問題ですか。以下の1～5から，最も適切なものを1つ選び，マークしなさい。

1. the possibility that many people are not capable of setting long-term goals
2. the possibility that many people cannot determine their actions by their own will
3. the possibility that many people do not care about being inconsistent when they pursue their own interests
4. the possibility that many people doubt their own existence

5. the possibility that people can transform themselves by altering their circumstances

7. 以下の（1）～（8）の英文について，本文の内容に合致している場合にはTを，合致していない場合にはFを，それぞれマークしなさい。

(1) People who procrastinate also have difficulty managing their schedules.

(2) Humans have a tendency to focus more on short-term needs than on long-term needs.

(3) One way to prevent procrastination is to make your “procrastination activities” easier.

(4) Procrastination is not rare.

(5) To prevent procrastination, you need to be strict with yourself.

(6) Early humans were good at focusing on long-term needs.

(7) People who procrastinate aren’t necessarily lazy.

(8) Time-management apps can help to prevent procrastination.

〔Ⅲ〕 The following conversation is from the film, "The Intern." Benjamin is a 70-year-old retiree who is bored with retirement. A rapidly growing internet sales company has advertised that it is offering internships to people of Benjamin's age, as a kind of community service project. In this scene Benjamin is being interviewed by Justin, who has obviously had no experience interviewing or working with an older person like Benjamin. Justin wants to be friendly, but he doesn't feel confident talking to someone with so much experience.

Choose from each of questions (1)～(15) the one answer that best fits the missing words in the conversation.

Justin: Where (1)________ school?

Benjamin: I (2)________ Northwestern.

Justin: Hey, my brother went to Northwestern.

Benjamin: Probably not at the same time.

Justin: Probably not. (3)________ 2009.

Benjamin: I was in the Class of '65.

Justin: Wow! Do you remember (4)________ ?

Ben doesn't answer, his silence making Justin realize (5)________.

Justin: And after Northwestern, you went on to...

Benjamin: I went to work for Dex One.

Justin: Okay, and they made...

Benjamin: Phonebooks.

Justin: Oh.

Benjamin: I (6)________ the printing of the physical phonebook. I did that for over 20 years, and before that I was their Vice President of sales and advertising.

Justin: So, (7)________? I mean, doesn't everyone just do a Google search nowadays?

Benjamin: I believe they do, but before Google, that was (8)________ the information that you needed.

Justin: I'm going to ask you one of our more telling questions, for (9)________ of our interns. So I want you to… like… this is the one to really think about, okay? And take your time. Where do you see yourself (10)________?

Benjamin: When I'm 80?

Justin: Yeah, sure.

Justin (11)________ *that his question doesn't fit* (12)________ *Benjamin's age.*

Justin: Wait. I didn't realize you were 70. That question just doesn't work for you, (13)________? Should we just scratch that one and just (14)________?

Benjamin: It's (15)________, Justin.

Justin: Okay, that one's gone.

(1) a. did you go to　b. had you attended
c. were you attending　d. were you going to

(2) a. had attended　b. was attending
c. was going to　d. went to

(3) a. He graduated in　b. He is a graduate of
c. He was a graduate of　d. His graduation is

(4) a. what was your major in　b. what were you subjected to
c. what you majored in　d. what your subject was

(5) a. *how silly his question sounds*　b. *that Benjamin is being silly*
c. *that he was a silly question*　d. *that Justin's question had been silly*

(6) a. had been managing　b. was in charge of
c. was management of　d. was manager for

(7) a. aren't phonebooks inconvenience　b. do they still make phonebooks

c．phonebooks old-fashioned　　d．why was the purpose of phonebooks

(8)　a．getting the way　　b．how people get
　　c．how you got　　d．the way to getting

(9)　a．all　　b．many more
　　c．the minority　　d．the rest

(10)　a．for ten years　　b．for the next ten years
　　c．in ten years　　d．ten years later on

(11)　a．*is realized*　　b．*realize*
　　c．*realized*　　d．*realizes*

(12)　a．*someone like*　　b．*someone of*
　　c．*the person of*　　d．*the person who is like*

(13)　a．did it　　b．didn't it
　　c．does it　　d．doesn't it

(14)　a．continue to　　b．continuing
　　c．move　　d．move on

(15)　a．about you　　b．not about me
　　c．up to me　　d．up to you

日本史

（60分）

〔Ⅰ〕 次に示す史料A～Cを読み，以下の設問に答えなさい。なお，史料には，適宜，表記を改めた箇所がある。

史料A

[1] で翻訳して居る内に，いつで有たか覚えて居無いが，何でもセバストポール戦争後で，千八百五十五，六年の頃かと思ふが，バイエルンの教育の事を書いたものが有た。それに，百人の中で読み，書きの出来る者が何人，出来ぬ者が何人と云ふことが書いてあつた。其時に斯う云ふ調は日本にも入用な者であらうと云ふことを深く感じた。是れが余のスタチスチックに考を起した種子になつたのである。（中略）

其後千八百六十年と六十一年の和蘭のスタチスチックが渡つて来た。それを見ると人員のことが書いて有た。百人の中で男が何人何分何厘だの，生れ子が何分何厘などと云ふことがある。（中略）

あの類のものだと云ふことを考へ，これは世の中のことの分かる，面白い者だと思つて，自宅へ持ち帰つて丁寧に読んで，益々先年のことを思ひ出した。其内に [2] ，西周(ア)の二氏が和蘭から帰つて来た。色々の話を聞いた所が，スタチスチックの話があり，又スタチスチックの本を見てそれから益々深入りした。（以下略）

（出典：『杉亭二自叙伝』1918年）

史料B

明治五年といふ年は大分面倒な年で（中略）三年か二年半に一遍宛の不足を補ふ為に暦が改正されれば此弊が除かれるといふもので暦が改められてから今度は米では困ると云ふので [3] をして金を取るといふ。丁度夫に先ツて唯々空に論じてはいかない。皆何でも一つの証拠が無くてはならぬといふから段々やツて見るとどうも欧米には統計といふ一つの組立がある。「スタチスチック」といふことは其時に初めて知ツた。(中略)夫で「スタチスチック」をやツて見ると御存知の通り亜米利加では大蔵省が之をやツて居る。(中略)是は至極面白い，会計で直ちにやるといふことで夫から大蔵省の統計寮といふものが出来た。(中略)

夫から遂に進んでとても大蔵省ではいかぬ。十分強い権力を持ツてやらなくちやどうしても各省各箇で以てやるやうな事ではいかぬ。何と任じても大蔵省丈けではいかぬ。そこで中央に統計院を拵えて大分規模を大きくしまして其当時も随分倹約といふ論が政府に起こりました。(中略)

其時に私は内閣員で参議といふものまで持ツて居りました。是は外の人に頼んではいかぬ。自から責任を執るが宜いと思ひ切ツて大胆に私が統計院の院長となツて先づ一ツ遣り掛けて見たのであります。所がどうも甚だ不才不徳にして是は(イ)統計院のみならず総ての事，丸るで根底から叩き潰されて仕舞ツて最早大隈は此世の人で無い。余儀なくモウ現在の世の中から退かねばならぬ運命に出遭ひました所で此統計院は衰弱して而して今日はトウトウ葬られて仕舞ツた。(以下略)

(出典：大隈重信「統計懇話会に於ける演説」『統計集誌』第205号，1898年)

史料C

【横山雅男発言】既に御承知のこととは存じまするが二十七八年戦役後各地方の状態と云ふものが変動して参りましたが，三十三年の北清事変(ウ)殊に三十七八年の日露戦役後に於きましては地方の状態が非常に変化し就中衣食風俗等のことより都会村落の盛衰に至るまで状態の激変(エ)は実に予想外であります。つまり(中略)日本の経済財政までが世界的となつた結果である斯う云ふ次第ゆへどうしても「センサス」と経済を結び付けねばならぬ。然るに消極論者の如く経済事項を止めては何れの日に於て全国を掌上に見らるるやうな調べが出来ませうか。(中略)

でありますから之を縮めて申しますれば，国勢調査と云ふことに付いては職業の箇条の外矢張り国力の幾分を経済的に伺ひ得らるるやうな方針となし，それから一面には国勢調査と云ふものは如何なるものであるかと云ふことを本会が主として世の中に向つて説明の労を執ることは必要である(以下略)

【高橋二郎発言】段々調査の範囲に付て諸君から色々の御議論があつたが，大体二通りで人口調査と云ふことと経済事項の附加と云ふことで（中略）問答其外色々の御話があつてそれに付ては各々見る所がございませうが，私は一通り意見を陳述して置きます。（中略）

我邦丈で最初の主義を通じて人民調査即ち国民調査と云ふ趣意で何処までもやつて往きたいのであります。（中略）それから経済上の事項を段々御入れになると云ふ御話がございましたが，それは今は国勢調査と云ふ法律になつて居りますから，入れて入れられぬことはない。又財政に余裕があれば従来の調と重複せぬ事は名義上入れても宜しいかも知れませぬが，諸君今日我邦国家の財政は如何でございます。此際に人民のこと丈けですら調べるのが容易でない所に持て来て何じやかじやと百般の注文を出し到底言ふべくして行ふべからざる大袈裟なことを望み益々調査を困難にすると云ふことは愈々（いよいよ）以て此問題を不可能にすることである（以下略）

（出典：「東京統計協会評議員会議事速記録」1910年
『総理府統計局百年史資料集成　第二巻　人口　上』に収録）

問１　史料Ａの空欄［　1　］には，洋書調所を改称して設立された幕府の洋学研究機関が入る。その名称を漢字で解答欄に書きなさい。

問２　史料Ａの空欄［　2　］は，『泰西国法論』や『表紀提綱』を翻訳した人物である。その人物の姓名を漢字で解答欄に書きなさい。

問３　森有礼が発議し，史料Ａの下線部(ア)の人物とともに，史料Ａの著者も参加した啓蒙思想団体を何というか。漢字で解答欄に書きなさい。

問４　史料Ｂの空欄［　3　］には，明治政府が実施した土地制度・課税制度の改革が入る。その名称を漢字で解答欄に書きなさい。

問５　史料Ｂの下線部(イ)に関連して，史料Ｂの著者は統計院の院長を退任し，参議も辞職している。このきっかけとなった国会開設問題などをめぐる政府内部に起こった出来事のことを何というか。解答欄に書きなさい。

問 6　史料Cの下線部(ウ)に関連して，清国において「扶清滅洋」をとなえた宗教結社を何というか。漢字で解答欄に書きなさい。

問 7　史料Cの下線部(エ)に関連して，日露戦争後，疲弊した地方自治体の財政再建と農業振興などを目標とし，内務省が中心となり推進した運動を何というか。漢字で解答欄に書きなさい。

問 8　史料Cに登場する二人の発言者は，国勢調査とその実施について，それぞれどのように考えているか。解答欄に150字以内で書きなさい。

〔Ⅱ〕 次の文章を読み，以下の設問に答えなさい。

いかなる政治権力も経済的基盤なくしては存続することはできない。各時代の政権はそれぞれの方法で安定的な財政収入を確保することに腐心してきた。前近代社会における財政はその土地支配の構造と密接に関連している。

7世紀から8世紀にかけては，隋・唐から律令制度を取り入れることを通じ，政治機構の確立と土地制度や税体系の整備(ア)がすすめられた。しかし，律令制による中央集権体制は，その煩雑さや中国と日本の習慣や風俗の違いから，形骸化していく。それにともない，9世紀後半から天皇による国政の集権的な指導はしだいに揺らいでいった。

かわって政権の中枢を担った藤原氏による治世は摂関政治と呼ばれる(イ)が，藤原氏の財政を支えたのが同時期に発達した荘園制度である。後の荘園の拡大のなかで，地方豪族や有力農民などの新興勢力と中・下級の貴族が結びついて武士が生まれたともいわれる。また，平安中期以降には荘園を通じた貴族や寺社の土地支配と朝廷によって任命された国司が支配する公領(国衙領)が並立する荘園公領制(ウ)が徐々に一般化していく。

鎌倉幕府の支配体制(エ)も，当初は荘園公領制を受け継ぐ形で整備されていった。鎌倉幕府により補任された地頭が，荘園の荘官や国衙の郷司などとしての顔ももつ点には注意が必要だろう。このような公武二元支配の状況は，しだいに武家優位なものに変化しつつも，中世を通じて残存することになる。

建武の新政とその崩壊，南北朝の動乱・観応の擾乱(オ)といった戦乱の中で形成された室町幕府の統治・支配は，地方武士団の動員を可能にするため，守護の権限を大幅に認めるものとなっている。その結果，幕府の財政は直轄地からの収入だけではない多様な収入源(カ)によって支えられる構造となった。

分権的な室町幕府の支配は，一揆の頻発，さらには応仁・文明の乱を経て，さらにその実効的な力を弱めていくことになる。そのなかで自らの分国を作り上げ，独自の支配を行う戦国大名(キ)が誕生する。戦国大名は領地の一元的支配(一円支配)による権力の確立を進め，中世的な重層的土地支配の構造はさらに解消されていった。豊臣秀吉による太閤検地において，一地一作人の原則がとられたことで，名実ともに中世的な土地支配の構造は大きく転換することになった。

江戸幕府は武家諸法度(ク)などを通じ，将軍(幕府)の諸大名への支配力を大幅に高め，先立つ鎌倉・室町両幕府とは異なる政治体制を確立していく。さらに，戦国期に流動化していた身分の固定化を進めるとともに，行政単位として，課税単位としての村(ケ)を確立させていった。一方で，軍事上，行政上の幕府の優位に比すると，江戸幕府の直轄地(御領)は最盛期においても450万石ほどと多くはない。その結果，江戸中期以降には貨幣改鋳益の活用(コ)などをあわせて，その財政を維持するところとなった。

「税は国家なり」と言われる。前近代社会においても，税とその徴収のためのシステムは政権の支配の強さ，継続性を大きく左右する要諦であった。

問1 下線部(ア)に関連して，律令国家における民の負担に関する記述として正しいものはどれか。A～Eから一つ選び，解答欄にマークしなさい。

A 班田収授法では，正丁と呼ばれる21歳から60歳の成人男子に口分田を与えることを通じ，正丁個人を課税の基本単位とした。

B 口分田の収穫のうちおよそ3～4割が租として諸国の正倉におさめられ，地方行政の財源とされた。

C 京・畿内においては，都での労役に変えて布や綿などの代替物を治める庸の負担が求められた。

D 春に稲を貸し付け，秋に返済させる公出挙はその金利の高さから，事実上の税としての役割を果たすようになっていった。

E　西国の農民は九州北部，東国の農民は陸奥地域におもむき，防人として防衛にあたることを求められた。

問 2　下線部(イ)に関連して，藤原氏北家が権力を確立させていった時期の出来事について正しいものはどれか。A～Eから一つ選び，解答欄にマークしなさい。

A　承和の変では，側近が謀反を企てたとして当時の皇太子が廃され，藤原良房の甥にあたる道康親王(後の文徳天皇)が皇太子となった

B　左大臣源信は応天門に放火し，その罪を藤原氏に負わせようとしたことが発覚したことで，流罪となった。

C　藤原基経は陽成天皇を即位させたことへの功績によって，皇族以外では初めての摂政に任じられた。

D　藤原時平の策謀によって大宰権帥に左遷された菅原道真は，時平の死去と醍醐天皇の退位にともなって右大臣に任命された。

E　左大臣源高明は律令体制の復興を目指し，『日本三代実録』などの編纂を進めたが，藤原忠平らによって左遷された。

問 3　下線部(ウ)に関連して，荘園と公領(国衙領)についての記述として正しいものはどれか。A～Eから一つ選び，解答欄にマークしなさい。

A　延久の荘園整理令では，摂関家の荘園は例外とされたため，荘園拡大による国衙への圧迫がさらに加速することになった。

B　公領において国司は領内の豪族や開発領主を郡司・郷司・保司などに任命することで徴税を請け負わせた。

C　荘園の拡大に伴って公領は縮小を続け，院政期には名目的な存在となり，朝廷の収入も荘園からのものが大半を占めるようになった。

D　開発領主から直接寄進をうけた貴族は本家と呼ばれ，領家と呼ばれる中・下級貴族を現地に派遣して荘園の経営を行った。

E　本家である摂関家や有力寺社の働きかけによって国司から不輸・不入の権をみとめられた荘園は官省符荘と呼ばれる。

問 4　下線部(エ)についての記述として正しいものはどれか。A～Eから一つ選び，解答欄にマークしなさい。

A　御家人を組織し統制する機構として政所がおかれた。

B　財政やそのほかの政務を担当する機構として問注所がおかれた。

C　承久の乱以降，幕府は京都守護をおき朝廷への監視を強めた。

D　地頭は関東知行国での徴税と治安維持を職務とした。

E　守護は御家人への大番催促，謀叛人・殺害人の逮捕を職務とした。

問 5　下線部(オ)の時期の出来事に関する記述として正しいものはどれか。A～Eから一つ選び，解答欄にマークしなさい。

A　足利尊氏が大覚寺統の後村上天皇を立てたことから南北朝の動乱が始まった。

B　南朝は北畠親房の死後，新田義貞が中心となって北朝・幕府への抗戦を続けた。

C　尊氏は弟の足利直義と政務を分担し，二頭体制での政治が行われた。

D　高師直は新興武士層の支持をうけ，直義を殺害することで権力を確立していった。

E　養父直義の死を受け，足利直冬は実父である尊氏に降伏し，観応の擾乱は終結した。

問 6　下線部(カ)に関連して，室町幕府の財政についての以下の記述のうち正しいものはどれか。A～Eから一つ選び，解答欄にマークしなさい。

A　流通業者である問丸や金融業者である借上の発展にともない，問丸・借上への定期的な棟別銭を課した。

B　田地の面積に応じて課税額が決まる地子銭は守護を通じて全国に課せられ，平時の幕府にとって主要な財源となった。

C　日明貿易では，銅銭のほかに刀剣類などの武器・防具や硫黄などが輸入され幕府に大きな利益をもたらした。

D　徳政令による債務免除，または債権者が徳政令の適用から逃れることに対する手数料は分一銭と呼ばれ，幕府の収入源となった。

E　五山禅院などの寺社は当時さかんに金融業に進出していたが，幕府はこれら宗教勢力に課税する手段をもたなかった。

問7　下線部(キ)についての記述として正しいものはどれか。A～Eから一つ選び，解答欄にマークしなさい。

A　伊勢盛時(宗瑞)は足利茶々丸を攻めて伊豆を奪い，相模・武蔵に進出して山内・扇谷の両上杉家を滅ぼした。

B　美濃守護代の家に生まれた斎藤道三は，守護である斯波氏を追放することで美濃一国を支配する戦国大名となった。

C　武田晴信(信玄)は，釜無川と御勅使川の合流点に堤防を築くなど大規模な治水事業を実施した。この堤防は信玄堤と呼ばれている。

D　阿波・讃岐などを支配した長曽我部氏は分国法として『塵芥集』を制定した。三十箇条にまとめられた内容は各国の分国法に大きな影響を与えた。

E　西国の戦国大名を中心に，所領の年貢高を重さの単位である貫に換算する貫高制にもとづく知行制が発展した。

問8　下線部(ク)は元和元年に徳川秀忠によって発布されて以降，享保令に至るまで改正が重ねられた。寛永十二年に発布された寛永令で新たに設けられた内容として正しいものはどれか。A～Eから一つ選び，解答欄にマークしなさい。

A　幕府の許可を得ない婚約・婚礼を禁じた。

B　五百石積以上の大船の建造を禁じた。

C　大勢で酒を飲み気ままに遊ぶことを禁じた。

D　新規の築城を禁じた。

E　身分の低いものが勝手にかごに乗ることを禁じた。

問9　下線部(ケ)について，江戸期の村と百姓に関する以下の記述のうち正しいものはどれか。A～Eから一つ選び，解答欄にマークしなさい。

A　江戸期の村落は中世の惣村・郷村を複数合併させることで成立しており，領主が派遣した下吏が代表者を務めることが多かった。

B　名主・庄屋・肝煎を村方三役と呼び，農業用水や入会地の利用において他の本百姓とは異なる特権的な利用権をもった。

C　百姓の負担は田畑にかけられる本途物成と家屋敷にかかる小物成に大別される。その他，領主の都合によって臨時に求められる助郷役などの役務も多かった。

D　幕府は本百姓の経営を安定させるため，田畑永代売買の禁令を出した。そのため，江戸期を通じて農地の売買はまれにしか行われなかった。

E　幕府や大名，知行取りの旗本らは村の自治機構を利用して年貢徴収や役務の割り振りを行った。このような間接的な統治を村請制と呼ぶ。

問10　下線部(コ)に関連して，江戸期の貨幣政策とその実施時の幕閣・吏僚の組み合わせとして正しいものはどれか。A～Eから一つ選び，解答欄にマークしなさい。

A　元禄・宝永の改鋳 ― 間部詮房　　B　正徳の改鋳 ― 大岡忠相

C　元文の改鋳 ― 荻原重秀　　D　南鐐二朱銀の発行 ― 田沼意次

E　文政の改鋳 ― 松平信明

〔Ⅲ〕 次の文章を読み，以下の設問に答えなさい。

阿部正弘(ア)が老中首座の時代に結ばれた日米和親条約，続いて井伊直弼が大老の時代に結ばれた日米修好通商条約(イ)をはじめとする安政の五カ国条約により，幕末の日本においては多くの港が世界に開かれることになった。これら幕末日本の港で行われた海外との貿易では，日本からは生糸や，茶(ウ)，昆布などの農・水産物が輸出され，海外からは毛織物や綿織物などの工業製品，そして銃砲，艦船などの軍需品が輸入された。貿易収支については，幕末期の大半を通じて黒字(輸出超過)であったが，輸出品としてだけでなく，庶民の日々の生活においても必需品であった農・水産物の値上がりや，金の海外流出防止のために行われた金貨(エ)の改鋳に伴う物価上昇もあり，庶民の多くはむしろ困窮した。こうした経済状況は，開港や諸外国への反感を醸成し，また開港を決めた条約締結に際しての違勅の問題とも絡みつつ，尊王攘夷(オ)という政治思想・運動が広がる背景の一つとなった。

問1 下線部(ア)が中心となって進められた安政の改革についての記述として正しいものはどれか。A～Eから一つ選び，解答欄にマークしなさい。

A 政事総裁職が設けられ，松平慶永(松平春嶽)が任命された。

B 幕府の財政を安定させるため，上知令(上地令)が出された。

C 和宮降嫁を実現し，公武合体を推し進めた。

D 江戸に流入した貧民を帰郷させるため，人返しの法(人返し令)が出された。

E 国防強化のため，大船建造の禁が解かれた。

問2 下線部(イ)についての記述として正しいものはどれか。A～Eから一つ選び，解答欄にマークしなさい。

A 神奈川・長崎・新潟・博多の開港が決められた。

B 日本の関税自主権が認められた。

C 日本に滞在するアメリカ人に対する裁判は，アメリカの領事が行うことが定められた。

D アメリカから日本に最恵国待遇が与えられた。

E　アメリカの初代駐日総領事であったオールコックと幕府との交渉により締結された。

問 3　下線部(ウ)に関連して，茶や茶の湯についての記述として正しいものはどれか。A～Eから一つ選び，解答欄にマークしなさい。

A　平安時代に，茶の産地を飲み分ける競技である闘茶が流行した。

B　宋(南宋)から日本に茶をもたらした栄西は，曹洞宗の開祖とされる。

C　西山宗因は，茶と禅の精神とを結びつけ，侘茶(侘び茶)を創始した。

D　足利義満は，北野大茶湯を催し，貧富・身分にかかわらず民衆を参加させた。

E　戦国時代の武将である織田長益(織田有楽斎)は，茶の湯においても著名となった。

問 4　下線部(エ)に関連して，幕末から現代にかけての貨幣・紙幣や通貨についての記述として正しいものはどれか。A～Eから一つ選び，解答欄にマークしなさい。

A　万延小判は，それ以前の小判よりも大きく，また金の含有量も多かった。

B　明治新政府が発行した太政官札は，金貨や銀貨との交換が保証された兌換紙幣であった。

C　日本銀行が最初に発券した銀行券は，銀貨との交換が保証された兌換紙幣であった。

D　東久邇宮内閣は，インフレを防ぐため，旧円を新円に切り換えさせた。

E　ドル危機に際して，ニクソン大統領は，日本に対して円の切下げを要求した。

問 5　下線部(オ)を主張・支持した人物と，その人物と最も関係の深い藩との組み合わせとして正しいものはどれか。A～Eから一つ選び，解答欄にマークしなさい。

A　吉田松陰 ― 薩摩藩　　　　B　松平容保 ― 高松藩

C　高杉晋作 ― 土佐藩　　　　　　　D　藤田東湖 ― 水戸藩

E　会沢安(会沢正志斎) ― 長州藩

〔Ⅳ〕 次の文章を読み，以下の設問に答えなさい。

日露戦争(ア)後の日本では，経済の動向について二つの大きな特徴が見られた。一つは大陸への進出であり，もう一つは重工業の拡充である。前者については，まず日本は，大陸への進出拠点となる大韓帝国(韓国)の保護国化を推し進め，さらにこれを併合する(イ)と，農地や山林の一部を接収し，その払い下げを受けた国策会社の東洋拓殖会社を中心に土地開発を進めた。続いて満州への進出を本格化し，同じく国策会社の南満州鉄道株式会社(満鉄)を中心に，鉄道の敷設や沿線の炭鉱の開発・経営など，経済開発を推し進めた(ウ)。後者については，外債発行や増税で得た資金をもとに，軍需を背景として，政府主導によって八幡製鉄所(エ)の拡張を行うとともに，民間重工業の保護を行い，製鋼業，造船業，機械製造業の著しい発展を見た。しかし，前者の大陸進出については，同じく満州進出を目指していたアメリカとの関係(オ)の悪化という国際問題を引き起こし，また後者については，重工業資材の輸入などによる貿易赤字や外債への利払いなどにより，日本の国際収支の悪化を招いた。

問 1　下線部(ア)についての記述として正しいものはどれか。A～Eから一つ選び，解答欄にマークしなさい。

A　戸水寛人をはじめとする東京帝国大学などの七博士が，日露開戦に反対した。

B　日本海海戦，旅順をめぐる攻防戦，奉天会戦の順で戦われた。

C　アメリカとイギリスは，ロシアによる満州占領に反対し，日本を支援した。

D　イギリスのポーツマスで講和条約が結ばれた。

E　講和条約では，ロシアの持つ天津の租借権の日本への譲渡が認められた。

問2　下線部(イ)に関連して，韓国の保護国化や韓国併合についての記述として正しいものはどれか。A～Eから一つ選び，解答欄にマークしなさい。

A　イギリスは，桂・タフト協定で，日本による韓国保護国化を密かに承認した。

B　韓国皇帝の玄宗は，日本による保護国化に抗議するため，オランダで開かれていた第2回万国平和会議に密使を送った。

C　第2次日韓協約に基づく韓国軍解散を契機として，義兵運動が本格化した。

D　日本は，第3次日韓協約で，韓国の内政権を掌握した。

E　初代の朝鮮総督となった寺内正毅は，日本の内務大臣を兼任した。

問3　下線部(ウ)に関連して，満州や満鉄についての記述として正しいものはどれか。A～Eから一つ選び，解答欄にマークしなさい。

A　満鉄の本社は，長春に置かれた。

B　満鉄は，清から東清鉄道の支線の一部を譲り受け，鉄道事業を行った。

C　満鉄は，第一次世界大戦勃発前に，鞍山製鉄所を設立した。

D　満州の大冶で採掘された石炭が，八幡製鉄所で使用された。

E　石橋湛山は，『東洋経済新報』において，満州の放棄を主張した。

問4　下線部(エ)の操業当初において，日本はあるヨーロッパの国の技術の影響をとくに強く受けたとされる。このヨーロッパの国についての記述として正しいものはどれか。A～Eから一つ選び，解答欄にマークしなさい。

A　世界で最初に産業革命を経験した。

B　四国艦隊下関砲撃事件を引き起こした四国のうちの一国である。

C　三国干渉を行った三国のうちの一国である。

D　中国から広州湾を租借した。

E　ワシントン会議で四カ国条約を結んだ四国のうちの一国である。

問5　下線部(オ)に関連して，明治期における日本とアメリカとの関係・交流や日本へのアメリカの影響についての記述として正しいものはどれか。A～Eから一つ選び，解答欄にマークしなさい。

A　アメリカ人のボアソナードは，札幌農学校で教鞭をとった。

B　国立銀行の設立に際し，日本はアメリカの銀行制度の影響を受けた。

C　日露戦争後に増大した日本の綿織物輸出は，アメリカ向けが中心であった。

D　労働組合期成会の結成に尽力した小林多喜二は，アメリカの労働運動の影響を受けた。

E　田中館愛橘は，アメリカに渡って研究所を設立し，アドレナリンの抽出に成功した。

〔V〕次の文章を読み，以下の設問に答えなさい。

1950～60年代にかけての冷戦下の米ソ競争(ア)の舞台は，地球を飛び越えて宇宙開発にまで広がった。しかし，次第に核対決が行き詰まりをみせるなかで「雪どけ」を迎え，60年代半ばには核軍縮交渉が始まった。両陣営内での「多極化」が進むにつれて，米ソの圧倒的地位にかげりが見えるようになる。一方では第三勢力(第三世界)(イ)が台頭し，新興独立国家群は国際社会でも大きな存在感を示すようになった。

国内では，社会党統一と保守合同以後，1993年まで政権交代することなく自由民主党が政権を維持する，いわゆる55年体制(ウ)が成立した。1957年に誕生した岸信介内閣は，より対等な日米関係を目指してアメリカと交渉を進め，1960年1月に「日米相互協力及び安全保障条約(新安保条約)」を締結する。続く池田勇人内閣(エ)では，革新勢力との正面からの対立を避けつつ，「所得倍増」をスローガンにすることで，世論の関心を安保問題から経済政策に移した。

日本の経済成長(オ)は，先進国経済のなかでも群を抜いていた。1955年にアメリカの16分の1程度だった日本のＧＮＰは，1970年には5分の1程度にまで拡大し，ヨーロッパ主要国を上回る水準となった。こうした急成長の主な要因は，大企業による旺盛な設備投資である。鉄鋼・造船・自動車・電気機械・化学などの部門でアメリカの技術革新の成果を取り入れ，さらに石油化学・合成繊維などの新たな産業が日本経済を牽引した。人々の生活にゆとりが出始めると，家族旅行や行楽も増え，また新聞や雑誌，書籍の出版部数も激増し，純文学と大衆小説の両方の要素を併せ持つ「中間小説」(カ)が人気を博した。とはいえ，こうした急激な経済成長や生活様式の変化は，多くの犠牲のうえに成り立つものでもあった。農村・都市における過疎過密や環境問題(キ)などの解決は後回しにされ，当面の経済成長において優先されたのはこれら地域における港湾の整備や交通網の拡充(ク)であった。

国際社会との関係にも変化が生じた。戦後日本は「内需主導」の成長を続けていたものの，国際貿易における黒字の拡大にともないアメリカとの貿易摩擦(ケ)が深刻な問題として浮上する。一方で，1972年9月には［ 1 ］によって日中国交正常化を実現し，1978年8月には［ 2 ］に調印して，戦前に最大の貿易相手国だった中国との関係は大幅に改善された。

1960年代末にＧＮＰ世界第2位となった日本は，1987年までに一人あたりの国民所得でもアメリカを抜き去って「ジャパン・アズ・ナンバーワン」の時代を謳歌することになる。この間の比較的，安定・成熟した政治体制と国際関係の構築のいずれもが，日本が経済大国への道を歩むうえで不可欠であった。

問1　下線部(ア)についての記述として正しいものはどれか。Ａ～Ｅから一つ選び，解答欄にマークしなさい。

Ａ　アメリカが宇宙船アポロ11号の打ち上げに成功すると，ソ連は人工衛星スプートニクの打ち上げでこれに対抗した。

Ｂ　キューバ危機において，アイゼンハワー大統領は海上封鎖を実施し，冷戦最大の危機を招いたが，フルシチョフ首相の譲歩で危機を脱した。

Ｃ　1963年に米・英・仏3国外相が調印した部分的核実験禁(停)止条約にソ連・中国は反対した。

Ｄ　1968年に調印された，核兵器所有国が核兵器を非所有国へ供与することや非所有国が製造することを禁じた条約を核兵器拡散防止条約と呼ぶ。

Ｅ　ゴルバチョフ大統領が積極的に推進した平和共存政策とは，自由主義国と社会主義国とが平和的に両立しうるという考え方に基づく政策である。

問2　下線部(イ)についての記述として正しいものはどれか。A～Eから一つ選び，解答欄にマークしなさい。

A　オランダからの独立運動の指導者であったスカルノは，ベトナム民主共和国の初代大統領となった。

B　1947年に独立したインドの初代首相ネルーは，アジア・アフリカ諸国を第三勢力として結集し，非同盟・中立外交を推進した。

C　1954年に中国の毛沢東国家主席とインドのネルー首相が，主権尊重・相互不可侵・内政不干渉・平等互恵・平和共存の平和五原則を確認した。

D　1960年代にはアジア・アフリカ諸国が国連加盟国の過半を占めるようになり，発言力を強めた日本は安全保障理事会の常任理事国となった。

E　1960年開催のアジア・アフリカ会議でアフリカ諸国の独立が認められたことから，この年を「アフリカの年」と呼ぶ。

問3　下線部(ウ)に関連して，この期間に在職した内閣総理大臣についての記述として正しいものはどれか。A～Eから一つ選び，解答欄にマークしなさい。

A　鳩山一郎は，憲法改正，日ソ国交回復，さらに日本の国際連合の加盟を実現させた。

B　田中角栄は，小笠原諸島の返還，沖縄の祖国復帰，さらに日中国交正常化を実現した。

C　中曽根康弘は，電電公社・専売公社・国鉄の民営化を実現し，首相として初めて靖国神社に公式参拝した。

D　竹下登は，消費税（税率３％）を導入したが，その反発とロッキード事件をきっかけに退陣した。

E　宮沢喜一は，湾岸戦争をきっかけにＰＫＯ協力法を成立させ，自衛隊をイラクに派遣した。

問4　下線部(エ)に関連して，この政権のもとで起こった出来事についての記述として正しいものはどれか。A～Eから一つ選び，解答欄にマークしなさい。

A　所得倍増計画は，1970年までに国民総生産および一人あたり国民所得を２倍にすることを目指したが，現実の経済成長は想定よりも緩やかであった。

B　産業の大都市集中を緩和し，地域の格差を是正する目的で，1962年に新産業都市建設促進法を公布するとともに，全国総合開発計画を閣議決定した。

C　中華人民共和国との貿易の拡大を目指して，交渉にあたった廖承志と高碕達之助の頭文字をとってＬＴ貿易と呼ばれる政府間貿易が結ばれた。

D　警察官の権限強化を規定した警察官職務執行法の改正案を国会に提出したが，世論の反発により審議未了に終わった。

E　「日韓基本条約」を結び，韓国政府を「朝鮮にある唯一の合法的な政府」と認め，韓国との国交を樹立した。

問5　下線部(オ)についての記述として正しいものはどれか。Ａ～Ｅから一つ選び，解答欄にマークしなさい。

A　日本労働組合総評議会（総評）を指導部とし，各産業の労働組合が共同歩調で賃上げを要求する「春闘」は労働者の賃金上昇に貢献した。

B　高度経済成長期には，終身雇用，成果主義賃金，労使協調主義を特色とする日本独自の経営方式が定着した。

C　農林業・漁業から商業・金融業・サービス業，そして製造業へと産業生産額や産業従事者数などの比重が移る，産業の高度化が起こった。

D　労働力需要が高まったことにより農村部への求人が増え，集団就職と呼ばれる主に高校を卒業したばかりの若者が都市に就職した。

E　農業部門では，化学肥料や農薬，農業機械の普及によって農業生産力は上昇し，多額の補助金が支給されたために農家所得は増加し，専業農家が増えた。

問6　下線部(カ)に関連して，この時期の純文学や中間小説の作者と作品名の組み合わせとして正しいものはどれか。Ａ～Ｅから一つ選び，解答欄にマークしなさい。

A　司馬遼太郎 ―『金閣寺』　　B　三島由紀夫 ―『悲の器』

C　大江健三郎 ―『坂の上の雲』　　D　松本清張 ―『点と線』

E 高橋和巳 ―『個人的な体験』

問7 下線部(キ)に関連して，高度成長のひずみとして現れた社会問題についての記述として正しいものはどれか。A～Eから一つ選び，解答欄にマークしなさい。

A 高度経済成長期には，交通事故の死亡者が年間10万人を超え，戦争での戦死者数のようになったことから交通戦争と呼ぶ。

B 立ち遅れていた部落差別の解消のため，生活環境の改善・社会福祉の充実を内容とする同和対策審議会の答申にもとづき，1969年に同和対策事業特別措置法が施行された。

C 公害反対の世論と住民運動によって起こされた四大公害訴訟では，産業界の強い抵抗によって裁判が長引き，被害者側の敗訴に終わった。

D 1967年に制定された環境基本法は，大気汚染・水質汚濁など7種の公害を規制し，事業者・国・地方公共団体の責務を明らかにした。

E 社会党・共産党系の知事・市町村長が増え，東京都知事に美濃部達吉が当選した。

問8 下線部(ク)に関連する次の①から③の出来事について，古い順に正しく並べたものはどれか。A～Eから一つ選び，解答欄にマークしなさい。

① 国際化の進展に合わせて，新東京国際空港(現在の成田国際空港)が開港した。

② 国産乗用車の開発・普及が進められる中，富士重工業は小型自動車「スバル360」を発売した。

③ 東海道新幹線が開通して高速輸送時代を迎えた。

A ①→②→③　B ①→③→②　C ②→①→③
D ②→③→①　E ③→②→①

問9 下線部(ケ)に関連して，日本の貿易黒字の増大とその影響についての記述として正しいものはどれか。A～Eから一つ選び，解答欄にマークしなさい。

A 日本の貿易黒字の拡大によって貿易摩擦が起こり，80年代の為替相場は円安基調となった。

B　1960 年代の鉄鋼やカラーテレビに始まり，70 年代の繊維製品，80 年代には自動車や半導体の輸出が貿易摩擦の原因となった。

C　アメリカは自由な貿易・投資をはばむ日本の構造的障壁の撤廃を目指して，1989 年に日米構造協議を開始し，大店法(大規模小売店舗法)の改正を決めた。

D　アメリカはベトナム戦争による膨大な戦費支出によって財政赤字に悩んでいたが，1980 年代には輸入を減らし，貿易赤字を減らした。

E　企業は省エネルギーや人員削減，パート労働への切り替えなどを特徴とする日本的経営を確立し，輸出向け生産を大幅に伸ばした。

問10　空欄 [1]，[2] に入る語の組み合わせとして正しいものはどれか。A～Eから一つ選び，解答欄にマークしなさい。

	[1]	[2]
A	日華平和条約	日中平和友好条約
B	日中平和友好条約	日中共同声明
C	日中共同声明	日華平和条約
D	日中平和友好条約	日華平和条約
E	日中共同声明	日中平和友好条約

世界史

(60分)

〔Ⅰ〕 次の文章の空欄(1～10)にあてはまる語句にかんする設問(1～10)に答えなさい。

債務は，貨幣が発明されるずっと以前から存在していた。債権者の利害を守りつつ，多重債務問題をいかにして解決するかは常に為政者の関心事であった。現存する人類最古の法律は，［ 1 ］人が粘土板に刻んだ楔(くさび)形(がた)文字で記したものだが，その多くは債務と金利の問題にかんするものだった。［ 1 ］法を集大成したハンムラビ法典には，最大金利や，債務奴隷は3年間とするなどの債務を軽減する規定がある。

金と銀を大量に保有していた［ 2 ］王国では史上初の金属貨幣が鋳造されたが，貨幣の出現により，古代の地中海交易は発展し，海洋民族であるギリシア人が繁栄した。ギリシア各地のポリスが尊重した神託で知られる［ 3 ］は，ギリシア最大の金融センターでもあり，定期的に金銭を貸し出していた。経済活動が盛んになると債務問題も深刻化した。例えば，アテネでは借金のために多数の市民が奴隷にされ，その不満から内戦が勃発しそうになったため，紀元前6世紀初頭に［ 4 ］が改革を行い，債務奴隷を禁止した。

古代ローマでも債務と金利にかんする問題は重要だった。紀元前450年頃に制定された十二表法では債務にかんする5つの規定が記されていたし，紀元前367年に作られた［ 5 ］法では，債務者がすでに払った利息を元本から差し引き，残額を年賦(ねんぷ)とした。紀元前287年にホルテンシウス法が制定された背景にも債務問題があったと言われる。その後のローマの領土拡大につれて，元老院議員や騎士層が莫大な富を手に入れる一方，中小農民は多額の借金を抱えるようになり，債務危機が深刻化したので，グラックス兄弟が改革を試みたが失敗した。その結果，ローマは「内乱の一世紀」に突入し，特に紀元前91年から紀元前88年に起こった同盟市戦争でローマの財政は破綻し，債務危機も頂点に達した。混乱の最中にコンスル(執政官)に就任した［ 6 ］は，債務の一部を免除するため複利を禁じて単利としたが，不十分だったため，彼のライバルだったマリウスとその同盟者のキンナは，更に大幅な債務免除を断行しようとした。だが［ 6 ］は，ローマを軍事占領して反対派を粛清した。その後もローマの内紛は続き，借金を棒引きにする公約を掲げてコンスルになろうとしたルキウス・カティリナのような人物も現れたが，その陰謀は，雄弁家として知られる［ 7 ］によって阻止された。こうした紆余曲折(うよきょくせつ)を経て，債務危機は，内乱に終止符をうってディクタトル(独裁官)に就任したカエサルが，利息を棒引きにして元本を年賦としたことで克服された。

ローマは政治的にも経済的にも安定に向かい，初代皇帝アウグストゥスの治世には金利は最低水準の約4％となった。征服地の拡大と属州からの富の流入でローマの繁栄はその後200年ほど続いたが，次第に財政が行き詰まったため，ローマ市内に大浴場を建設するなど浪費家として知られ，198年から217年まで帝位にあった［ 8 ］は銀の含有量を減らす貨幣改鋳を行った。しかし，この政策はインフレを招いて金利を上昇させたので，債務危機が再燃して反乱が頻発するようになった。こうしてローマは軍人皇帝時代に突入するが，その混乱を収めて284年に皇帝に即位した［ 9 ］は，軍隊を増強するため，徴税制度を改革し，最高価格令を出して物価と賃金を統制しようとしたがうまく行かなかった。そこで，コンスタンティヌス帝は財政基盤を整備して官僚機構を確立するとともに，金利の上限を約12％に定めた。政治は再び安定に転じ，ローマ帝国の東半分は繁栄を取り戻したため，次第にこの利子法は法外であると考えられるようになり，6世紀に［ 10 ］が編纂(へんさん)させたローマ法大全では，金利の範囲が4～8％に引き下げられた。

設問1 ［ 1 ］の民族についての記述A～Dのなかで正しいものをひとつ選び，その記号を解答欄にマークしなさい。

A．サルゴン1世の時にメソポタミア都市国家群の統一に成功した。

B．ティグリス川流域を支配し，バビロン第一王朝を樹立した。

C．ウル，ウルクなどを代表とする都市国家を多数形成した。

D．王を神の化身と見なし，メンフィスを都とする国家を形成した。

設問2 [2] の王国が繁栄していた時代にかんする記述A～Dのなかで正しいものをひとつ選び，その記号を解答欄にマークしなさい。

A．現在のトルコ西部に当たる地方にはメディア王国が君臨していた。

B．パレスチナにあったユダ王国が滅亡し，住民はバビロンに連行された。

C．エジプトではアメンホテプ4世がアマルナ改革を行った。

D．アケメネス朝のダレイオス1世がペルセポリスを建設した。

設問3 [3] の宗教施設にかんする記述A～Dのなかで正しいものをひとつ選び，その記号を解答欄にマークしなさい。

A．この施設はクレタ島にあり，世界の臍（へそ）と考えられていた。

B．この施設はレスボス島にあり，サッフォーの生誕地として知られている。

C．この施設はペロポネソス半島にあり，4年に一度のスポーツ祭典の会場であった。

D．この施設は中央ギリシアにあり，アポロン神の神殿があった。

設問4 [4] の人物がおこなった改革にかんする記述A～Dのなかで正しいものをひとつ選び，その記号を解答欄にマークしなさい。

A．市民を財産の大小によって4等級に分け，それに応じて参政権を定めた。

B．貴族と平民の不満を解消するため慣習法を明文化し，石碑に刻んだ。

C．血縁に基づく部族制を廃止し，デーモスを基礎とする行政単位に改めた。

D．僭主（せんしゅ）たちを追放し，陶片追放を制度化して，民会の権威を回復した。

設問5 [5] の法の内容にかんする記述A～Dのなかで正しいものをひとつ選び，その記号を解答欄にマークしなさい。

A．平民会の決議が全ローマ人の国法となるようにした。

B．コンスルのうち一人を平民から選ぶことにした。

C．平民による公有地の占有上限を撤廃した。

D．元老院が選んでいた護民官を平民会の選出に改めた。

設問6 [6] の人物にかんする記述A～Dのなかで正しいものをひとつ選び，その記号を解答欄にマークしなさい。

A．元は剣闘士だったが下層民を巧みに統率して閥族(ばつぞく)派の領袖に就任した。

B．同盟市戦争を鎮圧し，イベリア半島の全自由人にローマ市民権を与えた。

C．ディクタトルとなって元老院の権威回復をもくろんだ。

D．ポエニ戦争に勝利してカルタゴを服属させ，属州総督制度を導入した。

設問7 [7] の人物にかんする記述A～Dのなかで正しいものをひとつ選び，その記号を解答欄にマークしなさい。

A．ストア派の哲学者としても知られ『幸福論』が代表作である。

B．ローマの出来事を年ごとに記述した『年代記』が代表作である。

C．ローマ興隆の要因を混合政体に求める政体循環史観を論じた『歴史』が代表作である。

D．ローマの歴史を考察し，様々な政体の優劣を論じた『国家論』が代表作である。

設問8 [8] の皇帝にかんする記述A～Dのなかで正しいものをひとつ選び，その記号を解答欄にマークしなさい。

A．属州を含む帝国内の全自由人に市民権を与えた。

B．ブリタニアにその名を冠した長城を築くなど属州の発展に努めた。

C．ダキアを征服して属州とし，帝国の最大版図を実現した。

D．ストア派哲学者としても有名で『自省録』を著した。

設問9 [9] の皇帝にかんする記述A～Dのなかで正しいものをひとつ選

び，その記号をマークしなさい。

A．皇帝を唯一神として崇拝させ，専制君主政(ドミナトゥス)を開始した。

B．４人の正帝が帝国を４分割支配する体制(テトラルキア)を導入した。

C．皇帝崇拝を拒否するキリスト教徒にたいして迫害を行った。

D．交易を促進するため信頼性の高いソリドゥス金貨を発行させた。

設問10 [10] の皇帝にかんする記述A～Dのなかで正しいものをひとつ選び，その記号をマークしなさい。

A．ローマ帝国の復興を図り，ヴァンダル王国や西ゴート王国を滅ぼした。

B．アジアから養蚕(ようさん)技術を導入して絹織物産業を振興した。

C．イスラーム建築の技術を取り入れたハギア＝ソフィア聖堂を建立した。

D．軍制を改革し，地方司令官が民事行政を掌握(しょうあく)するプロノイア制を導入した。

〔Ⅱ〕 次の文章を読み，空欄(ア～エ)に当てはまる適切な語句を解答欄に記入しなさい。また，下線部(1～6)にかんする設問(1～6)に答えなさい。

アジア初となる共和制を樹立した辛亥革命の指導者である孫文が生まれたのは1866年である。孫文が生まれる直前の中国では，太平天国の乱(1)が起きており，孫文の革命思想の源泉に太平天国の乱を求めることもできる。その後の清国では，曾国藩や李鴻章が富国強兵運動を進めていた。孫文は，1879年にハワイにわたりキリスト教徒となり，帰国後，香港などで医学を修めたが，この頃清仏戦争(2)が起き反仏運動が盛り上がり，孫文の政治への関心は強まった。日清戦争の敗北により，中国では改革の機運が高まり，康有為らは，立憲君主制の樹立を目指したが失敗した。孫文は再びハワイにわたり，革命結社である［　ア　］を組織したが，広州での蜂起はうまくいかずに日本へ亡命し，1896年には，イギリスへ行き，そこで社会問題への関心を深め，その根源には土地問題があるとし，土地所有の不平等の是正を主張するようになる。

1900年には，義和団が「扶清滅洋」を掲げ，列国の公使館などを攻撃するなかで，孫文も，恵州で蜂起を試みるが失敗し，以後孫文は，世界各地で亡命生活を送ることになる。日露戦争を経て，孫文は「三民主義」を掲げ，異民族による支配と君主制という二重支配構造を打ち破ることに主眼を置き，いくら開明的なものであっても君主制では真の変革は望めないとした。

清朝が1911年5月に幹線鉄道の国有化を試みると，民族資本家や地方の有力者から大きな反発を招き，9月には四川で暴動が起き，10月の［　イ　］での新軍の蜂起が発端となり辛亥革命が開始される(3)。孫文は帰国し，1912年には臨時大総統となった。これにより中華民国が［　ウ　］を首都として誕生した。宣統帝を退位させ清朝が終わりを告げたとき，孫文は自ら大総統を辞任し，袁世凱が臨時大総統となった。1913年には中国史上初めての国会の選挙が行われ，政党として結成された国民党が勝利したが，袁世凱により国会は無視され，国民党は解散させられた。このようななかで行われた第二革命といわれる武装蜂起は失敗し，孫文は日本に亡命し，［　エ　］を結成する。これがのちの中国国民党となる。

第一次世界大戦のただなかに日本が押しつけた二十一カ条の要求の破棄を求め

た北京での大学生の抗議デモをきっかけに，各地に日本商品排斥運動やストライキなどによる抗議が盛り上がった。この時期に，ソ連が帝政ロシア時代に清朝と結んだ不平等条約の撤廃を宣言したこと(4)や，シベリア出兵などの対ソ干渉戦争の失敗，さらには社会主義国であるソ連の発展(5)などに孫文は印象づけられるようになった。また中国各地にマルクス主義のサークルができ，1921 年には上海において中国共産党が結成された(6)。中国国民党は，路線の大きな隔たりから中国共産党と対立していたが，1924 年に党大会を開き，ソ連と連携し共産主義を受け入れ，労働者・農民を支援する「連ソ・容共・扶助工農」を唱えた。孫文は，軍閥打倒や帝国主義列強による不平等条約の撤廃などを進めたが，1925 年に病死した。

設問 1　太平天国の乱の説明として，正しいものをひとつ選び，その記号を解答欄にマークしなさい。

A．洪秀全が組織した拝上帝会は，キリスト教的宗教結社であるが，当初から偶像崇拝を認めたため，次第に土着の信仰の要素が加わった。

B．太平天国は，北上して北京を攻略して，首都とし，天京と改称し，華北・華中を支配した。

C．アヘン吸引や纏足などを禁じた太平天国は，土地制度として，男女の区別なく土地を均分することを目指した天朝田畝制度を打ち出したが，実現されなかった。

D．イギリスの軍人ウォードは，常勝軍を組織して李鴻章の淮軍と協力して太平天国の乱の鎮圧に貢献したが，のちにアフリカで戦死した。

設問 2　清仏戦争前後のフランスのインドシナ進出の説明として，正しいものをひとつ選び，その記号を解答欄にマークしなさい。

A．国民投票を行って即位したナポレオン 3 世は，クリミア戦争など積極的外交政策を行い，宣教師殺害を口実にインドシナにも出兵し，インドシナの植民地化を進めた。

B．太平天国の乱の後，阮福暎の統治下のベトナムに亡命した劉永福は黒旗軍を組織し，フランスへの抵抗運動に参加した。

C．清仏戦争の結果としてユエ(フエ)条約が結ばれ，清はベトナムの宗主権を放棄して，ベトナムはフランスの保護国とされた。

D．清仏戦争の後も，フランスはこの地への進出を続け，カンボジアを保護国化し，19世紀末までにカンボジアやラオスもフランス領インドシナに編入した。

設問3　辛亥革命の勃発を機とし独立を宣言した外モンゴルは，その後ソ連の支援のもと，1924年には人民共和国となるが，モンゴル人民革命党の指導者で1939年からは首相となるのは誰か。

設問4　この宣言はなんと呼ばれているか。

（解答欄：＿＿＿＿＿宣言）

設問5　ソ連の発展の説明として，正しいものをひとつ選び，その記号を解答欄にマークしなさい。

A．戦時共産主義においては，工場の国有化，農作物の強制徴発，食料配給制などが行われたが，レーニンの死後，農作物の徴発制度を止めるなどの政策を転換し新経済政策(ネップ)に移行した。

B．コミンテルン(第3インターナショナル)は，モスクワで設立され，各国の共産主義政党を組織した国際組織であるが，1930年代に反ファシズム人民戦線の戦術をとるために解散した。

C．トロツキーらによる世界革命論に対して，スターリンは一国社会主義論を唱え，第1次五カ年計画により重工業重視の工業化や農業集団化を進めた。

D．1922年に，ソヴィエト社会主義共和国連邦がロシア，ウクライナ，ベラルーシ，キルギスの四つの共和国により結成され，のちに15カ国の共和国の連合となった。

設問6　この時期の中国の文学者・思想家についての説明として，正しいものをひとつ選び，その記号を解答欄にマークしなさい。

A．陳独秀は，『新青年』を刊行し，「民主と科学」をスローガンとして新文化運動を推進し，その後，マルクス主義に傾倒し，共産党の初代委員長となり，中華ソヴィエト共和国臨時政府の主席となった。

B．魯迅は，日本で医学を学んだが文学の道を志し，帰国後，口語による文学を提唱した白話文学運動を実践した『狂人日記』などを発表し，中国近代文学の基礎を築いた。

C．中国共産党創立者の一員である李大釗は，五・四運動では指導的役割を果たし，北京大学を創設して教授を務めマルクス主義を中国に紹介し，第1次国共合作において活躍した。

D．胡適は，口語文学を提唱した学者であり，留学していたアメリカから帰国後，儒教を批判していたが，五・四運動後には，マルクス主義の立場となった。

〔Ⅲ〕 次の文章を読み，空欄(ア～オ)に当てはまる語句を解答欄に記入しなさい。また，下線部(1～5)にかんする設問(1～5)に答えなさい。

「[ア] 夫妻はカラカスの暴徒の唾と石の手荒い攻撃を受け，危うく死にかける」。こうしたキャプションを付した生々しい写真が本国市民のもとに届けられ，1950年代のアメリカ合衆国(以下，合衆国)を表象する不朽のイメージのひとつとなった。下の写真はあるグラフ雑誌(*LIFE*)の表紙を飾ったもので，[ア] 副大統領夫妻が乗り込んだ1号車を暴徒が蹴りあげている瞬間をとらえている。

LIFE, Vol. 44, No. 21, May 26, 1958.

[ア] は国務省幹部やワシントン輸出入銀行総裁らをともなって，1958年4月27日首都ワシントンを出発し，ウルグアイ，アルゼンチン，パラグアイ，ボリビア，ペルー，エクアドル，コロンビア，そしてベネズエラ(1)を親善訪問し，5月15日に帰国した。表向きの主な目的は，アルゼンチン大統領の就任式に合衆国を代表して出席することであった。5月9日のエクアドルからの国務省高官の報告は，既にリマで反米デモに遭遇し，[ア] は投石でかすり傷を負

っていたことから，キト，ボゴタ，カラカスでも同様の事件が起きる可能性があると伝えていた。しかし，キトではワシントン輸出入銀行の経済援助への，ボゴタでは国際商品価格の安定化(2)への理解が進み，5月13日早朝［ア］一行はカラカスへと飛び立った。カラカスの混乱がワシントンに伝えられると，大統領はすぐに海兵隊と空挺部隊1000人をプエルトリコとキューバに派遣して，ベネズエラ政府の要請がありしだい派遣するよう命令した(「貧しいリチャード作戦」)。この作戦が実行されることなく，［ア］の一行はベネズエラ訪問を中断して帰国の途についた。ワシントンの空港で［ア］は共産主義者と闘った英雄として拍手喝采を浴び，後に大統領に就任して国交回復前の中国訪問やデタントを推し進めることになる。しかし，マスコミは国務省のラテンアメリカ政策を批判し，コラムニストのウォルター・リップマンはこの親善訪問での事件を「外交のパール・ハーバー」と呼んだ。この事件が合衆国のラテンアメリカ政策に与えた影響は大きかった。

合衆国政府が米州における秩序ある世界の創出を最初に本格的に試みたのは，1889年から翌年にかけて首都ワシントンに南北アメリカ18か国代表を集めて開催し，通商協定などを結んだ［イ］会議に遡る。それまで人々の関心は主に海外よりも内陸部に向けられたが，1890年の国勢調査の結果，入植者が合衆国全域に広がって［ウ］の消滅が注目され，それは合衆国の海外進出が本格化するひとつの契機となった。以来，合衆国は孤立主義外交を放棄して干渉政策へとシフトさせた(3)。［エ］大統領は，1823年の年次教書でヨーロッパ諸国による西半球の植民地化を阻止する立場を表明したにすぎなかったのだが，それはアメリカの伝統的な対外政策のひとつとなった。しかし，合衆国が対外政策にそくした経済力と軍事力を持つようになる1880年代以降，合衆国はラテンアメリカ諸国に対する干渉を強め，合衆国による干渉権がそうした伝統的な対外政策の原則から派生すると主張するに至った。

出遅れた帝国主義国として，武力に加えて民間資本進出の支援も重視する政策は既に第一次世界大戦前に見られた。しかし，合衆国政府による対外援助は第二次世界大戦期に本格化し，戦後は自由貿易を軸とする世界経済体制の構築を支援する経済援助や軍事援助を積極的に展開した(4)。ヨーロッパに対する巨額の復興援助の一方で，ラテンアメリカ諸国へはワシントン輸出入銀行融資や技術援助が中心であった。その後，冷戦が激化し拡大し，ラテンアメリカ諸国にも軍事援助が注ぎ込まれるなかで「外交のパール・ハーバー」事件は起こった。事件から間もなくして，ラテンアメリカの経済開発の必要性が差し迫っているとのブラジル大統領の要請を受け，合衆国はラテンアメリカ政策の見直しを始めた。1960年の大統領選挙で［ア］を破った［オ］は(5)キューバ危機を乗りこえ，革命がラテンアメリカ全体に波及することを阻止するべく経済開発と民主化への支援を拡大した。

設問1　ベネズエラにかんする説明として正しいものをひとつ選び，その記号を解答欄にマークしなさい。

A．サン＝マルティンは，石油国有化による社会保障の充実などで国民的支持を強める一方，反米路線を堅持した。

B．大コロンビア共和国では地域対立が起きて解体し，コロンビア，ベネズエラ，ニカラグアの3か国に分離した。

C．シモン＝ボリバルは出身地ベネズエラの独立運動に参加し，その後大コロンビア共和国を樹立して大統領となった。

D．軍事クーデターで政権を奪取したイダルゴは反改革的な独裁政治を行ったが，自らもクーデターで追放され合衆国に亡命した。

設問2　国際商品価格の安定化はモノカルチャー経済に深く関係している。モノカルチャーにかんする説明として正しいものをひとつ選び，その記号を解答欄にマークしなさい。

A．財政立て直しのため，村落に特定の農産物の生産を割り当て，安い価格で買いあげる経済政策をとった。

B．西ヨーロッパ向けの穀物栽培を目的に，領主は農民保有地を奪って直営地を増やし，農民への賦役労働を強化する農業経営を採用していた。

C．輸入を抑え輸出を拡大することで外貨を獲得する政策を批判し，農業のみを重視する保護貿易主義を採用していた。

D．特定の農産物や鉱産物の生産と輸出に依存する経済構造であるため，市場価格の変動による影響を大きく受けていた。

設問3　19世紀末から第二次世界大戦前の合衆国の対外政策にかんする説明として正しいものをひとつ選び，その記号を解答欄にマークしなさい。

A．ウィルソン大統領はカリブ海と中米地域における覇権を目指した対外政策で，スペインとの戦争に帰結した。

B．タフト大統領はカリブ海と中米地域や東アジアに対する外交政策で，海外投資の拡大によって政治的な影響力を及ぼすドル外交を行った。

C．ローズヴェルト大統領は世界大恐慌の勃発後，ドル経済圏を確保するため，ラテンアメリカ諸国に対する直接的な介入と干渉を強めた。

D．マッキンリー大統領は「棍棒を手に，話は穏やかに」として，軍事力を背景とする棍棒外交政策を展開した。

設問4　第二次世界大戦期以降の合衆国の対外政策にかんする説明として正しいものをひとつ選び，その記号を解答欄にマークしなさい。

A．合衆国の参戦前に制定した武器貸与法に基づき，連合国に対して武器弾薬に限定して提供し支援した。

B．カーター政権は人権弾圧を厳しく非難する対外政策をとり，軍事クーデターで実権を握った政権によるパナマ運河の返還要求を拒絶した。

C．合衆国とラテンアメリカ諸国は，共産勢力の浸透を防止し，侵略に対しては集団的に防衛措置をとることを約束したリオ協定を結んだ。

D．世界の共産主義化を防止するため，クリントン政権はソ連と共産圏諸国に対して政治，経済，軍事など全面的な封じ込め政策を策定した。

設問5　キューバ危機以降のラテンアメリカを中心とするアメリカ大陸にかんする説明として正しいものをひとつ選び，その記号を解答欄にマークしなさい。

A．アメリカ，カナダ，メキシコが相互の関税障壁を廃止して自由貿易圏を作る北米自由貿易協定に調印した。

B．ホンジュラスではサンディニスタ民族解放戦線はソモサ親子の長期独裁政権を倒して革命政権を樹立したが，合衆国の支援する反革命軍との間で内戦が長期化した。

C．チリではピノチェト政権を倒して権力を握ったアジェンデが左派弾圧を行う一方で，新自由主義経済政策を実施した。

D．アルゼンチン軍事政権はフォークランド諸島の領有権を主張して侵攻したが，フランス軍の反撃で撤退した。

〔Ⅳ〕　産業革命によって資本主義体制を世界に先駆けて確立したイギリスは，19世紀に入ると，地主と並んで政治経済の表舞台に立った産業資本家，そして社会的発言権を求める労働者階級の様々な運動を受けた諸改革をいち早く進めた。ここでは，そのなかでも1830年代と1840年代におけるイギリス国内の政治経済の改革がいかに進行したかを説明しなさい。ただし，論述においては以下の五つの語句をすべて使用すること。括弧や句読点は1マス1字に数え，算用数字を用いる場合には1マス2字までとする。なお解答は箇条書きとせず，200字以上240字以内で，横書きで文章を記すこと。

人民憲章，選挙法改正，航海法，工場法*，穀物法

＊工場法は1833年のものとする。

地理

(60 分)

〔Ⅰ〕 次の文章を読み，以下の問いに答えよ。

国境に関しては，[1]国境と[2]国境という名称がある。そして[2]国境の中には，[3]国境とも呼ばれる経緯線を利用した幾何的な境界設定(ア)がある。

西半球では，世界一長いことで有名なアメリカ合衆国とカナダの国境線のうち，その西側半分以上が典型的な[3]国境である。それは北緯[4]度のラインに沿っているが，詳細にみると，西側の太平洋上では南に少し偏っている。また，反対の大陸東側の大半では，同一水系に属する五大湖や[5]の一部など，むしろ[1]国境に準拠している部分が比較的長い。この，北米大陸における主要な内陸水路でもある合衆国とカナダ国境の東側地域では，両国による水路関連施設の共同管理も行われている。その他，西半球にみられる[3]国境の例としては，合衆国とカナダの間のもう一つの国境の大半(イ)や，中米グアテマラとその二つの隣国であるメキシコや[6]を隔てる国境の一部などが挙げられる。

また，同じ西半球でも南米大陸に関しては，大きな山脈や河川を基準に設けられた[1]国境の例が少なくない。背景としては，南米大陸では 19 世紀前半という比較的早い時期に諸地域が国家として独立したことなども考えられる。例えば，アンデス山脈の長い尾根線が利用されたチリ，アルゼンチン間の国境はその代表であり，河川による例としては，世界的な観光地としても名高い大瀑布を近傍に有する，[7]，アルゼンチン，ブラジルの三か国を隔てるラプラタ川(水系)の流れに沿った国境(ウ)などが挙げられよう。

問 1　空欄[1]から[3]に当てはまる最も適切な語句を解答欄に記入せよ。なおそれぞれの語句は漢字三文字からなる。

問2　下線部アに関し，以下の記述の中で数値上の誤りを含むものを選択肢から1つ選び，解答欄にマークせよ。

A　インドネシアとパプアニューギニア(東経121度)

B　エジプトとスーダン(北緯22度)

C　エジプトとリビア(東経25度)

D　韓国・北朝鮮軍事境界線(北緯38度付近・周辺非武装地帯を含む)

問3　空欄［4］に当てはまる適切な数字を以下の選択肢から1つ選び，解答欄にマークせよ。

A　29　B　39　C　49　D　59

問4　空欄［5］に当てはまる最も適切なものを以下の選択肢から1つ選び，解答欄にマークせよ。

A　リオグランデ川　B　マッケンジー川

C　フレーザー川　D　セントローレンス川

問5　下線部イについて，それぞれの国側で接する州の名称を，以下の例に従って解答欄に記入せよ。例：モンタナ州，アルバータ州

問6　空欄［6］に当てはまる最も適切な国名を以下の選択肢から1つ選び，解答欄にマークせよ。

A　ドミニカ　B　ニカラグア

C　エルサルバドル　D　ベリーズ

問7　空欄［7］に当てはまる最も適切な国名を以下の選択肢から1つ選び，解答欄にマークせよ。

A　ウルグアイ　B　パラグアイ　C　スリナム　D　ボリビア

問8　下線部ウに関して，この水系の付近で国境を挟んで隣接する二カ国間による共同出資として始まり，現在もなお継続している国際的な事業の内容について，20字以内で解答欄に記述せよ。

〔Ⅱ〕 次の文章を読み，以下の問いに答えよ。

地中海東岸に位置する現在のイスラエルは，南北に長さ約 470 km，幅が最も広いところで約 135 km の細長い国土からなり，沿岸の平野部は肥沃な農業地帯となっている。国民の半分以上はこの平野部に住んでおり，多くの工業施設もここに集中している。北部は，比較的雨量が多いために緑が保たれているが，南部は国土の約半分を占めるネゲヴ砂漠に見られるように乾燥しており，南下するほど浸食性のクレーターや，切り立った裸の山々が多く見られる。

この地域の紛争の問題(ア)は，イスラエル人がこの地域に定住して国家を形成した紀元前 1500 年ころにさかのぼる。その後，国家の滅亡などによってイスラエル人の多くが離散していった。しかしイスラエル人は，移住先でも彼らの伝統的な宗教(イ)の信仰をかたく守っていた。

19 世紀後半には，かつてイスラエル人が居住していた地域でイスラエル人国家の建設をめざす運動(ウ)が活発になり，この地域に入植するイスラエル人が増加した。そして第 1 次世界大戦の最中，イスラエル人とアラブ人の双方から協力を得ようとしたイギリスは，イスラエル人には国家の建設を認め，アラブ人にはトルコからの独立を約束した。その結果，第 1 次世界大戦後に，この地域の主権をめぐって両民族の間に紛争が起こることになった。

第 2 次世界大戦後には国際連合が，この地域をアラブ人国家とイスラエル人国家に分割する案を提示し，この案を受け入れたイスラエル人は 1948 年に建国を宣言した(エ)。しかしその結果，100 万人以上のアラブ人がこの地域から追放されて難民となり，イスラエルの建国に反対するアラブ諸国との間で戦争が勃発した。1964 年には，イスラエルの建国により難民となった人々がアラブ諸国の支援を受け，この地域の奪回を掲げて［ Ⅰ ］と呼ばれる組織を結成し，イスラエルに対する報復攻撃を活発化させた。

1993 年，イスラエルと［ Ⅰ ］は，話し合いによる紛争の解決をめざして，イスラエル建国によってこの地域を追われた人々が暫定自治政府を設立することに合意した。その後，この自治政府は一時分裂したが，2014 年には分裂は解消され，暫定統一政府が発足している。

問１　下線部アに関し，この問題の名称を解答欄に記入せよ。

問２　下線部イに関し，イスラエル人の伝統的な宗教の名称を解答欄に記入せよ。

問３　下線部ウに関し，イスラエル人が国家の建設をめざした運動の名称を解答欄に記入せよ。

問４　下線部エに関し，現在のイスラエルが公用語としている言語の名称を解答欄に記入せよ。

問５　空欄［　Ｉ　］に当てはまる最も適切な語を解答欄に記入せよ。

問６　図Ⅱ－１中の(あ)に当てはまる名称として最も適切なものを以下の選択肢から１つ選び，解答欄にマークせよ。

A　ガリラヤ地方　　B　ヨルダン川西岸地区
C　ガザ地区　　D　ゴラン高原

問７　図Ⅱ－１中の(い)及び(う)に当てはまる都市の名称として最も適切なものを以下の選択肢から１つずつ選び，解答欄にマークせよ。

A　エルサレム　　B　ベイルート　　C　アンマン　　D　ダマスカス
E　ナザレ　　F　ハイファ　　G　ディモナ
H　テルアヴィヴ

問８　図Ⅱ－１中の(え)及び(お)に当てはまる国名として最も適切なものを以下の選択肢から１つずつ選び，解答欄にマークせよ。

A　ヨルダン　　B　レバノン　　C　トルコ　　D　イラン
E　イラク　　F　エジプト　　G　イエメン　　H　シリア

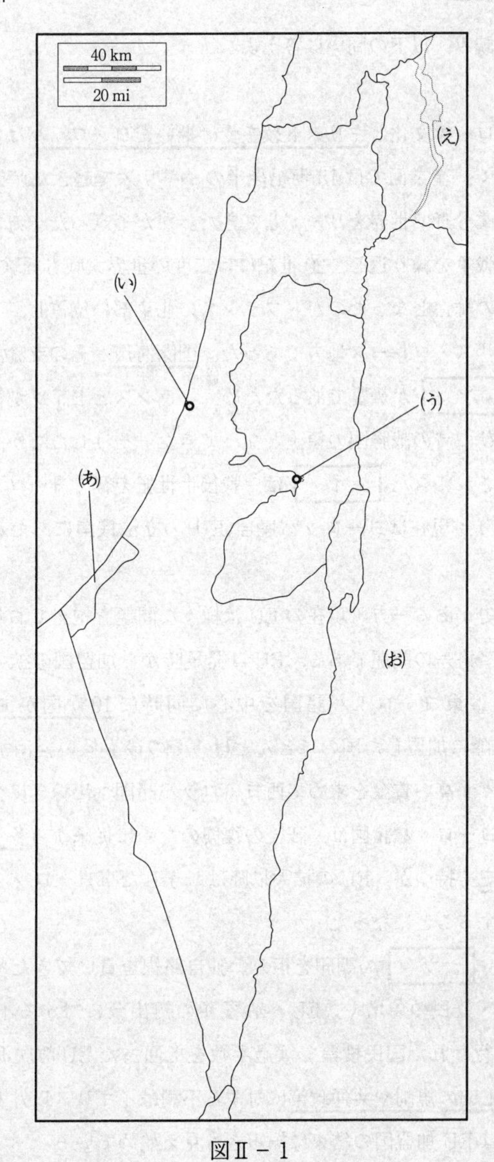

図Ⅱ－1
（https://d-maps.com/pays.php?num_pay=88&lang=en などにより作成）

〔Ⅲ〕 次の文章を読み，以下の問いに答えよ。

ギリシャ・ローマ文化とキリスト教を受け継いだヨーロッパ(1)は，文化的一体性が古くから強く，産業面では18世紀後半のイギリスで起きた産業革命を起点として，特に工業分野で世界をリードしてきた。だがそうした一方で，ヨーロッパ諸国は互いに戦争を繰り返し，20世紀には二度の世界大戦も経験した。

たびたびその舞台となったのが，フランスの北東部に位置し，ドイツとの国境に面するアルザス・ロレーヌ地方であった。国際河川(2)とその支流沿いに拓けたこの地方は，［ア］が豊富であったため，フランスとドイツが領土争いを繰り返し，そのたびに時の戦勝国の領土となってきた。そうしたなか，両国のはざまで歴史に翻弄されてきた［イ］は，戦後半世紀を経てヨーロッパ統合の象徴的な都市となり，現在はヨーロッパ連合(EU)の立法機関にあたる欧州議会が設置されている。

こうした歴史がある一方，現在のEUは様々な問題を抱えており，その一つが加盟国間の経済格差の問題である。EUは発足時から加盟国の拡大路線を取り続け，2004年には東ヨーロッパ諸国を中心に同時に10か国が加盟した(3)。しかし，2000年以降に加盟した国のほとんどは，その後も低い経済水準にあったため，多くの人々が高い賃金を求めて西ヨーロッパ諸国へ出稼ぎに行くようになった。他方，西ヨーロッパ諸国は，戦後の復興のために従来から多くの移民を受け入れてきた歴史(4)を持つが，EUの拡大以降はこうした東ヨーロッパからの出稼ぎ労働者が急増することになった。

EU発足後も［ウ］の調印を拒み，独自路線を貫いてきたイギリスでは，こうした移民・難民の急増や，EUへの多額の拠出金に対する不満を背景として，2016年に行われた国民投票では過半数を上回ったEU離脱派が勝利した。これを受けてEUの規制や共通政策(5)に対する不満はイギリス以外の加盟国にも広がり，今日ではEU加盟国の結束に揺らぎも見え始めている。

問1　下線部(1)に関して，次の問いに答えよ。以下の表は，ヨーロッパ諸国におけるキリスト教徒の宗派別人口の割合を表したものである。①に当てはまる最も適切な国を1つ選び，解答欄にマークせよ。なお，イギリスの国教会はプロテスタントに含まれるものとする。

(%)

	カトリック	プロテスタント	正教会	その他
①	34	34	0	32
②	10	62	0	28
③	64	2	0	34
④	2	82	1	15

(TIME Almanac, 2010)

A　ドイツ　　B　スウェーデン

C　フランス　　D　イギリス

問 2　下線部(2)の国際河川を以下の選択肢から 1 つ選び，解答欄にマークせよ。

A　ドナウ川　B　ソーヌ川　C　ライン川　D　ローヌ川

問 3　空欄 ア に入る資源の組み合わせとして最も適切なものを以下の選択肢から 1 つ選び，解答欄にマークせよ。

A　原油とウラン鉱石　　B　原油と天然ガス

C　石炭とボーキサイト　　D　石炭と鉄鉱石

問 4　空欄 イ に入る，最も適切なこの地方の都市を以下の選択肢から 1 つ選び，解答欄にマークせよ。

A　ブリュッセル　　B　ストラスブール

C　ルクセンブルク　　D　デュッセルドルフ

問 5　下線部(3)に関して，以下の①と②の問いに答えなさい。

①　この 10 か国に当てはまらない国を以下の選択肢から 1 つ選び，解答欄にマークせよ。

A　ハンガリー　　B　ポーランド

C　ルーマニア　　D　スロベニア

②　上記の①で選んだ国の説明として最も適切なものを以下の選択肢から1つ選び，解答欄にマークせよ。

A　黒海に面するこの国は，東ヨーロッパの南東部に位置し，1989年の独裁政権の崩壊後に民主化された。川沿いに広がる沖積平野では混合農業が盛んであり，石油や天然ガスの産出も多い。

B　バルト海に面するこの国は，東ヨーロッパの北部に位置する。また1980－1981年には自主管理労働組合「連帯」を中心に民主化運動が展開された。国土の約半分を占める耕地では小麦やライ麦などが栽培され，石炭をはじめ鉛や銀などの鉱産資源も豊富である。

C　内陸部に位置するこの国は，マジャール語を公用語とし，カトリックが人口の過半数を占める。1956年には民主化運動がソ連軍の介入によって鎮圧されたという歴史を持ち，プスタと呼ばれる大平原では混合農業が盛んである。

D　オーストリアやイタリアと国境を接するこの国は，古くから西ヨーロッパ文化圏に組み込まれ，旧ユーゴスラビア連邦から1991年に独立してからは工業化をいち早く遂げた。またカルスト地形の由来となった石灰岩台地があることでも知られる。

問6　下線部(4)に関して，以下の①と②の問いに答えなさい。

①　第2次世界大戦後，フランスはかつての植民地であった北アフリカ諸国から多くの労働者を受け入れてきたが，それらの国の総称として最も適切なものを以下の選択肢から1つ選び，解答欄にマークせよ。

A　マシュリク諸国　　B　マグレブ諸国

C　クレオール諸国　　D　レバント諸国

②　上記の①で選んだ諸国の組み合わせとして最も適切なものを以下の選択肢から1つ選び，解答欄にマークせよ。

A　西サハラ，スーダン，マルタ

B　エジプト，リビア，モーリタニア

C　トーゴ，ナイジェリア，カメルーン

D モロッコ，アルジェリア，チュニジア

問7 空欄 ウ に入る語句の組み合わせとして，最も適切なものを以下の選択肢から1つ選び，解答欄にマークせよ。

A 統一通貨導入とシェンゲン協定

B 統一通貨導入とリスボン条約

C マーストリヒト条約とシェンゲン協定

D マーストリヒト条約とリスボン条約

問8 下線部(5)に関して，EUの共通農業政策(CAP)の説明として，誤りを含むものを以下の選択肢から1つ選び，解答欄にマークせよ。

A この政策は，EU域内の農業を保護するために，おもに共通市場政策，共同農業財政，統一構造政策という3つの大きな柱からなっている。

B この政策は，EU域内の安定した農業を目指して，農産物に統一価格を設定し，域外からの輸入農産物には課徴金を課す制度である。

C この政策は，2004年のEU拡大以降，補助金の支給を廃止する代わりに，EU域内で収益が見込める農業のアグリビジネス化を推進させた。

D この政策は，EU各国の農家の生産意欲を刺激する一方で，農作物の過剰生産を誘発し，多額の財政支出が起きた結果，EUの財政が圧迫された。

〔Ⅳ〕 次の文章を読み，以下の問いに答えよ。

アフリカ大陸の大半は安定陸塊で平均高度も高く，南東部(1)からシナイ半島以北へと続く大地溝帯が縦断している。北アフリカの地中海沿岸は地中海性の気候だが，その南部には世界最大の砂漠(2)が広がっており，北アフリカとサハラ以南では気候(3)に大きな違いがみられる。また，アフリカ大陸では「睡眠病」(4)や黄熱病など様々な病気が存在し，エボラ出血熱なども断続的に流行している。

一方，アフリカは原油やダイヤモンド(5)といった鉱産資源に恵まれ，経済の大半を鉱産資源の輸出に依存している国も多い。また，カカオ(6)やコーヒーなどの特定の農作物(7)の輸出に依存するモノカルチャー的な傾向が残っている国も多い。こうした一次産品の輸出は世界市場の動向にさらされやすく，また農作物の生産は気候にも左右されるため，アフリカの人々の暮らしは大きな影響を被ってきた。また，ダイヤモンドなどの鉱産資源をめぐる争いも多く，アフリカ各地で内戦が繰り返されてきた。なかでも1994年には，中央アフリカのルワンダにおいて部族(8)間の争いが激しくなり，多数の人間が殺害された。多くのアフリカ諸国では，1人あたりの国民所得(9)はいまだに低い水準だが，その一方で近年では，アフリカに対する諸外国からの直接投資(10)も増加しており，アフリカの経済成長を促す重要な要因ともなっている。

問1　下線部(1)に関して，アフリカ南東部にあり，世界最大級の滝であるヴィクトリア滝がある河川の名称は何か。最も適切なものを以下の選択肢から1つ選び，解答欄にマークせよ。

A　オレンジ川　　B　ベヌエ川　　C　カサイ川　　D　ザンベジ川

問2　下線部(2)に関して，アフリカに存在する砂漠の中でも，ボツワナの国土の大半を占め，ナミビアや南アフリカ共和国にもまたがる砂漠の名称は何か。最も適切なものを以下の選択肢から1つ選び，解答欄にマークせよ。

A　ダナキル砂漠　　B　カラハリ砂漠

C　バユダ砂漠　　D　ナミブ砂漠

問 3　下線部(3)に関して，以下の図Ⅳ－1は，アスワン，アビジャン，トアマシナ，ナイロビの雨温図である。アビジャンを示す雨温図はどれか。最も適切なものを以下のAからDの中から1つ選び，解答欄にマークせよ。

図Ⅳ－1　アフリカの各都市の雨温図

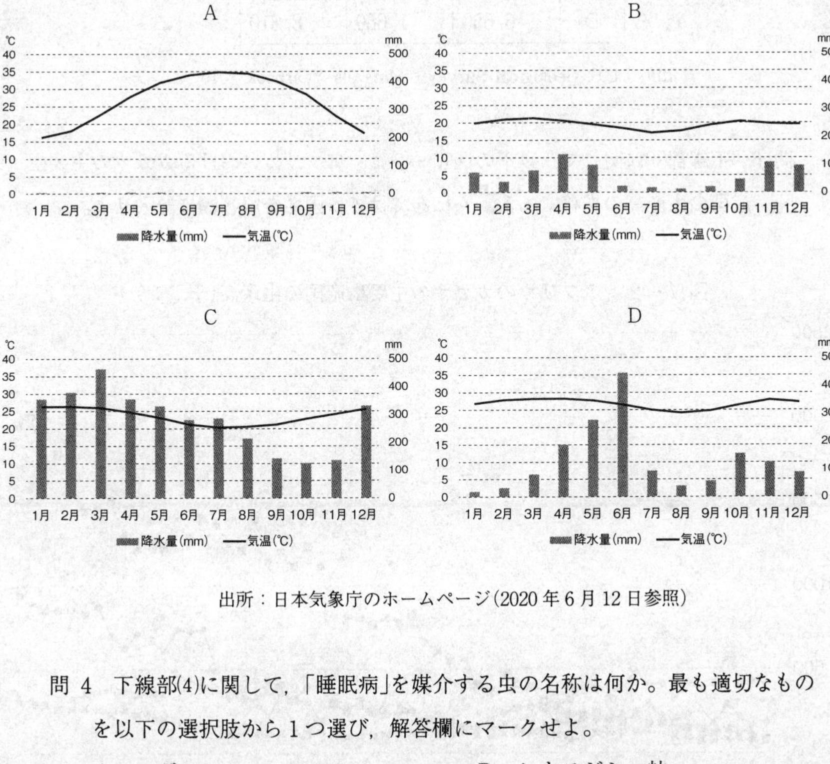

A

B

C

D

出所：日本気象庁のホームページ(2020 年 6 月 12 日参照)

問 4　下線部(4)に関して，「睡眠病」を媒介する虫の名称は何か。最も適切なものを以下の選択肢から1つ選び，解答欄にマークせよ。

A　マダニ　　　　B　ヒトスジシマ蚊

C　ツェツェ蝿　　D　ハマダラ蚊

問 5　下線部(5)に関して，以下の表Ⅳ－1は，アフリカにおけるダイヤモンドの主要生産国の生産高を表している。Aにあてはまる国名を解答欄に記入せよ。

表Ⅳ－1　アフリカの主要なダイヤモンド生産国の生産高(2016 年，千カラット)

	装飾用	工業用	計
A	4, 640	18, 600	23, 240
B	14, 400	6, 150	20, 550
C	8, 120	902	9, 022
D	6, 650	1, 660	8, 310

出所：U.S. Geological Survey, "Minerals Yearbook 2016"

問 6　下線部(6)に関して，以下の図Ⅳ－2は，アフリカにおけるカカオの主要生産国の生産高の推移である。Aにあてはまる国名を解答欄に記入せよ。

図Ⅳ－2　アフリカのカカオの主要生産国の生産高(千トン)

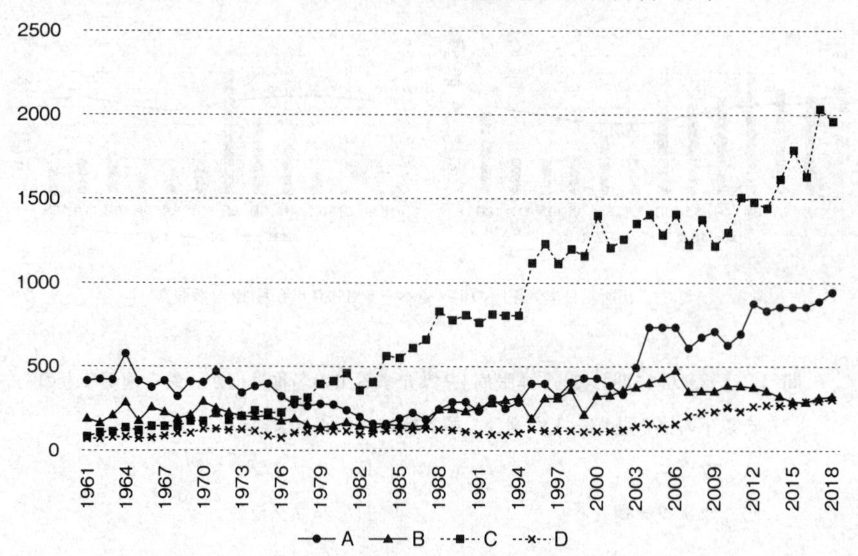

出所：Food and Agriculture Organization, FAOSTAT(2020 年 6 月 12 日参照)

問7　下線部(7)に関して，以下の図Ⅳ－3は，セネガルの主な農作物の収穫面積とその割合を示している。Aの農作物は，主に換金作物として栽培されているが，その農作物の名称を解答欄に記入せよ。

図Ⅳ－3　セネガルの主な農作物の収穫面積(万 ha)とその割合(2017年)

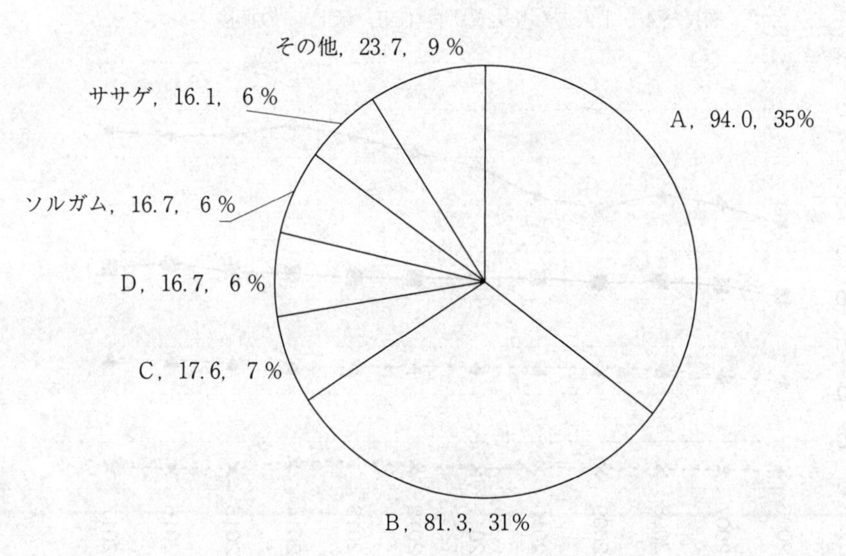

出所：Food and Agriculture Organization, FAOSTAT(2020年6月12日参照)
注：総収穫面積266.1万 ha

問8　下線部(8)に関して，1994年のルワンダ内戦では，多数派の部族と，少数派の部族との間で深刻な対立が生じた。この多数派の部族の名称は何か。最も適切なものを以下の選択肢から1つ選び，解答欄にマークせよ。

A　ツチ族　　B　マサイ族　　C　フツ族　　D　ズールー族

問 9　下線部(9)に関して，以下の図Ⅳ－4は，アルジェリア，エジプト，シエラレオネ，ボツワナの1人あたり実質所得(GNI)の推移である。ボツワナを示すグラフはどれか。最も適切なものを以下のAからDの中から1つ選び，解答欄にマークせよ。

図Ⅳ－4　1人あたり実質所得(GNI，米ドル)の推移

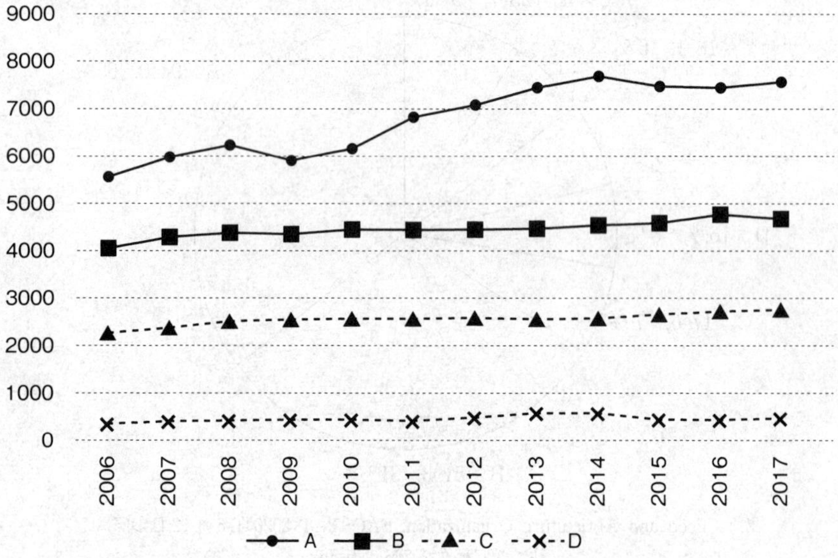

出所：World Bank, World Development Indicators(2020年6月12日参照)

注：Constant 2010 US$による値

問10　下線部(10)に関して，以下の図Ⅳ－5は，エチオピア，ザンビア，南アフリカ，シエラレオネに対する海外からの直接投資額の推移である。エチオピアを示すグラフはどれか。最も適切なものを以下のAからDの中から1つ選び，解答欄にマークせよ。

図Ⅳ－5　アフリカへの海外直接投資（フロー，100 万米ドル）

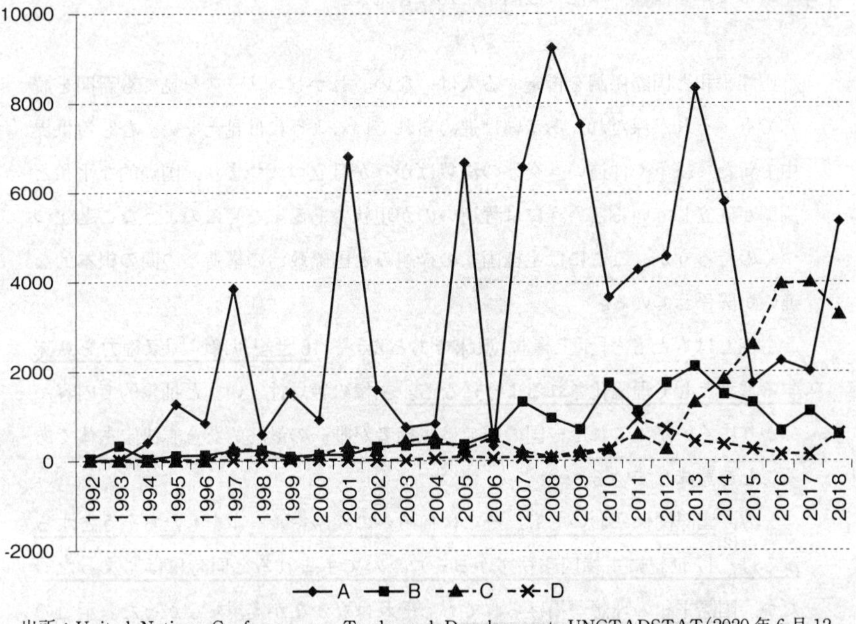

10000
8000
6000
4000
2000
0
-2000

1992 1993 1994 1995 1996 1997 1998 1999 2000 2001 2002 2003 2004 2005 2006 2007 2008 2009 2010 2011 2012 2013 2014 2015 2016 2017 2018

A　B　C　D

出所：United Nations Conference on Trade and Development, UNCTADSTAT（2020 年 6 月 12 日参照）

政治・経済

(60分)

〔Ⅰ〕 次の文章を読み，下記の設問1～10に答えよ。

国際平和と国際協調を否定する人はいない。しかしニュースを見ても新聞を読んでも，それが保たれ，あるいは進められているようには見えない。むしろ世界中で新たな紛争や仲違い，交渉の決裂ばかりが目立つ。つまり，国際的な平和と協調が確立しているというには程遠いのが現状である。なぜこのようなことがつづくのだろうか。ここには主権国家の枠組みと国際政治の構造との間の根本的な違いが関係している。

主権とはもともと「至上権」の意味であったが，(1)16世紀以降，国家権力を意味する言葉として理論化されるようになる。主権の絶対性というと抽象的で内容が分かりにくいが，これは一国の中では主権者が唯一の最終的な意志決定主体であることを意味している。

一方，(2)国際関係においても，そこに何らかの秩序やルールをもたらそうとする試みは，17世紀に主権国家秩序がヨーロッパで生まれると同時にはじまった。だが，(3)国際平和の理想が掲げられても，それはなかなか実現しなかった。至上の権力としての主権国家という近代政治の前提と，そうした国家をさらに上位の秩序に服させようとする試みとを両立させることは，原理的に難しいからだ。

20世紀に入ると，ヨーロッパ列強の帝国主義に発した戦争は「総力戦」となり，第一次世界大戦では1600万人の戦没者を出したとも言われる。こうした惨禍を二度とくり返さないために，ヨーロッパやアメリカなど各国が協力して国際連盟が作られ，(4)侵略戦争を違法と規定した。だが国際連盟は，制度上の欠陥と(5)時局的な不運が重なり，その役割を果たすことができないまま第二次世界大戦が勃発した。

第二次世界大戦は再び国民全体を巻き込み戦地に駆り立てる総力戦となり，第一次世界大戦を大きく超える死者を出した。犠牲者は5000万人以上とも言われる。二度の戦争と国際連盟の機能不全への反省から作られた国際連合は，(6)さまざまな工夫を凝らして決定力・実行力を高めようとした。

しかし，国際連合も当初期待された機能を果たしているとは言えない。冷戦後の時代には各地で民族紛争や地域紛争が頻発するようになった。そうしたなか，ユーゴスラビアやルワンダの内戦におけるような民族虐殺が起こった。(7)これらの紛争において生じた虐殺については，人道に反する行為を裁くことが重要である。ただし，国際社会の基本的なルールである国家に主権が存するという考え方に基づくなら，最終的な決定権者は各々の国家ということになるため，国際連合の介入には限界がある。

また，国際紛争の火種となる軍備を減らす「軍縮」に関しても，事態はなかなか進まない。核兵器をすでに保有する国としない国，核拡散防止条約における「核兵器国」として核の保有を認められてきた国々と，それ以外の新興核保有国との思惑の違いがあり，(8)核軍縮へのあゆみは一進一退をくり返している。

日本もまた，国際関係や軍縮をめぐって困難な立場に立たされてきた。1956年，日ソ共同宣言でソ連との国交正常化を果たしたことで，日本は国際連合に加盟した。とりわけ冷戦後には，国際連合が紛争地域に軍隊や平和維持のための部隊を派遣するなかで，憲法によって戦力を持たない日本にも国際協力が要請された。しかし，国際連合による内戦への介入は必ずしも成功せず，大国主導の軍事行動には批判や疑問も多い。それに加えて，冷戦終結後に目立つようになった(9)アメリカの単独行動主義は，国際協調主義の原則に反している。日本がこうしたアメリカの動きに追従することも，この原則の動揺を助長している。

また，軍事的な問題以外に，現在の世界で喫緊の課題として地球環境問題が挙げられる。この問題に関しても，CO_2排出規制をめぐる各国の対立は深刻である。とくにアメリカはここでも単独行動主義が目立ち，2019年には(10)温室効果ガス削減目標を定めたパリ協定からの離脱を表明した。

設問 1　下線部(1)に関して，主権論をはじめて理論化したとされるボダン（ボーダン）の思想として，もっとも適当と思われる記述を下記のなかから一つ選び，解答欄の記号（A～D）をマークせよ。

A．主権は最高の国家権力であり，他のいかなる世俗の法にも服さない。

B．唯一絶対の主権は，自然権を主権者に委譲する相互の契約によって定立される。

C．人々は政府に信託を行い，それを受けた政府は人民の自然権を保障する。

D．人々は契約を通じて現れる一般意志に従って政治体を定立し，主権者となる。

設問 2　下線部(2)の試みとして代表的な1625年のグロティウスによる著書名は何か。もっとも適当な名称を解答欄に記入せよ。

設問 3　下線部(3)に関連して，カントは18世紀末に『永遠平和のために』を著し，国際平和の重要性とその実現のための方策を提示した。その内容として適当でない記述を下記のなかから一つ選び，解答欄の記号（A～D）をマークせよ。

A．諸国家の協力によって国際法を確立すること

B．諸国家が常備軍を整備すること

C．自由な諸国家による国際平和機構を設立すること

D．他国の政治や体制に暴力で干渉しないこと

設問 4　下線部(4)に関連して，国際連盟は，対立関係にある諸国家を包摂する国際機構として，国家間の侵略行為を禁じた。さらにこれに違反した国には，国際連盟全体で制裁を科すこととした。従来の「勢力均衡」方式に代わって，侵略戦争違法化に実効性を持たせるために採用されたこの方式を何というか。もっとも適当な語句を解答欄に記入せよ。

設問 5　下線部(5)に関連して，国際連盟設立に積極的であったアメリカは，国内からの反対によってこれに加わることができなかった。自身は国際連盟設立と戦後処理における無併合・無賠償・民族自決を訴えた，このときのアメリカ大統領はだれか。もっとも適当と思われる人名を解答欄に記入せ

よ。

設問 6　下線部(6)に関連して，国際連合の組織のあり方としてもっとも適当と思われる記述を下記のなかから一つ選び，解答欄（A～D）をマークせよ。

A．国際連合では特定の主要国が重要な役割を担う制度が作られたが，国際連合憲章では参加国の主権平等原則が謳われている。

B．国際連合において全加盟国が参加し，重要事項を審議・評決する総会においては，国際連盟と同様に全会一致の原則が保たれている。

C．重要事項の決定能力を高めるため，国際紛争の平和的解決を担う安全保障理事会は，15理事国のうち非常任理事国を含む9理事国の賛成で，すべての事項が可決される。

D．国際連合は国際連盟と同様，加盟国の武力行使禁止に対する違反については経済制裁だけでなく軍事制裁も行うことで，抑止力を高めようとしている。

設問 7　下線部(7)に関連して，大量虐殺（ジェノサイド）や人道に反する行為，戦争犯罪などを裁くために2003年に設立された常設の裁判所は何か。もっとも適当と思われる名称を解答欄に記入せよ。

設問 8　下線部(8)に関連し，1996年に国際連合総会で採択された，爆発を伴う核実験を全面的に禁止した包括的核実験禁止条約は，発効要件国44カ国のうち8カ国が批准していないため，2020年現在発効していない。2020年の時点で批准していない核技術保有国として正しいものを下記のなかから一つ選び，解答欄の記号（A～D）をマークせよ。

A．ロシア

B．中国

C．日本

D．イギリス

設問 9　下線部(9)に関連して，アメリカの単独行動主義の例としてもっとも適当と思われるものを下記のなかから一つ選び，解答欄の記号（A～D）をマークせよ。

A．1990 年，イラクのクウェート侵攻に際して経済制裁を行った。

B．1999 年，ユーゴスラビア内戦時に大規模な軍事介入を行った。

C．2003 年，大量破壊兵器を保有しているとしてイラクに武力攻撃を行った。

D．2013 年，マリや中央アフリカ共和国への軍事介入を行った。

設問10　下線部(10)に関連して，パリ協定に先立ち，1997 年に温室効果ガスの削減目標をはじめて数値で定めた法的拘束力をもつ取り決めが採択された。気候変動枠組条約第三回締約国会議（COP 3）におけるこの取り決めを，会議が行われた地名をとって何と呼ぶか。もっとも適当と思われる名称を解答欄に記入せよ。

〔Ⅱ〕　次の文章を読み，下記の設問 1 ～ 6 に答えよ。

私たちの生活の「豊かさ」は，どのようにして測ることができるだろうか。お金持ちであること，安定した仕事があること，広い土地を持っていること，友人関係に恵まれていることなど，様々な豊かさの物差しを思い浮かべるのではないだろうか。

その中でも豊かさを測る経済的な物差しとして，国内総生産（GDP）があげられる。GDP は，国民経済計算体系に基づいて，一定期間のサービスを含めた国内産出額から中間投入額（中間生産物）を差し引いて算出される。いわばフローを扱った指標である。これに対して，一国のある一時点での［ 1 ］を扱った指標として国富がある。

かつては GDP に対して，国民が一定期間に生み出した付加価値の総計として［ 2 ］が使われていた。グローバル化の進展に伴い，国外で活動する企業や海外投資が増加したため，GDP と［ 2 ］の差が近年広がってきており，［ 2 ］の方を重視すべきではないか，という議論もある。このように経済の(1)

豊かさを測る指標一つとっても，様々な見方がある。

これまでGDPや[2]は，時の政権の経済目標としても用いられてきた。1960年代の池田勇人内閣によって策定された[3]，近年では2020年頃までに名目GDPを600兆円に引き上げる目標などがあげられる。

しかし，GDPの算出方式をめぐっては，経済の実態を必ずしも反映できていないのではないか，という指摘もある。経済学者ダイアン・コイルによれば，そもそもGDPは大恐慌で失われた経済規模や必要な軍事調達費を把握する目的で作成されたものであり，必ずしも豊かさの指標ではなかった。それゆえ，GDPの算出方式にはいくつかの問題があるという。例えば金融仲介サービスは測定の困難さから，金融機関がリスクを取るほどGDP成長率を押し上げてしまう。つまり，バブル経済の形成を助長する側面がある。他にも公的雇用は賃金をGDPとして計上するため，福祉国家や軍事国家の活動が拡大するほどGDPを押し上げてしまう。つまり，現在の算定方法の場合，経済の実態を過大(過小)評価し，それが特定の経済行動を誘引してしまう恐れがある。

このような課題を抱えるGDPの算出方式ではあるが，2000年以来16年ぶりに国民経済計算体系の基準改定によって算出方式の見直しが行われた。これまではイノベーション(2)の代表的なインプット指標である[4]を，中間消費と扱い，付加価値として計上していなかったが，今後は投資として計上する。これによってGDPを3％程度押し上げることになった。今後もグローバル化やデジタルサービスの発展など実体経済の変化にあわせて，(3)「付加価値」の定義は変わっていくだろう。

もっとも，経済的な豊かさだけが，私たちの生活の豊かさを表しているわけではない。(4)近年では，経済的な豊かさに代わる新たな指標や目標が提唱されている。例えば，2015年9月に国際連合は持続可能な開発目標，通称[5]を設定し，これを踏まえて各国が経済的な豊かさだけでなく，気候変動，教育，ジェンダー平等など17項目の目標を掲げて様々な対策に取り組むようになった。

(5)また，格差問題や環境問題が最終的にGDP成長率に影響を及ぼすことも念頭に置くべきであろう。格差拡大と経済成長の関係については，経済発展の過程で一時的に格差が広がるが，その後格差が縮まっていくという理論が広く知られていた。しかし，OECDの研究によれば，下位中間層・貧困世帯とそれ以外の社会階層との格差が拡大することにより，経済成長が阻害される傾向がみられるという。

GDPは確かに重要な指標ではあるが，豊かさの一面を表しているに過ぎない。GDPの落ち込みによって生活の豊かさが損なわれるとは限らないし，その逆もまた然りである。何が私たちの生活を豊かにするのか，GDPだけでなく多様な豊かさの物差しを使って考えていく必要があるだろう。

設問 1　文中の［ 1 ］～［ 5 ］に入る，もっとも適当と思われる語句を解答欄に記入せよ。

設問 2　下線部(1)に関連して，GDPの記述として，もっとも適当と思われるものを次のなかから一つ選び，解答欄の記号（A～D）をマークせよ。

A．名目GDPが増加すれば，実質GDPも必ず増加する。

B．2018年のGDPランキングでみると，日本はアメリカ，中国に次いで世界第3位となっており，一人当たりGDPでみても上位10位以内に位置している。

C．GDPに固定資本減耗を加えたものを国内純生産と呼ぶ。

D．名目GDPのうち家計の消費額は50％以上を占めており，家計消費は経済活動の中で重要な位置を占めている。

設問 3　下線部(2)に関して，イノベーションによってもたらされるプロセスを「創造的破壊」と呼んだ経済学者の名前を，次のなかから一つ選び，解答欄の記号（A～D）をマークせよ。

A．ケインズ

B．シュンペーター

C．ハイエク

D．ガルブレイス

設問 4　下線部(3)に関して，GDPに計上される付加価値の記述として，もっとも適当と思われるものを次のなかから一つ選び，解答欄の記号（A～D）をマークせよ。

A．中古住宅を購入した場合，それが GDP に計上されることはない。

B．失業者を毎月 10 万円で政府が雇用した場合，それが GDP に計上されることはない。

C．現金一律 10 万円給付をした場合，それは GDP に計上される。

D．家族内で行われる家事・育児・介護は，その価値が GDP に計上される。

設問 5　下線部(4)に関して，GDP の代替指標の記述として，もっとも適当と思われるものを次のなかから一つ選び，解答欄の記号（A～D）をマークせよ。

A．環境の視点から GDP を示す考え方としてグリーン GDP があり，GDP に環境破壊の影響を反映して算出される。

B．国際連合の 2020 年版『世界幸福度報告書』によると，日本は先進諸国の中で幸福度が高い国に位置づけられる。

C．国民総幸福量（GNH）とは，1972 年にスウェーデン国王が最初に提唱した幸福度の指標である。

D．国民福祉指標は，GDP に余暇や家事労働等の価値，生活の質を悪化させる費用等を差し引いて算出される。

設問 6　下線部(5)に関して，格差問題の記述として，もっとも適当と思われるものを次のなかから一つ選び，解答欄の記号（A～D）をマークせよ。

A．ジニ係数とは，所得格差・不平等さをあらわす指標の一つであり，0（ゼロ）に近づくほど格差が大きいことを示す。

B．世帯間の所得分布を，ローレンツ曲線を利用してグラフ化すると，その曲線の形状から所得分布の偏りを確認することができる。

C．ジニ係数でみた日本の所得格差は，1960 年代の高度経済成長期以降，下がり続けているが，近年でも先進諸国の中で低い水準を保っている。

D．2020 年世界経済フォーラム年次総会（ダボス会議）での報告によれば，世界の上位1％の富裕層が，残る99％の人々をあわせたものとほぼ等しい富を保有している。

〔Ⅲ〕 次の文章を読み，下記の設問1～8に答えよ。

1946年，ウィンストン・チャーチルはスイスのチューリッヒ大学での演説で「欧州合衆国」の創設を提唱した。第二次世界大戦で疲弊し，自由主義圏と共産主義圏に分断された欧州において，各国の協力・結束が重要であることをチャーチルは説いたのである。

チャーチルによるこの構想は各国で大きな反響を呼んだ。欧州の一部の政治家は，チャーチルの構想に強く共鳴し，その後，欧州統合に大きな役割を果たしていった。そのうちの1人であるフランスの外相シューマンは，欧州に石炭と鉄鋼の共通市場を実現すべく欧州石炭鉄鋼共同体(ECSC)の創設を主導した。1952年に発足したこの共同体には，フランス，［ 1 ］，イタリア，ベルギー，オランダ，ルクセンブルクの6ヵ国が参加することになった。その後，欧州では，1957年に調印されたローマ条約に基づいて，翌1958年に欧州経済共同体(EEC)(1)と欧州原子力共同体(EURATOM)が設立された。EECは関税同盟(2)であり，工業製品に対する域内関税の撤廃，(3)共通農業政策の実施，資本や労働の域内移動の自由化などを目的としていた。また，EURATOMは，原子力の平和利用の発展を促す機関であった。これら2つの共同体はECSCと統一され，1967年に欧州共同体(EC)が誕生した。ECはECSCに参加した6ヵ国で始まったが，1973年に［ 2 ］，アイルランド，デンマークの3ヵ国が加盟して9ヵ国となった。

1970年代前半から1980年代前半にかけて，EC参加国は長期にわたる経済の停滞を経験した。しかし，そのような中にあっても，1979年には，EC域内の通貨統合を目指して欧州通貨制度(EMS)が発足した。さらに，1987年には，EC統合の完成を目指してECの機構改革や政策領域の拡張を内容とした単一欧州議定書が発効した。これによって，EEC発足以降はじめてローマ条約は改正されることとなった。1992年には，ローマ条約をさらに抜本的に改正した［ 3 ］条約が正式に調印され，経済的な統合のみならず外交・安全保障，司法・内務協力などの政治的な面でも統合されることが決まった。この条約では，1999年までに欧州中央銀行を設立して共通通貨を導入すること，共通外交・安全保障政策を実施することなどが規定されている。翌1993年にこの条約は発効し，それに伴ってECは欧州連合(EU)に改組された。そして，EUは1995年にさらに3ヵ国を迎え15ヵ国となった。導入が決まっていた共通通貨は「ユーロ」と名付けられ，2002年1月から流通が開始された。(4)

21世紀に入ると，EUは東方に拡大していった。2004年に中・東欧の10ヵ国が新たに加わり，加盟国は25ヵ国となった。そして，これによって，米国に匹敵する規模の経済圏(5)が誕生することとなったのである。その後も加盟国は増加し，2013年のクロアチアの加盟によって，EU加盟国は28ヵ国となった。拡大を続けてきたEUであったが，近年はさまざまな問題が噴出している。例えば，一部の国の債務問題(6)はEUに経済危機をもたらした。また，移民の流入は各国でさまざまな問題を引き起こし，過度なナショナリズムを掲げる排外主義的な政党の台頭をもたらした。英国では，ナショナリズムはEUからの離脱を主張する国民的な声の高まりにつながり，ついには2016年にEU離脱の是非についての国民投票が行われた。(7)その結果，僅差で離脱派が勝利し，英国は2020年1月にEUを離脱した。

設問 1　文中の［　1　］～［　3　］に入る，もっとも適当と思われる語句または国名を解答欄に記入せよ。

設問 2　下線部(1)に関連して，EECに参加しなかった一部の国によって欧州自由貿易連合(EFTA)が結成された。EFTAについての記述として，もっとも適当と思われるものを次のなかから一つ選び，解答欄の記号(A～D)をマークせよ。

A．EFTAは，財・サービス，労働，資本の域内移動をEEC以上に自由化することを目的として結成された関税同盟であった。

B．EFTAはEECと異なり，工業製品のみの自由貿易を目的として結成された地域経済統合であった。

C．EFTAの加盟国はすべて，EC発足後にECに加盟したため，1980年代にEFTAは消滅した。

D．EFTA は，加盟国を増やして組織の拡大を図るため，1970 年代には，欧州以外の国も加盟国として迎えた。

設問 3 下線部(2)に関して，関税同盟についての記述として，妥当なものを［Ⅰ群］と［Ⅱ群］から一つずつ選び，その組み合わせとしてもっとも適当と思われるものを選択肢のなかから一つ選び，解答欄の記号（A～D）をマークせよ。

［Ⅰ群］

ア．関税同盟に参加している国は，その同盟に参加していない国と独自に FTA を締結することができない。

イ．関税同盟に参加している国であっても，その同盟に参加していない国と独自に FTA を締結することができる。

［Ⅱ群］

ウ．EEC のような関税同盟の例として，南米南部共同市場（MERCOSUR）がある。

エ．EEC のような関税同盟の例として，北米自由貿易協定（NAFTA）がある。

A．アとウ

B．アとエ

C．イとウ

D．イとエ

設問 4 下線部(3)に関連して，一部の国とのみ有利な条件で貿易を行うことは，GATT／WTO の無差別原則に反しているが，その原則とは何か。もっとも適当と思われる語句を解答欄に記入せよ。

設問 5 下線部(4)に関連して，EU に参加し，かつユーロを導入した国のマクロ経済政策についての記述として，もっとも適当と思われるものを次のなかから一つ選び，解答欄の記号（A～D）をマークせよ。

A．財政政策は欧州議会，金融政策は欧州中央銀行によって決められるため，各国は財政政策についても金融政策についても独自に決定することができない。

B．財政政策は欧州議会によって決められるが，金融政策は各国が独自に決定することができる。

C．金融政策は欧州中央銀行によって決められるが，財政政策は各国が独自に決定することができる。

D．財政政策についても金融政策についても，各国は独自に決定することができる。

設問 6　下線部(5)に関連して，アジアにおいても広域で経済協力を進める構想が模索されている。アジアを含めた経済協力の枠組みについての記述として，もっとも適当と思われるものを次のなかから一つ選び，解答欄の記号(A～D)をマークせよ。

A．環太平洋パートナーシップ(TPP)協定は，シンガポール，ニュージーランド，チリ，ブルネイの4ヵ国を原加盟国とする自由貿易協定から始まり，その後交渉に加わった，米国，オーストラリア，日本などを含め2018年にTPP 11が締結された。

B．アジア太平洋経済協力会議(APEC)は，オーストラリアの提唱によって始まった自由主義諸国による経済協力の枠組みであり，中国やロシアは参加していない。

C．東アジア地域包括的経済連携(RCEP)は，インドが貿易自由化に消極的であったため交渉が難航していたが，2019年に締結された。

D．東南アジア諸国連合(ASEAN)は，1993年にASEAN自由貿易地域(AFTA)を創設して貿易の自由化を図り，さらに2015年にはASEAN経済共同体(AEC)を結成して，より一層の経済統合を推し進めている。

設問 7　下線部(6)に関連して，2009年から2010年頃にかけて生じた欧州債務危機についての記述として，もっとも適当と思われるものを次のなかから一つ選び，解答欄の記号(A～D)をマークせよ。

A．ユーロを導入する国は，物価上昇率，長期金利，為替レートなどについて一定の条件を満たすことが条約によって定められているが，財政に関する基準はなかったため，債務危機後に新たに追加された。

B．ギリシャは，政権交代を機に，財政赤字の虚偽報告が明らかとなり，ギリシャ国債が暴落した。

C．債務危機は，少子高齢化や失業の増大によって社会保障関係費が財政を圧迫していたノルウェーとスウェーデンに伝播した。

D．危機に陥った国への財政支援は，ドイツを中心にEUが一体となって速やかにまとめられたため，IMFなどの国際機関による融資は必要とされなかった。

設問 8　下線部(7)に関連して，この国民投票が実施されたときの英国の首相は誰か。もっとも適当と思われる人名を解答欄に記入せよ。

〔Ⅳ〕　次の文章を読み，下記の設問 1 ～ 6 に答えよ。

第二次世界大戦後，日本は1950年代半ばから急速に復興し，約20年にわたって年率の経済成長率が10パーセントを超えるような高度経済成長(1)を続けた。1973年に起こった［　1　］によって高度経済成長は終焉を迎え，一時，経済的混乱が起こるが，種々の対応策(2)によってこの混乱を脱却した。その後，バブル経済崩壊まで毎年の経済成長率4パーセント前後の安定成長を維持した。

1970年代に旧総理府が毎年行った「国民生活に関する世論調査」で自分の生活程度は中流であると回答する人が90パーセント以上となり，日本は「一億総中流社会」と言われるようになった。しかし，一般の意識とは別に，当時から大企業と中小零細企業の賃金格差は大きく，経済の［　2　］が存在した。都市への人口集中が起こり都市と地方(3)の格差は広がり，男女の格差も大きく，これらは現在でも大きな課題である。

1990年代初頭のバブル経済崩壊後，日本の雇用情勢は大きく変化した。経済のグローバル化やIT化などの技術革新の進展により企業間の競争は激しくなり，多くの企業で労働者を削減しなくてはならない局面が現れた。日本の主要産業であった家電産業や自動車産業などは生産拠点を労働賃金の安い海外に移すなどして，多くの失業者を生む結果を招いた。特に年功序列型賃金によって高賃金の中高年労働者に対しては企業の求めに応じて離職した場合，優遇措置を講じる「希望退職」の制度を設けるなどして人員削減が進められるようになった。人口の高齢化にともなって労働者のなかに中高年齢者が占める割合は高くなっているが，長年培った知識や経験を生かしながら働くことができる労働環境は不十分である。この問題を是正するために2004年，［ 3 ］法が改正された。

さらに企業の中には新規学卒者の採用を控えるものも現れ，深刻な雇用不安が起こった。おおむね1993年から2005年にわたるこの時期を「就職氷河期」と呼ぶが，日本の大企業のほとんどは学卒一括採用を行っているため，この時期に学校を卒業した人の中で正規雇用の職に就けなかった人も多く，結果的に不安定な労働に従事している。多くの企業はその後も学卒一括採用を続けているため，卒業時期が就職氷河期に当たった人々は不安定な労働から抜け出すことが難しい状態にある。

このような状況の中で企業は低賃金で雇用調整がしやすい契約社員，嘱託社員，パートタイマーなどの非正規雇用者の採用を拡大するようになった。(4) 企業内の労働を，大別して，熟練や専門的知識，高度な技術を要する中心的な労働を正規雇用者に，それらを要しない周辺的な労働を非正規雇用者に振り分けるようになった。非正規雇用には賃金が低いばかりでなく，雇用期間に制限がある，福利厚生が手薄，キャリアを蓄積できないなど，多くの問題がある。現在では全労働者の約40パーセントが非正規雇用であると言われ，労働の二極化が起こっている。

非正規雇用者の中には働いているのに生活が困難なほど低い給与しか得られない［ 4 ］が存在することも指摘されている。2015年，正規雇用者と非正規雇用者の格差是正を目指して［ 5 ］推進法が成立している。

また，こうした課題とならんでニート(5)の存在も社会問題となっていて，日本の労働は大きな転換点にさしかかっていると考えられる。

設問 1　文中の［ 1 ］～［ 5 ］に入る，もっとも適当と思われる語句を解答欄に記入せよ。

設問 2　下線部(1)に関して，日本の高度経済成長の要因として，適当でないと思われるものを次のなかから一つ選び，解答欄の記号(A～D)をマークせよ。

A．日本国憲法第 9 条及び日米安全保障条約により，防衛関係費が低く抑えられたため。

B．変動為替相場制が採用され円安となり，日本製品の国際競争力が高まったため。

C．企業の設備投資が盛んで設備投資による生産性の向上が国際競争力の向上と結びつき，輸出が増大したため。

D．農地改革や労働民主化により，農民や労働者の所得水準が上がり，耐久消費財や家庭電化製品への国内需要が増加したため。

設問 3　下線部(2)に関して，この時に講じられた対応策としてもっとも適当と思われるものを次のなかから一つ選び，解答欄の記号(A～D)をマークせよ。

A．政府が主導して規制緩和政策をとり，民間経済の活性化を図った。

B．日本国有鉄道，日本電信電話公社，日本住宅供給公社の三公社を民営化し，経済改革を進めた。

C．産業の省エネルギー化，省資源化をはかりエレクトロニクスに代表される「軽薄短小型」産業へ転換させた。

D．高度経済成長期に蓄積した貿易黒字を，中国への積極的な投資にまわした。

設問 4　下線部(3)に関して，人口流出の激しい過疎地域について限界集落という用語がある。この言葉の説明としてもっとも適当と思われるものを次のなかから一つ選び，解答欄の記号(A～D)をマークせよ。

A．山村や離島などで人口の過半数が満 65 歳以上となり共同体としての機能が失われた地域。

B．満 20 ～ 39 歳の女性が 2010 ～ 2040 年までの間に 5 割以上減少すると推計される地域。

C．過疎によって学校，病院，電気，水道，ガスなど生活に欠かせないインフラが維持できなくなった地域。

D．人口減少によって公的交通機関が維持できなくなり孤立状態になる可能性の高い地域。

設問 5　下線部(4)に関連して，企業が派遣労働者へ仕事を依頼できる期間はこれまで最長 3 年であったのだが，人を替えることにより同一労働を派遣労働者にひきつづき任せることを可能にした法律はなにか。もっとも適当と思われるものを次のなかから一つ選び，解答欄の記号(A～D)をマークせよ。

A．1993 年のパートタイム労働法

B．2015 年の改正労働者派遣法

C．2018 年の働き方改革関連法

D．2019 年の労働関係安定法

設問 6　下線部(5)に関して，総務省が「労働力調査」で用いるニートの概念の説明としてもっとも適当と思われるものを次のなかから一つ選び，解答欄の記号(A～D)をマークせよ。

A．年齢に関わりなく，非労働力人口のうち，家事も通学もしていない者。

B．満 18 ～ 39 歳の非労働力人口のうち，生活保護受給条件に該当しない者。

C．年齢に関わりなく，非労働力人口のうち，就業する意志を持たない者。

D．満 15 ～ 34 歳の非労働力人口のうち，家事も通学もしていない者。

(60分)

〔I〕　次の各問の $\boxed{}$ にあてはまる0から9までの数字を解答用紙の所定の欄にマークせよ。分数はすべて既約分数で表し，根号の中の平方数は根号の外に出して簡略化せよ。文字 x やベクトル $\vec{v}$ について，通常 $1x$ は x, $1\vec{v}$ は $\vec{v}$ と書き，1を省略するが，以下の問では x や $\vec{v}$ の係数として1を正答とする場合もあり得る。

(1)　3次関数 $f(x)=x^3-ax+b$ があり，その極大値と極小値の差は $12\sqrt{3}$ である。また，この関数は $f(2)=0$ を満たす。

このとき，$a=\boxed{ア}$, $b=\boxed{イウ}$ である。

また，3次方程式 $f(x)=0$ は $x=2$ 以外に $x=-\boxed{エ}\pm\sqrt{\boxed{オ}}$ を解に持つ。

(2)　自然数 x, y は方程式

$$9x^2-12xy-5y^2=184$$

を満たす。

①　この方程式の左辺は

$$9x^2-12xy-5y^2=\left(\boxed{ア}x+\boxed{イ}y\right)\left(\boxed{ウ}x-\boxed{エ}y\right)$$

のように因数分解できる。

②　この方程式を満たす x, y は $x=\boxed{オカ}$, $y=\boxed{キ}$ である。

(3)　正八角形 ABCDEFGH において，線分 AE と線分 BH の交点を I とする。また，$|\overrightarrow{AE}|=2$ とする。

① $|\overrightarrow{\mathrm{AI}}| = \boxed{\text{ア}} - \dfrac{\sqrt{\boxed{\text{イ}}}}{\boxed{\text{ウ}}}$ である。

② $\overrightarrow{\mathrm{AE}} = \left(\boxed{\text{エ}} + \sqrt{\boxed{\text{オ}}}\right)\left(\overrightarrow{\mathrm{AB}} + \overrightarrow{\mathrm{AH}}\right)$ である。

③ $\overrightarrow{\mathrm{AC}} = \left(\boxed{\text{カ}} + \sqrt{\boxed{\text{キ}}}\right)\overrightarrow{\mathrm{AB}} + \boxed{\text{ク}}\,\overrightarrow{\mathrm{AH}}$ である。

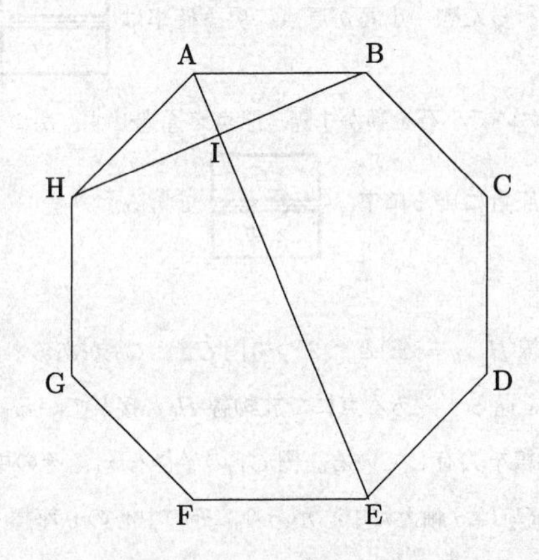

(4) 関数 $y = (1 + \sin\theta)(1 + \cos\theta)$ を考える。ただし $0 \leqq \theta \leqq \pi$ とする。

① $u = \sin\theta + \cos\theta$ とする。y を u の式で表すと，

$$y = \frac{\left(u + \boxed{\text{ア}}\right)^2}{\boxed{\text{イ}}}$$

となる。

② y は

$$\theta = \frac{\boxed{\text{ウ}}}{\boxed{\text{エ}}}\pi$$

のときに最大値

$$\frac{\boxed{\text{オ}}}{\boxed{\text{カ}}} + \sqrt{\boxed{\text{キ}}}$$

をとる。

(5)　数直線上を動く小石がある。小石は最初，原点にある。いま，さいころを投げて，出た目の値に応じて小石を動かすという作業を考える。この作業においては，さいころの目が偶数の場合，出た目の値だけ正の方向に小石を動かす。一方，奇数の目が出たときは，出た目の値だけ負の方向に小石を動かす。作業は続けて 3 回行う。例えば，さいころの出た目が順に 4, 5, 1 の場合，数直線上における小石の位置は 4, −1, −2 と動く。

①　3 回目の作業を行った際，小石が原点に戻る確率は $\dfrac{\boxed{ア}}{\boxed{イウ}}$ である。

②　2 回目の作業において小石を動かす際，原点を通過せず，かつ 3 回目の作業を行った際，小石が原点に戻る確率は $\dfrac{\boxed{エ}}{\boxed{オカ}}$ である。

(6)　座標平面上に放物線 $H : y = x^2$ と，2 つの円 C_1 と C_2 がある。円 C_1 は y 軸上に中心があり，原点を通らず，ある点にて放物線 H と接している。すなわちその点にて C_1 は H と接線を共有している。円 C_1 の半径を r_1，その中心の y 座標を y_1 とする。一方，円 C_2 は y 軸上に中心があり，その中心の y 座標 y_2 は y_1 より大きい。また円 C_2 は円 C_1 に外接し，ある点にて放物線 H と接している。円 C_2 の半径を r_2 とする。

ここで，$r_1 = 2$ とする。

①　$y_1 = \dfrac{\boxed{アイ}}{\boxed{ウ}}$ である。また，円 C_1 と放物線 H の接点のうち，第 1 象限にある点の x 座標は $\dfrac{\sqrt{\boxed{エオ}}}{\boxed{カ}}$ である。

②　$r_2 = \boxed{キ}$ である。また，$y_2 = \dfrac{\boxed{クケ}}{\boxed{コ}}$ である。

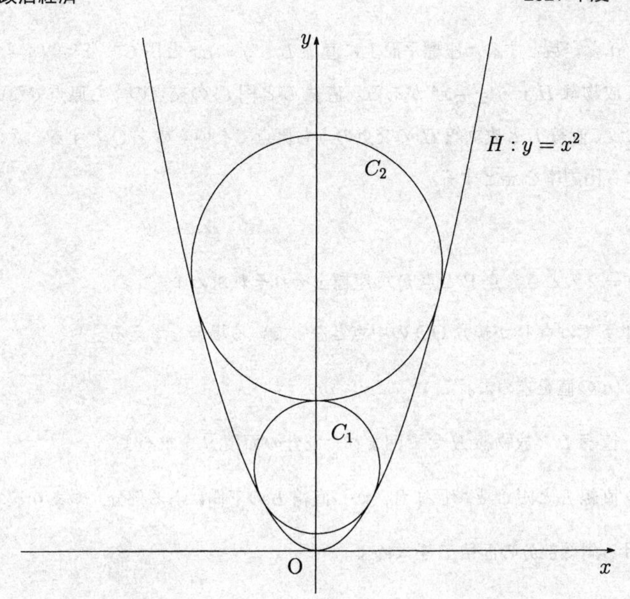

y
$H : y = x^2$
C_2
C_1
O
x

〔Ⅱ〕　$a>0$ を定数とする。座標平面上に直線 L: $y=ax$ と円 C: $x^2+(y-1)^2=1$，そして放物線 H: $y=\dfrac{1}{3}x^2$ がある。直線 L と円 C の交点のうち原点でないものをP，そして直線 L と放物線 H の交点のうち原点でないものをQとする。次の各問に答えよ。円周率を π とする。

(1)　$a=2$ のとき，点Pと点Qの座標をそれぞれ求めよ。

(2)　以下では点Pが線分OQの中点となっている場合を考える。

①　a の値を求めよ。

②　直線 L と放物線 H とで囲まれた部分の面積 S を求めよ。

③　直線 L と円 C とで囲まれ，かつ直線 L の下側にある部分，つまり下の図における斜線部分の面積 T を求めよ。

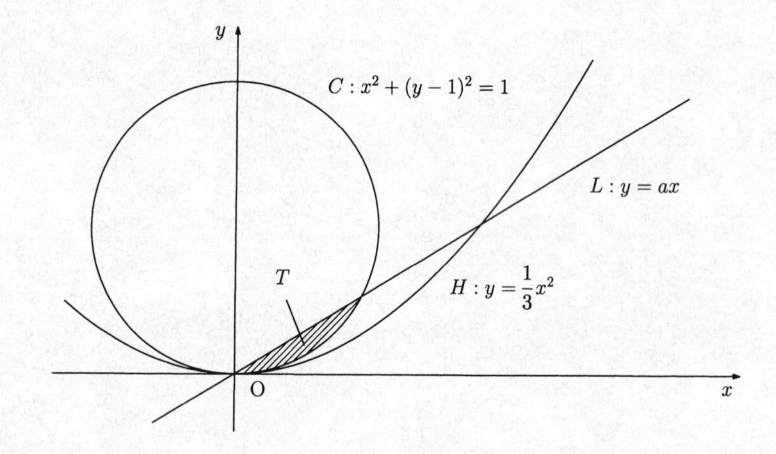

① ざんざい
② ざんしょう
③ ざっとう
④ ざんし
⑤ ざったく

④　工場がカ働する。
⑤　カ酷な運命をたどる。

F　彼の行動は主張と背馳している。
①　はいせ
②　はいち
③　せのや
④　せいた
⑤　はいや

G　哲学者の箴言を心に刻む。
①　しんげん
②　かんげん
③　げんごん
④　たんごん
⑤　めいげん

H　あの団体は革命運動の残滓だ。

C　仏教に深くキ依する。

① 試合の展開から、勝敗のキ趨は明かだ。
② 健康診断の結果、消化キ官に異常はなかった。
③ 彼はキ然とした態度を取った。
④ 平和をキ求する。
⑤ 数キな運命をたどる。

D　江戸幕府がガ解する。

① 報酬額を聞いてガ然やる気が出る。
② 彼はいつもガを押し通す。
③ 食糧不足のためガ死する。
④ 本名以外にガ号を用いる。
⑤ ガ礫の山を築く。

E　郵便物の多カに応じて送料が決定する。

① 博士カ程に進学する。
② 物語はカ境に突入した。
③ カ聞にしてその作品を知らない。

(四)

次のA～Eのカタカナを漢字に改めた場合、それと同じ漢字を用いるもの、またF～Hの漢字の読みとして最も適切なものをそれぞれの群から一つ選び、その番号をマークせよ。

A　主導権争いをめぐって、三派がカク逐する。

①　敵をカク乱させる作戦に出る。
②　当事者のカク醒を促す。
③　問題のカク心に迫る。
④　物事を四カク四面に捉える。
⑤　リーダーになることをカク策する。

B　泥がタイ積する。

①　タイ古より伝わる伝統行事。
②　控室でタイ機する。
③　良質なタイ肥を作る。
④　代タイの手段を考える。
⑤　近所との紐タイが大切だ。

③　光孝天皇と基経は母親を同じくする兄弟であったため、基経はこどものころから光孝天皇と親しかった。
④　宇多天皇は即位する前、陽成院の命をうけて賀茂の御社で舞を奉納した。
⑤　宇多天皇は源姓を賜って臣下となっていたにもかかわらず天皇として即位した。

問11　右のⅠおよびⅡは、大宅世継と夏山繁樹を主な語り手としている。この文章の作品名として最も適切なものを次の中から一つ選んで、番号をマークせよ。

①　大鏡
②　古今著聞集
③　栄花物語
④　十訓抄
⑤　うつほ物語

問8　傍線5「近くなりはべり」とあるが、何が「近く」なるのか。その解釈として最も適切なものを次の中から一つ選んで、番号をマークせよ。

①　酉の日がやってくること
②　還俗すること
③　出家すること
④　冬に祭が開催されること
⑤　天皇に即位すること

問9　傍線6「当代は家人にはあらずや」の解釈として最も適切なものを次の中から一つ選んで、番号をマークせよ。

①　この天皇は最早わたしの家来ではないのか
②　いまは家来として仕えてくれないのか
③　いまの天皇はわたしの家来ではないか
④　いまはわたしが天皇の家来ではないか
⑤　いまは天皇が家来であったことも夢のようではないか

問10　右のⅠおよびⅡの内容に合致するものとして最も適切なものを次の中から一つ選んで、番号をマークせよ。

①　尊者の膳に雉の足がなかったため、配膳を担当していた親王は御前の雉の足をとって、尊者の膳に据えた。
②　光孝天皇はつねづね基経の聡明さを尊敬しており、自らが即位してからは自分の右腕に引き立てた。

③ しわざ
④ つみ
⑤ ためし

問6 傍線3「おほやけ」を説明するものとして最も適切なものを次の中から一つ選んで、番号をマークせよ。

① 天皇
② 世間
③ 裁判所
④ 神社
⑤ 大臣

問7 傍線4「力およばせたまひぬべきなればこそ申せ」の解釈として最も適切なものを次の中から一つ選んで、番号をマークせよ。

① あなたの力だからできることと申し上げなさい
② あなたであればおできになることだから申し上げている
③ あなたとわたしの力であれば乗り越えられることだからこそ申し上げている
④ あなた一人の力ではできないことだからお申し上げになりなさい
⑤ あなたでは力をおよぼすことがおできにならないからこそ申し上げている

問3　傍線1「いみじうもせさせたまふかな」とあるが、なぜそのように感じたのか。その感情を説明するものとして最も適切なものを次の中から一つ選んで、番号をマークせよ。

① 陽成天皇が退位する大饗であるにもかかわらず失態を犯した配膳役に対する憤怒。
② 配膳役が取り乱したことに対して、尊者がともしびを消して許しを与えたことに対する感慨。
③ 親王が自らの前に雉がなかったことを恥じ、他人に気づかれないようにともしびを消したことに対する共感。
④ 藤原基経はまだ身分が低かったため、親王を援助したいのにできなかったことに対する慚愧。
⑤ 配膳役の失態を他人に気づかせないように、親王が自らの前にあるともしびを消したことに対する感嘆。

問4　傍線2「御心」を説明するものとして最も適切なものを次の中から一つ選んで、番号をマークせよ。

① 次の天皇は誰かという焦燥
② 源融の発言を防ごうとする忠心
③ 自らの出世を阻むものを探る疑念
④ 自らが天皇の位に即こうとする野心
⑤ 次の天皇は自分が決定するという慢心

問5　空欄［Y］に入れるべき語として最も適切なものを次の中から一つ選んで、番号をマークせよ。

① まつりごと
② まね

＊下臈……身分の低いこと。
＊陽成院……陽成天皇。
＊融のおとど……源融。
＊この帝……宇多天皇。
＊賀茂の御社……上賀茂神社および下鴨神社のこと。
＊鷹つかひ……鷹狩り。

Ⅱ

問1　傍線A～Dの主語として最も適切なものを次の中から一つ選んで、番号をマークせよ。

①　A……光孝天皇　B……陪膳　C……藤原基経　D……藤原基経
②　A……光孝天皇　B……光孝天皇　C……藤原基経　D……源融
③　A……藤原基経　B……尊者　C……藤原基経　D……光孝天皇
④　A……光孝天皇　B……光孝天皇　C……源融　D……藤原基経
⑤　A……藤原基経　B……陪膳　C……源融　D……光孝天皇

問2　空欄 X に入れるべき助動詞を次に示すもののなかから一つ選び、適切な活用形にして記せ。

【つ　べし　る　しむ　き　り】

に申させたまふべきことにこそさぶらふなれ」と申させたまへば、「力およばせたまひぬべきなればこそ申せ。いたく軽々なるふるまひなさせたまひそ。さ申すやうありとて。近くなりはべり」とて、かい消つやうにうせたまひぬ。

いかなることにかと心得ず思し召すほどに、かく位につかせたまへりければ、臨時の祭せさせたまへるぞかし。賀茂の明神の託宣して、「祭せさせたまへ」と申させたまふ日、酉の日にてはべりければ、やがて霜月のはての酉の日、臨時の祭ははべるぞかし。

（中略）

この帝の、ただ人になりたまふほどなどおぼつかなし。よくも覚えはべらず。御母、洞院の后と申す。この帝の、源氏にならせたまふこと、よく知らぬにや、「王侍従」とこそ申しけれ。陽成院の御時、殿上人にて、神社行幸には舞人などせさせたまひたり。位につかせたまひて後、陽成院を通りて行幸ありけるに、「当代は家人にはあらずや」とぞ仰せられける。さばかりの家人持たせたまへる帝も、ありがたきことぞかし。

Ⅰ

＊小松の帝……光孝天皇。

＊このおとど……藤原基経。

＊遷迹……人を驚かせるほど立派だ。

＊良房のおとど……藤原良房。

＊尊者……大饗に招かれた客の中で、最も身分の高い者。主賓。

＊大殿油……御殿でともす明かり。油を用いる。

（三）　次の文章を読んで、後の問に答えよ。

Ⅰ

*小松の帝の御母、*このおとどの御母、はらからにおはします。さて、児(ちご)より小松の帝をば親しく見たてまつらせたまうけるに、ことにふれ*還迹(きやうじやく)におはします。「あはれ君かな」と見たてまつらせたまひけるが、*良房のおとどの大饗(だいきやう)にや、昔は親王たち、かならず大饗につかせたまふことにて、[A]わたらせたまへるに、鴙(きじ)の足はかならず大饗に盛るものにてはべるを、いかがしけむ、*尊者(そんじや)の御前(おまへ)にとり落し X けり。陪膳(はいぜん)の、皇子の御前のをとりて、まどひて尊者の御前に据うるを、いかが思し召しけむ、御前の*大殿油(おほとなぶら)を、やをらかい[B]消たせたまふ。このおとどは、その折は*下臈(げらふ)にて、座の末にて見たてまつらせたまふに、[1]「いみじうもせさせたまふかな」と、いよいよ見めでたてまつらせたまひて、*陽成院(やうぜいゐん)おりさせたまふべき陣定(ぢんのさだめ)に[C]さぶらはせたまふ。*融(とほる)のおとど、左大臣にてやむごとなくて、位につかせたまはむ[2]御心ふかくて、「いかがは。近き皇胤をたづねば、融らもはべるは」と[D]言ひ出でたまへるを、このおとどこそ、「皇胤なれど、姓たまはりて、ただ人にて仕へて、位につきたる Y やある」と申し出でたまへれ。さもあることなれど、このおとどの定めによりて、小松の帝は位につかせたまへるなり。帝の御末もはるかに伝はり、おとどの末もともに伝はりつつ後見申したまふ。さるべく契りおかせたまへる御仲にやとぞおぼえはべる。

Ⅱ

*この帝、いまだ位につかせたまはざりける時、十一月二十余日のほどに、*賀茂の御社(みやしろ)の辺に、*鷹つかひ、遊びありきけるに、賀茂の明神(みやうじん)託宣したまひけるやう、「この辺にはべる翁どもなり。春は祭多くはべり。冬のいみじくつれづれなるに、祭たまはらむ」と申したまへば、その時に賀茂の明神の仰せらるるとおぼえさせたまひて、「おのれは力およびさぶらはず。[3]おほやけ

文章表現そのもので示そうとしている。

④　読点を多用することで一文を長くし、それにあわせて連体修飾語を用いることで、筆者が論ずる対象について深い知識を持ち合わせていることを、文章表現そのもので示そうとしている。

⑤　ジミ・ヘンドリックスから、カフカに思考がたどり着くまでの過程を、流れにまかせて書くことで、作者の能動的ふるまいの実態的なありかたを、文章表現そのもので示そうとしている。

問8　本文の内容と最も合致するものを次の中から一つ選んで、番号をマークせよ。

①　未整理原稿には作者が苦労して書いた痕跡が残されており、それに対して配慮を怠った研究は後年大いに批判されることになる。

②　未整理原稿には作者の拡散的な思考が断章の形式によって表現されており、執筆の順序を考える時には作者が目指した全体的志向を歪めないように注意する必要がある。

③　後からやって来た研究者は未整理原稿から作者の能動性を推測する傾向にあり、それゆえ作品本来のあるべき姿へと近づくことが可能になる。

④　作者の能動性を重視して未整理原稿の研究を進めることは大切だが、作者自身が敢えて原稿を未整理の状態にした事実を捉え直すこともまた大切である。

⑤　作者の考えは時々によって変化するので、作者の存在を重要なものと考えて未整理原稿の正しい姿を確定しようとすること自体がそもそも不可能である。

④　小説は作者のその時々の思索の形骸であるのに対して、文学は作者の全体への志向によって意味が形成される。

⑤　小説は拡散的な思考の連鎖によって構成されているのに対して、文学は一貫した意味への意識によって構成されている。

問6　傍線2「未発表・未整理原稿」が多い日本の作家として、宮沢賢治を挙げることができる。宮沢賢治が生前に発表した作品として最も適切なものを次の中から一つ選んで、番号をマークせよ。

①　春と修羅
②　暗夜行路
③　夢十夜
④　夜明け前
⑤　藪の中

問7　本文の表現上の特徴について最も適切なものを、次の中から一つ選んで、番号をマークせよ。

①　筆者の思考が混乱した状況で文章を書き連ねることで、ジミ・ヘンドリックスからカフカまでつながるような、自由な発想と自在な執筆が可能になることを、文章表現そのもので示そうとしている。

②　筆者自身がこの本文を書く行為そのものについて自己言及することで、執筆の過程で思考が拡がっていくことを、文章表現そのもので示そうとしている。

③　筆者自身がジミ・ヘンドリックスからカフカまでを、リズムある軽妙洒脱な文体で記すことで、小説と文学の違いを、

問3　空欄 D に入る最も適切な表現を次の中から一つ選んで、番号をマークせよ。

①　艱難辛苦
②　取捨選択
③　一知半解
④　試行錯誤
⑤　刻苦勉励

問4　本文には、次の一文が欠落している。どこに入るのが最も適切か。入るべき箇所の直後の五字を抜き出せ。（句読点・記号等も字数に含む）

【脱落文】そして今日、気がついたのだが、ニーチェとも似ている。

問5　傍線1「私にとって小説は文学ではない」とあるが、本文における「小説」と「文学」についての説明として最も適切なものを次の中から一つ選んで、番号をマークせよ。

①　小説は断片の並立によって構成されるのに対して、文学は作者が目指す全体への志向によって構成される。
②　小説は書く時々の誘発によって構成されるのに対して、文学は書いた文章が作者を牽引し、思考をまとめる役割を果たす。
③　小説は作者自身が思索を練り上げる過程が表現されるのに対して、文学は執筆に至るまでの作者の思想が表現されている。

作品・形と接することに馴れすぎているために、未発表・未整理について、言葉や考えがうまく出てこない。

（保坂和志「未整理・未発表と形」による）

（注）

＊フーコー……ミシェル・フーコー（一九二六～一九八四）、フランス出身の哲学者、思想家。『監獄の誕生』などの著作がある。

＊ベケット……サミュエル・ベケット（一九〇六～一九八九）、アイルランド出身の劇作家小説家。戯曲『ゴドーを待ちながら』、小説『モロイ』などの著作がある。

＊ジミ・ヘンドリックス……（一九四二～一九七〇）、アメリカ出身のギタリスト。愛称ジミヘン。一九六七年六月一八日のモンタレー・ポップ・フェスティバルで、ギターを燃やしたライブ・パフォーマンスが有名。

問1　空欄 A ・ B には同一の語が入る。最も適切な漢字二字を本文中より抜き出せ。

問2　空欄 C に入る最も適切な表現を次の中から一つ選んで、番号をマークせよ。

① 全体と部分
② メンバーとクラス
③ 総体と全体
④ 上位と下位
⑤ 文脈と意味

も、きっと同じ時期であれば何らかの形でつながり合うようなことを考えている。

この未発表の原稿（録音）なのだが、マックス・ブロートたちは「勝手に編集した（手を入れた）」とその後批判される。この批判がまったく不当であるというか、カフカの歴史的批判版と言われる手書きの原稿をそのまま出版するという考えによって出版された遺稿によって、カフカの未発表短篇が書かれた時期が、Aという短篇は『審判』より前だと言われていたが『審判』の後だった、というような研究が、マックス・ブロートの編集（解釈）よりマシかといえば、むしろなお悪い。

正しい時期を確定する、という考え方は作品を完成されたものであるとする考え方とまったく同じものでしかない。作者とは、ぶよぶよした不定形な考え方をずっと持ちつづけている人であるのだから、時期を確定しても意味がない。未発表・未整理の原稿（録音）が膨大に残されたのならそれは時期未確定と同じことだ。それらは頭の中の未整理と同じ状態であり、書いては消し、書いては破き、書いては保留として脇に残しておく［D］と同じ状態だ。

研究者や版権所有者たちは、[2]その未発表・未整理原稿に対して、作者が優位の立場にいると思い込んでいる。作者は未整理原稿に対して能動的にふるまいうる、と。しかし、能動的にふるまうことができなかったから、作者はそれを未整理状態にしておく結果となった。

後から来た研究者たちは、最初からマックス・ブロートについて「勝手に手を入れた」とか「歪めた」とか批判するとき、自分の方が正解（本来の形、つまりあるいは正典）に近い地点にいると思っているだろうが、そういうものこそがない。

マックス・ブロートたちは未整理・未発表原稿を公表しなかった。読者はそれが形であると思った。しかしそれらが未整理・未発表であり、そういうものが膨大にあることを知り、形になっていないものに出会った。形になっていないものの群れは、作者がもっと生きていたら、全然別の形となって発表されたか、そうでなければそのまま放っておかれた。放っておかれたにしてもそれらは忘れ去られるわけでなく、その人の中では鼓動しつづけた。いまは私にはここまでしか言えない。私もまた、まだ、とを考えたのはカフカのノートだけでなく、それ以前から読んでいたニーチェもあったのか、ということにいま思いあたった。

私は今回の回を最初、ギタリストのジミ・ヘンドリックスのことから書きはじめた。しかし、ジミヘンについて、読者と私とでどこまで知識が共有されているかわからないことと同時に、私自身が一九七〇年のジミヘンの突然の死以後の膨大な録音テープの権利関係がよくわかっていないこととで、ウィキペディアとか他のジミヘン関連のサイトを調べているうちに話が全然関係ない方に行ってしまったので、その原稿は反故にした。この連載は反故も使う方針ではじめたが、もう全然つまらない！　ウィキペディアがあるために書く私は、ジミヘンについて私よりずっと知識がない人のために、必要以上に事実に拘泥してしまう。しかし事実なんか大筋だけでじゅうぶんだ。私はジミヘンの評伝を書こうと思ったわけではないし、だいいち評伝で興奮するほどおもしろいものには二つか三つしか出会ったことがない。

つまりジミヘンは短い活動期間に膨大な録音テープを残し、それが未発表のままになっている。死後すぐの十年間ぐらいはスタジオ録音に関わったエンジニアかプロデューサーがその人の解釈で勝手に編集してアルバムを何枚か出した。その後、ジミヘンの音源の権利は完全に(?)遺族のものとなり、九〇年代くらいから音源が整理されて、ジミヘンが最もそうしたかったであろう形のアルバムとして発売されるようになった。

これはカフカに似てないか？　カフカはまず友人マックス・ブロートによって編集・出版され、ニーチェは妹エリザベートによって編集・出版された。どちらも後年、遺稿の権利が最初の人から離れ、膨大な遺稿が閲覧可能になると、死後はじめに編集・出版に関わった人はケチョンケチョンに批判されることになった。――これもジミヘンとだいたい同じだ。

しかし話はそれるが、私はそのジミヘンの死後の第三者の手による編集について書こうとしたがうまくいかず、全然別の話にしたら、書くこと→頭を去来する考え→ニーチェのノートと、話の流れに任せて書いたら、未整理の遺稿ということでニーチェからジミヘンにつながった。つながればいいという話ではないが、考えというのは違う話題(題材)に行ったかのように見えてよって自分の考えが書く前には考えていなかったずっと先の方に引っぱられる。が、これは本当のところ書く効用のようなものの中心ではないのではないか。一般には書いた文が書くその人を牽引する、書くその人の考えをまとめる、と考えられているが、そうではなくて、人は書きつつ、書いた字や書くために考えたその考えに誘発されて、いろいろなことが拡散的に頭に去来する。

書くことはその去来したものを適宜挿入したりしながら、基本的には一本の流れにまとめあげることだが、書くという経験は結局は書かれなかったいろいろな去来した考えを経験することなのではないか。私はニーチェについてハイデガーが書いた、ニーチェは若い頃から膨大なノートを書きつづけ、それがニーチェという特異な哲学者の思索を練り上げていったというような文章がどこに書かれていたか、それを捜したが見つからなかったが、とにかくハイデガーはニーチェの思索を練り上げたのは、ニーチェがノートを書きつづけたその行為(時間)だということを言ったそれ自体は、ニーチェでなくとも誰にでもありうることで、だから私はそれを何の難解さも感じずに受け入れた。私がハイデガーの本をぱらぱらめくってチェックを入れた箇所を捜しても見つけられなかったのは、私はあたり前と思いすぎて何もチェックを入れていなかったからかもしれない。その誰もが同意するであろう、ノートを書くことで自分の考えが練り上げられるというそれは、しかし、書くことによって小論文的な論述方法が上達するというようなテクニックの問題ではなく、書くその時間、書きながらその文に誘発されていろいろな考えが頭を過る、いろいろな考えが池に投げた小石の波紋のように複数同時にパーッと広がる、その経験こそが重要なのではないか。

こんなことは、経験とそれによる思考や人格の練り上がりみたいな関係は、人それぞれになるだろうし、こんなことに証拠をあげるのも自分自身の考え方を裏切るようなことでもあるが、そのような書くことによって複数の考えが同時に誘発された経験を積み重ねたことが、ニーチェの思索を論文の形式でなく、断章の形式にさせたのではなかったか。ニーチェの考えが断章であって論文形式にならなかったことの重要性もまたハイデガーが書いた。――そうか、私は『カフカ式練習帳』という断片を書くこでなく、みんながそうだということを、ベケットを知ったかなり早い段階で私は察したのではないか。情報収集と呼べるほどの情報がベケットに関してなかったのだから、私はベケットを読むときのわからなさを他の文学作品と異質のものと感じることによって察していったに違いない。

というか、他の文学作品について、私は「何が言いたいのか言え」と言われると答えることはできないが、そこにかなり明白に何か言いたいことがあることはわかる。あることはわかるが私はそれはなんだか込み入っているというか手数がややっこしいというか、とにかく面倒くさい。『白鯨』とか『怒りの葡萄』とかまして『夜の果てへの旅』とか、そういうことを言いたくて読んだわけじゃない。

私は大学の終わりの頃の一時期、古本屋の店頭のワゴンに世界文学全集が一冊百円ぐらいで並べて売られているのを読むのが好きで、定番化されている長篇小説をだらだらとりとめもなくけっこう読んだが（といってもきっと十冊とかそんなものだっただろうが）、そのような経験を経てもなお、一番読みにくかったのがカフカの『城』だったその理由は、だらだらとりとめなく読みながらも私は、「全体として何が言いたいのか」ということを、考えないと言いつつ気にしていたということだったのだろう。「全体」（古谷氏のこの文では「総体」）ということを気にしていたから、私はカフカの『城』をあの頃は、三十代後半ぐらいから楽しんで何度も読むようには、全然読めなかったのだろう。

[1]私にとって小説は文学ではない。一番大ざっぱな言い方をするとそういうことだ。文学というのが、総体として意味を語る（創る）ものだとしたら、私が小説というときの小説は、行為とか手の動きとかにちかい。そのつど何かを考える。当然「そのつど」の意味はあるが、全体としてまとまりのある意味を構成する必要はない。日記がそういうものだ。その日その日に何かを感じたり考えたりするが、全体として一つの意味を構成するわけではない。

人は頭の中だけで考えるが、字にして書きながら考えるのは頭の中だけで考えるのとは違う。まず思うのは自分が書いた字に

（二）　次の文章を読んで、後の問に答えよ。

『カフカ式練習帳』（文藝春秋）について古谷利裕氏が書いた書評を読んで、私は自分が、文学をやりたいのではなく、小説を書きたいのだということがあらためてわかった。

古谷氏の書評（『文藝』二〇一二年秋号）はどういうことを言っているのか。ドゥルーズが『シネマ』の中で使っているらしい「総体」と「全体」という言葉を使って、「総体は限定されたもので、かつ部分（下位の総体）に分割される。しかし全体は決して閉じられることがなく常に全体であって部分を持たないとされる。」「全体は、全総体を包括する風呂敷のようなものではなく、あらゆる総体を相互に結びつける糸＝ネットワークのようなものだ。」「下位の総体にとって上位の総体は地（文脈）として機能し、その関係はメンバーとクラスである。しかし全体＝糸である「画面外」は階層中の各総体をフラットなネットワークに均す。」「本作の断片は、それを取り囲む空隙を通じて、文脈も階層構造も飛び越えいきなり宇宙と響き合う」というようなことを言った。

私は古谷氏が書いているように、まさに文脈とか意味が嫌いだ。それは学校教育の中の国語の授業を通じてさんざん教え込まれたもので、学校の国語の授業と文学は、不即不離の関係にあり、国語の授業で教わったことは生涯を通じてフーコー*が言ったパノプティコン（一望監視方式）のように人の文章との関係を縛る。文学が内面の吐露だったり訴えだったり叫びだったりする場合、意味は欠かせない。そこには首尾一貫したもの＝［　A　］という像がある。［　B　］によってきちんと構成された作品であれば、フィクションであるかないかを問わず、［　C　］はないわけがない。

そのような文学作品に対して私は無関心か嫌悪感にちかいような気持ちしか持たなかった。ベケット*のように「全体として何が言いたいのかわからない」小説に私が激しく惹き寄せられたのは、「全体として何が言いたいのかわからない」ということを私はわかったからだったのかもしれない。私はベケットを読んでも全体として何が言いたいのかわからなかったが、それは私だけ問7　本文には、次の一文がある段落の末尾から欠落している。どこに入るのが最も適切か。入るべき箇所の直前の五字を抜き出せ。（句読点・記号等も字数に含む）

【脱落文】明らかに、テンニエスが一九世紀にはっきり姿をとって現れてきた近代の資本制社会を意識していることがわかる。

問8　本文の内容と最も合致するものを次の中から一つ選んで、番号をマークせよ。

①　テンニエスには、進化論的な基本認識に基づいて、本性意志（ヴェーゼンヴィレ）によって結びついたゲマインシャフトを否定して経済活動を中心とする都市的なゲゼルシャフトに移行しなければならないという考えがあった。

②　柄谷行人の交換様式論の四つのタイプの中の、狩猟社会などに見られる互酬を結合原理とする交換様式Aと支配と保護の関係であるBは、ともにまとめて言えば農村や田舎の支配的交換様式である。

③　「選択意志（キュアヴィレ）」と訳されることもあるゲゼルシャフトは、政治システムとしては封建制を批判し、近代国家としての自主的な互酬を認め契約によって成り立つリベラルな社会を意識している。

④　都市と農村との問題は、空間的遠隔的格差と考えるよりも、むしろ両者の生活スタイルや人口量の格差の問題として考えることのほうがより重要であることは明らかである。

⑤　ゲマインシャフトとゲゼルシャフトがともにそのまま外来語表記になっているのは、ゲマインシャフトの方を「社会」と訳すと意味が広すぎるので外来語表記にし、またバランスをとるためにゲゼルシャフトもそうしたためである。

①　だが、どれも単独では原語の意味は覆いつくせない。
②　だが、どれも訳語として正しいわけではない。
③　だが、どれも「主義」という訳語の意味のみ当てはまる。
④　だが、どれも四字の漢字に訳しただけである。
⑤　だが、どれも漢字表記であり外来語になっていない。

問6　傍線2「ゲマインシャフトは故郷となりえても、ゲゼルシャフトは故郷とはなりにくいのである」とあるが、本文で筆者はその理由をどのように説明しているか、最も適切なものを次の中から一つ選んで、番号をマークせよ。

①　血縁、地縁、精神を通してつながったゲマインシャフトの社会から、より社会性の強いゲゼルシャフトの社会に行くと、そこに国家が露出するので故郷となりにくい。
②　「本性意志（ヴェーゼンヴィレ）」により結びついた行政意識や個人意識の強いゲマインシャフトから、政治活動の中心となるゲゼルシャフトの社会に行くと、そこは人口が多く自然が乏しいので故郷となりにくい。
③　家族や親戚などに献身を要し集団が強い力を持つゲマインシャフトの社会から、経済格差の激しいゲゼルシャフトの社会に行っても新たな階級を感じるので故郷となりにくい。
④　家父長的性格の共同体であるゲマインシャフトの社会から、国民主義や民族主義の強いゲゼルシャフトの社会に行っても、そこに安らぎを感じないから故郷となりにくい。
⑤　血縁や地縁に縛られ親密な関係にあるゲマインシャフトの社会から、打算的功利的で個人性の強いゲゼルシャフトの社会に行ってもそこでは懐かしさを感じにくいので故郷となりにくい。

問2　傍線1「テンニエス」とある。彼はゲマインシャフトとゲゼルシャフトという概念を提起したが、本文の筆者は実際の社会をどのようなものであると考えているか。そのことを文中の言葉を使って五〇字以内で述べよ。

問3　空欄 X に入る最も適切な語を次の中から一つ選んで、番号をマークせよ。

① 村落共同体
② 運命共同体
③ 資本制社会
④ 空間的社会
⑤ 家族的村落

問4　空欄 A ～ D に入る最も適切な組み合わせを次の中から一つ選んで、番号をマークせよ。

① A ゲマインシャフト　B ゲゼルシャフト　C ゲマインシャフト　D ゲゼルシャフト
② A ゲマインシャフト　B ゲマインシャフト　C ゲゼルシャフト　D ゲマインシャフト
③ A ゲゼルシャフト　B ゲマインシャフト　C ゲマインシャフト　D ゲゼルシャフト
④ A ゲゼルシャフト　B ゲマインシャフト　C ゲマインシャフト　D ゲマインシャフト
⑤ A ゲゼルシャフト　B ゲゼルシャフト　C ゲゼルシャフト　D ゲマインシャフト

問5　空欄 Y に入る最も適切なものを次の中から一つ選んで、番号をマークせよ。

この問題はやがて詳しく論じることになるが、一部を先取りして一言だけ述べておくと、これはわれわれがナショナリズムを論議するときに遭遇する問題につながっている。その問題は「nationalism」という言葉を日本語訳するときにはっきりしてくる。既成の翻訳語を見ると、これには「民族主義」「国粋主義」「国民主義」「国家主義」といった訳語がある。［Y］だから、最近ではこれも「ナショナリズム」とカタカナ表記にするのが通例となっているわけだが、注意されていいのは、かつて試みられた翻訳語のなかにある「民族」と「国家」が、ある意味で柄谷が区別した交換様式Aと交換様式Bの二つに対応していると考えられることである。柄谷は交換様式Aだけを「ネーション」にあてているが、これは彼がこの言葉を人倫的な共同感情に重きを置いて理解し、国家から区別しているからだ。しかし、その言葉がひとたび「ナショナリズム」にずれると、どうしてもそこに交換様式Bを体現する国家が混入してこざるをえなくなる。これは故郷問題の難しさと根を同じくしていると私は思う。

（小林敏明『故郷喪失の時代』による）

問1　空欄［a］～［e］に入る語の組み合わせとして、最も適切なものを次の中から一つ選んで、番号をマークせよ。

① a つまり　b ところで　c すなわち　d しかし　e たとえば
② a たとえば　b しかし　c つまり　d すなわち　e ところで
③ a すなわち　b たとえば　c つまり　d しかし　e ところで
④ a すなわち　b つまり　c しかし　d ところで　e たとえば
⑤ a つまり　b しかし　c たとえば　d ところで　e すなわち

[e]「交換様式BとCによって抑圧された互酬性の契機を想像的に回復しようとするもの」であると予想している(『世界史の構造』)。

個々の論点を詳しく検証すれば、さまざまな問題点や疑問点が出てくるだろうが、ここで私が問題にしたいのは、交換様式A・Bと交換様式Cとのあいだに生じる差異である。これまでの論議に当てはめて考えるなら、AとBはまとめてゲマインシャフトないし農村／田舎において支配的な交換様式であり、Cはゲゼルシャフト／市民社会の発達した都市の交換様式ということになるのは、見やすい道理であろう。

では、このことがわれわれの故郷問題とどう関係するのか。柄谷用語を使っていうなら、都会に出た人間が想い描く「故郷」は、かつて自分が体験した交換様式AかBということになるが、いうまでもなく彼らの頭のなかに結ばれた懐かしい正のイメージとしての故郷は、Aの互酬関係の心地よさに関連している。では、Bのほうは故郷と無関係なのかというと、そういうわけではない。たとえば「故郷」が「故国」と規模を拡大する場合を考えてみればわかるように、ここで同じ[C]といっても、Aのみならず Bの交換様式も表面化する可能性があるのである。国内の地域に限っても、かつての「在郷軍人会」のように、故郷のなかに一挙に国家が露出する場合もあった。

つまり、ここで私が強調しておきたいのは、故郷を語るとき、それぞれ質を異にした交換様式AとBが簡単に切り離せないことがひとつのポイントになっていることである。逆からいえば、これまで[D]の名のもとに、前近代の共同体一般が理解されてきたとするなら、そのなかには必ずしもすんなりとは一致しあうことのないファクターが共存しているということである。その意味で柄谷のAとBの区別は重要な問題を提起しているといえる。最初の語源を説明したところで、家が「感情融合的な共同態」としての「ウチ」と行政単位としての「イエ」という両義を含み、さらに後者が「郷・里・国」につながっていくと述べたことがこの問題に関係している。

立ちあがってくるという仕組みである。もっとわかりやすく言えば、都会に憧れて出ていったものの、ぎすぎすした対人関係や競争社会に疲れて孤独に陥った出郷者が、家族のぬくもりや隣人たちとの親密さを恋しく思うようになるとき、彼の故郷が立ちあがり、そしてそのような感情の投影された自然の風物までが同じように懐かしさを喚起するようになるということである。

田舎から都会への人口移動が示しているように、立ち去られるのはゲマインシャフトであって、ゲゼルシャフトではない。両者は対等な関係にはないのである。だから、その意味でもゲマインシャフトは故郷となりえても、ゲゼルシャフトは故郷とはなりにくいのである。

［d］、言葉は異なっているが、最近このゲマインシャフトとゲゼルシャフトの関係と重なるような論議が再びなされている。柄谷行人が『世界史の構造』や『世界共和国へ』などにおいて展開している交換様式論がそれである。柄谷の理論は、近代世界の基本構造を「資本＝ネーション＝国家」ととらえ、それらのファクターをすべて交換様式に還元して解釈するところから始まる。われわれにとって興味深いのは、その原理としてあげられている四つの交換様式である。

第一のタイプは互酬を結合原理とする交換様式Aで、歴史上もっとも古く、狩猟社会などに見られる。二つ目は略奪と再分配によって結びつく交換様式Bで、これは支配と保護の関係といってもいい。一言でいえば、王と臣民からなる国家である。第三が商品交換を原理とする交換様式Cで、市民社会の原理でもある。

そして柄谷は、これらの交換様式が、近代世界ではそれぞれネーション、国家、資本という社会構成体に踏襲されているというのだが、彼にとっての一番の問題は、このような交換様式論が資本＝ネーション＝国家すなわち近代世界システムの総体を克服するにあたって、どのような役割を果たすのかというところにある。そこで彼がその克服の手がかりとして仮説的に立てるのが、第四の交換様式Dである。これは現実には存在せず、あくまで彼が未来に託した「アソシエーション」の原理となるべき交換様式なのだが、彼はこれを「交換様式Cの中で生じる階級分裂を越え、いわば、交換様式Aを高次元で回復するもの」、れは、ホッブスの『リヴァイアサン』やルソーの『社会契約論』の流れにある考えだが、まだドイツ帝国が幅を利かせていた「遅れてきたネーション」(プレスナー)のもとにあっては、リベラルな考えだったといえるだろう。ちなみに、テンニエスは晩年になるとナチに抵抗してアカデミズムから追放されている。

この「　A　」をわれわれの文脈に引きつけて解釈するならば、経済活動の中心となる都市ないし都会がこちら側に該当するのは明らかである。血縁や地縁に縛られて集団に忠実な　B　の住人からすると、こちらの生活では諸個人がばらばらで、エゴイズムが蔓延し、すべてが打算によって動いているように見える。　b　、歴史は大きく、ゲマインシャフトからゲゼルシャフトの方向に動いているという一種の進化論的な基本認識がテンニエスにはあった。

ここで急いで付けくわえておかなければならない。テンニエスは彼の「純粋社会学」を打ち立てるために、その原理となる理念型としてゲマインシャフトとゲゼルシャフトという二つの概念を提起したということである。つまり、それぞれの型を代表するような具体的事象があったとしても、現実の社会がゲマインシャフトかゲゼルシャフトのどちらかにはっきりと区分されてしまうわけではない。　c　、ゲゼルシャフトの代表ともいうべき企業でも、その運営の内実を見ると、多分に家父長的性格が残っていたり、逆に農村といえども交換経済と無関係であるわけではない。つまり、現実の社会は両者の混合体としてあり、そこにさまざまな変種が成立する。そしてわれわれの論議にとってなによりも大事なのは、同じ時代にゲマインシャフトの性格を強くする地域とゲゼルシャフトの性格を強くする地域が並存していて、人はそのあいだを出たり入ったりしているということである。

以上のことから、都市と農村のあいだから立ち上がる故郷意識は、ほぼゲマインシャフトとゲゼルシャフトの落差から生じると言いかえていいようである。濃厚な血縁地縁関係が支配するゲマインシャフトを出た人間が、個人原理の強いゲゼルシャフトの社会にやってきて、そこからあらためて自分の所属していたゲマインシャフトをふりかえるとき、それが特別の感情を伴って広すぎてテンニエスの意図はまったく伝わらない。この言葉には英語のsocietyと同じように「社交」の意味もあるし、Aktiengesellschaft（株式会社）のように、「会社」の意味も入っていて、テンニエスが「ゲゼルシャフト」というときには、広い意味での「社会」ではなくて、むしろ「社交」「会社」「協会」などの意味にアクセントを置いた「社会」が問題になるからである。そこで社会学者たちは、こういう多義性を含まないで定着してしまった翻訳語の「社会」を避けて、そのまま外来語表記の「ゲゼルシャフト」を使うようになり、表現のバランスを取るために、もう一方の「ゲマインシャフト」もそのまま外来語表記にした。以上は私の個人的な推測にすぎないが、おそらくそれほどまちがってはいないだろう。

まず「ゲマインシャフト」から始めよう。さきにも言ったように、これはいちおう「共同体」という言葉で理解してよい概念で、基本的には、血縁、地縁、精神または信念を通してつながった集団の形態を言い表わす。具体的には、それぞれ家族、村落共同体、教会などに見られる形態である。テンニエスによれば、これらの集団は、個人が勝手に選んだりすることのできない「本性意志（ヴェーゼンヴィレ）」によって結びついていて、個々の成員の集団に対する従属意識や序列意識が強いとされる。あえて言うなら、献身を要する運命共同体の集団である。われわれの文脈では、家族、村、檀家（または氏子）などの集団を実質として含む農村あるいは「田舎」がこれに該当すると見ていいだろう。なお、テンニエスはこの社会形態では労働と享楽の互酬、母語、威厳を伴う地位、父権といったファクターが大きな意味をもつとも言っている。政治システムとしては封建制がこれに当たる。

もうひとつの「ゲゼルシャフト」は「選択意志（キュアヴィレ）」によってそのつど成員が打算的功利的に結びつく機能集団の形態で、代表的なのは貨幣を介した交換経済や賃金を前提にした労資関係などであり、ここでは当事者どうしの契約と義務の履行、およびそれを管理する法秩序が中心的な意味をもつ。

政治的に興味深いのは、彼が近代国家も基本的にこの形態に属すると見ていたことである。［ a ］、彼は近代国家とは、［ X ］ではなくて、あくまで自立した個人の自主的選択や契約によって成り立つものだと考えていたということである。こ

国語

（六〇分）

(一)　次の文章を読んで、後の問に答えよ。

前節で、故郷という意識が出てくるためには都市と農村または都会と田舎のあいだの距離とそこに生じる遠隔効果が前提になることを見た。ここでは、この問題をもう少し掘り下げてみたい。これまでの論議では、都市と農村のあいだの空間的時間的格差が問題であったが、ここで問題にしたいのはその両者のあいだの質的な差異である。いいかえれば、都市において支配的な社会生活と農村において支配的な社会生活のあいだの、たんなる人口量の格差とは別の、生活スタイルひいては社会形態の相違が問題にされなくてはならないということである。

この問題を考えるにあたってここで引き合いに出してみたいのは、テンニエス[1]が一九世紀の終わりごろに発表し、その後第二次大戦ごろまで日本でもよく読まれた『ゲマインシャフトとゲゼルシャフト』という社会学の古典である。

なお、翻訳について一言だけコメントしておくと、この著作の中心をなす「ゲマインシャフト」と「ゲゼルシャフト」というドイツ語概念が日本語に訳されないで、外来語表記のままになっているが、これには理由がある。「ゲマインシャフト」はさしあたり「共同体」と訳すことができるのだが、実は「ゲゼルシャフト」のほうには適語がないのである。普通の翻訳語「社会」ではあまりに

解答編

英語

I

解答

1．(A)―(1)　(B)―(4)　(C)―(5)　(D)―(3)　(E)―(2)

2．(ア) trembling　(イ) fed　(ウ) resulting　(エ) watching

3．(a)―(1)　(b)―(5)　(c)―(2)　(d)―(3)　(e)―(2)

4．(4)―(1)　(8)―(6)

5．(1)―F　(2)―F　(3)―F　(4)―T　(5)―F　(6)―F　(7)―F　(8)―T

◆全　訳◆

≪犬は罪悪感を抱くか≫

2011年，メリーランド州で犬を飼っていたMali Vujanicは自信をもって「うしろめたい！」という表題をつけた動画をYouTubeにアップした。彼は，帰宅した際，彼の二匹のレトリバーが空になったネコ用おやつの袋の近くにいるのを見つけた。一匹目のゴールデンレトリバーはゆったりと寝そべっており，見たところやましいところはなかった。しかし二匹目のDenverという名のイエローラブラドールは隅の方で震えながらしゃがんでおり，伏し目がちに，Vujanicが言うところの「『私がやりました』という特徴的な様子」をしていた。Vujanicはその一見すると罪を認めたような様子を見て，はっと息をのみ「君がそれをやったね」と言った。Denverは神経質に尾を振り，落ち着かない様子を見せた。「することはわかっているよね。ハウスだよ」 その犬はおとなしく部屋に入った。

そのビデオはすぐに数多くのコメントを集めた。それ以来，世界中の飼い主が，悪い行いを白状しているように見えるメモ書きの横で震えている犬の写真を投稿しているので，「ドッグシェイミング」はツイッターやインスタグラムで有名になった。あるコッカースパニエルは「また今日もトイレットペーパーをちらかしてしまいました」と白状する。またある茶色のラブラドールは「特大サイズのペパロニピザを平らげてしまいました」と認める。罪悪感を抱く犬に対し人が熱心になることに国境はないようである。2013 年のドッグシェイミングの写真集は『ニューヨークタイムズ』のベストセラーリストに載った。Denver の動画は 5 千万回以上視聴されている。

しかし，バーナード大学の犬の認知に関する専門家 Alexandra Horowitz によると，「我々は犬がうしろめたそうな顔をしていると思っているが，まったく悪いと思っている印ではない」のである。2009 年の研究では，彼女は犬の飼い主に対して，犬に魅力的なおやつを食べさせることを禁止させ，その後で飼い主に部屋から出ていくように頼んだ。飼い主がいない間に，彼女はおやつを取り除くか，または犬に食べさせるかした。飼い主は戻ってくると，実際どうであったかに関係なく，犬がおやつを食べてしまったかどうかを告げられた。もし飼い主が自分の犬がおやつを食べたと思ったなら叱責が待っており，その結果，犬のうしろめたそうな様子が多く見られた。しかし，叱責されている限りでは，おやつを食べなかった犬のほうが食べてしまった犬よりもうしろめたそうな様子を示した。ある研究グループが 2012 年に発表した論文によると，罪悪感を抱いているそぶりは，後悔の念を表しているどころか，犬と人との間の対立を減らすために都合のよい服従的な反応であると判明した。

歴史をひもといてみると，そのような対立の最も極端な結果がわかる。古代ゾロアスター教の聖典であるアヴェスタでは，犬は「意志をもって」罪を犯せるとみなし，罪を犯した犬が足の切断をもって処罰されるよう命じている。中世ヨーロッパでは，素行の悪い犬は暴行や殺人といった罪状で規定通り裁判にかけられ，その罰は投獄から死罪まで及んだ。

それに比較すると，きつい言葉とかありふれたツイートは悪い素行に対し実質的な害を及ぼさない反応とみなされやすい。しかし専門家の中には，私たちが犬は罪悪感を抱くと憶測するのは自己満足的かもしれない，と懸念する者もいる。ニューヨーク市立大学大学院センターの博士課程で動物行動を研究する Julie Hecht は，犬は罰せられれば罰せられるほど飼い主を怒らせるように行動する傾向があることを示す研究を引用する。叱ることは犬を混乱させ，最終的には「犬と人との絆を損ない」かねない「破壊と宥和という不安の悪循環」をもたらす可能性があると Hecht は考えている。

Horowitz は，絆を強くするために，犬の飼い主が「誘惑するものを片づける」こと，つまり「ごみ箱の上に蓋をし，収納庫の中に靴をしまい，ネコ用のおやつは隠す」よう提案する。そしてもし犬がいたずらをして，誰かを責めたくなったなら，自分の内面に目を向けましょう。Denverが服従して震えている様子を見てコメントした人が述べたように，「実際のところを言ってしまえば，誰かがおやつを外に出しっぱなしにしたんだ」。

◀解 説▶

1．(A) garner は「～を集める」の意味。comments（comment「コメント，寸評」）が garnered の目的語であると考えられるので，形容詞句の(1) a flood of ～「多数の～，多量の～」が適切。

(B) あとに続く that 節（that their dog…）の内容は，直前の文の removed the treat「おやつを取り除いた」に反するので，(4) regardless of (the truth)「(事実) とは関係なく」が適切。

(C) their owners told them off「飼い主が彼らを叱りつけた」ことが，おやつを食べなかったにもかかわらず罪悪感を抱いている様子をした理由だと考えられるので，(5) so long as ～「～である限り」が適切。

(D)空欄のある文の後半（because it reduces…）より，犬の服従的な反応は，人と犬との間のいさかいを解消するためのものであることがわかる。よって，犬の反応が remorse「後悔，自責の念」を表すものではないとわかるので(3) far from ～「～するどころか」が適切。

(E)第4段で古代ゾロアスター教や中世ヨーロッパで行われていた犬への厳罰が記されているのに対し，第5段第1文（(E), it's easy to…）からはツイートなどによる犬への現代の反応が書かれている。よって(2) by comparison「比較すると，対照的に」が適切。

2．(ア)第1段第4文（But the second…）で，Denver という犬の動作として quaking（quake「震える」）と記されていることより，同じ意味をもつ trembling（tremble「震える」）が適切。

(イ)第3段第2文（In a 2009…）に記されている内容より，その後の実験の組み立て方法を推測する。犬が申し訳なさそうな仕草を見せるのが，実際に何かを食べてしまったことへの後悔の意味をもつかどうかが実験の目的であるため，fed（feed「～にえさをやる，～をえさとして与える」の過去形）が適切。

(ウ)犬を叱ることの結果が，「破壊と宥和という不安の悪循環」，つまり直前の文（Julie Hecht, a doctoral …）で述べられているような犬の飼い主を困らせるような行動を生じさせると考えられるので，分詞構文 resulting in …が続く。result in ～「結果的に～になる」

(エ)あとに続く文の中の動詞の原形 shake に注目する。watch「～を見る，見つめる」は知覚動詞であり，watch *A do*（原形不定詞）「*A* が～するのをじっと見る」となる。前置詞 after の直後なので動名詞 watching が適切。

3．(a) indulged〔indulge〕「(快楽などに）ふける，飽食する」 意味が近いのは(1) eaten〔eat〕「食べる」。

(b) reprimands〔reprimand〕「叱責，懲戒」 意味が近いのは(5) scolding「叱ること，叱責」。

(c) remorse「激しい後悔，自責の念」 意味が近いのは(2) regret「後悔」。

(d) benign「温和な，悪性ではない」 意味が近いのは(3) harmless「無害の」。

(e) temptation「誘惑，誘惑するもの」 意味が近いのは(2) attraction「魅力，魅力的なもの」。

4．全文は，(what) we perceive as <u>a</u> (dog's) guilty look is <u>no</u> sign (of guilt at all)となる。perceive *A* as *B*「*A* を *B* とわかる，認識する」what は関係代名詞で the thing(s) which の意味。

5．(1)「Denver の飼い主への反応は Denver がネコのおやつを食べたことを証明する」 第1段では，Denver がまるで自分がネコのおやつを食べてしまい，反省しているかのように振る舞う様子が描写されている。しかし，第3段の実験内容より，犬の guilty looks「後悔している様子」は，実際に罪を犯したかどうかには依拠しないことが本文の論旨となっていると判断できる。よって，本文の内容と一致しない。

(2)「飼い主は自分の犬の写真をソーシャルメディアに投稿することによって犬に報いる」 本文に記述がない。

(3)「飼い主はいつ自分の犬が服従しなかったのか簡単にわかる」 第3段第3～6文（While each owner … told them off.）より，飼い主は犬が実際におやつを食べていたかどうかに関係なく叱責を行っているので不一致。

(4)「罪悪感を抱いているような犬の表情はおそらく犬と飼い主との関係を

改善する」 第3段第7文（(D)signaling remorse,…）より本文に一致。対立を減らすこと＝関係の改善と考えるとよい。

(5)「古代ではおそらく犬を投獄することで罰することができただろう」 第4段第2・3文（The Avesta, an ancient… jail to death.）より，犬が投獄されるのは medieval Europe「中世ヨーロッパ」での処罰であり，古代では足を切るという処罰が行われていた。よって，本文に不一致。

(6)「犬を罰することは通常，その犬の行動を改善させる」 第5段第3文（Julie Hecht, a doctoral…）より本文に不一致。

(7)「飼い主は自分の犬が悪い行いをするのを防ぐために何もすることができない」 最終段第1文（To keep that…）より本文に不一致。

(8)「Horowitz はもし犬の素行が悪いとしてもそれは犬の責任ではないと信じている」 最終段第2文（And if you…）より本文に一致。

II 解答

1．(1)―1　(2)―2　(3)―4　(4)―4

2．(ア)―8　(イ)―6　(ウ)―4　(エ)―7　(オ)―7　(カ)―8

3―4

4．[A]―4　[B]―1　[C]―2　[D]―1

5．前の試験のときに試験勉強を先延ばしにしたこと。

6―2

7．(1)―F　(2)―T　(3)―F　(4)―T　(5)―F　(6)―F　(7)―T　(8)―F

◆全　訳◆

≪先延ばしを断つためにすべきこと≫

例えば，もしあなたが自分の本をアルファベットの順番で整理することのような重要な作業を先延ばしにしたことがあるとしても，あなたを怠惰であると評するのは公平ではないだろう。結局のところ，アルファベット順に並べるというのは集中と努力を要するからである。そしてそれは友達と外に遊びに出かけたり，ネットフリックスを見たりするのとは同じことではない。あなたは掃除と片づけをしており，それはあなたの両親であれば誇りに思うことであるだろう。これは怠惰とか時間管理ができていないということではない。これは先延ばし（procrastination）なのである。

もし先延ばしが怠惰ではないとすれば一体何なのだろうか。語源的には，procrastination は明日まで延期することを意味するラテン語の動詞

procrastinare に由来する。しかしそれは単に意図的に遅らせるということではない。procrastination はまた，よりよい判断に反することをするという意味の古代ギリシア語の *akrasia* に由来する。「それは自傷的行為なのです」とカルガリー大学の動機づけ心理学の教授である Piers Steel 博士は述べた。

先延ばしとは，固有の性格上の欠点でも時間管理能力に対する不可解な呪いでもなく，ある作業によって誘発される退屈，不満，不安，憤り，自信喪失といった対応しづらい感情やいやな気分に対処する方法である。「先延ばしとは感情制御の問題であり，時間管理能力の問題ではありません」とオタワにあるカールトン大学の先延ばし研究グループのメンバーである，心理学教授 Tim Pychyl 博士は述べた。

2013 年の研究によって，Pychyl 博士と Sirois 博士は先延ばしとは「より長期にわたる意図的行動の追求に対する短期的気分改善の優位性」として理解できると発見した。簡単に言えば，先延ばしとはその作業に取り掛かるよりも「いやな気分を制御する目先の緊急性」に，より焦点を当てることに関わることだ，と Sirois 博士は述べた。

もしいやな感情を回避するために先送りした結果，さらに一層気分が悪くなるのが皮肉なことに思えるとしても，それはそういうものなのである。そしてここでもまた私たちは進化に感謝しなければならない。先延ばしとは，長期的な欲求より短期的な欲求を優先する生来の傾向である，現在志向バイアスのまさに好例なのである。「私たちは遠い先の未来のことを考えるようにはもともとできてはいませんでした。今この場所にいる私たち自身に必要なものを与えることに集中する必要があったからです」とUCLA アンダーソン経営大学院マーケティング学科の教授である心理学者 Hal Hershfield 博士は述べた。

どうすれば私たちは先延ばしの根本的な原因がわかるだろうか。私たちは先延ばしとは根本的には生産性ではなく感情に関わるものだと理解しなければならない。時間管理アプリのダウンロードや自己管理の新たな戦略を習得することで解決されるものではない。それは新たなやり方で感情を制御することに関わるものである。「私たちの脳は常に相対的な報酬を求めているのです。もし私たちが先延ばしを中心にして習慣ができてしまっているがより良い報酬を得られていないならば，脳に対してするべきもっと良いものを私たちが与えてやるまでは繰り返しそれをし続けようとするだけでしょう」と精神科医で神経科学者である Judson Brewer 博士は述べた。

新しい習慣を身につけるためには，私たちは Brewer 博士が言う「より大きな良い提案（Bigger Better Offer)」，すなわち B. B. O.を脳に与えなければならない。先延ばしにおいては，私たちは将来の自分に害を及ぼさずに，現前する対応の難しい感情を和らげることができる，回避にまさる報酬を見つけださなければならない。

一つの選択肢は，あなたが先延ばしをする瞬間に自分を許すことである。最近の研究で研究者たちは，前の試験に備えて勉強していたときにそれを先延ばしにしたことに対し自分を許すことができる生徒は，次の試験に備えるときにはそれほど先延ばしをしなくなることを発見した。自己に寛容になることは,「過去の不適応行動を受け流し，過去の行為の呵責にとらわれずに次の試験に集中すること」を許すことで生産性に寄与する，と彼らは結論づけた。

もう一つの選択肢は，誘惑してくるものをより不便にすることである。自分自身よりも環境を変えることのほうがずっと容易だと『以前よりすばらしく――習慣の形成と打破に関し学んだこと』の著者である Gretchen Rubin は述べた。Rubin によれば，私たちは先延ばしについて知っていることを受け入れ，ある程度の不満や不安を誘発するように自分と誘惑物の間に障害を設けることにより「その障害を私たちの有利になるように用いる」ことができるのである。もしあなたがどうしてもソーシャルメディアを確認してしまうのなら，そのアプリを携帯電話から削除するか「5桁ではなく本当に複雑な 12 桁のパスワードをつけてみましょう」と Rubin は述べた。こうすることで，あなたは先延ばしをしてしまう流れを阻害させ，誘惑物の報酬的価値をさほどすぐには得られないものにしているのである。

その一方，Rubin はしたいことはできるだけ容易にできるようにすべきだとも主張する。もしあなたが仕事に出かける前にジムに行きたいのだが朝型人間ではないとすれば，トレーニングウェアを着た状態で寝てみよう。障害になるものは取り除くようにしよう。

とはいえ先延ばしは，個人の主体性に関する，そして私たちの実際の時間の費やし方ではなくどのように時間を費やしたいのかということに関する問題を提起するため，深く人間の実存に関わることである。しかしそれはまた私たちの共通点，つまり私たちはみなつらい感情に弱く，私たちはたいてい自分のする選択に満足したいだけなのだということも想起させてくれるのである。

◀解　説▶

1．⑴ flaw「ひび，欠点」 意味が近いのは1．fault「①欠点，欠陥，②責任」。

⑵ induced〔induce〕「～を誘発する」 意味が近いのは2．caused〔cause〕「～を引き起こす，生じさせる」。

⑶ bias「①偏見，先入観，②傾向，えこひいき」 意味が近いのは4．inclination「傾向，性癖，好み」。

⑷ anxiety「心配，不安」 意味が近いのは4．uneasiness「不安，心配」。

2．㋐ cope with ～「～に対処する」

㋑ the primacy of *A* over *B*「*B* に対する *A* の卓越，優位」

㋒ ahead of ～「～の前方に，～に先んじて」 prioritize *A* ahead of *B*「*B* より *A* を優先する」

㋓ to *one's* advantage「～の有利になるように」

㋔ as opposed to ～「～とは対照的に，～ではなく」

㋕ be happy with ～「～に満足して」

3．1．boredom「退屈」，2．frustration「欲求不満，挫折」，3．insecurity「不安」，5．resentment「憤り」，6．self-doubt「自信喪失」は否定的感情という共通点があるが，4．pleasure「喜び，楽しみ」は肯定的感情であり前者とは異質である。

4．［A］前文（Procrastination isn't …）で先延ばしはつらい感情に対する対処方法であることが述べられている。よって先延ばしとは4．(emotion) regulation「(感情) 調整」の問題と言える。

［B］第4段第2文（Put simply, procrastination …）では，先延ばしをしてしまうのはいやな感情を短期的に制御する必要があるからと述べられている。また第6段第4文（It has to …）では，先に延ばさないようにする解決策は新たな方法で感情を制御することに関わると記されている。以上より，先延ばしは否定的感情の回避（1．avoidance）であり，よりよい報酬（a better reward）とは現状の厳しい感情を制御するとともに

将来的に害を及ぼさないもの（該当箇所の直後の文（one that can …）より）だと推論できる。

［C］第 9 段 第 3 文（According to Ms. Rubin, …）の by placing obstacles 以下の部分で具体化されている内容より 2．inconvenient「不便な」が適切。

［D］第 10 段第 2 文（If you want …）で示されている例の中の sleep in your exercise clothes より 1．easy「容易な」が適切。

5．結論を述べる（concluded）文の中での past acts「過去の行動」とは，同段第 2 文（In a recent study, …）の研究結果の中での procrastinating when studying for a first exam を指していると考えられる。よってこの一文をまとめる。

6．下線部中の individual agency は，「個人の主体性」を意味する。本文中では，第 2 段第 4 文（Procrastination is also …）で述べられている，doing something against our better judgment「良い判断に反することをしてしまう」行為としての procrastination の特徴が論じられてきた。よって，2．「多くの人々が自分の意志で自分の行動を決定することができない可能性」が適切。他の選択肢は，1．「多くの人々が長期的な目標を立てることができない可能性」，3．「多くの人々は自分自身の関心事を追求する場合，一貫性がない（inconsistent）ことを気にかけない可能性」，4．「多くの人々が自分の存在を疑っている可能性」，5．「自分の環境を変えることで自身を変えることができる可能性」。

7．⑴「先延ばしをする人はスケジュールを管理するのもまた困難である」 第 3 段第 1 文（Procrastination isn't a …）より内容に不一致。

⑵「人は長期的欲求より短期的欲求に集中する傾向がある」 第 5 段第 3 文（Procrastination is a …）より内容に一致。

⑶「先延ばしを防ぐ一つの方法はあなたの『先延ばし行動』をより容易にさせることである」 第 9 段第 1・2 文（Another option : make … *and Breaking Habits.*）より内容に不一致。簡単にできるようにすることが先延ばし防止に有効なのは，次の段落にあるように「自分のやりたいこと」である。

⑷「先延ばしはまれなことではない」 最終段第 2 文（But it's also …）より内容に一致。

(5)「先延ばしを防ぐためには，自身に厳格である必要がある」 第8段第1文（One option is …）より内容に不一致。

(6)「初期の人類は長期的な必要に集中するのが得意であった」 第5段第4文（“We really weren’t …）より内容に不一致。

(7)「先延ばしする人々は必ずしも怠け者なのではない」 第1段第5文（This isn’t laziness …）より内容に一致。

(8)「時間管理アプリは先延ばしを防ぐのに役にたつ」 第6段第3文（The solution doesn’t …）より内容に不一致。

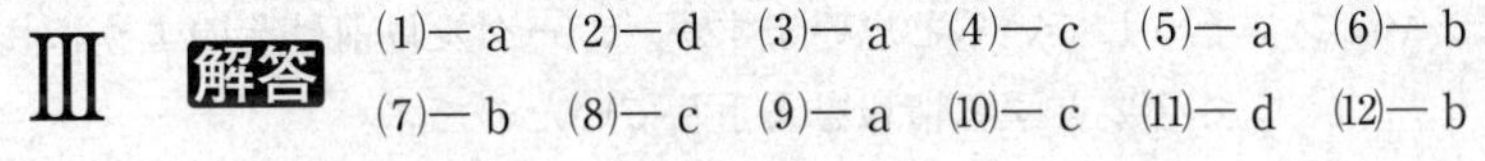

Ⅲ 解答　(1)— a　(2)— d　(3)— a　(4)— c　(5)— a　(6)— b
(7)— b　(8)— c　(9)— a　(10)— c　(11)— d　(12)— b
(13)— c　(14)— d　(15)— d

◆全　訳◆

≪映画「マイ・インターン」からの対話≫

以下の会話文は映画「マイ・インターン」からのものである。ベンジャミンは退職後の生活に退屈している 70 歳の定年退職者である。急速に成長しているあるインターネット通販会社は，一種のコミュニティサービス計画としてベンジャミンのような年齢の人々に研修期間を提供していると宣伝していた。この場面では，明らかにベンジャミンのような年配の人々と面接をしたり一緒に仕事をしたりした経験がないジャスティンから面接を受けている。ジャスティンは友好的でありたいと思っているが，彼は経験豊かな人と話をすることに自信がもてない。

ジャスティン：どちらの大学を卒業されたのですか。
ベンジャミン：ノースウェスタン大学です。
ジャスティン：ああ，私の兄がノースウェスタン大学卒です。
ベンジャミン：多分同年代ではないですね。
ジャスティン：はい，そう思います。2009 年に卒業しました。
ベンジャミン：私は 1965 年の卒業生でした。
ジャスティン：ああ驚きました。何を専攻されたのか覚えていらっしゃいますか。

ベンは答えず，彼の沈黙でジャスティンは自分の質問がいかにばかげているかに気づかされる。

ジャスティン：そしてノースウェスタン大学を卒業後は…

ベンジャミン：デックス・ワンで仕事をしていました。

ジャスティン：そうですか，そしてそこで作っていたのが…

ベンジャミン：電話帳です。

ジャスティン：ああそうなんですか。

ベンジャミン：私は紙の電話帳の印刷を担当していました。それを 20 年以上していまして，その前は営業と広告の部長でした。

ジャスティン：それでは，彼らはまだ電話帳を作っているのですか。つまり，今はみなグーグル検索を使っていませんか。

ベンジャミン：そうしていると思いますが，グーグル以前はそのようにして必要とする情報を入手していたのです。

ジャスティン：これから研修を受けるすべての人にむけて，より大切な質問を一つします。ではあなたにしてもらいたいのは…えっと…これは本当に考えてもらいたいことなのです，よろしいですか。そして時間をかけて構いません。十年後あなたはどうなっていると思いますか。

ベンジャミン：私が 80 歳のときということですか。

ジャスティン：その通りです。

ジャスティンは，彼の質問がベンジャミンの年齢の人には適していないということに気づく。

ジャスティン：ちょっと待ってください。私はあなたが 70 歳だと気づかなかったのです。この質問は適切ではありませんよね。それではこれはちょっとだけにして先に進みましょう。

ベンジャミン：それはあなた次第ですよ，ジャスティン。

ジャスティン：そうですね。この話題はもう終わりにしましょう。

◀解　説▶

(1) Where did you go to school?「どこ（どの大学，高校）に通っていたのか，どこを卒業したのか」 会話表現。

(2) go to school「学校に通う」 過去形で尋ねているので go が went となる。

(3) graduate in ～「～(年号) に卒業する」 過去の事実を述べているので graduate が graduated となる。

⑷ major in ～「～を専攻する」 remember what S V（過去形）「何を～したのか覚えている」

⑸直前のジャスティンの質問が不適切であることより，a．*how silly his question sounds* が適切。realize how ＋形容詞＋ S V「どれほど～であるか気づく，悟る」。

⑹ be in charge of ～「～を担当している」 ベンジャミンが過去の自分の仕事の内容を説明していることより，b．was in charge of となる。

⑺直後で，現在はみなグーグル検索を使用するのではないかと問い直していることから，b．(So,) do they still make phonebooks (?)「では彼らはまだ電話帳を作っているのですか」が適切。

⑻グーグルの時代以前の情報収集は電話帳に頼っていたことを説明すると予測されるので，c．(that was) how you got (the information …)「(その) ようにして (…情報) を得ていた」が適切。

⑼会社の面接試験の状況であり，面接担当者はそれまではベンジャミンの履歴を中心に質問したが，話題が採用に関わる重要な話に移る段階であるので，a．all (of our interns)「研修を受けるすべての人」が適切。

⑽ Where do you see yourself in ～ years?「～年後はあなたはどうなっていると思いますか」 面接で担当者が尋ねる代表的な問いかけの一つ。

⑾ realize that S V「～に気づく，～を悟る」 ト書き部分は現在形で書かれているので，d．*realizes* となる。

⑿ *someone of Benjamin's age*「ベンジャミンぐらいの年齢の人」 冒頭の背景説明の段落第 3 文（A rapidly growing …）の people of Benjamin's age を参考にできる。

⒀付加疑問文であり，否定の平叙文（ここでは現在形）に付加する形式になるので，c．does it が適切。

⒁「先に進めましょうか（次に移りましょうか)」と提案することが予想されるので，d．move on「次に移る」が適切。

⒂ (It's) up to you.「それはあなた次第です，それはあなたの責任です」会話表現。

❖講　評

2021 年度は大問の出題数が全部で 3 題，内訳は読解問題 2 題，会話文問題１題である。

Ⅰは，犬は罪悪感を抱くのか，あるいは見た目だけの問題で服従反応にすぎないのかに関する説明文である。設問形式は空所補充，同意語句，語句整序，内容真偽であり，文法を含め英語力を総合的に問う形式である。

Ⅱは，先延ばしをする理由と解決策に関わる論説文で，人の心理への洞察があり，内容がやや把握しづらい箇所がある。設問に関しては６で問われている該当箇所の解釈が難しいので，前後からの文脈推測が大事である。

Ⅲは会話文問題であり，映画の台本がベースになっている。対話の流れをしっかり押さえることが基本だが，(1)，(12)などには紛らわしい選択肢も含まれているので注意を要する。

日本史

I 解答

問１．開成所　問２．津田真道　問３．明六社
問４．地租改正　問５．明治十四年の政変
問６．義和団　問７．地方改良運動
問８．横山雅男は日露戦争後の日本国内の社会経済が激変したため，単なる人口調査にとどまらず全国規模の経済状況を把握できる国勢調査を実施すべきであると考えている。高橋二郎は日露戦争後の増税などに頼る疲弊した財政状況を考慮すれば，人民調査と同時に経済状況を把握する国勢調査は実施すべきではないと考えている。(150 字以内)

◀解　説▶

≪明治時代の統計調査≫

問１．江戸幕府が設置した蛮書和解御用が 1855 年に洋学所に，その翌年には蕃書調所，1862 年に洋書調所と改称され，翌年に開成所となった。
問２．やや難。津田真道は西周らとオランダへ留学して法学を学んだ人物で，帰国後には開成所教授に就任した。
問３．「森有礼が発議」「啓蒙思想団体」から明六社を導き出そう。森有礼を中心に設立された明六社には，福沢諭吉・中村正直・西周・津田真道・加藤弘之・西村茂樹とともに，著者である杉亨二らが参加した。
問４．「明治政府が実施した土地制度・課税制度の改革」をヒントに，地租改正を導き出そう。史料中にある「米では困る」「金を取る」からもわかるように，明治政府はこれまでの現物年貢を改めて金納とし，地租を地価の３%とした。
問５．「史料Ｂの著者」が大隈重信，「国会開設問題などをめぐる政府内部に起こった出来事」から明治十四年の政変を導き出そう。なお，開拓使官有物払下げ事件は藩閥と政商の結託が非難された事件であるので，ここでは不適切。
問６．1900 年，清朝政府も義和団に同調して日本を中心とした８カ国連合軍に宣戦布告したが，鎮圧された（北清事変）。この結果，翌年には北京議定書が結ばれ，列強諸国は多額の賠償金と軍隊の北京公使館区域駐留

を認めさせた。

問８．国勢調査とその実施について，横山雅男と高橋二郎の考えが述べられている文章を探し，それをできるだけ簡潔に要約し解答を作成しなければならない。

高橋二郎発言の冒頭から，人口調査に経済事項を付加するかどうかで意見の対立があることが見てとれる。

横山雅男は，日本の経済的状況について「日露戦役後に於きましては地方の状態が非常に変化し就中（なかんづく）衣食風俗等のことより都会村落の盛衰に至るまで状態の激変」「つまり（中略）日本の経済財政までが世界的となつた」ことから，「経済事項を止めては何れの日に於て全国を掌上に見らるるやうな調べが出来ませうか」「国勢調査と云ふことに付いては職業の箇条の外矢張り国力の幾分を経済的に伺ひ得らるるやうな方針となし」，つまり国勢調査は職業の調査だけではなく，経済状況を把握する方針で行うことが望ましいと考えていることがわかる。

高橋二郎は，「人民のこと丈けですら調べるのが容易でない所に持て来て何じやかじやと百般の注文を出し到底言ふべくして行ふべからざる大袈裟なことを望み益々調査を困難にする」と述べ，日露戦争後の日本国内は非常に疲弊しており，人民調査でさえ困難な状況で，人民の経済状況を把握するための国勢調査は実施すべきではないと考えていることがわかる。

以上のことをふまえて，２人の意見の違いがはっきりわかるように150字以内にまとめて解答を作成しよう。

Ⅱ　解答

問１．D　問２．A　問３．B　問４．E　問５．C
問６．D　問７．C　問８．B　問９．E　問10．D

◀解　説▶

≪古代～近世の財政≫

問１．D．正文。

A．誤文。口分田は６歳以上の男女に与えられ，１段につき２束２把の租税が課された。

B．誤文。「およそ３～４割」が誤り。口分田の収穫のうちおよそ３％が租として諸国の正倉におさめられ，地方行政の財源とされた。

C．誤文。都での労役にかえて布や綿などの代替物をおさめる庸の負担が求められたのは，京・畿内以外である。

E．誤文。防人は東北地方ではなく，九州沿岸の防衛にあたることを求められた兵士である。

問2．A．正文。

B．誤文。応天門に放火したのは大納言伴善男であり，伴善男はその罪を源信に負わせようとした。

C．誤文。皇族以外で初めて摂政に任じられたのは藤原良房である。良房は陽成天皇ではなく，清和天皇を即位させて応天門の変後に正式に摂政となった。

D．誤文。「時平の死去と醍醐天皇の退位にともなって右大臣に任命された」が誤り。醍醐天皇の時代，左大臣藤原時平の策謀により，右大臣の地位にあった菅原道真が大宰権帥に左遷され，道真は大宰府で没した。

E．誤文。『日本三代実録』などの編纂を進めたのは，藤原時平や菅原道真である。また，左大臣源高明は藤原忠平の子である実頼らによって左遷された（安和の変）。

問3．B．正文。

A．誤文。延久の荘園整理令では摂関家の荘園も例外ではなく，対象とされたため，荘園拡大による国衙への圧迫は加速することなく，荘園は摂関家よりも上皇・法皇に集中して院政の経済基盤となった。

C．誤文。院政期には公領は減少したが，知行国・院分国制度が広まり，公領からの収入も朝廷の重要な収入源であったことに変わりはない。

D．誤文。開発領主から直接寄進をうけた貴族は領家と呼ばれ，貴族に寄進した開発領主は，自らが預所や下司などと呼ばれる荘官となって，現地の荘園の経営を行った。

E．誤文。「官省符荘と呼ばれる」が誤り。国司から不輸・不入の権を認められた荘園は，国免荘と呼ばれる。

問4．E．正文。

A．誤文。御家人を組織し統制する機構は侍所である。

B．誤文。財政やそのほかの政務を担当する機構は公文所（政所）である。

C．誤文。承久の乱以降，幕府が朝廷への監視のために設置したのは六波羅探題である。

D．誤文。関東知行国は将軍に与えられた知行国である。地頭は各地の公領や荘園におかれ，その土地での徴税と治安維持などを職務とした。

問５．C．正文。

A．誤文。「大覚寺統の後村上天皇を立てた」が誤り。足利尊氏が持明院統の光明天皇を立てたことから南北朝の動乱が始まった。

B．誤文。「北畠親房の死後，新田義貞が中心となって」が誤り。南朝は新田義貞が戦死した後，北畠親房が中心となり北朝・幕府への抗戦を続けた。

D．誤文。足利尊氏の執事高師直は，尊氏の弟直義が暗殺される以前に上杉能憲により殺害されている。

E．誤文。養父足利直義の死後も直冬は降伏せずに抗戦を続けた。

問６．やや難。D．正文。

A．誤文。棟別銭は家屋の棟数に応じて課された税である。

B．誤文。田地の面積に応じて課税額が決まるのは段銭である。地子銭とは，屋敷地などに課された宅地税である。

C．誤文。刀剣類などの武器・防具や硫黄は，明への輸出品である。

E．誤文。五山・十刹・諸山などの禅宗の官寺の住職は幕府の公帖（こうじょう）と呼ばれる辞令を得て任命されたが，これを受領した者が幕府に納入する礼銭を五山官銭といった。

問７．やや難。C．正文。

A．誤文。「山内・扇谷の両上杉家を滅ぼした」が誤り。伊勢盛時（宗瑞）とは北条早雲のことであり，早雲は相模に進出して小田原を本拠としたが，山内・扇谷の両上杉家を滅ぼしてはいない。

B．誤文。斎藤道三は美濃守護代の家に生まれたのではなく，守護代である斎藤氏を滅ぼし，家名を奪った人物である。また，「斯波氏」ではなく，土岐氏を追放することで美濃一国を支配する戦国大名となった。

D．誤文。長宗（曽）我部元親は土佐を支配した戦国大名であり，分国法として百カ条からなる『長宗我部氏掟書』を制定した。

E．誤文。「所領の年貢高を重さの単位である貫に換算する」が誤り。収入額を銭に換算したものが貫高で，戦国大名たちは，貫高に見合った一定の軍役を負担した。これを貫高制という。

問９．やや難。E．正文。

A．誤文。「領主が派遣した下吏が代表者を務めることが多かった」が誤り。江戸期の村落は，名主や組頭，百姓代からなる村役人らが中心となって運営された。

B．誤文。村方三役とは，名主・組頭・百姓代である。なお，名主のことを関西では庄屋，東北では肝煎と呼んだ。

C．誤文。本途物成は，田畑とともに家屋敷にもかけられる年貢である。小物成は，本途物成以外の雑税で，山林・原野・河海の利用および収穫物などの副業にかけられた。

D．誤文。「江戸期を通じて農地の売買はまれにしか行われなかった」が誤り。享保の改革以後，困窮した百姓が田畑を質に入れ，質流れの形で田畑の売買が行われた。そのため幕府は質流し禁令を出したが，各地で質地騒動が起きたため，質流れの形式による田畑の売買が黙認された。

III 解答 問1．E 問2．C 問3．E 問4．C 問5．D

◀解 説▶

≪幕末の海外貿易≫

問1．E．正しい。

A．誤り。政事総裁職が設けられ，松平慶永が任命されたのは，1862 年に行われた文久の改革である。

B・D．誤り。上知令，人返しの法が出されたのは，天保の改革である。

C．誤り。和宮降嫁を実現し，公武合体を推し進めたのは，老中安藤信正である。

問2．C．正文。

A．誤文。日米修好通商条約で開港が決められたのは，神奈川・長崎・新潟・兵庫であり，博多は入っていない。

B．誤文。日本の関税自主権は認められず（関税自主権の欠如），相互で協議して協定関税を定めた。

D．誤文。日米和親条約で日本からアメリカに最恵国待遇が与えられ，日米修好通商条約でも承継された。

E．誤文。アメリカの初代駐日総領事はハリスであった。

問3．E．正文。

A．誤文。茶の産地を飲み分ける競技である闘茶が流行したのは，南北朝時代である。
B．誤文。「曹洞宗の開祖とされる」が誤り。宋（南宋）から日本に茶をもたらした栄西は，日本に臨済宗を伝えた禅僧である。
C．誤文。侘茶を創始したのは村田珠光であり，その後，武野紹鷗を経て千利休が大成した。西山宗因は，江戸時代前期に談林風を創始した俳人・連歌師である。
D．誤文。北野大茶湯を催し，貧富・身分にかかわらず民衆を参加させたのは，豊臣秀吉である。
問4．C．正文。
A．誤文。万延小判は，江戸時代に鋳造された小判のうち最も軽く，金の含有量も少なかった。
B．誤文。太政官札は，金貨や銀貨との交換ができない不換紙幣であった。
D．誤文。インフレを防ぐため，旧円を新円に切り換えさせた（新円切り換え）のは，幣原喜重郎内閣である。
E．誤文。「円の切下げを要求した」が誤り。ドル危機に対して，ニクソン大統領は，日本などの国際収支黒字国に対して円の切り上げを要求した。

Ⅳ　解答　問1．C　問2．D　問3．E　問4．C　問5．B

◀解　説▶

≪日露戦争後の経済の動向≫
問1．C．正文。
A．誤文。「日露開戦に反対した」が誤り。戸水寛人をはじめとする東京帝国大学などの七博士は，強硬な主戦論を唱えた。
B．誤文。日露戦争は，旅順をめぐる攻防戦，奉天会戦，日本海海戦の順で戦われた。
D．誤文。講和条約はアメリカのポーツマスで結ばれた。
E．誤文。講和条約では,「天津」ではなく，ロシアがもつ旅順・大連の租借権の日本への譲渡が認められた。
問2．D．正文。
A．誤文。桂・タフト協定で，日本による韓国保護国化を密かに承認したのは「イギリス」ではなく，アメリカである。

B．誤文。オランダで開かれていた第2回万国平和会議に密使を送ったのは，韓国皇帝の「玄宗」ではなく，高宗である。
C．誤文。韓国軍を解散させたのは第3次日韓協約である。
E．誤文。初代の朝鮮総督となった寺内正毅は，日本の「内務大臣」ではなく，陸軍大臣を兼任した。
問3．E．正文。
A．誤文。満鉄の本社は大連に置かれた。
B．誤文。満鉄は「清」ではなく，ロシアから東清鉄道の支線の一部を譲り受け，鉄道事業を行った。
C．誤文。鞍山製鉄所は，第一次世界大戦勃発後の1918年に設立された。
D．誤文。大冶で採掘されたのは「石炭」ではなく，鉄鉱石である。
問4．「あるヨーロッパの国」とはドイツのことである。
C．正しい。三国干渉を行ったのは，ロシア・フランス・ドイツである。
A．誤り。世界で最初に産業革命を経験した国は，イギリスである。
B．誤り。四国艦隊下関砲撃事件を引き起こした四国は，イギリス・フランス・アメリカ・オランダである。
D．誤り。中国から広州湾を租借したのは，フランスである。
E．誤り。ワシントン会議で四カ国条約を結んだ四国は，アメリカ・イギリス・日本・フランスである。
問5．B．正文。
A．誤文。札幌農学校で教鞭をとったのは「ボアソナード」ではなく，アメリカ人のクラークである。
C．誤文。日露戦争後に増大した日本の綿織物輸出は「アメリカ向け」ではなく，アジア向けが中心であった。
D．誤文。労働組合期成会の結成に尽力したのは高野房太郎などである。
E．誤文。アドレナリンの抽出に成功したのは高峰譲吉である。

V　解答

問1．D　問2．B　問3．C　問4．B　問5．A
問6．D　問7．B　問8．D　問9．C　問10．E

◀解　説▶

≪戦後の国際社会と国内の経済・社会≫

問1．やや難。D．正文。

A．誤文。アメリカの宇宙船アポロ 11 号とソ連の人工衛星スプートニクの打ち上げの順が逆である。スプートニクの打ち上げは 1957 年，アポロ 11 号の打ち上げは 1969 年である。

B．誤文。「アイゼンハワー大統領は海上封鎖を実施し」が誤り。キューバ危機において，海上封鎖を実施したのはケネディ大統領である。

C．誤文。部分的核実験禁（停）止条約にはアメリカ・イギリス・ロシア 3 国外相が調印し，フランス・中国は反対した。

E．誤文。平和共存政策は「ゴルバチョフ大統領」ではなく，フルシチョフ大統領が積極的に推進した。

問 2．やや難。B．正文。

A．誤文。スカルノは，インドネシアの初代大統領となった人物である。

C．誤文。平和五原則を確認したのは，中国の周恩来首相とインドのネルー首相である。

D．誤文。「日本は安全保障理事会の常任理事国となった」が誤り。日本は非常任理事国になったが，常任理事国にはなっていない。

E．誤文。「1960 年開催のアジア・アフリカ会議」が誤り。アジア=アフリカ会議は 1955 年に開催された。1960 年にアフリカで 17 カ国が一斉に独立したことから，この年を「アフリカの年」と呼ぶ。

問 3．C．正文。

A．誤文。鳩山一郎は，憲法改正を実現させていない。

B．誤文。小笠原諸島の返還，沖縄の祖国復帰は「田中角栄」ではなく，佐藤栄作内閣のときに実現した。

D．誤文。「ロッキード事件をきっかけに退陣した」が誤り。竹下登はリクルート事件をきっかけに退陣した。

E．誤文。「自衛隊をイラクに派遣した」が誤り。宮沢喜一は自衛隊をカンボジアへ派遣した。

問 4．やや難。B．正文。

A．誤文。「現実の経済成長は想定よりも緩やかであった」が誤り。現実の経済成長は計画をはるかに上回るものであり，1967 年には当初の目標（倍増）を達成した。

C．誤文。「政府間貿易が結ばれた」が誤り。日本と中国との間で国交は回復しておらず，LT 貿易と呼ばれる準政府間貿易の取り決めが結ばれた。

D．誤文。警察官の権限強化を規定した警察官職務執行法の改正案を国会に提出したのは，岸信介内閣である。

E．誤文。「日韓基本条約」を結び，韓国政府を「朝鮮にある唯一の合法的な政府」と認め，韓国との国交を樹立したのは，佐藤栄作内閣である。

問5．やや難。A．正文。

B．誤文。「成果主義賃金」が誤り。日本独自の経営方針とは，終身雇用，年功序列，労使協調を特色とした。

C．誤文。産業の高度化とは，農林業・漁業（第一次産業）から製造業（第二次産業），そして商業・金融業・サービス業（第三次産業）へ移行することをいう。

D．誤文。集団就職とは主に「高校」ではなく，中学を卒業したばかりの若者が都市に就職することをいう。

E．誤文。日本の経済成長期には「兼業農家」が増えた。

問6．D．正しい。A．『金閣寺』は三島由紀夫，B．『悲の器』は高橋和巳，C．『坂の上の雲』は司馬遼太郎，E．『個人的な体験』は大江健三郎。

問7．やや難。B．正文。

A．誤文。「交通事故の死亡者が年間10万人を超え」が誤り。高度経済成長期には，交通事故の死亡者が年間1万人前後となったため，交通戦争と呼ばれた。

C．誤文。四大公害訴訟は，被害者側の勝訴に終わった。

D．誤文。大気汚染・水質汚濁など7種の公害を規制し，事業者・国・地方公共団体の責務を明らかにしたのは「環境基本法」ではなく，公害対策基本法である。

E．誤文。東京都知事に当選したのは「美濃部達吉」ではなく，子である美濃部亮吉である。

問8．難問。②富士重工業が小型自動車「スバル360」を発売したのは1958年，③東海道新幹線が開通したのは1964年，①新東京国際空港が開港したのは1978年。よって，正解はD。

問9．やや難。C．正文。

A．誤文。「円安基調となった」が誤り。貿易摩擦によって1980年代の為替相場は，円高基調となった。

B．誤文。繊維製品といった軽工業についての貿易摩擦は1950年代からあり，その後，鉄鋼・テレビ・自動車といった重工業，半導体といったハイテク産業に貿易摩擦の原因は推移していった。

D．誤文。アメリカの貿易赤字総額は 1986 年まで増加し続けた。

E．誤文。省エネルギーや人員削減，パート労働への切り替えなどを特徴とするのは「日本的経営」ではなく，減量経営といわれる。

❖講　評

Ⅰ　明治期における統計調査についての史料Ａ～Ｃに関する出題であり，記述問題は設問文をヒントに解答できるが，問２は難しい。問８の，史料Ｃの２人の発言から解答を導き出す論述問題は，国勢調査とその実施に関して２人の考えがはっきり述べられている箇所を探し出して要約しなければならない。150 字以内と字数も多いので，２人の考えをバランスよくまとめることが重要である。

Ⅱ　古代～近世の財政をテーマとして出題されている。正文選択問題が 10 問中９問を占めており，問６・問７・問９など選択肢にやや細かい内容が含まれており，難度も高いので注意して解答すること。

Ⅲ　幕末の海外との貿易をテーマに，中世～戦後の知識を問う設問がみられる。特に問４は戦後の経済的な知識も必要であり，この分野をしっかり学習できていない受験生にとっては解答に迷う問題であった。

Ⅳ　日露戦争後の日本の経済の動向をテーマに，韓国・満州・アメリカとの関連問題も出題されている。教科書の内容に沿った標準的な出題が中心であるが，問４は八幡製鉄所がどの国の技術の影響を受けているのかがわからなければ，正答を導き出すのが困難な問題であった。

Ⅴ　戦後の国際社会と日本国内の経済・社会をテーマに出題されている。正文選択問題も 10 問中７問あり，内容も教科書の本文に載っているものがほとんどであるが，戦後の学習がしっかりとできていない受験生にとっては難しい。また，問８の年代配列問題は，「スバル 360」が発売された年代は日本史の教科書に記述はなく，用語集を併用していなければ解答できない問題であった。

世界史

I　解答

設問1．C　設問2．B　設問3．D　設問4．A
設問5．B　設問6．C　設問7．D　設問8．A
設問9．C　設問10．B

◀解　説▶

≪古代オリエントと地中海世界≫

設問1．空欄の民族はシュメール人。Aはアッカド人，Bはアムル人，Dはエジプト古王国に関する記述である。

設問2．空欄の王国はリディアで，アッシリア滅亡後に分立した4王国の一つ。同じ4王国の一つである新バビロニア王国（カルデア）では，前586～前538年に，ネブカドネザル2世がユダ王国を滅ぼし，住民をバビロンに連行した（バビロン捕囚）。

A．誤文。メディアも同じく4王国の一つであるが，支配したのはイランである。

C．誤文。アメンホテプ4世は新王国の第18王朝時代のファラオで前14世紀の人物である（在位前1351年頃～前1334年頃）。

D．誤文。アケメネス朝は4王国を滅ぼして全オリエントを統一した国家で，ダレイオス1世はその第3代の王（在位前522～前486年）。

設問3．空欄の宗教施設はデルフォイのアポロン神殿で，中部ギリシアのパルナッソス山麓に位置する。各ポリスは重要事項を決定する際にその神託を求めた。

設問4．空欄の人物はソロンで，借金の帳消し・債務奴隷の禁止・財産政治の実施などの改革を行った。Bはドラコン，C・Dはクレイステネスに関する記述。

設問5．空欄の法はリキニウス=セクスティウス法。

A．誤文。平民会の決議が国法となるようにしたのはホルテンシウス法。

C．誤文。リキニウス=セクスティウス法では公有地の占有を1人500ユゲラ（約125ha）に制限した。

D．誤文。護民官は当初より平民会から選出され，元老院の決議に対する拒否権を有した。

設問 6．空欄の人物はスラ。閥族派の中心人物で，前 82 年にディクタトルに就任すると元老院の権限を強化して，パトリキ（貴族）を中心とする制度改革を目指した。

A．誤文。スラはパトリキ（貴族）出身。

B．誤文。同盟市戦争（前 91～前 88 年）でローマ市民権が与えられたのはイタリア半島（ポー川以南）の全自由人である。

D．誤文。ポエニ戦争は前 264～前 146 年で，スラ（前 138 年頃～前 78 年）が生まれる前の出来事。

設問 7．空欄の人物はキケロで，コンスル（統領）としてルキウス=カティリナのクーデタ計画を阻止し，その後，カエサルと対立した。文章家としても有名で，代表的な著書が『国家論』である。Aはセネカ，Bはタキトゥス，Cはポリビオスに関する記述。

設問 8．空欄の皇帝はカラカラ帝（在位 198～217 年）で，212 年のアントニヌス勅令で帝国内の全自由人に市民権を与えた。Bはハドリアヌス帝，Cはトラヤヌス帝，Dはマルクス=アウレリウス=アントニヌス帝に関する記述。

設問 9．空欄の皇帝はディオクレティアヌス帝（在位 284～305 年）。

A．誤文。392 年にテオドシウス帝がキリスト教以外の信仰を禁止するまでローマは多神教の世界であり，皇帝を唯一神としたわけではない。

B．誤文。四帝分治制（テトラルキア）は，帝国を四分し 2 人の正帝と 2 人の副帝で分担して統治する制度。

D．誤文。ソリドゥス金貨を発行させたのはコンスタンティヌス帝である。

設問 10．空欄の皇帝はビザンツ帝国のユスティニアヌス帝（在位 527～565 年）。

A．誤文。ユスティニアヌス帝が滅ぼしたのはヴァンダル王国と東ゴート王国である。

C．誤文。ハギア=ソフィア聖堂はビザンツ様式の代表的建造物。ビザンツ帝国を滅ぼしたオスマン帝国によってイスラーム教のモスクとされ，4 本の尖塔が設けられた。

D．誤文。プロノイア制は 11 世紀頃に導入された。

Ⅱ **解答**　ア．興中会　イ．武昌　ウ．南京　エ．中華革命党
設問1．C　設問2．A　設問3．チョイバルサン
設問4．カラハン（宣言）　設問5．C　設問6．B

◀解　説▶

≪孫文の生涯と中国≫

ア．興中会は1894年，清朝打倒を目指して結成された革命団体。孫文が率いる興中会は1905年，東京で光復会や華興会などとともに中国同盟会を組織した。

エ．中華革命党は1914年に東京で組織された。1919年の五・四運動における民衆の力をみた孫文は，同年，この組織を中国国民党に改組して大衆政党を目指した。

設問1．A．誤文。拝上帝会は道教の神々を偶像として破壊するなど，偶像崇拝を否定した。

B．誤文。太平天国が攻略し，首都として天京と改称したのは南京である。

D．誤文。淮軍と協力して太平天国の乱の鎮圧に貢献し，のちにアフリカで戦死したイギリスの軍人はゴードン。マフディー運動（1881～98年）鎮圧に赴いたが，スーダンのハルツームで敗死した。

設問2．やや難。B．誤文。劉永福が黒旗軍を組織したのは太平天国が滅亡（1864年）した後の1867年で，阮福暎（嘉隆帝：在位1802～20年）はすでに死去している。

C．誤文。清仏戦争（1884～85年）の結果結ばれたのは天津条約（1885年）。

D．誤文。フランスがカンボジアを保護国としたのは1863年で，清仏戦争より前の出来事である。なお，フランス領インドシナは1887年，コーチシナ・アンナン・トンキン・カンボジアで形成され，1899年にラオスが編入された。

設問3．チョイバルサンは1920年，スヘバートルらとともにモンゴル人民党（のちモンゴル人民革命党に改称）を結成し，翌1921年に中華民国から独立，1924年にモンゴル人民共和国を樹立した。その後も政府の要職や首相（在任1939～52年）を務めた。

設問5．A．誤文。新経済政策（ネップ）は1921年，レーニンの指導で開始された。

B．誤文。コミンテルンは1935年以降，反ファシズム人民戦線の戦術をとったが，解散したのは1943年で，独ソ戦開始によって連合国との協力が重視されたためである。

D．誤文。ソヴィエト社会主義共和国連邦はロシア・ウクライナ・ベラルーシ・ザカフカースの4共和国によって結成された。

設問6．やや難。A．誤文。中華ソヴィエト共和国臨時政府（1931年成立）の主席は毛沢東。

C．誤文。北京大学は1898年に清朝が創立した京師大学堂を前身とし，1912年に名称変更された大学で，李大釗は1918年に教授に就任した。

D．誤文。胡適は五・四運動後，マルクス主義と対立した。

III 解答

ア．ニクソン　イ．パン=アメリカ　ウ．フロンティア
エ．モンロー　オ．ケネディ

設問1．C　設問2．D　設問3．B　設問4．C　設問5．A

◀解　説▶

≪19～20世紀のアメリカ合衆国とラテンアメリカ諸国≫

ア．ニクソンは1969年，第37代大統領に就任した（共和党）。中国訪問（1972年）やベトナム停戦（1973年）など外交面で成果を上げたが，ウォーターゲート事件で下院司法委員会による弾劾訴追決議を受け，1974年に辞任した。

オ．ケネディは民主党出身の第35代大統領（在任1961～63年）。内政面ではニューフロンティア政策を掲げて公民権拡大などを目指したが，十分な成果を上げることなく暗殺された。

設問1．A．誤文。サン=マルティンはアルゼンチン・チリ・ペルーの独立を指導した人物。ベネズエラで石油国有化による社会保障の充実などで国民の支持を強め，反米路線を堅持したのはチャベス大統領（在任1999～2013年）である。

B．誤文。大コロンビア共和国はコロンビア・ベネズエラ・エクアドルに解体された（1830年）。

D．誤文。イダルゴはメキシコ独立運動の父とされる人物。1810年に民衆を率いて蜂起したが，捕らえられ処刑された。

設問3．A．誤文。カリブ海と中米地域における覇権を目指し，スペイン

との間でアメリカ=スペイン戦争（1898 年）をおこしたのは共和党出身のマッキンリー大統領（在任 1897～1901 年）である。

C．誤文。民主党出身のフランクリン=ローズヴェルト大統領（在任 1933～45 年）はラテンアメリカ諸国に対する介入と干渉を排する善隣外交を展開した。

D．誤文。棍棒外交政策を展開したのは共和党出身のセオドア=ローズヴェルト大統領（在任 1901～09 年）である。

設問 4．難問。A．誤文。武器貸与法（1941 年 3 月）に基づいて貸与されたものは武器・弾薬に限らず，その他の軍需物資（食糧や戦車・車両・航空機・船舶など）も含まれた。

B．誤文。民主党出身のカーター大統領（在任 1977～81 年）は 1977 年，パナマ運河返還条約を締結した。

D．誤文。クリントン大統領の在任期間は 1993～2001 年で，1989 年の冷戦終結宣言より後のことである。

設問 5．やや難。B．誤文。サンディニスタ民族解放戦線はニカラグアの政治組織。

C．誤文。チリでアジェンデ政権を軍事クーデタで倒したのがピノチェトである（1973 年）。

D．誤文。1982 年にアルゼンチンに反撃し，フォークランド諸島を奪回したのはイギリスである（フォークランド戦争）。

Ⅳ 解答

1832 年に第 1 回選挙法改正が行われて腐敗選挙区が廃止され，産業革命後に力を強めた産業資本家が選挙権を獲得した。翌年には工場法が制定されて児童労働に制限が加えられるなど，労働環境の改善も進められた。一方，選挙権を得られなかった労働者は，男性普通選挙などを求める人民憲章を掲げてチャーティスト運動を展開した。また，資本の自由な活動が求められ，コブデン・ブライトらの運動によって 1846 年には穀物法が廃止され，さらに 1849 年には航海法が廃止されて産業資本家が望む自由貿易政策が実現した。（200 字以上 240 字以内）

◀解　説▶

≪1830 年代と 1840 年代におけるイギリス国内の政治経済の改革≫

イギリスは産業革命により都市への人口が集中し，資本家が力を強めるなか選挙制度の改正を求める運動が強まった。そうした流れのもと，1830年代と 1840 年代における政治経済の改革に関係する主な事項は以下の通りである。

1832 年　第 1 回選挙法改正（産業資本家に選挙権）
　33 年　工場法（児童労働に制限など）
　　　　東インド会社の中国貿易独占権廃止
　37 年　（～50 年代）チャーティスト運動の展開
　38 年　人民憲章の公表（男性普通選挙など 6 カ条）
　39 年　反穀物法同盟結成（コブデン・ブライトら）
1846 年　穀物法廃止
　49 年　航海法廃止

イギリス国内の政治経済の改革がいかに進行したかを説明する問題であるが，指定語句の「人民憲章」・「選挙法改正」は政治改革，「航海法」・「穀物法」は経済面で自由貿易が実現していく流れのなかで使用する。また「工場法」は労働者の動きと関連づけて述べるのがよいだろう。

❖講　評

Ⅰ　債務をテーマに古代オリエントとギリシア・ローマについて問う問題。リード文の空欄にあてはまる語句に関する文章の正誤を判断する形式で，全問正文選択である。空欄にあてはまる語句がわからないと解けない問題であるが，いずれも基本的な事項であり，またそれに関する選択肢の文章も標準レベルを超えるものはない。

Ⅱ　孫文の生涯を追いながら，太平天国から第 1 次国共合作までの中国情勢に関して問う問題で，空所補充と下線部に関する設問で構成されている。空所補充は標準レベルである。設問の正文選択では詳細かつ正確な知識が必要とされる選択肢もある。設問 2・設問 6 はやや難。

Ⅲ　副大統領時代のニクソンによるラテンアメリカ訪問を軸に，アメリカ合衆国とラテンアメリカの関係について問う問題で，グラフ雑誌の写真が用いられている。Ⅱと同じく空所補充と下線部に関する設問で構成されている。空所補充は基本事項が中心であるが，設問は詳細・正確な知識が必要とされる。設問 4 は，Aの武器貸与法の内容やBのカーター政権の業績まで把握していないと迷う可能性があり，難問といえる。

また，設問5はラテンアメリカの現代史という学習が手薄になりがちの範囲で，やや難。きちんと学習しているかどうかで差が出る。

Ⅳ　1830年代と1840年代におけるイギリス国内の政治経済の改革がいかに進行したかを説明する問題。ポイントとなるべき事項が指定用語として示されているので，教科書の内容をしっかり把握していれば十分対応できる。

全体として，空所補充は基本的な事項が中心であるが，設問の正文選択に用語集の説明文レベルまで把握していなければ対応できないものが含まれており，難度を高めている。しかし，2021年度は配列法・正誤法の形式がなかったこともあり，2020年度と比べると難度はやや低下したといえるだろう。

地理

I　解答

問1．1．自然的　2．人為的　3．数理的
問2．A　問3．C　問4．D
問5．アラスカ州，ユーコン準州
問6．D　問7．B
問8．イタイプダムの建設による水力発電事業。(20字以内)

◀解　説▶

≪国境の種類≫

問1．国境は，自然的国境と人為的国境に区分される。前者は，山脈，河川，湖沼，海洋などの自然物を利用した国境であり，後者は，経度・緯度を基準とした数理的国境や，城壁などの人工物を利用した国境である。

問2．インドネシアとパプアニューギニアの国境の大半は，東経141度の経線を利用した数理的国境となっている。

問3．アメリカ合衆国とカナダの西側の国境は，北緯49度の緯線を利用した数理的国境となっている。

問4．アメリカ合衆国とカナダの東側の国境の多くは，五大湖やセントローレンス川の一部を利用した湖沼国境や河川国境で自然的国境となっている。

問5．アメリカ合衆国の飛び地であるアラスカ州と，カナダのユーコン準州は，大半を西経141度の経線で接しており，数理的国境となっている。

問6．グアテマラの北東に位置するベリーズとの国境の大半は，直線的である。

問7．パラグアイ，アルゼンチン，ブラジルの3カ国が接するイグアスの滝付近の国境の多くは，ラプラタ川水系のパラナ川などを利用した河川国境となっている。

問8．ブラジルとパラグアイの共同出資によって，パラナ川中流部に流域総合開発の一環として，世界最大級のイタイプダムが建設され，水力発電が行われている。

Ⅱ 解答

問1．パレスチナ問題 問2．ユダヤ教
問3．シオニズム運動 問4．ヘブライ語
問5．パレスチナ解放機構〔PLO〕
問6．C 問7．(い)－H (う)－A 問8．(え)－H (お)－A

◀解 説▶

≪イスラエル建国とパレスチナ問題≫

問1～問3．パレスチナ地方は，西アジアの地中海東岸に位置する。紀元前1500年頃にユダヤ教徒のユダヤ人が居住し国家を形成していたが，その後国家は滅亡し，ユダヤ人は世界各地に離散した。19世紀後半以降，パレスチナ地方にユダヤ人国家を再建しようとするシオニズム運動が活発化し，第二次世界大戦後にはユダヤ人国家のイスラエルが建国された。その結果，パレスチナ地方に居住するアラブ系パレスチナ人との対立が生じ，中東戦争などの紛争が激化し，断続的に衝突が続いている。

問4．ヘブライ語は，ユダヤ人の母語でありイスラエルの公用語となっている。

問5．パレスチナ解放機構（PLO）は，パレスチナ人国家の建設や難民の帰還などを目指すアラブ系パレスチナ人を代表する組織であり，1993年のイスラエルとの暫定自治協定の調印によって自治政府を発足させたが，独立国家の建設にはいたっていない。

問6．ガザ地区は，パレスチナ自治区のひとつで，住民はパレスチナ人難民が多数を占める。

問7．(い)テルアヴィヴ。イスラエルの政治・経済の中心地で，実質上の首都機能を有している。

(う)エルサレム。イスラエルの法制上の首都で，イスラム教，ユダヤ教，キリスト教の聖地とされる。

問8．(え)シリア。アラブ人，イスラム教徒が多数派の国であり，イスラエルと対立し，第3次中東戦争でゴラン高原をイスラエルに占領された。

(お)ヨルダン。アラブ人，イスラム教徒が多数派の国であり，第3次中東戦争でヨルダン川西岸地区と東エルサレムをイスラエルに占領されたが，現在はアラブ諸国の穏健派でイスラエルとは平和条約を締結している。

III 解答

問1．A　問2．C　問3．D　問4．B
問5．①―C　②―A　問6．①―B　②―D
問7．A　問8．C

◀解　説▶

≪ヨーロッパの地誌≫

問1．ヨーロッパでは，北西部にプロテスタント，南西部や中部にカトリック，東部に正教会が分布する。ドイツではプロテスタントとカトリックが拮抗している。

問2．フランス北東部のアルザス・ロレーヌ地方とその東部のドイツとの国境線には，国際河川であるライン川が流れる。

問3．ザール炭田やロレーヌ鉄山に代表されるように，石炭や鉄鉱石が豊富であった。

問4．ストラスブールは，フランスのアルザス地方の中心都市で，EU（ヨーロッパ連合）のヨーロッパ議会の所在地である。

問5．①ルーマニアは，ブルガリアとともに2007年にEUに加盟した。
②ルーマニアはAに該当する。南東部は黒海に面する。1989年にチャウシェスク共産党政権が打倒され民主化された。産業は混合農業がさかんなほか，原油や天然ガスも産出される。なお，Bはポーランド，Cはハンガリー，Dはスロベニアの説明である。

問6．一般に，マグレブ諸国（マグレブ3国）は，北アフリカのアルジェリア，チュニジア，モロッコを指す。マグレブはアラビア語で「西」，「日が沈む地」を意味する。いずれもかつてのフランスの植民地で，労働力としてフランスへの流入が多い。

問7．イギリスは，EUの統一通貨のユーロの導入を見送り，また，国境管理を廃止し人の往来を自由にするシェンゲン協定にも調印していない。

問8．C．誤文。環境保全や食品の安全性の基準を満たした農家，設備投資，農業基盤整備などに補助金が支給される。アグリビジネス化の推進は実施されていない。

Ⅳ　解答

問1．D　問2．B　問3．D　問4．C
問5．コンゴ民主共和国　問6．ガーナ
問7．落花生　問8．C　問9．A　問10．C

◀解　説▶

≪アフリカの地誌≫

問1．ザンベジ川は，アフリカ大陸南東部を流れる河川で，中流部にはヴィクトリア滝が位置するほか，カリバダムがあり，カッパーベルトで産出される銅鉱の精錬に利用されている。

問2．カラハリ砂漠は，亜熱帯高圧帯が卓越するアフリカ南部の南回帰線付近に分布する砂漠である。

問3．アビジャンはギニア湾岸の北緯5度付近に位置する。赤道付近のため気温の年較差は極めて小さい。6月前後は北上する熱帯収束帯の影響を受けて雨季となるが，12月前後は南下する亜熱帯高圧帯の影響を受けて乾季となる。よって，Dに該当する。なお，Aはアスワン，Bはナイロビ，Cはトアマシナの雨温図である。

問4．睡眠病（眠り病）は，ツェツェ蠅を媒体とする風土病で，サハラ以南のアフリカの熱帯地域で発生する。睡眠状態となり昏睡して死亡することも多い。

問5．コンゴ民主共和国は，アフリカ最大のダイヤモンドの生産国で，ロシアに次ぐ世界第2位である（2016年）。また，コンゴ民主共和国は，他の生産国と比べて工業用ダイヤモンドの生産の割合が大きいという特徴がある。

問6．カカオの生産量は，世界第1位がコートジボワール，第2位がガーナとなっている（2018年）。よって，Aはガーナである。

問7．セネガルでは，換金作物として落花生の生産がさかんである。

問8．1994年，フツ族の大統領が乗った航空機の撃墜をきっかけに，多数派のフツ族が，少数派のツチ族を大量に虐殺した。これに対して報復を恐れたフツ族は，周辺諸国に難民として大量に流出した。

問9．ボツワナは，ダイヤモンドをはじめとする鉱産資源が豊富で，安定した政治体制と的確な経済政策によって経済成長を遂げ，1人あたりの国民総所得はアフリカ諸国ではトップクラスとなっており，Aに該当する。

問10．エチオピアは，中国が進める広域経済圏構想の「一帯一路」の拠点であり，近年，中国からの直接投資が活発化しており，Cに該当する。

❖講 評

Ⅰ 国境の種類について，それぞれの具体的事例の知識と合わせて問われた。問題に地図は使用されていないが，設問を解くにあたっては，経緯線，河川，国や州の地図上での位置の把握が必要であるため，地図帳を活用した学習を行っておきたい。20字の短文論述が出題されたが，世界最大級のイタイプダムの知識さえあれば難なく解答できる。

Ⅱ イスラエル建国とパレスチナ問題について，歴史的経緯，言語・宗教，国や都市の地名などが問われた。ピンポイントの地域の出題であるため，隈なく全範囲の対策を行った受験生とそうでない受験生との間で得点差が出やすい問題といえる。

Ⅲ ヨーロッパについて，自然地形名，鉱産資源，都市，宗教，旧植民地，EUの加盟国拡大や共通農業政策など幅広く出題された。多くの設問では高校の教科書レベルの知識の理解が試されており，ケアレスミスに注意して確実に得点しておくべき問題である。

Ⅳ アフリカについて，自然地形名，気候環境，風土病，農業，鉱産資源，民族紛争，直接投資など広範囲から出題された。統計知識を必要とする設問が多く，日常の学習から統計集などを活用して，基礎的な統計知識の習得に努めておきたい。

政治・経済

I

解答　設問１．A　設問２．戦争と平和の法
設問３．B　設問４．集団安全保障（方式）
設問５．ウィルソン　設問６．A　設問７．国際刑事裁判所〔ICC〕
設問８．B　設問９．C　設問10．京都議定書

◀解　説▶

≪国際社会の歴史と軍縮への取り組み≫

設問１．A．正答。ボダン（ボーダン）はフランスの政治思想家であり，主権の概念を提唱し絶対王政下の国王権力を正当化した。なお，Bはイギリスの政治思想家ホッブズ，Cはイギリスの政治思想家ロック，Dはフランスの政治思想家ルソーの思想についての記述である。

設問２．グロティウスはオランダの法学者。著書『戦争と平和の法』のなかで，戦時においても国家間に適用される規範（国際法）が存在することを主張した。国際法の基礎をつくったことから「国際法の父」と呼ばれる。

設問３．B．正答。カントは著書『永遠平和のために』（『永久平和論』）において，国家の常備軍は時とともに全廃されなければならないと説いている。カントはドイツの哲学者であり，国家間の戦争を廃絶するための方策として国際法の確立（A）や国際平和機構の設立（C）などを唱えた。

設問５．ウィルソンは民主党出身のアメリカ大統領。第一次世界大戦末期に「平和（原則）14 カ条」を発表し，秘密外交の禁止や民族自決などとともに国際平和機構の設立を訴えた。その後，ウィルソンの提案に基づき国際連盟が発足したが，国内では共和党が多数を占める議会上院の反対によりアメリカは加盟することができなかった。

設問６．A．正文。

B．誤文。国際連盟の総会では全会一致制が採用されていたのに対し，国際連合の総会では多数決制が採用されている。

C．誤文。安全保障理事会は，常任理事国５カ国（アメリカ・イギリス・フランス・ロシア・中国）と任期２年の非常任理事国 10 カ国から構成される。手続き事項については 15 理事国のうち９理事国の賛成で可決され

るが，実質事項については５常任理事国を含む９理事国の賛成が必要とされる。つまり，実質事項では，９理事国以上の賛成があっても，常任理事国が１カ国でも反対すれば否決となる。これを拒否権という。

D．誤文。国際連盟では加盟国に対する制裁は経済制裁に限定されていたが，国際連合では経済制裁とともに軍事制裁も行うことができる。

設問８．難問。B．正答。包括的核実験禁止条約（CTBT）とは，「宇宙空間，大気圏内，水中，地下を含むあらゆる空間における核兵器の実験的爆発及び他の核爆発を禁止する」もので，1996 年の国際連合総会で採択された。しかし，発効要件国のうち，アメリカ，中国，エジプト，イラン，イスラエルは未批准，北朝鮮，インド，パキスタンは未署名・未批准であり，いまだ発効には至っていない（2021 年 3 月時点）。

設問９．難問。C．正文。

A．誤文。イラクのクウェート侵攻により勃発した湾岸戦争（1990 年）に際して，アメリカはイラクのフセイン政権に対して「軍事制裁」を行っている。なお，湾岸戦争では，国際連合の決議に基づき，アメリカを中心とする多国籍軍がイラクに派遣された。

B．誤文。アメリカがユーゴスラビア内戦に軍事介入を行った事実はない。なお，ユーゴスラビア内戦の一つであるコソヴォ紛争に際して，NATO（北大西洋条約機構）によるセルビアへの軍事介入（1999 年）が行われている。

D．誤文。アメリカがマリや中央アフリカ共和国へ軍事介入を行った事実はない。なお，治安回復を名目にマリや中央アフリカ共和国への軍事介入（2013 年）を行ったのは，両国の旧宗主国であるフランスである。

Ⅱ　解答

設問１．１．ストック　２．GNP〔国民総生産〕
３．国民所得倍増計画　４．研究開発費　５．SDGs

設問２．D　設問３．B　設問４．A　設問５．A　設問６．B

◀解　説▶

≪「豊かさ」の指標≫

設問１．１．ある時点における蓄えの量をストックといい，国富がストックの代表的な指標である。

５．SDGs は「Sustainable Development Goals（持続可能な開発目標）」

の略称であり，2015年の国連サミットで採択された国際社会共通の目標である。「貧困をなくそう」や「飢餓をゼロに」など17のゴール（目標）と，それらの目標をより具体化した169のターゲットから構成されている。

設問2．A．誤文。名目GDPは実際に市場で取り引きされている価格で算出されるため，物価が上昇すれば名目GDPもその分増加する。対して，実質GDPは名目GDPから物価変動の影響を取り除いて算出されるため，物価が上昇してもその分は実質GDPには含まれない。よって，名目GDPが増加しても，実質GDPが必ず増加するわけではない。

B．誤文。2018年のランキングで，日本はGDP世界第3位の国であるが，一人当たりGDPは約4万ドルで世界第26位である。よって，「上位10位以内に位置している」が不適。

C．誤文。国内純生産（NDP）は，GDPから固定資本減耗を「除いた」ものである。なお，固定資本減耗とは，固定資本（工場や機械など）が生産のたびに価値がすり減っていくことで，その減耗分を積み立てた金額を減価償却費という。

設問4．A．正文。付加価値とは生産過程で新たに加えられた価値である。中古住宅は既に創出された価値であり，付加価値ではないためGDPに計上されない。

B．誤文。人件費（賃金）は，付加価値に含まれるためGDPに計上される。

C．誤文。給付された現金は，付加価値に含まれないためGDPに計上されない。

D．誤文。家族内で行われる家事・育児・介護は，付加価値に含まれないためGDPに計上されない。

設問5．B．誤文。2020年版の『世界幸福度報告書』によると，日本の順位は62位であり，先進諸国の中で幸福度が高いとはいえない。

C．誤文。国民総幸福量（GNH）を提唱したのは「スウェーデン国王」ではなくブータン国王である。ブータンはヒマラヤ山脈南麓に位置する国であり，国民総幸福量の増加を政策の中心としている。

D．誤文。国民福祉指標は「国民純福祉（NNW）」とも呼ばれ，物質的な経済水準を計測する国民総生産（GNP）やGDPに代わる指標として提唱されている。具体的には，余暇や家事労働など福祉的部分は算入され，環境汚染など生活の質を悪化させる非福祉的部分は差し引かれる。

設問6．A．誤文。ジニ係数は所得格差を数値化した指標であり，0（ゼロ）に近いほど格差が小さくなり，1に近いほど格差が大きくなる。

C．誤文。日本のジニ係数は，1960年代の高度経済成長期から上昇傾向にあり，近年でも先進諸国の中で低い水準にあるとはいえない。

D．誤文。2020年の世界経済フォーラム年次総会（ダボス会議）の報告によれば，世界の上位1％の富裕層が，残る99％の人々がもつ富の「2倍以上」の富を保有している。

Ⅲ 解答

設問1．1．西ドイツ〔ドイツ〕 2．イギリス
3．マーストリヒト〔欧州連合〕

設問2．B 設問3．A 設問4．最恵国待遇 設問5．C
設問6．D 設問7．B 設問8．キャメロン

◀解 説▶

≪欧州統合の歴史≫

設問1．3．マーストリヒト条約は1992年にEC（欧州共同体）首脳会議で調印され，経済面だけでなく外交や安全保障など政治面での統合も合意された。翌年，条約の発効によりEU（欧州連合）が発足した。

設問2．B．正文。EFTA（欧州自由貿易連合）はEEC（欧州経済共同体）と異なり，工業製品のみの自由貿易を目指すものであり農産物を対象としていない。

A．誤文。EFTAは1960年に設立された経済統合であり，EECに対抗してイギリスが中心となって結成された。対外共通関税を設けないため，関税同盟とは異なる。

C．誤文。EFTAは現在でも存続しており，アイスランド・ノルウェー・スイス・リヒテンシュタインの4カ国が加盟している（2021年3月時点）。

D．誤文。1970年代にEFTAに欧州以外の国が加盟した事実はない。

設問3．イ．誤文。関税同盟に参加している国は，その同盟に参加していない国と独自にFTA（自由貿易協定）を締結することはできない。

エ．誤文。EECは域内関税の撤廃，域外共通関税の設定などを行った。対して，北米自由貿易協定（NAFTA）は，加盟国（アメリカ・メキシコ・カナダ）間での関税撤廃を目指していたが，対外共通関税の設定が行

われたわけではない。なお，NAFTAは現在USMCA（アメリカ・メキシコ・カナダ協定）に変更された（2021年3月時点）。

設問4．最恵国待遇とは，ある加盟国に与えた最も有利な貿易条件（関税率の引き下げなど）は，他の加盟国にも自動的に適用されるという原則である。GATT（関税と貿易に関する一般協定）／WTO（世界貿易機関）の無差別原則の一つとして採用されている。

設問5．C．正文。共通通貨ユーロの金融政策は欧州中央銀行（ECB）が一元的に行っている。つまり，EU加盟国の中でのユーロ参加国は，独自に金融政策を決定することができず，欧州中央銀行の金融政策に従わなければならない。なお，ユーロはEU加盟国27カ国のうち19カ国で導入されている。

設問6．やや難。A．誤文。環太平洋パートナーシップ（TPP）協定は当初12カ国で締結されたが，その後アメリカのトランプ政権が離脱を表明したため，残りの11カ国によりTPP11（イレブン）が2018年に締結された。

B．誤文。アジア太平洋経済協力会議（APEC）は，アジア太平洋地域の21の国と地域が参加する経済協力の枠組みであり，中国やロシアも参加している。

C．誤文。東アジア地域包括的経済連携（RCEP）は，日本や中国，ASEAN諸国などによる包括的な自由貿易協定であり，交渉の過程でインドが署名を見送ったものの，最終的に2020年に締結された。

設問7．B．正文。

A．誤文。EU加盟国は共通通貨ユーロの導入に際して，物価上昇率，長期金利，為替レートとともに財政に関する基準も満たさなければならない。よって，「財政に関する基準はなかったため，債務危機後に新たに追加された」は誤り。

C．誤文。欧州債務危機は，ギリシャの財政危機（B）に端を発して，イタリア・スペイン・ポルトガルなどにも波及した。よって，「ノルウェーとスウェーデンに伝播した」が誤り。また，ノルウェーはそもそもEUに加盟していない。

D．誤文。財政支援はドイツなどEU加盟国だけでなく，IMF（国際通貨基金）などの国際機関によっても行われたので，「IMFなどの国際機関による融資は必要とされなかった」は誤り。

設問８．やや難。キャメロンは保守党出身のイギリス首相。2016 年に EU 離脱の是非を問う国民投票を実施したが，離脱派が多数を占め EU からの脱退（ブレグジット）が決定されたことを受けて辞任を表明した。

Ⅳ 解答

設問１．１．石油危機〔第一次石油危機，オイルショック〕

２．二重構造 ３．高年齢者雇用安定

４．ワーキングプア ５．同一労働同一賃金

設問２．Ｂ 設問３．Ｃ 設問４．Ａ 設問５．Ｂ 設問６．Ｄ

◀解 説▶

≪戦後の日本経済と雇用問題≫

設問１．２．日本経済の特徴として，大企業と中小企業との間に，資本装備率（労働者１人当たりの資本設備額），生産性，賃金において大きな格差がみられる。このような格差を「経済の二重構造」という。

３．高年齢者雇用安定法は 2004 年に改正され，事業主に①定年年齢の 65 歳引き上げ，②希望者全員対象の 65 歳までの継続雇用制度の導入，③定年の定めの廃止，のいずれかの措置をとることが義務づけられた。背景には，年金の支給開始年齢が段階的に 65 歳へと引き上げられることに合わせて，高齢者の雇用環境を確保することが求められた点がある。

５．難問。「同一労働同一賃金」とは，同じ価値の仕事には同一の賃金水準を適用すべきとする原則である。近年の日本では，労働者に占める非正規労働者の割合の増加に伴い，正規労働者と非正規労働者の間の格差が問題となっている。同一労働同一賃金推進法では，両者の賃金や待遇の格差を是正することが目指されている。

設問２．Ｂ．正答。第二次世界大戦後，外国為替相場では固定為替相場制が採用され，日本の円もアメリカのドルに対して１ドル＝360 円の為替レート（自国通貨と外国通貨の交換比率）で固定されていた。高度経済成長期に入ると，日本経済の発展を背景として日米間の為替レートが日本に割安に働いたため，日本製品の国際競争力は高まった。なお，固定為替相場制は 1970 年代に入ると崩壊し，1973 年には主要国は変動為替相場制に移行し始めた。1976 年のキングストン合意により変動為替相場制への移行

が正式に承認された。

設問3．C．正文。1973年の第一次石油危機により原油価格が高騰した結果，エネルギー資源の輸入に依存していた日本は大きな打撃を受けた。その後，産業の省エネルギー化，省資源化が推進され，産業構造も「重厚長大型」から「軽薄短小型」へと転換された。

A．誤文。政府主導による規制緩和政策は1980年代以降に推進された。

B．誤文。三公社の民営化を行ったのは1980年代の中曽根康弘政権である。また，三公社とは，日本国有鉄道（現JR），日本電信電話公社（現NTT），日本専売公社（現JT）であり，「日本住宅供給公社」は含まれない。

D．誤文。高度経済成長が終焉した1970年代当時，中国は計画経済を採用する社会主義国家であり，日本が中国への積極的な投資を行った事実はない。

設問6．D．正文。非労働力人口のうち，満15～34歳で，通学も家事もしていない者をニート（NEET）という。ニートは「Not in Education, Employment, or Training」の略称である。

❖講　評

Ⅰ　国際平和と国際協調に向けた国際社会の取り組み，第二次世界大戦後の核軍縮のあゆみなどをテーマとした大問である。難易度は，おおむね標準的であり，教科書レベルの知識があればほとんどの設問が正答可能である。ただ，包括的核実験禁止条約の未批准国を問う設問8，冷戦終結後の地域紛争を問う設問9は，やや詳細な知識が求められており難問といえる。

Ⅱ　国内総生産（GDP）や国民総生産（GNP），国民総幸福量（GNH）など「豊かさ」を測る諸指標を取り上げた大問である。国民所得に関する指標はよく出題されるので，それぞれの指標の定義や関係についてしっかりと整理しておこう。なお，設問1．5の「SDGs」は近年よく取り上げられており要注意である。

Ⅲ　欧州石炭鉄鋼共同体（ECSC）から欧州連合（EU）に至る欧州統合の歴史をテーマとした大問である。設問2・設問3・設問5・設問7は欧州統合に関して細かな内容が問われており，この分野を深く学習していなければ難しく感じられるだろう。また，経済協力の枠組みを問う設問6，EU離脱の国民投票を行ったイギリス首相を問う設問8もやや細かく，日頃から国際分野のニュースに関心を向けておくことが求められている。

Ⅳ　高度経済成長期からバブル経済崩壊後までの日本経済を取り上げて，各時期の経済政策や近年の雇用問題などを問う大問である。多くの設問は標準的な難易度であるが，設問1．5の「同一労働同一賃金」推進法は難問といえる。労働分野に関しては，経済のグローバル化や少子高齢化を背景とした労働環境の変化がよく問われている。特に，近年の労働問題や労働法制については資料集なども用いて対策を立てておこう。

数学

I

解答 (1)ア－9　イ－1　ウ－0　エ－1　オ－6

(2)ア－3　イ－1　ウ－3　エ－5　オ－1　カ－3　キ－7

(3)ア－1　イ－2　ウ－2　エ－2　オ－2　カ－1　キ－2　ク－1

(4)ア－1　イ－2　ウ－1　エ－4　オ－3　カ－2　キ－2

(5)ア－1　イ－1　ウ－2　エ－1　オ－1　カ－8

(6)ア－1　イ－7　ウ－4　エ－1　オ－5　カ－2　キ－3　ク－3　ケ－7　コ－4

◀解　説▶

≪小問６問≫

(1)　$f(x)=x^3-ax+b$ について

$$f'(x)=3x^2-a$$

$a\leqq 0$ とすると，常に $f'(x)\geqq 0$ となり $f(x)$ は極値をもたないので条件を満たさない。

よって　　$a>0$

このとき

$$f'(x)=3\left(x+\frac{\sqrt{3a}}{3}\right)\left(x-\frac{\sqrt{3a}}{3}\right)$$

$f'(x)=0$ とすると　　$x=\pm\frac{\sqrt{3a}}{3}$

したがって，$f(x)$ の増減は右の表のようになる。

x	$\cdots$	$-\frac{\sqrt{3a}}{3}$	$\cdots$	$\frac{\sqrt{3a}}{3}$	$\cdots$
$f'(x)$	$+$	0	$-$	0	$+$
$f(x)$	↗	極大	↘	極小	↗

$$f\left(-\frac{\sqrt{3a}}{3}\right)=\left(-\frac{\sqrt{3a}}{3}\right)^3-a\left(-\frac{\sqrt{3a}}{3}\right)+b$$

$$=\frac{2\sqrt{3}}{9}a\sqrt{a}+b$$

$$f\left(\frac{\sqrt{3a}}{3}\right)=\left(\frac{\sqrt{3a}}{3}\right)^3-a\left(\frac{\sqrt{3a}}{3}\right)+b$$

$$= -\frac{2\sqrt{3}}{9}a\sqrt{a} + b$$

極大値と極小値の差が $12\sqrt{3}$ であることから

$$\left(\frac{2\sqrt{3}}{9}a\sqrt{a} + b\right) - \left(-\frac{2\sqrt{3}}{9}a\sqrt{a} + b\right) = 12\sqrt{3}$$

すなわち　　$a\sqrt{a} = 27$　ゆえに　$a = 9$　→ア

また，$f(2) = 0$ より　　$2^3 - 2a + b = 0$

$a = 9$ より　　$b = 10$　→イ，ウ

したがって

$$f(x) = x^3 - 9x + 10 = (x-2)(x^2 + 2x - 5)$$

よって，$f(x) = 0$ の $x = 2$ 以外の解は

$$x^2 + 2x - 5 = 0$$

を解いて　　$x = -1 \pm \sqrt{6}$　→エ，オ

(2)　①　右のたすきがけにより

$$9x^2 - 12xy - 5y^2 = (3x + y)(3x - 5y)$$

→ア～エ

3	╳	y	→	$3y$
3		$-5y$	→	$-15y$
9		$-5y^2$		$-12y$

②　　$9x^2 - 12xy - 5y^2 = 184$

①より　　$(3x + y)(3x - 5y) = 2^3 \cdot 23$

x，y は自然数であるので

$$3x + y > 3x - 5y,\ 3x + y \geqq 4$$

さらに，$3x + y$ と $3x - 5y$ の偶奇は一致するので

$$(3x + y,\ 3x - 5y) = (92,\ 2),\ (46,\ 4)$$

すなわち　　$(x,\ y) = \left(\frac{77}{3},\ 15\right),\ (13,\ 7)$

x，y は自然数であるので，求める x，y は

$$x = 13,\ y = 7$$　→オ～キ

(3)　右の図のように，正八角形 ABCDEFGH の外接円を考え，その中心をOとする。

$|\overrightarrow{\mathrm{AE}}| = 2$ より，外接円の半径は 1 である。

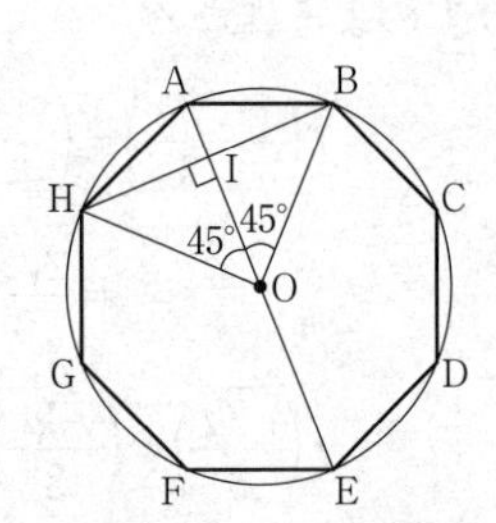

①　　$\angle \mathrm{AOH} = \angle \mathrm{BOA} = 360° \times \frac{1}{8} = 45°$

$$\mathrm{OH} = \mathrm{OB} = 1$$

よって，$\angle \mathrm{OIH}=90^\circ$ であるので

$$\mathrm{OI}=\mathrm{OH}\cos 45^\circ=\frac{\sqrt{2}}{2}$$

ゆえに　$|\overrightarrow{\mathrm{AI}}|=\mathrm{OA}-\mathrm{OI}=1-\frac{\sqrt{2}}{2}$　→ア～ウ

② 点 I は線分 BH の中点であるので

$$\overrightarrow{\mathrm{AI}}=\frac{\overrightarrow{\mathrm{AB}}+\overrightarrow{\mathrm{AH}}}{2}$$

よって

$$\overrightarrow{\mathrm{AE}}=\frac{|\overrightarrow{\mathrm{AE}}|}{|\overrightarrow{\mathrm{AI}}|}\overrightarrow{\mathrm{AI}}=\frac{2}{1-\frac{\sqrt{2}}{2}}\cdot\frac{\overrightarrow{\mathrm{AB}}+\overrightarrow{\mathrm{AH}}}{2}$$

$$=(2+\sqrt{2})(\overrightarrow{\mathrm{AB}}+\overrightarrow{\mathrm{AH}})$$　→エ，オ

③ 直線 AH と BC の交点を J，$\mathrm{AB}=a$ とおくと，$\angle \mathrm{AJB}=90^\circ$，$\angle \mathrm{JAB}=45^\circ$ より

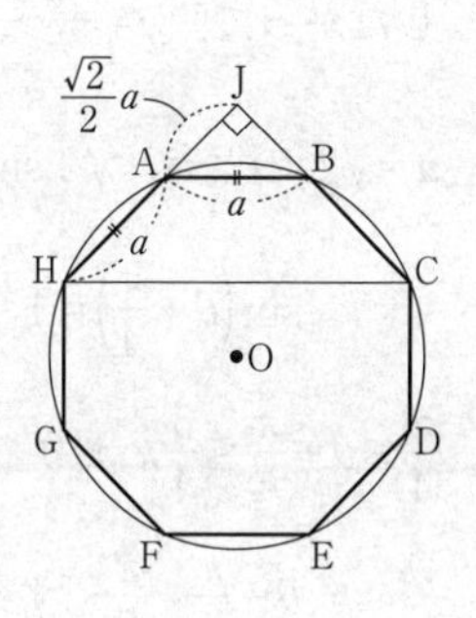

$$\mathrm{JA}=\frac{\sqrt{2}}{2}a$$

$\mathrm{AB}/\!/\mathrm{HC}$，$\mathrm{AH}=\mathrm{AB}=a$ より

$$\mathrm{AB}:\mathrm{HC}=\mathrm{JA}:(\mathrm{JA}+\mathrm{AH})$$

$$=\frac{\sqrt{2}}{2}a:\left(\frac{\sqrt{2}}{2}a+a\right)$$

$$=1:(1+\sqrt{2})$$

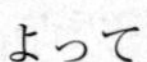

よって

$$\overrightarrow{\mathrm{AC}}=\overrightarrow{\mathrm{AH}}+\overrightarrow{\mathrm{HC}}$$

$$=\overrightarrow{\mathrm{AH}}+\frac{|\overrightarrow{\mathrm{HC}}|}{|\overrightarrow{\mathrm{AB}}|}\overrightarrow{\mathrm{AB}}$$

$$=\overrightarrow{\mathrm{AH}}+(1+\sqrt{2})\overrightarrow{\mathrm{AB}}$$

$$=(1+\sqrt{2})\overrightarrow{\mathrm{AB}}+\overrightarrow{\mathrm{AH}}$$　→カ～ク

(4) ① $u=\sin\theta+\cos\theta$ とすると

$$u^2=(\sin\theta+\cos\theta)^2=\sin^2\theta+2\sin\theta\cos\theta+\cos^2\theta$$

$$=1+2\sin\theta\cos\theta$$

よって　$\sin\theta\cos\theta=\frac{u^2-1}{2}$

ゆえに

$$y=(1+\sin\theta)(1+\cos\theta)$$
$$=1+\sin\theta+\cos\theta+\sin\theta\cos\theta$$
$$=1+u+\frac{u^2-1}{2}=\frac{2+2u+u^2-1}{2}=\frac{(u+1)^2}{2}$$ →ア，イ

②　$u=\sin\theta+\cos\theta=\sqrt{2}\sin\left(\theta+\frac{\pi}{4}\right)$

$0\leqq\theta\leqq\pi$ より　$\frac{\pi}{4}\leqq\theta+\frac{\pi}{4}\leqq\frac{5}{4}\pi$

よって　$-\frac{\sqrt{2}}{2}\leqq\sin\left(\theta+\frac{\pi}{4}\right)\leqq1$

ゆえに　$-1\leqq u\leqq\sqrt{2}$

したがって，$y=\frac{(u+1)^2}{2}$ より，y は $u=\sqrt{2}$ のとき最大値をとる。

$u=\sqrt{2}$ のとき，$\sqrt{2}\sin\left(\theta+\frac{\pi}{4}\right)=\sqrt{2}$ より

$$\sin\left(\theta+\frac{\pi}{4}\right)=1$$

$\frac{\pi}{4}\leqq\theta+\frac{\pi}{4}\leqq\frac{5}{4}\pi$ より

$\theta+\frac{\pi}{4}=\frac{\pi}{2}$　すなわち　$\theta=\frac{1}{4}\pi$　→ウ，エ

このとき，最大値は

$$y=\frac{(\sqrt{2}+1)^2}{2}=\frac{3}{2}+\sqrt{2}$$ →オ～キ

(5)　①　3回目の作業を行った際，小石が原点に戻るようなさいころの目の組は

(1，1，2)，(1，3，4)，(1，5，6)，(3，3，6)　の4組

よって，求める確率は目の出る順序も考えて

$$\frac{{}_3C_1+3!+3!+{}_3C_1}{6^3}=\frac{1}{12}$$ →ア～ウ

②　①の場合のうち，2回目の作業において小石を動かす際に原点を通過するのは2回目に偶数の目が出るときであるから，求める確率は

$$\frac{1}{12}-\frac{1+2+2+1}{6^3}=\frac{1}{18}$$ →エ～カ

(6)　①　円 $C_1: x^2+(y-y_1)^2=4$ と放物線 $H: y=x^2$ が接するので

$$y+(y-y_1)^2=4$$

すなわち　$y^2-(2y_1-1)y+y_1{}^2-4=0$　……(i)

は重解をもつ。よって，(i)の判別式を D_1 とすると

$$D_1=(2y_1-1)^2-4(y_1{}^2-4)=0$$

ゆえに　$y_1=\dfrac{17}{4}$　→ア～ウ

(i)より，接点の y 座標は

$$y^2-\frac{15}{2}y+\frac{225}{16}=0 \qquad \left(y-\frac{15}{4}\right)^2=0$$

すなわち　$y=\dfrac{15}{4}$

よって，第1象限にある接点の x 座標は

$$x=\sqrt{\frac{15}{4}}=\frac{\sqrt{15}}{2}$$　→エ～カ

②　　$C_2: x^2+(y-y_2)^2=r_2{}^2$

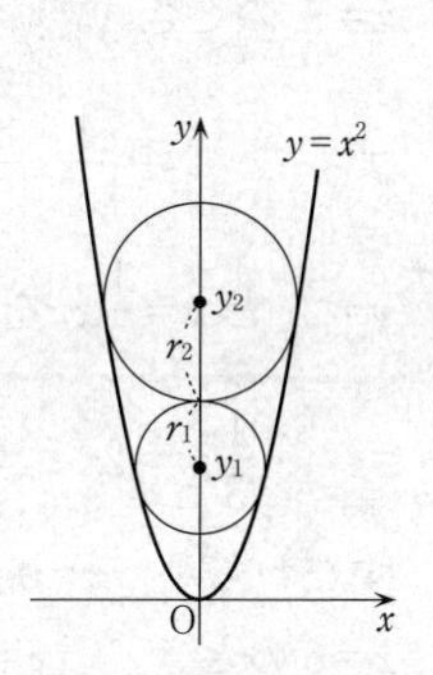

$y_2>y_1$ で，円 C_1 と C_2 が外接しているので

$$y_2-y_1=r_2+r_1$$

$y_1=\dfrac{17}{4}$，$r_1=2$ より　$y_2=r_2+\dfrac{25}{4}$　……(ii)

$C_2: x^2+(y-y_2)^2=r_2{}^2$ と $H: y=x^2$ が接するので

$$y+(y-y_2)^2=r_2{}^2$$

すなわち　$y^2-(2y_2-1)y+y_2{}^2-r_2{}^2=0$

は重解をもつ。よって，この方程式の判別式を D_2 とすると

$$D_2=(2y_2-1)^2-4(y_2{}^2-r_2{}^2)=0$$

すなわち　$4r_2{}^2-4y_2+1=0$

(ii)より　$4r_2{}^2-4\left(r_2+\dfrac{25}{4}\right)+1=0$　　$(r_2+2)(r_2-3)=0$

$r_2>0$ より　$r_2=3$　→キ

(ii)より　$y_2=3+\dfrac{25}{4}=\dfrac{37}{4}$　→ク～コ

Ⅱ　解答

(1) $\mathrm{P}\left(\frac{4}{5},\ \frac{8}{5}\right)$, $\mathrm{Q}(6,\ 12)$

(2)① $a=\frac{\sqrt{3}}{3}$　② $S=\frac{\sqrt{3}}{6}$　③ $T=\frac{\pi}{6}-\frac{\sqrt{3}}{4}$

◀解　説▶

≪直線と曲線の交点の座標，直線と曲線で囲まれた図形の面積≫

$$L : y=ax,\ \ C : x^2+(y-1)^2=1,\ \ H : y=\frac{1}{3}x^2$$

(1)　$a=2$ のとき　　$L : y=2x$

$y=2x$ と $x^2+(y-1)^2=1$ を連立させると

$$x^2+(2x-1)^2=1 \qquad x(5x-4)=0$$

すなわち　　$x=0,\ \frac{4}{5}$

$x=\frac{4}{5}$ のとき　　$y=\frac{8}{5}$

よって　　$\mathrm{P}\left(\frac{4}{5},\ \frac{8}{5}\right)$

$y=2x$ と $y=\frac{1}{3}x^2$ を連立させると

$$\frac{1}{3}x^2=2x \qquad x(x-6)=0$$

すなわち　　$x=0,\ 6$

$x=6$ のとき　　$y=12$

よって　　$\mathrm{Q}(6,\ 12)$

(2)　①　$y=ax$ と $x^2+(y-1)^2=1$ を連立させると

$$x^2+(ax-1)^2=1 \qquad x\{(a^2+1)x-2a\}=0$$

すなわち　　$x=0,\ \frac{2a}{a^2+1}$

よって，点Pの x 座標は　　$x=\frac{2a}{a^2+1}$

$y=ax$ と $y=\frac{1}{3}x^2$ を連立させると

$$\frac{1}{3}x^2=ax \qquad x(x-3a)=0$$

すなわち　　$x=0,\ 3a$

よって，点Qの x 座標は　　$x=3a$

点Pは線分OQの中点となっているので

$$\frac{2a}{a^2+1}=\frac{3a}{2}$$

$a>0$ より　　$\frac{2}{a^2+1}=\frac{3}{2}$　　$a^2=\frac{1}{3}$

$a>0$ より　　$a=\frac{\sqrt{3}}{3}$

②　$a=\frac{\sqrt{3}}{3}$ より点Qの x 座標は　　$x=\sqrt{3}$

よって

$$S=\int_0^{\sqrt{3}}\left(\frac{\sqrt{3}}{3}x-\frac{1}{3}x^2\right)dx$$

$$=-\frac{1}{3}\int_0^{\sqrt{3}}x(x-\sqrt{3})\,dx$$

$$=-\frac{1}{3}\left(-\frac{1}{6}\right)(\sqrt{3}-0)^3=\frac{\sqrt{3}}{6}$$

③　$a=\frac{\sqrt{3}}{3}$ より　　$P\left(\frac{\sqrt{3}}{2},\ \frac{1}{2}\right)$

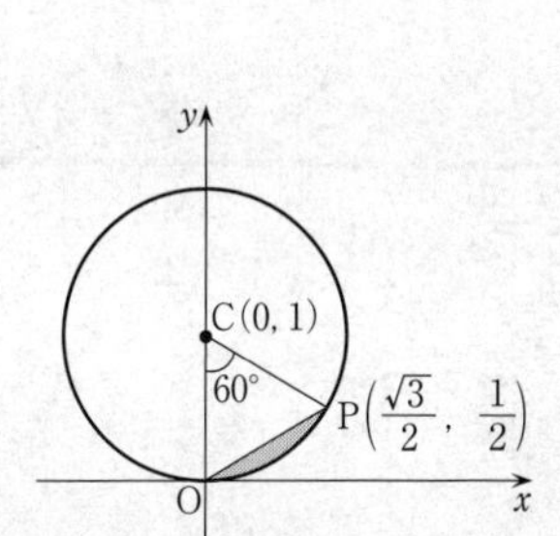

円 C の中心をCとすると，円 C の半径は1

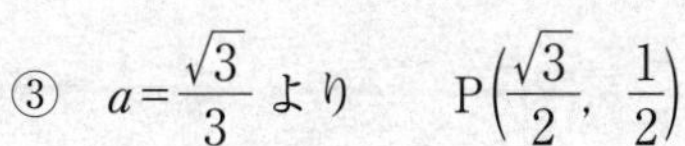
で，$OP=\sqrt{\left(\frac{\sqrt{3}}{2}\right)^2+\left(\frac{1}{2}\right)^2}=1$ より，△OCPは

正三角形である。

よって，$\angle OCP=60°$ であるので

$$T=(扇形OCP)-\triangle OCP$$

$$=\pi\cdot 1^2\times\frac{60}{360}-\frac{1}{2}\cdot 1\cdot 1\sin 60°=\frac{\pi}{6}-\frac{\sqrt{3}}{4}$$

❖講　評

大問2題の出題で，数学Ⅰ・Ⅱ・A・Bから幅広く出題されている。

Ⅰは小問集合で(1)微分法，(2)整数，(3)平面ベクトル，(4)三角関数，(5)確率，(6)2次関数，図形と方程式からの出題である。標準レベルの問題が多いが，(6)は円と放物線が接する条件を考えなければならないので，解いたことがないと難しく感じるだろう。それ以外は基本的な知識や解法で解けるので，しっかりと得点したい。

Ⅱは２次関数・図形と方程式・積分法の融合問題である。直線と曲線の交点の求め方や放物線と直線で囲まれる部分の面積を求める公式など，基本的な知識が身についていれば，それほど面倒な計算をすることもなく解くことができる。

いずれの問題も基本事項の積み重ねで解くことができる分，学習量の差が点数の差となって表れると思われる。

❖講　評

現代文二題、古文一題、漢字一題の計四題が出題された。

一の評論は、都市と農村のあいだから立ち上がる故郷意識について論じた文章。テンニエスの『ゲマインシャフトとゲゼルシャフト』にみられる考え、柄谷行人の交換様式論にみられる考えをもとに考察している。抽象的な単語も多いが、二項対比が明確に示された文章である。問1・問4の空所補充は、組み合わせを選ぶので、わかるものから決めて選択肢を絞れば容易。問2は、テンニエスの分析をふまえた後の筆者の主張の部分の方をまとめる点に注意する。問3・問5は、空欄前後の文脈を丁寧にたどることが必要。問6は、傍線に至る部分で、ゲマインシャフトとゲゼルシャフトの違いをおさえればよい。問7は、脱落文の内容から、挿入箇所直前の内容をつかめば難しくはない。問8は、本文全体に関わるので、選択肢中のキーワードに該当する箇所を丁寧に確認する。全体として標準レベルの問題。

二の評論は、文学と小説を対比させながら、書くことと未整理・未発表の原稿について述べた文章。問1〜問3の空所補充は、前後の関係をきちんとつかめばよい。問4は、脱落文の内容から、挿入箇所直前の内容がつかめるので、易しい。問5は、「小説」と「文学」についての筆者の定義をおさえれば難しくはない。問6の文学史は基本。問7・問8は選択肢の注意深い吟味と本文該当箇所の確認が求められる。全体として標準レベルの問題。

三の古文は、入試頻出作品の『大鏡』から二カ所。二人の帝の親王時代のエピソードが中心の文章。問1は組み合わせを選ぶので、わかるものから決めて選択肢を絞れば容易。問2・問6・問11は基本。問3〜問5は、文脈を丁寧にたどることが求められる。問7は文法知識のみでも選べる。易しい。問10は選択肢を注意深く吟味することが必要。全体として標準レベルの問題。

四は、選択式による漢字の問題。書き取り・読みともに、日常的な語句を中心とした漢字が出題されている。標準レベルの問題。

「かく位につかせたまへりければ」とあるので、「即位」についてのことだとつかめる。

問9 Ⅱの（中略）の後に、陽成天皇の御代に、後の宇多天皇はまだ殿上人で舞人をしていたとある。その宇多天皇が即位した後、陽成院の御所を通ったときの陽成院の言葉が傍線である。続く部分には、〝それほどの家来をお持ちになった帝も珍しい〟とある。以上から判断できる。「当代」は〝現天皇〟の意。

問10 ①親王は大饗の席に着いていたのである。「配膳を担当していた」のは「陪膳」である。合致しない。

②基経が帝（＝光孝天皇）を立派だと見ていたのである。「つねづね……尊敬」「即位……引き立てた」等の内容はない。合致しない。

③二人の母同士が姉妹だったのである。合致しない。

④宇多天皇は即位前、殿上人で舞人をしていたのである。「陽成院の命をうけて」の部分で、合致しない。

⑤Ⅱの（中略）以降の部分の内容に合致する。「ただ人」になって「源氏にならせたまふ」とあり、「位につかせたまひて」と続いている。

問11 ①二人の翁が主な語り手である、紀伝体で書かれた歴史物語。平安時代後期成立。これが正解。

②鎌倉時代の説話集。編者は橘成季。

③編年体で書かれた歴史物語。作者不詳であるが、前編の作者は赤染衛門という説もある。平安時代後期成立。

④鎌倉時代の説話集。

⑤『竹取物語』に次ぐ伝奇物語。この後に『落窪物語』がある。平安時代中頃成立。

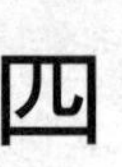

A―④ B―③ C―① D―⑤ E―③

F―② G―① H―④

問2　直前の「とり落し」が連用形になっているので、連用形接続の「つ」か「き」ということになる。ただし、過去の助動詞「き・けり」は、「き」が直接経験した過去を表し、「けり」が間接的に伝聞した過去を表すので、並べて使うことができない。そこで「つ」に決まり、連用形接続の「けり」の上であるから、「て」となる。完了と過去が並ぶ「にき」「てき」「にけり」「てけり」は頻出する表現。

問3　「いみじ」は〝程度がはなはだしい〟ことを表す重要単語。非常にプラスなのかマイナスなのかは文脈で決めることになる。ここは直後に「めで」があるので、大きなプラスを意味している。この段階で、①の「憤怒」と④の「慚愧」は不適となる。傍線に続く部分に、〝ますますほめ申し上げなさって〟とあるので、親王に対する基経の気持ちであるとわかる。

問4　傍線を含む文の主語は「融のおとど」で、源融は左大臣で身分が高く、「位につかせたまはむ御心」が深くて、という文脈。「せたまは」は二重の尊敬。「む」は名詞の上なので婉曲。〝帝の位におつきになろうというお気持ち〟の意である。続く部分の、近い皇胤には自分もいるという言葉もヒントになる。

問5　空欄は、帝の位につきたいと思っている源融に対して基経が言った言葉の中にある。〈皇胤だが、姓をいただいて、臣下として仕えて、帝の位についた Y があろうか〉という文脈。続く部分に、基経の定めで小松の帝が即位したとある。源融の主張のような例は過去にないというのである。

問6　漢字表記は「公」で〝天皇・朝廷・公的なこと〟の意。反意語は「私（わたくし）」で〝個人的なこと〟の意。

問7　〈な＋む〉〈て＋む〉〈ぬ＋べし〉〈つ＋べし〉の形のとき、この〈な〉〈て〉〈ぬ〉〈つ〉は完了ではなくて強意（確述）の意味になる。また、「申せ」は「こそ」の結びで已然形である。「ぬ」を打消に訳している④・⑤は不適。「申せ」を命令に訳している①・④は不適。尊敬の「たまひ」が使われているのだから、尊敬の訳を含まず、「わたしの力」に言及している③も不適。

問8　傍線は、あなたならできると言った賀茂の明神の言葉の中にあり、次の文に、どういうことかと思っていたら、ざいましょう」と申し上げなさると、「（あなたであれば）おできになることだから申し上げている。ひどく軽々しいふるまいはなさいますな。そう申し上げるわけがあると思って。（即位は）近くなります」と言って、（明神は）かき消すように見えなくおなりになった。

どういうことだろうかと納得できないとお思いになっているうちに、（宇多天皇が）このように即位なさいましたので、臨時の祭りをなさったのですよ。賀茂の明神がお告げになって、「祭りをなさってください」と申し上げなさった日が、酉の日でございましたので、そのまま十一月の最後の酉の日に、臨時の祭りがあるのでございますよ。

（中略）

この帝（＝宇多天皇）が、臣下になりなさる頃のことははっきりしません。よく覚えてもいません。御母君は、洞院の后と申し上げる。この帝が、（臣下に下って）源氏になりなさることは、よく知らないのだろうか、（世間では）「王侍従」と申した。陽成天皇の御代には、（後の宇多天皇は）殿上人で、（帝の）神社への行幸のときには舞人などをなさっていた。（宇多天皇が）即位なさって後、陽成院の御所を通って行幸なさったところ、（陽成院は）「今度の帝は家来ではないか」とおっしゃった。それほどの（立派な）家来をお持ちになった帝も、めったにないことですよ。

▲解　説▼

問1　A、直前に、親王たちが必ず大饗の席に着くことになっていた、とあるところから決められる。

B、直後に「せたまふ」があるので、主語は敬意の対象になる人。よって「陪膳」は適さない。続く部分に、この様子を基経が見て、すばらしいとますますほめた、とあるので、「ことにふれ還迹に」と評されている光孝天皇の行動と考えるのが自然である。

C、傍線を含む文の冒頭に、主語「このおとど（＝基経）」が示されている。

D、傍線を含む文の冒頭に、主語「融のおとど」が示されている。

以上から、②に決まる。

◆全　訳◆

Ⅰ　小松の帝（＝光孝天皇）の御母君と、この大臣（＝藤原基経）の御母君は、姉妹でいらっしゃる。そして、（基経様は）幼い頃から小松の帝を親しく見申し上げなさっていましたが、何かにつけて（小松の帝は）人を驚かせるほど立派でいらっしゃいます。「ああ小松の君だなあ」と見申し上げなさっていましたが、良房の大臣の大饗（＝盛大な饗宴）のときでしたでしょうか、昔は親王たちが、必ず大饗の席にお着きになることになっていて、（親王だった頃の小松の帝もその座に）いらっしゃったところ、雉の足は必ず大饗の膳に盛るものでございますが、どうしたのでしょうか、主賓の御前に盛るのを忘れてしまっていた。給仕の者が、親王の御前の（雉の足）を取って、あわてて主賓の御前に据えたところ、（親王は）どうお思いになったのだろうか、御前の明かりを、そっとお消しになった。この大臣（＝基経）は、そのときは身分が低く、末席で見申し上げなさっていたが、「すばらしくなされることよ」と、ますます見て感嘆申し上げなさって、陽成天皇が退位なさることになっている議定の場に伺候していらっしゃる。（源）融の大臣は、左大臣で身分も高く、帝の位におつきになろうというお気持ちが強く、「どうして（議定の必要があろうか）。近い帝の血筋をたどれば、（私、）融もおります」と言い出しなさったが、この大臣（＝基経）は、「帝の血筋ではあるけれど、姓をいただいて、臣下としてお仕えして、帝の位についた例があろうか」とお申し出になった。そういうことであるが、この大臣の裁決によって、小松の帝は即位なさったのである。帝（＝光孝天皇）の御子孫もはるか後まで伝わり、大臣（＝基経）の子孫もともに伝わり後見申し上げなさる。（光孝天皇と基経のお二人は）そうなるべき前世の縁をおもちでいらっしゃった御仲だろうかと思われます。

Ⅱ　この帝（＝宇多天皇）が、まだ即位なさらなかったとき、十一月二十日過ぎの頃に、賀茂神社のほとりで、鷹狩りをして、遊び歩いていたときに、賀茂の明神がお告げになったことは、「（私は）この辺りに住んでいます翁である。春は祭りが多くあります。冬がたいへん退屈であるから、祭りをしていただこう」と申し上げなさるので、そのときに賀茂の明神がおっしゃったとお気づきになって、（即位前の宇多天皇が）「私は力が及びません。帝に申し上げなさるべきことでご

③最後から二つ目の段落に、「自分の方が正解……そういうものこそがない」とある。合致しない。
④最後から三つ目の段落に、「未整理状態にしておく結果となった」とあり、「敢えて原稿を未整理の状態にした」わけではない。合致しない。
⑤最後から四つ目の段落の「作者とは、ぶよぶよした不定形な考え方をずっと持ちつづけている」に前半が、最終段落の「未発表・未整理について、言葉や考えがうまく出てこない」に後半が合致する。

三

出典　Ⅰ『大鏡』〈太政大臣基経〉
Ⅱ『大鏡』〈宇多天皇〉

解答

問1 ②
問2 て
問3 ⑤
問4 ④
問5 ⑤
問6 ①
問7 ②
問8 ⑤
問9 ③
問10 ⑤
問11 ①

かわからない」ということに言及している。そして、傍線1の後に、文学は「総体として意味を語る（創る）もの」、小説は「行為とか手の動きとかにちかい。そのつど何かを考える」、「全体としてまとまりのある意味を構成する必要はない」とある。以上に一致するのは⑤である。①は「全体」のみで「意味」への言及がない。②の「書いた文章が」以降は、傍線1の次の段落にある、一般に考えられていること。③の「執筆に」以降は無関係。④は、後半は合っているが、前半の「思索の形骸」が不適。「形骸」という言葉は、〝内容のない形だけのもの〟という意味である。

問6 ①は宮沢賢治がつくった口語詩であり、詩集のタイトルでもある。他の選択肢はすべて小説である。作者は、②志賀直哉、③夏目漱石、④島崎藤村、⑤芥川龍之介。

問7 ①本文は、まず文学と小説について、次に書くことについて、そして実際に自分が書いたものについて、最後に未発表・未整理の原稿について、という順序で述べられていて、「筆者の思考が混乱した状況」とは言えない。不適。

②反故にしたり、うまくいかなかったりしたことを書きながら、「いろいろなことが拡散的に頭に去来する」（第八段落）ことを述べている。合致する。

③長い文が多く、「リズムある軽妙洒脱な文体」とは言い難い。不適。

④一文が長いところは、いろいろ考えたり行動したりしている過程を述べている箇所であり、「対象について」の「深い知識」を示しているわけではない。不適。

⑤ジミ・ヘンドリックスから書き始めたものは「反故にした」（第十一段落）とある。その後も〈別の話にしたらつながった〉とある。途中で気づいたり話がそれたりもしている。「流れにまかせ」た「能動的ふるまい」とは言えない。不適。

問8 ①最後から五つ目の段落に、〈勝手に編集したという批判は不当だ〉とある。合致しない。

②最後から四つ目の段落に、作者は「不定形な考え方をずっと持ちつづけている」、「時期を確定しても意味がない」とある。合致しない。

を語るものだとしたら、小説は行為とか手の動きにちかく、そのつど何かを考え、全体としてまとまりのある意味を構成する必要はない。人は書きつつ、書いた字や書くために考えたその考えに誘発されて、いろいろなことが拡散的に頭に去来する。その経験が重要である。未発表・未整理原稿は、頭の中の未整理、試行錯誤と同じ状態だ。それらは別の形で発表されるか放っておかれるかだが、それでも作者の中では鼓動しつづけた。

◀解　説▶

問1　空欄は、Aから、「首尾一貫したもの」、Bから、〈作品をきちんと構成するもの（＝人）〉とつかめる。「作品」という、意味を持った全体を作った人、すなわち〈作者〉ということになる。

問2　空欄に入るのは、きちんと構成された文学作品であれば、フィクションか否かを問わずに存在するものである。次の段落に、「そのような文学作品に……嫌悪感……しか持たなかった」とあり、何が言いたいのかわからない小説に惹かれた、と続く。C がある文学作品を筆者は嫌だったのである。空欄を含む段落に、「文脈とか意味が嫌いだ」とあり、「文学が……意味は欠かせない」とある点に注目すれば、⑤に決まる。

問3　空欄は、その前の部分から、「未発表・未整理の原稿（録音）が膨大に残された」状態であり、「頭の中の未整理と同じ状態」であり、「書いては消し……脇に残しておく」状態のことである。未整理で、書いたり破いたり残したりと、あれこれやってみているのである。④「試行錯誤」に決まる。①「艱難辛苦」は〝困難に遭って苦しむこと〟、②「取捨選択」は〝必要なものを選び不要なものを捨てること〟、③「一知半解」は〝知識が十分に自分のものになっていないこと〟、⑤「刻苦勉励」は〝苦労して勉学に励むこと〟の意。

問4　脱落文には「ニーチェとも似ている」とあるので、この前には〈あることが誰々に似ている〉という内容があるはずである。空欄Dを含む段落の三つ前の段落に、「これはカフカに似てないか？」とある。そして続く文には、カフカとニーチェ双方の例が示されているので、挿入箇所は決定できる。

問5　本文冒頭で、筆者は「文学をやりたいのではなく、小説を書きたい」と述べ、小説は「全体として何が言いたいの

③第五段落に、「ゲゼルシャフト」は「選択意志」によって成員が結びつくとあるが、第三段落からわかるように、「選択意志」は「ゲゼルシャフト」の訳語ではない。合致しない。
④第一段落に「たんなる人口量の格差とは別の」とある。「人口量の格差の問題として考える」の部分で、合致しない。
⑤第三段落に、「ゲマインシャフト」の訳語は「共同体」であり、「ゲゼルシャフト」が「社会」では広すぎるとある。合致しない。

二

出典　保坂和志「未整理・未発表と形」（『試行錯誤に漂う』みすず書房）

解答
問1　作者
問2　⑤
問3　④
問4　カフカはま
問5　⑤
問6　①
問7　②
問8　⑤

◆要　旨◆

国語の授業を通じて教え込まれた文脈や意味を持つ文学作品に対して、私は無関心か嫌悪感を持つしかなかった。文学作品を読んでも、全体として何が言いたいのかわからなかった。私にとって小説は文学ではない。文学が総体として意味問4　A、直前に指示語の「この」があるので、前段落を受けている、つまりゲゼルシャフトを示していることになる。
B、直前の「血縁や……忠実な」に注目すれば、ゲマインシャフトである。
C、交換様式A・B双方に言及している部分であるから、ゲマインシャフト。
D、直後に、「前近代の共同体一般が理解されてきた」とあるところから、ゲマインシャフト側の話だとわかる。
以上から、④に決まる。

問5　選択肢はすべて「だが」で始まっている。空欄の前に注目すれば、〈既成のさまざまな訳語があるのだけれど……〉という文脈になる。空欄に続く文は「だから」で始まっているので、空欄の内容は、「ナショナリズム」とカタカナ表記にすることの理由である。さまざまな訳語があるのにそのひとつに決められずカタカナ表記をしているのは、「ゲゼルシャフト」の例と同様だと考えられる。①に決まる。

問6　直前に「だから、その意味でも」とあるので、前の文の「両者は対等な関係にはない」が直接の理由である。そこで、直前の段落から、「ゲマインシャフト」と「ゲゼルシャフト」の違いをつかめばよい。「ゲマインシャフト」を出た人間が「ゲゼルシャフト」に来て、「ゲマインシャフト」をふりかえるとき「特別の感情」が伴う、というのである。「もっとわかりやすく言えば」の後に言い換えもある。⑤の「懐かしさ」が決め手になる。

問7　脱落文は、テンニエスが近代の資本制社会を意識していることが「明らかに」「わかる」という内容だから、これを入れるべき箇所の直前には、資本制社会へのテンニエスの言及が明確に示されているはずである。段落末尾に入ることに注目しながら読むと、第五段落の「ゲゼルシャフト」への言及が該当するとつかめる。

問8　①空欄Aを含む段落に「進化論的な基本認識」への言及はあるが、続く段落に、「どちらかにはっきりと区分されてしまうわけではない」とある。「ゲマインシャフトを否定して」「ゲゼルシャフトに移行しなければならない」の部分で、合致しない。
②空欄eの次の段落の内容に合致する。

るのは、柄谷行人の交換様式論である。その中の、互酬を結合原理とする交換様式Aと、略奪と再分配によって結びつく交換様式Bがゲマインシャフトの様式ということになる。故郷はAかBであり、その区別は重要な問題を提起している。

▲解　説▼

問1　aの前後は、テンニエスの考えていた近代国家のことだから、aはイコールで結ぶ「つまり」か「すなわち」。

bの前はゲゼルシャフトのマイナス面、後は歴史がゲゼルシャフトへと進化するという内容で、前後は逆接だろうから、bは「しかし」。

cの前には「現実の社会が……区分されてしまうわけではない」とあり、後にはその例として「企業」と「農村」があげられているので、cは「たとえば」。

dは、それまで「ゲマインシャフトとゲゼルシャフト」について述べていたが、その関係と重なるような柄谷行人の理論を示す段落の冒頭にある。前後は逆接でもイコールでもないので、dは別の話題を示すための「ところで」。

eの前後は、〈交換様式Aの回復〉という同内容だから、eは「すなわち」。

以上から、⑤に決まる。

問2　第八段落（空欄cを含む段落）に、「現実の社会が……区分されてしまうわけではない」「現実の社会は両者の混合体」とあるのに着目する。「われわれの論議にとってなによりも大事なのは」以降を中心に、字数に注意しながら要領よくまとめる。

問3　空欄を含む文は「近代国家」についての説明である。直前の文に、近代国家は「この形態（＝ゲゼルシャフト）に属する」とあるので、空欄はゲマインシャフトに関するものだとつかめる。それは空欄の二つ前の段落で説明されているので、そこに注目する。「村落」も「家族」もゲマインシャフトに属するが、①・⑤は双方とも部分的な例であり、一つ選べという設問要求に合わない。③はゲゼルシャフトの方。④はいかなる社会も空間的だろうから、ゲマインシャフト限定とは言えない。②に決まる。

国語

一

出典　小林敏明『故郷喪失の時代』＜第一章　故郷という概念　四　ゲマインシャフトとゲゼルシャフト＞（文藝春秋）

解答

問1　⑤

問2　ゲマインシャフトとゲゼルシャフトが混合され、同時代に並存する多様な性格の地域を人が行き来するもの。（五〇字以内）

問3　②

問4　④

問5　①

問6　⑤

問7　味をもつ。

問8　②

◆要　旨◆

故郷という意識に関して、都市と農村のあいだの質的な差異を、テンニエスの『ゲマインシャフトとゲゼルシャフト』を引き合いに出して考えたい。「ゲマインシャフト」は「共同体」と理解でき、「本性意志」によって結びつき、個々の成員の従属意識は強い。「ゲゼルシャフト」は「選択意志」によりそのつど成員が打算的功利的に結びつく機能集団である。両者は対等ではなく、ゲマインシャフトは故郷となりえても、ゲゼルシャフトは故郷とはなりにくい。両者の関係と重な

MEMO

教学社 刊行一覧

2024年版 大学入試シリーズ（赤本）

378大学555点
全都道府県を網羅

国公立大学（都道府県順）

全国の書店で取り扱っています。店頭にない場合は，お取り寄せができます。

1 北海道大学（文系−前期日程）
2 北海道大学（理系−前期日程） 医
3 北海道大学（後期日程）
4 旭川医科大学（医学部〈医学科〉） 医
5 小樽商科大学
6 帯広畜産大学
7 北海道教育大学
8 室蘭工業大学／北見工業大学
9 釧路公立大学
10 公立千歳科学技術大学
11 公立はこだて未来大学 総推
12 札幌医科大学（医学部） 医
13 弘前大学 医
14 岩手大学
15 岩手県立大学・盛岡短期大学部・宮古短期大学部
16 東北大学（文系−前期日程）
17 東北大学（理系−前期日程） 医
18 東北大学（後期日程）
19 宮城教育大学
20 宮城大学
21 秋田大学 医
22 秋田県立大学
23 国際教養大学 総推
24 山形大学 医
25 福島大学
26 会津大学
27 福島県立医科大学（医・保健科学部） 医
28 茨城大学（文系）
29 茨城大学（理系）
30 筑波大学（推薦入試） 医 総推
31 筑波大学（前期日程） 医
32 筑波大学（後期日程）
33 宇都宮大学
34 群馬大学 医
35 群馬県立女子大学
36 高崎経済大学
37 前橋工科大学
38 埼玉大学（文系）
39 埼玉大学（理系）
40 千葉大学（文系−前期日程）
41 千葉大学（理系−前期日程） 医
42 千葉大学（後期日程） 医
43 東京大学（文科） DL
44 東京大学（理科） DL 医
45 お茶の水女子大学
46 電気通信大学
47 東京医科歯科大学 医
48 東京外国語大学 DL
49 東京海洋大学
50 東京学芸大学
51 東京藝術大学
52 東京工業大学
53 東京農工大学
54 一橋大学（前期日程） DL
55 一橋大学（後期日程）
56 東京都立大学（文系）
57 東京都立大学（理系）
58 横浜国立大学（文系）
59 横浜国立大学（理系）
60 横浜市立大学（国際教養・国際商・理・データサイエンス・医〈看護〉学部）
61 横浜市立大学（医学部〈医学科〉） 医
62 新潟大学（人文・教育〈文系〉・法・経済科・医〈看護〉・創生学部）
63 新潟大学（教育〈理系〉・理・医〈看護を除く〉・歯・工・農学部） 医
64 新潟県立大学
65 富山大学（文系）
66 富山大学（理系） 医
67 富山県立大学
68 金沢大学（文系）
69 金沢大学（理系） 医
70 福井大学（教育・医〈看護〉・工・国際地域学部）
71 福井大学（医学部〈医学科〉） 医
72 福井県立大学
73 山梨大学（教育・医〈看護〉・工・生命環境学部）
74 山梨大学（医学部〈医学科〉） 医
75 都留文科大学
76 信州大学（文系−前期日程）
77 信州大学（理系−前期日程） 医
78 信州大学（後期日程）
79 公立諏訪東京理科大学 総推
80 岐阜大学（前期日程） 医
81 岐阜大学（後期日程）
82 岐阜薬科大学
83 静岡大学（前期日程）
84 静岡大学（後期日程）
85 浜松医科大学（医学部〈医学科〉） 医
86 静岡県立大学
87 静岡文化芸術大学
88 名古屋大学（文系）
89 名古屋大学（理系） 医
90 愛知教育大学
91 名古屋工業大学
92 愛知県立大学
93 名古屋市立大学（経済・人文社会・芸術工・看護・総合生命理・データサイエンス学部）
94 名古屋市立大学（医学部） 医
95 名古屋市立大学（薬学部）
96 三重大学（人文・教育・医〈看護〉学部）
97 三重大学（医〈医〉・工・生物資源学部） 医
98 滋賀大学
99 滋賀医科大学（医学部〈医学科〉） 医
100 滋賀県立大学
101 京都大学（文系）
102 京都大学（理系） 医
103 京都教育大学
104 京都工芸繊維大学
105 京都府立大学
106 京都府立医科大学（医学部〈医学科〉） 医
107 大阪大学（文系） DL
108 大阪大学（理系） 医
109 大阪教育大学
110 大阪公立大学（現代システム科学域〈文系〉・文・法・経済・商・看護・生活科〈居住環境・人間福祉〉学部−前期日程）
111 大阪公立大学（現代システム科学域〈理系〉・理・工・農・獣医・医・生活科〈食栄養〉学部−前期日程） 医
112 大阪公立大学（中期日程）
113 大阪公立大学（後期日程）
114 神戸大学（文系−前期日程）
115 神戸大学（理系−前期日程） 医
116 神戸大学（後期日程）
117 神戸市外国語大学 DL
118 兵庫県立大学（国際商経・社会情報科・看護学部）
119 兵庫県立大学（工・理・環境人間学部）
120 奈良教育大学／奈良県立大学
121 奈良女子大学
122 奈良県立医科大学（医学部〈医学科〉） 医
123 和歌山大学
124 和歌山県立医科大学（医・薬学部） 医
125 鳥取大学 医
126 公立鳥取環境大学
127 島根大学 医
128 岡山大学（文系）
129 岡山大学（理系） 医
130 岡山県立大学
131 広島大学（文系−前期日程）
132 広島大学（理系−前期日程） 医
133 広島大学（後期日程）
134 尾道市立大学 総推
135 県立広島大学
136 広島市立大学
137 福山市立大学 総推
138 山口大学（人文・教育〈文系〉・経済・医〈看護〉・国際総合科学部）
139 山口大学（教育〈理系〉・理・医〈看護を除く〉・工・農・共同獣医学部） 医
140 山陽小野田市立山口東京理科大学 総推
141 下関市立大学／山口県立大学
142 徳島大学 医
143 香川大学 医
144 愛媛大学 医
145 高知大学 医
146 高知工科大学
147 九州大学（文系−前期日程）
148 九州大学（理系−前期日程） 医
149 九州大学（後期日程）
150 九州工業大学
151 福岡教育大学
152 北九州市立大学
153 九州歯科大学
154 福岡県立大学／福岡女子大学
155 佐賀大学 医
156 長崎大学（多文化社会・教育〈文系〉・経済・医〈保健〉・環境科〈文系〉学部）
157 長崎大学（教育〈理系〉・医〈医〉・歯・薬・情報データ科・工・環境科〈理系〉・水産学部） 医
158 長崎県立大学 総推
159 熊本大学（文・教育・法・医〈看護〉学部）
160 熊本大学（理・医〈看護を除く〉・薬・工学部） 医
161 熊本県立大学
162 大分大学（教育・経済・医〈看護〉・理工・福祉健康科学部）
163 大分大学（医学部〈医学科〉） 医
164 宮崎大学（教育・医〈看護〉・工・農・地域資源創成学部）
165 宮崎大学（医学部〈医学科〉） 医
166 鹿児島大学（文系）
167 鹿児島大学（理系） 医
168 琉球大学 医

2024年版　大学入試シリーズ（赤本）

国公立大学 その他

169 〔国公立大〕医学部医学科 総合型選抜・学校推薦型選抜 医 総推
170 看護・医療系大学〈国公立 東日本〉
171 看護・医療系大学〈国公立 中日本〉
172 看護・医療系大学〈国公立 西日本〉
173 海上保安大学校／気象大学校
174 航空保安大学校
175 国立看護大学校
176 防衛大学校 総推
177 防衛医科大学校（医学科） 医
178 防衛医科大学校（看護学科）

※No.169～172の収載大学は赤本ウェブサイト（http://akahon.net/）でご確認ください。

私立大学①

北海道の大学（50音順）

201 札幌大学
202 札幌学院大学
203 北星学園大学・短期大学部
204 北海学園大学
205 北海道医療大学
206 北海道科学大学
207 北海道武蔵女子短期大学
208 酪農学園大学（獣医学群〈獣医学類〉）

東北の大学（50音順）

209 岩手医科大学（医・歯・薬学部） 医
210 仙台大学 総推
211 東北医科薬科大学（医・薬学部） 医
212 東北学院大学
213 東北工業大学
214 東北福祉大学
215 宮城学院女子大学 総推

関東の大学（50音順）

あ行（関東の大学）

216 青山学院大学（法・国際政治経済学部－個別学部日程）
217 青山学院大学（経済学部－個別学部日程）
218 青山学院大学（経営学部－個別学部日程）
219 青山学院大学（文・教育人間科学部－個別学部日程）
220 青山学院大学（総合文化政策・社会情報・地球社会共生・コミュニティ人間科学部－個別学部日程）
221 青山学院大学（理工学部－個別学部日程）
222 青山学院大学（全学部日程）
223 麻布大学（獣医、生命・環境科学部）
224 亜細亜大学
225 跡見学園女子大学
226 桜美林大学
227 大妻女子大学・短期大学部

か行（関東の大学）

228 学習院大学（法学部－コア試験）
229 学習院大学（経済学部－コア試験）
230 学習院大学（文学部－コア試験）
231 学習院大学（国際社会科学部－コア試験）
232 学習院大学（理学部－コア試験）
233 学習院女子大学
234 神奈川大学（給費生試験）
235 神奈川大学（一般入試）
236 神奈川工科大学
237 鎌倉女子大学・短期大学部
238 川村学園女子大学
239 神田外語大学
240 関東学院大学
241 北里大学（理学部）
242 北里大学（医学部） 医
243 北里大学（薬学部）
244 北里大学（看護・医療衛生学部）
245 北里大学（未来工・獣医・海洋生命科学部）
246 共立女子大学・短期大学
247 杏林大学（医学部） 医
248 杏林大学（保健学部）
249 群馬医療福祉大学 新
250 群馬パース大学 総推
251 慶應義塾大学（法学部）
252 慶應義塾大学（経済学部）
253 慶應義塾大学（商学部）
254 慶應義塾大学（文学部） 総推
255 慶應義塾大学（総合政策学部）
256 慶應義塾大学（環境情報学部）
257 慶應義塾大学（理工学部）
258 慶應義塾大学（医学部） 医
259 慶應義塾大学（薬学部）
260 慶應義塾大学（看護医療学部）
261 工学院大学
262 國學院大學
263 国際医療福祉大学 医
264 国際基督教大学
265 国士舘大学
266 駒澤大学（一般選抜T方式・S方式）
267 駒澤大学（全学部統一日程選抜）

さ行（関東の大学）

268 埼玉医科大学（医学部） 医
269 相模女子大学・短期大学部
270 産業能率大学
271 自治医科大学（医学部） 医
272 自治医科大学（看護学部）／東京慈恵会医科大学（医学部〈看護学科〉）
273 実践女子大学 総推
274 芝浦工業大学（前期日程〈英語資格・検定試験利用方式を含む〉）
275 芝浦工業大学（全学統一日程〈英語資格・検定試験利用方式を含む〉・後期日程）
276 十文字学園女子大学
277 淑徳大学
278 順天堂大学（医学部） 医
279 順天堂大学（スポーツ健康科・医療看護・保健看護・国際教養・保健医療・医療科・健康データサイエンス学部） 総推
280 城西国際大学 新
281 上智大学（神・文・総合人間科学部）
282 上智大学（法・経済学部）
283 上智大学（外国語・総合グローバル学部）
284 上智大学（理工学部）
285 上智大学（TEAPスコア利用方式）
286 湘南工科大学
287 昭和大学（医学部） 医
288 昭和大学（歯・薬・保健医療学部）
289 昭和女子大学
290 昭和薬科大学
291 女子栄養大学・短期大学部
292 白百合女子大学
293 成蹊大学（法学部－A方式）
294 成蹊大学（経済・経営学部－A方式）
295 成蹊大学（文学部－A方式）
296 成蹊大学（理工学部－A方式）
297 成蹊大学（E方式・G方式・P方式）
298 成城大学（経済・社会イノベーション学部－A方式）
299 成城大学（文芸・法学部－A方式）
300 成城大学（S方式〈全学部統一選抜〉）
301 聖心女子大学
302 清泉女子大学
303 聖徳大学・短期大学部
304 聖マリアンナ医科大学 医
305 聖路加国際大学（看護学部）
306 専修大学（スカラシップ・全国入試）
307 専修大学（学部個別入試）
308 専修大学（全学部統一入試）

た行（関東の大学）

309 大正大学
310 大東文化大学
311 高崎健康福祉大学 総推
312 拓殖大学
313 玉川大学
314 多摩美術大学
315 千葉工業大学
316 千葉商科大学
317 中央大学（法学部－学部別選抜）
318 中央大学（経済学部－学部別選抜）
319 中央大学（商学部－学部別選抜）
320 中央大学（文学部－学部別選抜）
321 中央大学（総合政策学部－学部別選抜）
322 中央大学（国際経営・国際情報学部－学部別選抜）
323 中央大学（理工学部－学部別選抜）
324 中央大学（6学部共通選抜）
325 中央学院大学
326 津田塾大学
327 帝京大学（薬・経済・法・文・外国語・教育・理工・医療技術・福岡医療技術学部）
328 帝京大学（医学部） 医
329 帝京科学大学 総推
330 帝京平成大学 総推
331 東海大学（医〈医〉学部を除く－一般選抜）
332 東海大学（文系・理系学部統一選抜）
333 東海大学（医学部〈医学科〉） 医
334 東京医科大学（医学部〈医学科〉） 医
335 東京家政大学・短期大学部 総推
336 東京経済大学
337 東京工科大学
338 東京工芸大学
339 東京国際大学
340 東京歯科大学
341 東京慈恵会医科大学（医学部〈医学科〉） 医
342 東京情報大学
343 東京女子大学
344 東京女子医科大学（医学部） 医
345 東京電機大学
346 東京都市大学
347 東京農業大学
348 東京薬科大学（薬学部） 総推
349 東京薬科大学（生命科学部） 総推
350 東京理科大学（理学部〈第一部〉－B方式）
351 東京理科大学（創域理工学部－B方式・S方式）
352 東京理科大学（工学部－B方式）
353 東京理科大学（先進工学部－B方式）
354 東京理科大学（薬学部－B方式）
355 東京理科大学（経営学部－B方式）
356 東京理科大学（C方式、グローバル方式、理学部〈第二部〉－B方式）

2024年版　大学入試シリーズ（赤本）

私立大学②

357 東邦大学（医学部） 医
358 東邦大学（薬学部）
359 東邦大学（理・看護・健康科学部）
360 東洋大学（文・経済・経営・法・社会・国際・国際観光学部）
361 東洋大学（情報連携・福祉社会デザイン・健康スポーツ科・理工・総合情報・生命科・食環境科学部）
362 東洋大学（英語〈3日程×3カ年〉） 新
363 東洋大学（国語〈3日程×3カ年〉） 新
364 東洋大学（日本史・世界史〈2日程×3カ年〉） 新
365 東洋英和女学院大学
366 常磐大学・短期大学 総推
367 獨協大学
368 獨協医科大学（医学部） 医

な行（関東の大学）

369 二松学舎大学
370 日本大学（法学部）
371 日本大学（経済学部）
372 日本大学（商学部）
373 日本大学（文理学部〈文系〉）
374 日本大学（文理学部〈理系〉）
375 日本大学（芸術学部）
376 日本大学（国際関係学部）
377 日本大学（危機管理・スポーツ科学部）
378 日本大学（理工学部）
379 日本大学（生産工・工学部）
380 日本大学（生物資源科学部）
381 日本大学（医学部） 医
382 日本大学（歯・松戸歯学部）
383 日本大学（薬学部）
384 日本大学（医学部を除く−N全学統一方式）
385 日本医科大学 医
386 日本工業大学
387 日本歯科大学
388 日本社会事業大学 新 総推
389 日本獣医生命科学大学
390 日本女子大学
391 日本体育大学

は行（関東の大学）

392 白鷗大学（学業特待選抜・一般選抜）
393 フェリス女学院大学
394 文教大学
395 法政大学（法〈法律・政治〉・国際文化・キャリアデザイン学部−A方式）
396 法政大学（法〈国際政治〉・文・経営・人間環境・グローバル教養学部−A方式）
397 法政大学（経済・社会・現代福祉・スポーツ健康学部−A方式）
398 法政大学（情報科・デザイン工・理工・生命科学部−A方式）
399 法政大学（T日程〈統一日程〉・英語外部試験利用入試）
400 星薬科大学 総推

ま行（関東の大学）

401 武蔵大学
402 武蔵野大学
403 武蔵野美術大学
404 明海大学
405 明治大学（法学部−学部別入試）
406 明治大学（政治経済学部−学部別入試）
407 明治大学（商学部−学部別入試）
408 明治大学（経営学部−学部別入試）
409 明治大学（文学部−学部別入試）
410 明治大学（国際日本学部−学部別入試）
411 明治大学（情報コミュニケーション学部−学部別入試）
412 明治大学（理工学部−学部別入試）
413 明治大学（総合数理学部−学部別入試）
414 明治大学（農学部−学部別入試）
415 明治大学（全学部統一入試）
416 明治学院大学（A日程）
417 明治学院大学（全学部日程）
418 明治薬科大学 総推
419 明星大学
420 目白大学・短期大学部

ら・わ行（関東の大学）

421 立教大学（文系学部−一般入試〈大学独自の英語を課さない日程〉）
422 立教大学（国語〈3日程×3カ年〉）
423 立教大学（日本史・世界史〈2日程×3カ年〉）
424 立教大学（文学部−一般入試〈大学独自の英語を課す日程〉）
425 立教大学（理学部−一般入試）
426 立正大学
427 早稲田大学（法学部）
428 早稲田大学（政治経済学部）
429 早稲田大学（商学部）
430 早稲田大学（社会科学部）
431 早稲田大学（文学部）
432 早稲田大学（文化構想学部）
433 早稲田大学（教育学部〈文科系〉）
434 早稲田大学（教育学部〈理科系〉）
435 早稲田大学（人間科・スポーツ科学部）
436 早稲田大学（国際教養学部）
437 早稲田大学（基幹理工・創造理工・先進理工学部）
438 和洋女子大学 総推

中部の大学（50音順）

439 愛知大学
440 愛知医科大学（医学部） 医
441 愛知学院大学・短期大学部
442 愛知工業大学 総推
443 愛知淑徳大学
444 朝日大学 総推
445 金沢医科大学（医学部） 医
446 金沢工業大学
447 岐阜聖徳学園大学・短期大学部 総推
448 金城学院大学
449 至学館大学 総推
450 静岡理工科大学
451 椙山女学園大学
452 大同大学
453 中京大学
454 中部大学
455 名古屋外国語大学 総推
456 名古屋学院大学 総推
457 名古屋学芸大学 総推
458 名古屋女子大学・短期大学部 総推
459 南山大学（外国語〈英米〉・法・総合政策・国際教養学部）
460 南山大学（人文・外国語〈英米を除く〉・経済・経営・理工学部）
461 新潟国際情報大学
462 日本福祉大学
463 福井工業大学
464 藤田医科大学（医学部） 医
465 藤田医科大学（医療科・保健衛生学部）
466 名城大学（法・経営・経済・外国語・人間・都市情報学部）
467 名城大学（情報工・理工・農・薬学部）
468 山梨学院大学

近畿の大学（50音順）

469 追手門学院大学 総推
470 大阪医科薬科大学（医学部） 医
471 大阪医科薬科大学（薬学部） 総推
472 大阪学院大学 総推
473 大阪経済大学 総推
474 大阪経済法科大学 総推
475 大阪工業大学 総推
476 大阪国際大学・短期大学部 総推
477 大阪産業大学 総推
478 大阪歯科大学（歯学部）
479 大阪商業大学 総推
481 大阪成蹊大学・短期大学 総推
482 大谷大学 総推
483 大手前大学・短期大学 総推
484 関西大学（文系）
485 関西大学（理系）
486 関西大学（英語〈3日程×3カ年〉）
487 関西大学（国語〈3日程×3カ年〉）
488 関西大学（文系選択科目〈2日程×3カ年〉）
489 関西医科大学（医学部） 医
490 関西医療大学 総推
491 関西外国語大学・短期大学部 総推
492 関西学院大学（文・社会・法学部−学部個別日程）
493 関西学院大学（経済・人間福祉・国際学部−学部個別日程）
494 関西学院大学（神・商・教育・総合政策学部−学部個別日程）
495 関西学院大学（全学部日程〈文系型〉）
496 関西学院大学（全学部日程〈理系型〉）
497 関西学院大学（共通テスト併用日程・英数日程）
498 畿央大学 総推
499 京都外国語大学・短期大学 総推
500 京都光華女子大学・短期大学部 総推
501 京都産業大学（公募推薦入試） 総推
502 京都産業大学（一般選抜入試〈前期日程〉）
503 京都女子大学 総推
504 京都先端科学大学 総推
505 京都橘大学 総推
506 京都ノートルダム女子大学 総推
507 京都薬科大学 総推
508 近畿大学・短期大学部（医学部を除く−推薦入試） 総推
509 近畿大学・短期大学部（医学部を除く−一般入試前期）
510 近畿大学（英語〈医学部を除く3日程×3カ年〉） 新
511 近畿大学（理系数学〈医学部を除く3日程×3カ年〉） 新
512 近畿大学（国語〈医学部を除く3日程×3カ年〉） 新
513 近畿大学（医学部−推薦入試・一般入試前期） 医 総推
514 近畿大学・短期大学部（一般入試後期） 医
515 皇學館大学 総推
516 甲南大学 総推
517 神戸学院大学 総推
518 神戸国際大学 総推
519 神戸女学院大学 総推
520 神戸女子大学・短期大学 総推
521 神戸薬科大学 総推
522 四天王寺大学・短期大学部 総推
523 摂南大学（公募制推薦入試） 総推
524 摂南大学（一般選抜前期日程）
525 帝塚山学院大学 新 総推
526 同志社大学（法、グローバル・コミュニケーション学部−学部個別日程）
527 同志社大学（文・経済学部−学部個別日程）
528 同志社大学（神・商・心理・グローバル地域文化学部−学部個別日程）
529 同志社大学（社会学部−学部個別日程）